資源教室方案
班級經營與補救教學
（第五版）

孟瑛如　著

五南圖書出版公司 印行

自　序

　　資源班教學是國內重要的一個研究領域，筆者在回到國內後恰逢此風潮，又承蒙教育部、國科會（即現今科技部）多年來在研究經費上的提供，使我得以深入探討資源班班級經營與補救教學實務。在這資源班概念被大力推廣的時代，我看到了許多自信的老師，也看到了許多惶恐的老師，更看到了許多無助焦慮的家長。資源班的制度與服務若能落實，是多元化教育中的一大福音，然而若不能落實執行，反而可能成為家長與學生成長過程中的痛苦經驗。從小在數學及空間辨識上有極大學習困擾的我，很能體會在學習上需要協助的心情，因此，我期望大家看完這本書後，能把尋找孩子適合的學習方式，當成一種教學上的必要任務，孩子有無限可能的未來，只要能找到適合的方向，路是無限的寬廣。在這幾年研究與教學的過程中，所有的努力都是希望這些邊緣的孩子能走得更好，除了資源班補救教學模式研究發展各種教學策略、平面教材、多媒體 /AR/VR/MR 教材、教育類桌遊、融合之愛系列繪本、篩選 / 鑑定工具系列外，更為了希望更多人能瞭解資源班中的種種實務，而建置了有愛無礙網站（網站：www.dale.nthu.edu.tw），同時在資源班電腦化 IEP 部分亦投注甚多精力，期盼經由這些努力，能讓大家體會，唯有用孩子能接受的方式來教他，他才能享有學習的成就感，也唯有用孩子喜歡的方式來愛他，他才能享有被愛的喜悅，這本書的四版是個人的又一次嘗試，尚祈學界先進，不吝指教。

　　本書自 1999 年 10 月初版以來，得以順利改寫五版並付梓，首先要感謝五南圖書出版公司的陳念祖副總編輯一路的陪伴，現今念祖退休，黃文瓊副總編輯接續陪伴工作，沒有他們的時時提醒，在教學、研究及家庭均需兼顧的繁忙生活中，實在很難完成這些工作。同時更要感謝自小養育我的父母，孟傳宇先生及王明珠女士，沒有他們的鼓勵，我不可能在艱困的環境中完成學業，尤其在此書一版時仍能與我時時討論事情的父親，已於 2006 年二版出書，隨後的 2007 年過世。2009 年特教法修正後，一直希望能改寫此書，並出版三版，惟在修正子法的漫長等待中，2012 年底我也失去了一直與我們親密相處，享年 97 歲的公公，真心期盼此書的五版，能帶給天上的他們些許安慰！真心感謝所有的讀者，尤其在現今資訊科技一日千里，AI 當道的時代，猶能藉由各位的支持讓這本書能持續改版，陪著走過有愛無礙網站的 25 年，由新竹師範學院、新竹教育大學走到清華大學，走過臺灣特殊教育法規的更迭、課綱的演變、資源教室制度的修正等，見證了我學術研究歲月與場所的更迭，也見證了臺灣特殊教育領域的不斷演進與成長！謝謝有你們！

　　最後要感謝外子吳東光教授於心理及研究上長年的支持；感謝兩個可愛貼心的兒子讓我「實習」兒童發展的過程，學會如何有效率的利用時間，更懂得如何去愛，平安健康成長的兩人，更讓我時時感恩；也感謝在這許多年幫助過我的所有人，還有曾為這些年研究工作付出心血的清華大學有愛無礙團隊成員們及彰化師範大學、明新科技大學的工作夥伴們。

孟瑛如　謹識

目　錄

Contents

第 7 章　資源班常用表格 ■■■ 385

Contents

Contents

第 **1** 章

資源教室方案基本概念

特殊教育之推展爲一個國家經濟進步的指標，政府亦在「特殊教育法」通過後大力推動我國特殊教育之相關政策。早期之推動以資優與智力、感官及肢體障礙等爲主，近年來行有餘力，亦開始關注學習障礙或情緒障礙，普設資源教室以協助這些智商正常，惟在課堂上產生學習困難現象，以致成績低落或學校生活適應困難的學生。

第一節 資源教室方案的意義與運作

在回歸主流（mainstreaming）與融合教育（inclusion education）的思潮下，特殊教育的安置措施，已由「二元的教育系統」（two-box system of education），即普通學校與特殊學校二元教育體系，逐漸發展爲多元安置模式（陳雍容，2002）。資源教室方案（resource room program）即是在此思潮下因應而生並蓬勃發展。

一、 資源教室方案的意義

資源教室方案（resource room program），乃是因應近年特教界推動回歸主流趨勢的一項措施，是一種部分時間制的特殊教育措施，其安置方式即是介於特殊班與普通班之間，學生學籍仍屬於普通班，只於特定時間到資源班接受補救教學與輔導；學生不僅能和普通學生融合，又能接受特殊教育的服務。每班除特別偏遠學校外，通常在國小會編制兩位，國中則是三位受過訓練的合格資源教師，利用特殊的教學設備、設施和資源，提供個別化教學、評量診斷及諮詢服務，並提供普通班教師諮詢或訓練方面的支持性服務（王振德，1998、1999；葉秀香，2003；胡永崇，2000；楊鏸容，2003）。張蓓莉（1998）界定資源教室方案是指在固定教室、提供評量、直接教學或其他特殊需求的服務，以協助有特殊需求學生就讀普通班的一項特殊教育安置方案。

資源教室方案所指的「資源」應可分爲兩方面：其一爲教學設備、設施和教材資源，如電腦、擴視機、無障礙設施等；另一方面則爲人力的資源，如資源教師、專業團隊、社工人員等（葉秀香，2003）。此外，每位身障資源班的學生依據特教法（教育部，2023a）第31條：「高級中等以

下學校應以團隊合作方式對身心障礙學生訂定個別化教育計畫，訂定時應邀請身心障礙學生本人，以及學生之法定代理人或實際照顧者參與；必要時，法定代理人或實際照顧者得邀請相關人員陪同參與。經學校評估學生有需求時，應邀請特殊教育相關專業人員參與個別化教育計畫討論，提供合作諮詢，協助教師掌握學生特質，發展合宜教學策略，提升教學效能。

身心障礙學生個別化教育計畫，應於開學前訂定；轉學生應於入學後一個月內訂定；新生應於開學前訂定初步個別化教育計畫，並於開學後一個月內檢討修正。

前項個別化教育計畫，每學期至少應檢討一次。

為使身心障礙學生有效參與個別化教育計畫之訂定，中央主管機關應訂定相關指引，供各級學校參考；指引之研擬過程，應邀請身心障礙者及其代表性組織參與。

幼兒園應準用前四項規定，為身心障礙幼兒訂定個別化教育計畫。」的規定，都擁有自己的個別化教育計畫（Individualized Educational Program, IEP），而資優資源班每位資賦優異的學生依據特教法（教育部，2023a）第 42 條：「高級中等以下學校應以團隊合作方式，考量資賦優異學生身心特質、性向、優勢能力、學習特質及特殊教育需求，訂定資賦優異學生個別輔導計畫，並應邀請資賦優異學生本人、學生之法定代理人或實際照顧者參與。」的規定，都擁有自己的個別輔導計畫（Individualized Guided Program, IGP）。對於高等教育階段，則依據特教法（教育部，2023a）第 35 條：「高等教育階段學校為協助身心障礙學生學習及發展，應訂定及實施特殊教育方案，並應設置專責單位、資源教室及專責人員，依實際需要遴聘及進用相關專責人員；其專責單位、資源教室之職責、設置與人員編制、進用及其他相關事項之辦法，由中央主管機關定之。

為促進高等教育階段學校整合校內外資源及提升跨單位協調效能，大專校院之身心障礙學生達一定人數或比率者，中央主管機關應鼓勵設置特殊教育資源中心；其人數或比率由中央主管機關公告之。高等教育階段之身心障礙教育，應符合學生需求，訂定個別化支持計畫，協助學生學習及發展；訂定時應邀請相關教學人員、行政人員、身心障礙學生本人、學生之法定代理人或實際照顧者參與。

身心障礙學生個別化支持計畫，至遲應於完成課程加退選後一個月內訂定。

前項個別化支持計畫，每學期至少應檢討一次。

爲增進第一項相關專責人員之特殊教育知能，以利訂定個別化支持計畫，中央主管機關應辦理大專校院相關專責人員之培訓及進修，並提供相關支持服務之協助。」的規定，都擁有自己的個別化支持計畫（Individualized Supporting Program, ISP），同時增訂第47條：「高等教育階段資賦優異教育之實施，應考量資賦優異學生之性向及優勢能力，得以特殊教育方案辦理。」

前述個別化教育計畫、個別輔導計畫及個別化支持計畫結合了學校行政人員、普通班教師、專業團隊、家長、資源班資源教室教師共同擬定，提供普通教育師生與特殊教育學生各項支持性服務，也是特殊需求學生在資源班資源教室中接受適性教育服務，以期能在學習生活中得到最大效益的主要依據。

二、 資源教室方案源起

(一) 國外的發展

▼ 表 1-1

年代	源起	發展重點
1913年	R. Irwin	將視覺障礙兒童安置在部分時間制的特殊班中，不久之後類似的教育安置也用於重聽兒童，不過當時如此的措施並沒有普遍受到重視與肯定。
1950-1960年		將閱讀、數學、語言有障礙的兒童，安排在資源教室中接受補救教學。
1962年	M. Reynolds	提出「普通班附設資源教室」，可惜該提議當時並未獲得共鳴。
1963年	S. Kirk	在「知覺障礙兒童基金會」（The Fund for Perceptually Handicapped Children, Inc.）的研討會中提出「學習障礙」一詞，會中決議成立「學習障礙兒童協會」，爲學習障礙兒童安排適當的教育機會成爲該組織的一項宗旨。

年代	源起	發展重點
1968年	J. W. Lloyd & L. M. Dunn	發表「設立輕度智能不足兒童特殊班之商榷」一文，提到「要給有學習問題的兒童特定的幫助，必須透過巡迴或資源教室的特殊教育」，因此，資源教室再度受到重視。
1969年	學習障礙法案（The Learning Disabilities Act）	美國國會通過，正式採用Kirk所倡議的「學習障礙」，這類兒童正式列為特殊教育的對象，稱為「特殊學習障礙兒童」。
1970年代後	回歸主流	身心障礙學生能與普通學生一樣在一般的學習環境中接受教育，在社區及學校生活的主流中，能容納更多的特殊兒童。
1975年	殘障兒童教育法案（94-142公法）	規定身心障礙兒童應該在最少限制的環境（least restrictive environment）下接受教育，資源班的安置方式，普遍被認為是回歸主流的可行模式之一。
1990年	IDEA法案（Individuals with Disabilities Education Act）	美國州政府須對州內6歲至17歲的身心障礙學生提供特殊教育。
1997、2004、2006年	IDEA修正案	該修正法案的持續修正、通過與執行，成為全美各州在二十一世紀辦理特殊教育最主要的法律依據。

(二) 我國的發展

▼ 表 1-2

年代	發展重點
民國56年（1967年）	・為視覺障礙學生所設計的「盲生走讀計畫」。
民國59年（1970年）	・「特殊教育推行辦法」頒布。
民國64年（1975年）	・臺北市新興國中設立啟聰資源班，此為普通學校設置「資源教室」之始。
民國65年（1976年）	・臺北市明倫國中、金華國中、中山國小實施以智能障礙學生為主的資源班實驗，但因缺乏行政支持，而未能繼續實行。
民國67年（1978年）	・頒布「臺灣省國民中學成立資源教室（班）之規定事項」——此法令為設立資源教室最早的依據，讓資源教室之教育安置有了比較明確的準繩。

年代	發展重點
	·教育部規劃先在國民中學試辦以協助學習障礙／低成就學生的資源教室方案，因此便開始在臺灣省20所國中實施資源班。 ·臺北市擇定金華國小，設置聽障兒童的資源教室。 ·高雄市福東國小成立的構音諮商室（民國69年改爲資源教室）。
民國69年（1980年）	·資源班的試驗推展至國小階段。 ·其他身心障礙類型陸續成立資源教室。 ·多以服務單一身心障礙類型學生的單類資源班爲主。
民國71年（1982年）	·公立學校開始推動實施學習障礙教育，臺北市於永春、東門、劍潭、河堤四所學校以「資源教室」形式實施學習障礙教育。
民國73年（1984年）	·特殊教育法頒布，臺北市、高雄市資源班開始大量擴充各類型資源班。
民國75年（1986年）	·臺北市公布國民中小學資源班實施要點，使資源班在普通學校的推動有行政的依據與規範。
民國76年（1987年）	·高雄市公布國民中小學資源班實施要點。
民國77年（1988年）	·高雄市公布國民中學學習遲緩資源教室實施計畫。
民國80年（1991年）	·全國各縣市開始廣設資源班。 ·高雄市政府教育局於瑞豐國小及內惟國小率先開設自閉症兒童資源班，提供巡迴輔導服務。
民國81年（1992年）	·臺北市政府教育局在中山國小開設自閉症資源班，提供駐校及巡迴輔導二方式並存的特殊教育服務模式。
民國82年（1993年）	·國內高中職開始資源教室之設置。 ·板橋高中設立視障資源教室。 ·臺北市士林高商，在政府未提供人員與經費下，學校自行報備創設聽障資源教室。
民國83年（1994年）	·頒布「臺北市國民中小學身心障礙資源班實施計畫」，臺北市15所國民中學成立身心障礙資源班。
民國85年（1996年）	·高雄市大仁國中開設自閉症資源班。
民國86年（1997年）	·修訂公布「特殊教育法」，保障學生在學前、國小以及完成國民教育後之各階段有適當就學安置。
民國87年（1998年）	·臺北市在全市公立國中普設身心障礙資源班，並且爲國中畢業後之學習障礙學生開闢升學管道，由主管教育行政機關以舉辦甄試的方式，保障學障學生進入後義務教育階段的教育機會。

年代	發展重點
	・臺北市於各公立高中設立資源教室，臺北市政府教育局並指定西松高中為87學年度自閉症的資源學校。 ・高雄市教育局通過該市各公立國小於88學年度起，均應設立至少一班不分類身心障礙資源班，因應各學校輕度障礙學生教育之需求。 ・修訂「特殊教育法施行細則」並公布，其中的第9條至第13條詳細規定身心障礙學生教育安置的專責單位、安置方式與經費補助等，並且應每年重新評估教育安置的適當性。 ・教育部「發展與改進特殊教育計畫──加強身心障礙學生教育」五年計畫，自民國87年起，依各縣市學生安置情形，補助增設特教班和資源教室。
民國88年（1999年）	・頒布「完成國民教育身心障礙學生升學輔導辦法」，暢通與保障身心障礙學生的升學管道。 ・教育部特殊教育推行小組之教育改革總諮議報告，對於加強身心障礙教育建議中小學應普設資源教室或資源班，落實資源教室方案。
民國89年（2000年）	・修訂「完成國民教育身心障礙學生升學輔導辦法」。 ・頒布「臺北市國民教育階段就讀普通班身心障礙學生之安置原則與輔導辦法」。
民國90年（2001年）	・為協助特殊學生適應普通班教育環境，臺北市訂定「臺北市國民中小學身心障礙資源班實施計畫」，身心障礙資源班進入另一新紀元。
民國91年（2002年）	・修正發布「完成國民教育身心障礙學生升學輔導辦法」。
民國93年（2004年）	・修訂「特殊教育法」並公布。
民國98年（2009年）	・修訂「特殊教育法」並公布。 ・修正「特殊教育設施及人員設置標準」。
民國99年（2010年）	・修正「高級中等以下學校藝術才能班設立標準」。 ・訂定「各教育階段身心障礙學生轉銜輔導及服務辦法」。 ・修正「特殊教育課程教材教法實施辦法」，並將名稱修正為「特殊教育課程教材教法及評量方式實施辦法」。
民國100年（2011年）	・修正「特殊教育學生申訴服務設施辦法」，並將名稱修正為「特殊教育學生申訴服務辦法」。 ・修正「完成國民教育身心障礙學生升學輔導辦法」。 ・訂定「特殊教育行政支持網路聯繫及運作辦法」。 ・修正「特殊教育學生獎助辦法」。

年代	發展重點
	・訂定「高級中等以下學校身心障礙學生就讀普通班減少班級人數或提供人力資源與協助辦法」。
民國101-113年 （2012-2024年）	・修正「特殊教育設施及人員設置辦法」，並將名稱修正為「特殊教育學校設立變更停辦合併人員編制標準」。 ・訂定「教育部特殊教育學生鑑定及就學輔導會組織及運作辦法」。 ・修正「資賦優異學生降低入學年齡縮短修業年限及升學辦法」，並將名稱修正為「特殊教育學生調整入學年齡及修業年限實施辦法」。 ・修正「高級中等以下學校提供身心障礙學生教育輔助器材及相關支持服務實施辦法」，並將名稱修正為「身心障礙學生教育輔助器材及相關支持服務辦法」。 ・完成特殊教育法相關子法之修法。 ・民國113年再次完成特教法及所有子法修正 1.強調特教學生及幼兒人格及權益應受尊重及保障。 2.對特教學生之學習權益及教學活動參與，不得有歧視之對待。 3.特殊教育及相關服務、設施應符合通用設計、合理對待及可及性精神。 4.落實學生個人表意權。 5.推廣融合教育理念以提升學習支持。 6.精進師資及課程規劃。 7.統整提供就學及輔導資訊。 8.強化特教支持系統與成效檢核。

*請參考附錄四至十一。

三、 資源教室方案的運作模式

綜合各學者（王振德，1999；孟瑛如，1999、2006；張蓓莉，1991；劉鉅棟，2001；陳雍容，2002；葉秀香，2003）的觀點，提出以下的資源班分類方式、運作型態及內容／模式，茲說明如下：

▼ 表 1-3

分類方式	型態	內容 / 模式
服務對象	單類的資源教室方案	以服務特定單一類別的特殊學生為主的資源教室方案，如：啟聰資源教室、語障資源教室、自閉症資源教室、學習障礙資源教室等。
	跨類別資源教室方案	係以招收與服務二類或二類別以上不同特殊學生為主的資源教室方案，譬如資源教室同時接納智能不足及學習障礙學生。
	不分類的資源教室方案	又稱綜合的資源教室方案，其招收對象包括經鑑輔會鑑定之普通班身心障礙學生及疑似身心障礙學生。
教學內容	單項重點資源班	只以單科或單項重點補救教學或輔導為主，例如：英語、數學、理化等。
	多項重點資源班	提供多項課程及服務方式為主，可滿足較多學生的需求或單一學生的多元需求，但需加強學校行政上的配合。
所在處	巡迴式資源班	係指資源教師定期到學區或責任區的學校內，為特殊學生或普通教師提供教學或教學建議。
	駐校式資源班	資源班設於普通學校內，資源教師的編制也隸屬於該校，服務對象以該校校內學生為主。
教學方法	小組教學、團體教學和學習中心	這些方式可同時在一個方案中並行，也可只以某種教學方法為主。
實施內容	直接服務	資源教師對學生提供直接教學與輔導，包含課程設計、教材編選、教具製作、教學、評量、行為與生活輔導及轉銜服務等。
	間接服務	係指對普通班教師、家長與同儕提供諮詢、親職教育及協助推動融合教育等。
	個案管理	包含擬定個別化教育計畫、建立個案資料、必要時報請學校召開個案會議、進行轉銜與追蹤、連結校內外資源等事項。

四、 資源教室方案的特點

一個健全運作的資源班，通常會有下列特點：

1. 具有合格且富教學經驗與熱誠的特教老師。

2. 資源教室位於學校中心位置，鄰近輔導室或保健室，並具有無障礙環境建構與設備，符合身障權益保障法及相關無障礙建築法規之規定。

3. 能落實特教專款專用，故教室中各類資源教材教具齊備，並同時符合特殊教育學生及幼兒支持服務辦法（2024c）之規定。

4. 資源班教師與普通教師有定期溝通的雙邊教學會議，使學生能夠把普通班與資源班的教學緊密結合。

5. 身心障礙學生個別化教育計畫，應於開學前訂定；轉學生應於入學後一個月內訂定；新生應於開學前訂定初步個別化教育計畫，並於開學後一個月內檢討修正。前項個別化教育計畫，每學期至少應檢討一次。學校應以團隊合作方式對身心障礙學生訂定個別化教育計畫，訂定時應邀請身心障礙學生本人，以及學生之法定代理人或實際照顧者參與；必要時，法定代理人或實際照顧者得邀請相關人員陪同參與。經學校評估學生有需求時，應邀請特殊教育相關專業人員參與個別化教育計畫討論，提供合作諮詢，協助教師掌握學生特質，發展合宜教學策略，提升教學效能。

6. 校內特教推行委員會應依據「高級中等以下學校特殊教育推行委員會設置辦法」（教育部，2023e）定時召開、決議、執行與追蹤考核，達成校內行政體系資源整合與支持服務特殊教育的目的。

7. 定期或不定期的親師聯絡或親職教育課程活動的舉辦。

第二節 資源教室的行政組織

一、 行政組織系統

王振德（1999）指出行政組織乃方案實施的憑藉，沒有健全的組織，則資源教室便無法有計畫的推展，因此校內必須成立特教推行委員會（特推會）。以校長為推行小組召集人，輔導室主任擔任執行祕書，參加成員為學校行政各處、室人員、普通班教師及資源教師；每學期至少召開一次會議，以便資源班之行政推展。依據「教育部主管之高級中等以下學校特殊教育推行委員會設置辦法」（教育部，2023e）第 3 條規定：

「學校為促進特殊教育發展及處理特殊教育學生之學習輔導等事宜，

應成立特殊教育推行委員會（以下簡稱本會），其任務如下：

一、審議及推動學校年度特殊教育工作計畫。

二、召開安置及輔導會議，協助特殊教育學生適應教育環境及重新安置服務。

三、研訂疑似特殊教育需求學生之提報及轉介作業流程。

四、審議個別化教育計畫、個別輔導計畫、修業年限調整及升學、就業輔導等相關事項。

五、審議特殊教育學生申請獎勵、獎補助學金、交通費補助、學習輔具、專業服務及相關支持服務等事宜。

六、審議特殊個案之課程、評量調整，並協調各單位提供必要之行政支援。

七、整合特殊教育資源及社區特殊教育支援體系。

八、推動無障礙環境及特殊教育宣導工作。

九、審議教師及家長特殊教育專業知能研習計畫。

十、推動特殊教育自我評鑑、定期追蹤及建立獎懲機制。

十一、審議特殊教育班設班計畫、課程規劃及特殊教育方案。

十二、審議轉學或轉入不同群科身心障礙學生之學分數對照與認定。

十三、處理特殊教育相關業務。」

　　透過特推會、全體師生的通力合作，和各處室的相互支援，資源教室的教育建構在健全的組織、優良的師資、充實的設備、足夠的經費等四項條件上，進一步謹慎篩選鑑定出資源教室學生、設計資源教室的課程、適合的教材教法，以實施各項輔導和補救教學。成員均應參與並協助資源教室之推行工作，大家充分交換意見、交流經驗、檢討改進等，才能使資源教室順利且圓滿地推展施行。資源教室行政組織系統建議如下：

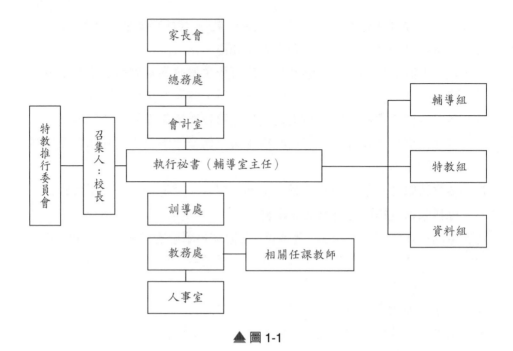

▲ 圖 1-1

二、 分工執掌

依據「教育部主管之高級中等以下學校身心障礙學生就讀普通班之教學原則及輔導辦法」（2023c）及相關法規，經各級主管機關特殊教育學生鑑定及就學輔導會鑑定，並持有各級主管機關核發之有效鑑定證明，且以部分時間或全部時間就讀學校普通班之身心障礙學生（以下簡稱身心障礙學生）。未持有各級主管機關核發有效鑑定證明之身心障礙疑似生，學校應依學生輔導法之規定提供服務，特殊教育教師亦應提供協助，並進行觀察及學習特殊需求評估；必要時，應為身心障礙疑似生提報鑑定。

學校對身心障礙學生，應依下列教學原則辦理：

1. 提供身心障礙學生充分參與校內外學習機會，推動融合且適性之教育，以提升學習成效。

2. 整合普通教育教師、特殊教育教師、行政人員及相關專業人員，依身心障礙學生個別化教育計畫，以團隊合作方式進行教學及提供特殊教

育服務。

    3. 依身心障礙學生個別化教育計畫，進行課程調整，編選適當教材、採取有效教學策略，並提供相符之特殊需求領域課程。

    4. 身心障礙學生之學習評量，應依高級中等以下學校特殊教育課程教材教法及評量實施辦法之規定為之。

    學校校長應協調校內各單位共同辦理特殊教育工作。

    學校應主動連結校外支持網絡，以團隊合作方式執行身心障礙學生各項教學及輔導工作。學校行政執掌分工，整理如下：

▼ 表 1-4

行政處室	工作執掌
召集人： 校長	1. 審核年度特殊教育工作計畫。 2. 定期召開特推會會議、IEP會議，協調各有關人員。 3. 聘請特教專業教師。 4. 資源班行政視導。 5. 行政業務上的協調與督導。
特殊教育推行委員會	1. 審議及推動學校年度特殊教育工作計畫。 2. 召開安置及輔導會議，協助特殊教育學生適應教育環境及重新安置服務。 3. 研訂疑似特殊教育需求學生之提報及轉介作業流程。 4. 審議個別化教育計畫、個別輔導計畫、修業年限調整及升學、就業輔導等相關事項。 5. 審議特殊教育學生申請獎勵、獎補助學金、交通費補助、學習輔具、專業服務及相關支持服務等事宜。 6. 審議特殊個案之課程、評量調整，並協調各單位提供必要之行政支援。 7. 整合特殊教育資源及社區特殊教育支援體系。 8. 推動無障礙環境及特殊教育宣導工作。 9. 審議教師及家長特殊教育專業知能研習計畫。 10. 推動特殊教育自我評鑑、定期追蹤及建立獎懲機制。 11. 審議特殊教育班設班計畫、課程規劃及特殊教育方案。 12. 審議轉學或轉入不同群科身心障礙學生之學分數對照與認定。 13. 處理特殊教育相關業務。

行政處室	工作執掌
輔導室	1. 學生資料蒐集與分析、依相關測驗結果進行輔導。 2. 諮商與生涯規劃。 3. 結合相關教師、專業人員對具情緒與行為問題之身心障礙學生實施三級輔導，並共同執行行為功能介入方案。
教務處	1. 優先編班排課。 2. 課程規劃與調整。 3. 教材、教具與輔具提供。 4. 評量調整。 5. 補救教學及學習輔導。
學生事務處	1. 生活教育。 2. 體育衛生保健。 3. 學生綜合活動、生活管理及學生宿舍住宿輔導。
總務處	1. 無障礙校園環境建立。 2. 軟體與硬體設施改善。 3. 最少限制學習環境之提供。
實習處	1. 校內、外實習安排。 2. 建教合作。 3. 就業資訊與諮詢提供及就業輔導。 4. 未設實習處者，由學校指定單位為之。
圖書館	1. 提供相關圖書及視聽資料服務。 2. 未設圖書館者，由學校指定單位為之。
普通班級導師	1. 協助轉介個案。 2. 提供個案基本資料。 3. 協助資源教師共同擬定和進行IEP。 4. 該校無資源班或無特教班之普通班級任教師，依法規定必須替領有殘障手冊／證明的學生寫IEP。 5. 參與導師訓練，充實特殊教育知能。 6. 協助班上同學擔任特殊教育學生之輔導員。 7. 挑選合適的座位以利特殊學生學習。 8. 協調各任課教師接納特殊學生。 9. 協助學生在生活及教學上作適當的調整。 10. 提供學生在教室表現的資料。 11. 提供課程設計的資料。 12. 發展學科的年度目標和教學目標。 13. 明確指出學生在普通教育的能力及限制。

行政處室	工作執掌
資源教師	1. 負責資源班身心障礙學生個案管理工作。 2. 與普通班教師、家長、行政人員、學生及相關人員合作，共同擬定個別化教育計畫，並提供學生適性之課程、教學、評量、輔導與轉銜服務等。 3. 協助整合校內外教育及相關資源，例如：協助申請輔具、獎助學金等。 4. 協助辦理普通班之疑似身心障礙學生轉介前輔導與評量鑑定。 5. 提供普通班教師、相關人員及家長特殊教育諮詢與支援服務。
學生家長	1. 協助轉介個案。 2. 提供個案生長史等資料。 3. 積極支持並參與資源教室的各項活動。 4. 提供有關家長參與的能力和限制之資料。 5. 參與發展IEP的目標。 6. 提供兒童所接受其他服務的資料。
特教資源中心	1. 安排相關評量與支持性服務。 2. 安排相關專業團隊服務資源。 3. 辦理特教實務研討及親職教育研討。 4. 提供專業諮商與輔導。 5. 問題行為輔導。 6. 特教經費專款專用。 7. 相關測驗工具及輔具之借用與維護。 8. 協助鑑定、轉介特殊個案學生服務。 9. 提供特教學生及幼兒相關教育及運動輔具。

第三節 資源教室方案的支援服務

　　資源教室服務的對象除了特殊學生外，還有與特殊教育學生相關的所有任課教師、普通同學、學校行政人員等，服務的內容屬「支援」性質。以下便由資源教室服務對象，說明資源教室方案應提供的支援性服務（張蓓莉，1998）：

一、 特殊學生需求的支援服務

1.「認知或學業」方面有特殊需求者：提供學生具體經驗、練習的機會、調整作業難度、多感官學習以及教導學習策略。

2.「溝通」方面有特殊需求者：協助安排語言訓練、提供溝通輔具、口語練習或表達的機會等。

3.「行動能力」方面有特殊需求者：安排無障礙的物理空間，符合可到達、可進入即可使用的原則，如：斜坡道及扶手、升降機、殘障專用廁所等，以及適應體育之課程。

4.「情緒、人際關係」有特殊需求者：安排心理輔導或醫療處理。

5.「視覺」有特殊需求者：資源教室協助提供盲用電腦、擴視機、點字書籍、錄音服務、報讀服務等。

6.「聽覺」有特殊需求者：資源教室提供調頻式助聽器、溝通訓練或手語翻譯員等。

7.「健康狀況」有特殊需求者：資源教室安排適應體育或課業輔導，普通班老師則應視學生情況調整其活動方式或課業負擔。

8.「手部功能不佳」有特殊需求者：資源教室提供電腦作答取代作業或紙筆等評量方式。

二、 普通教師需求的支援服務

對普通班教師較適合的支援服務，是讓普通班教師對於身心障礙學生回歸主流的理念與作法有完整的認識，並能合時合地合宜的尋求特殊教育體系所提供的各項協助。茲分以下三方面來做說明：

1. 理念方面：能充分理解回歸主流式的安置對身心障礙學生的益處，與普通教師在此安置型態下應扮演的角色與專業的成長。

2. 作法方面：學校有哪些人力資源（例如：資源教師或輔導老師）或措施（例如：身心障礙學生就讀普通班減少班級人數或提供人力資源與協助辦法、無障礙評量等）。

3. 諮詢服務與在職訓練，可幫助普通教師接納並且知道如何修正既有教學與輔導措施。

三、 普通學生需求的支援服務

1. 瞭解障礙：普通生應瞭解什麼原因與情形造成這些障礙、這些障礙對人的影響是什麼？可運用各種可能的機會教育，而非僅依賴每年一次的學校特教週活動。因爲深切瞭解，才能眞正關懷。

2. 相處之道：瞭解身心障礙同學的需求爲何，並能正確合宜反應與協助，學習如何眞正接納身心障礙同學，建立愛與尊重的相處方式。

四、 學校行政人員需求的支援服務

1. 考量學生特殊需求：針對學生個別的需求狀況，提供學生適性服務與支持系統，如行動不便的學生需要無障礙的物理空間；視障、學障、書寫不便的學生，需要延長考試時間或變更評量方式等。

2. 瞭解相關法源：學校行政需嫻熟相關特教法令，據以修正學校相關法令，建構適合的行政支援系統，並訓練相關人員。

第四節 資源教室方案的服務對象

國中小的身心障礙資源班服務對象以輕度身心障礙學生爲主，且經各縣市鑑輔會鑑定後安置於資源班之各類鑑定通過或疑似具特殊教育服務需求之學生。然接受高中資源班的服務對象，一般而言，爲排除了智能障礙類及重度多重障礙類後的其他各類身心障礙學生；主要是因要進入普通高中就讀，需在國中基本學科能力上有一定的基礎才能勝任高中的課業，因此智能障礙及重度多重障礙類學生較不屬於高中資源教室的服務對象，這些學生多循教育部（2024b）「身心障礙學生升學輔導辦法」（參閱附錄七）進入綜合高中／特色高中的特教班或是綜職科或特殊學校。

茲將資源教室方案服務對象之鑑定與安置說明如下。依據「身心障礙及資賦優異學生鑑定辦法」（教育部，2024a）第2條規定鑑定方式爲：「身心障礙學生及幼兒之鑑定，應採多元評量，依學生個別狀況採取標準化評量、直接觀察、晤談、醫學檢查等方式，或參考身心障礙證明記載蒐集個案資料，綜合研判之。資賦優異學生及幼兒之鑑定，應採多元及多階段評

量，以標準化評量工具、各類鑑定基準規定之方式，綜合研判之。除一般智能及學術性向資賦優異學生之鑑定外，其他各類資賦優異學生之鑑定，均不得施以學科（領域）成就測驗。」第 23 條規定鑑定安置所需綜合研判資料及流程爲：「特殊教育學生及幼兒之鑑定，應依轉介、申請或推薦，蒐集相關資料，實施初步類別研判、教育需求評估及綜合研判後，完成包括教育安置建議及所需相關服務之評估報告。前項鑑定，各級主管機關鑑輔會應於每學年度上、下學期至少召開一次會議辦理，必要時得召開臨時會議。國民教育階段資賦優異學生之鑑定時程，應採入學後鑑定。但直轄市、縣（市）主管機關因專業考量、資源分配或其他特殊需求而有入學前鑑定之必要者，應經鑑輔會審議通過後，由主管機關核定實施，並報教育部備查。」第 25 條則爲重新評估的規定：「各級主管機關辦理特殊教育學生及幼兒之重新評估，以跨教育階段爲原則。經鑑輔會鑑定安置之特殊教育學生及幼兒，遇障礙情形改變、優弱勢能力改變、適應不良或其他特殊需求時，得由教師、法定代理人、實際照顧者或學生本人向學校、幼兒園或主管機關提出重新評估之申請；其鑑定程序，依第二十三條第一項規定辦理。主管機關並得視需要主動辦理重新評估。前二項重新評估，應註明重新評估之原因；身心障礙學生或幼兒應檢附個別化教育（支持）計畫，資賦優異學生應檢附個別輔導計畫。」（參閱附錄六），各縣市政府鑑輔會鑑定之常用工具、流程與表格，請參閱本書第 7 章。

現今十二年國民基本教育課程實施規範之適用對象，爲經各級主管機關依據「特殊教育法」（教育部，2023a）鑑定通過，就讀高級中等學校、國民中學、國民小學及特殊教育學校等各安置場所中之各類身心障礙與資賦優異學生。

1. 身心障礙學生：係指依據「特殊教育法」（教育部，2013）第 3 條，因生理或心理之障礙，經專業評估及鑑定具學習特殊需求，須特殊教育及相關服務措施之協助者；包括智能障礙、視覺障礙、聽覺障礙、語言障礙、肢體障礙、腦性麻痺、身體病弱、情緒行爲障礙、學習障礙、多重障礙、自閉症、發展遲緩及其他障礙等類別學生。

2. 資賦優異學生：係指依據「特殊教育法」（教育部，2023a）第 4 條，指有卓越潛能或傑出表現，經專業評估及鑑定具學習特殊需求，須特殊教

育及相關服務措施協助之情形者，包括一般智能資賦優異、學術性向資賦優異、藝術才能資賦優異、創造能力資賦優異、領導能力資賦優異及其他特殊才能資賦優異等類別學生。

第五節 資源教室方案教師編制與學生人數

依據「高級中等以下學校及幼兒園特殊教育班班級與專責單位設置及人員進用辦法」（教育部，2024e）第2條規定：「校及幼兒園為實施身心障礙教育，得設下列特殊教育班：

一、分散式資源班。

二、巡迴輔導班。

三、集中式特殊教育班。

學校為實施資賦優異教育，得設下列特殊教育班：

一、分散式資源班。

二、巡迴輔導班。

三、集中式特殊教育班，以高級中等學校設置者為限。……教師得為下列部分或全部之服務內容：

(一) 直接教學：依特殊教育學生（以下簡稱學生）及特殊教育幼兒（以下簡稱幼兒）需求，採抽離或外加時間，並以個別或分組方式實施課程與教學。

(二) 間接服務：以學生及幼兒為主體，提供需求評估與處理、個別晤談與指導、諮詢服務、入班觀察及其他特殊教育相關服務事項。

(三) 對學生及幼兒之普通班教師或教保服務人員，提供特殊教育協助及諮詢，或與其協同教學。

依據「高級中等以下學校及幼兒園特殊教育班班級與專責單位設置及人員進用辦法」（教育部，2024e）第3條規定：「學校及幼兒園設身心障礙特殊教育班者，其班級人數、教師及導師編制，規定如附表一。」及第4條規定：「學校設資賦優異特殊教育班者，其班級人數、教師及導師編制，規定如附表二。」第5條則規定：「直轄市、縣（市）主管機關得另

定優於第三條附表一及前條附表二規定之班級人數、教師及導師編制。」
而在教師助理員部分，則依第 8 條之規定：「身心障礙集中式特殊教育班，
每班安置經各該主管機關特殊教育學生鑑定及就學輔導會（以下簡稱鑑輔
會）鑑定，具中度以上障礙程度或學習生活上有特殊需求之身心障礙學生
或幼兒人數，達第三條附表一所定班級人數上限之二分之一時，置教師助
理員一人。

　　前項班級人數未達第三條附表一所定班級人數上限之二分之一時，
學校或幼兒園得進用時薪制教師助理員。學校或幼兒園未符前二項進用教
師助理員之規定或依前二項規定辦理後，得視班級內學生、幼兒身心障礙
程度與人數、提供交通車服務情形或其他特殊需求，報各該主管機關核准
後，增置教師助理員。」

　　而依第 9 條規定：「就讀普通班接受特殊教育之身心障礙學生或幼兒，
有下列情形之一者，得申請特教學生助理人員（以下簡稱學生助理員）：
一、經鑑輔會鑑定，具重度以上障礙程度。
二、無法自行進食、移動或呼吸，需要人力協助。
三、有嚴重情緒行為問題，或其他影響課堂進行或安全之行為，確有人力
　　支援需求。
四、學習生活上有特殊需求，確需人力支援。
　　前項學生助理員之申請程序如下：
一、由學生或幼兒之法定代理人、實際照顧者代為，或高級中等學校學生
　　自行向學校或幼兒園提出申請，由學校或幼兒園送各該主管機關提報
　　鑑輔會審議。
二、學校或幼兒園收受前款申請時，應列入個別化教育計畫或學校特殊教
　　育推行委員會討論。」

　　教師助理員及學生助理員之職責依該法第 10 條之規定：「教師助理員
應配合學校或幼兒園特殊教育班教師之教學需求，協助班級學生或幼兒在
學校、幼兒園學習、評量、上下學及其他校園生活需求事項。

　　學生助理員應在教師或教保服務人員督導下，提供學生或幼兒在學
校、幼兒園之生活自理、上下學及其他校園生活支持性服務。

　　教師助理員及學生助理員，應依學校及幼兒園之安排互相協助。」

▼附表一

班型	教育階段	班級人數（身心障礙學生或幼兒）	教師編制	導師（由教師兼任）	備註
分散式資源班及巡迴輔導班	幼兒園	不超過三十人	二人	一人	一班班級人數十五人以下時，得僅編制教師一人。
	國民小學	不超過二十人	二人	一人	一班班級人數十人以下時，得僅編制教師一人。
	國民中學	不超過二十四人	三人	一人	一班班級人數九人至十六人時，得僅編制教師二人；八人以下時，得僅編制教師一人。
	高級中等學校	不超過四十五人	三人	一人	一班班級人數十六人至三十人時，得僅編制教師二人；十五人以下時，得僅編制教師一人。
集中式特教班	幼兒園	不超過八人	二人	二人	不得採半班方式編制教師人數，亦即不得因班級身心障礙學生或幼兒人數減少，而減少各該班級之教師編制人數。
	國民小學	不超過十人	二人	二人	
	國民中學	不超過十二人	三人	二人	
	高級中等學校	不超過十五人	三人	一人	

▼ 附表二

班型	教育階段	班級人數（身心障礙學生或幼兒）	教師編制	導師（由教師兼任）	備註
分散式資源班及巡迴輔導班	國民小學	不超過二十四人	二人	一人	一班班級人數十二人以下時，得僅編制教師一人。
	國民中學	不超過三十人	三人	一人	一班班級人數十一人至二十人時，得僅編制教師二人；十人以下時，得僅編制教師一人。
	高級中等學校	不超過三十人	三人	一人	一班班級人數十一人至二十人時，得僅編制教師二人；十人以下時，得僅編制教師一人。
集中式特教班	高級中等學校	不超過二十五人	三人	一人	

第六節 資源教室方案的課程規劃

　　分散式資源班係指學生在普通班就讀，部分時間至資源教室接受特殊教育及相關服務。依「國民教育階段身心障礙資源班實施原則」（教育部，2011）、「十二年國基本教育特殊教育課程實施規範」及「十二年國基本教育特殊教育身心障礙相關之特殊需求領域課程綱要」（教育部，2019a、2019b）資源班之課程與教學需符合：

　　1. 資源班應採用正式與非正式評量，評估學生基本能力和特殊教育需求，以作為課程設計之依據。

2. 課程設計應依據學生需求，參照學生個別化教育計畫目標，並與普通班教師、家長及相關人員討論。

3. 課程內容可依據普通班課程或能力指標進行調整，調整方式包括簡化、減量、分解、替代、重整、加深、加廣、濃縮等。

4. 根據學生需求提供相符之特殊教育課程，例如：學習策略、社會技巧、溝通訓練、職業教育、定向行動等。

5. 定期評估課程之適切性，必要時應調整課程目標與內容等。

6. 資源班之教學採小組教學為原則。

7. 資源班教師應將相關專業人員之建議融入教學活動，並定期與普通班教師及相關專業人員討論學生之學習情形與成效。

8. 若校內同時設有集中式特教班、資源班或資優資源班，必要時應依特殊學生需求與目標安排課程與學習場所，並與其他教師以合作教學及輔導方式進行。

「高級中等以下學校特殊教育課程教材教法及評量實施辦法」（教育部，2023h）第 2 條明定：「高級中等以下學校（以下簡稱學校）實施特殊教育，應設計適合之課程、教材、教法及評量，載明於特殊教育學生（以下簡稱學生）個別化教育計畫或個別輔導計畫實施。前項課程實施之方式、內容、教材研發、教法、評量及其他相關事項，應符合中央主管機關所定特殊教育課程實施規範及相關課程綱要，並定期檢討修正。」

第 3 條說明學校適性課程之考量：「學校實施特殊教育課程，應考量系統性、銜接性與統整性，以團隊合作方式設計因應學生個別差異之適性課程，促進不同能力、特質及需求之學生有效學習。身心障礙教育之適性課程，除學業學習外，包括生活管理、社會技巧、學習策略、職業教育、溝通訓練、點字、定向行動、功能性動作訓練、輔助科技應用及其他特殊需求領域課程。

資賦優異教育之適性課程，除學生專長領域之加深、加廣或加速學習外，包括創造力、領導才能、情意發展、獨立研究及其他特殊需求領域課程。」同時第 4 條也說明：「學校實施特殊教育課程，應於不減少學習總節數之情形下，依學生之個別能力、特質及需求，彈性調整學習內容、歷程、環境、評量、學習節數及學分數。

前項課程之規劃，應經學校特殊教育推行委員會（以下簡稱特推會）審議，送學校課程發展委員會通過後，報各該主管機關備查。」

第 7 條則規範特殊教育之教法原則：「特殊教育之教法，應依下列原則爲之：

一、運用各種輔助器材、無障礙設施、相關支持服務、環境佈置及其他教學資源，提供最少限制之學習環境。

二、教學目標明確、活動設計多樣，提供學生學習策略與技巧，適時檢視教學效能及學習成果。

三、透過各種教學與班級經營策略，提供學生充分參與機會及成功經驗。

四、進行跨專業、跨專長、跨領域或科目之協同、合作教學或合作諮詢。」

明定排課方式除了應符合「國民教育階段特殊教育課程綱要總綱」（教育部，2011）之規範，且須依學生之個別差異與特殊需求與普通班教師、家長和學生協同討論，以不影響學生生理作息需求，並兼顧普通班與資源班雙方課程之銜接與完整性，將排定之課程載明於個別化教育計畫中。假若資源班課程排定後若有異動，則應通知普通班教師、家長與教務處。在校內排課的優先順序上，依「國民教育階段身心障礙資源班實施原則」（教育部，2011）、「教育部主管之高級中等以下學校身心障礙學生就讀普通班之教學原則及輔導辦法」（教育部，2023c）、「高級中等以下學校特殊教育課程教材教法及評量實施辦法」（教育部，2023h）之規定：「學校教務處排課時應考量資源班排課需求，提供優先排課之協助，例如：可採數個普通班的語文領域同時段排課，以利資源班學生抽離上課。」（請參閱附錄八至十一）

一、依上課方式分

㈠ 分組方式

1. 個別指導：針對學生的特殊學習需求或無法進行小組式學習者，進行單一個別指導教學活動。

2. 班級內小組教學：針對學生三至五人爲一小組，採同年級、學習型態同性質或程度相近爲小組作分組教學。

3. 跨班級、年級或學校之分組教學：上課時，有兩位教師同時對

一群體學生教學，一位教師為主要教師，進行整體性的教學活動；另一位教師為協助教師，依據學生的需求不同，進行學生的個別化指導或入班支援教學。

(二) 人力或資源運用方式

1. 個別指導或師徒制。
2. 協同或合作教學。
3. 同儕教學。
4. 科技及資訊輔具輔助教學。
5. 社區資源運用。

(三) 其他適合之特殊教育教法。

二、 依排課方式分

(一) 依學生的學習需求分類

資源班之排課方式應視學生之個別差異與特殊需求，故而在身心障礙學生編班之前，應於鑑輔會轉銜安置會議或校內特推會時考量其障礙狀況及補救教學學科需求，將類似科目需求及身障類型能相容者分組後，選擇教學風格與學生學習風格類型能配合的適性導師後，安置於同一班，但建議每班身心障礙學生以安置不超過三人為原則，再依身心障礙學生所獲人力資源及協助綜合評估後，申請酌減班級人數後編班。「校內可自行訂定適性導師辦法，給予擔任適性導師者相關獎勵，例如：職務編配分數加分或是給予嘉獎等，也可考量適性導師之輪休制度。若遇轉學生為普通學生，優先轉入輪休的適性導師班級，轉學生若為身心障礙學生，則依補救教學科目相同及障礙類別相容原則安置入相關班級。惟若兩原有補救教學科目相同的身心障礙學生之普通班在酌減人數後呈現班級人數相等情形，但其中一班為安置某一身心障礙學生後酌減人數三人，另一班為安置三位身心障礙學生後酌減人數三人，則該身心障礙轉學生應優先考量轉入安置三位身心障礙學生後酌減人數三人，因安置某一身心障礙學生後酌減人數三人的班級，該身心障礙學生所需之協助應在綜合評估後是大於另一個班的。」

前述作法乃依據「高級中等以下學校身心障礙學生就讀普通班減少班

級人數或提供人力資源與協助辦法」（教育部，2023h）第 3-5 條的規定，第 3 條針對應給予就讀普通班學生相關人力資源與協助：「學校爲兼顧班級內身心障礙學生及其他學生之教育需求，校長應協調校內各單位及相關人員完備融合教育支持網絡，提供普通班教師與身心障礙學生下列人力資源及協助：一、身心障礙學生有特殊教育需求者，由資源班教師或巡迴輔導教師進行特殊教育教學服務。二、身心障礙學生有生活自理或情緒行爲問題者，依其需求程度提供教師助理員或特教學生助理人員，以支持教師班級經營。三、身心障礙學生有專業團隊服務需求者，依其需求安排特殊教育相關專業人員、特殊教育教師、輔導教師提供諮詢或訓練服務。四、身心障礙學生有教育輔具需求者，依其需求提供教育輔助器具與設備。五、身心障礙學生有調整考試評量服務需求者，學校應提供相關人力執行報讀、製作特殊試卷、手語翻譯、重填答案等試務作業。六、輔導教師及特殊教育教師應合作提供身心障礙學生輔導。七、提供親師溝通及合作所需之協助與諮詢。八、提供辦理戶外教育所需之人力。九、提供融合教育之專業增能。前項第二款人力資源及協助，學校應報各該主管機關，提特殊教育學生鑑定及就學輔導會（以下簡稱鑑輔會）評估後，予以提供。」

第 4 條則規定減少班級人數作法，以使普通班導師能有更充裕的時間與精力照顧好每一個孩子：「學校依前條規定提供人力資源及協助後，認有減少普通班班級學生人數必要者，得報各該主管機關提鑑輔會評估後，減少班級人數；每安置身心障礙學生一人，減少該班級人數一人至三人，但有特殊情形者，不在此限。」

第 5 條則列出選擇適性導師的作法：「身心障礙學生就讀之普通班，其班級安排應由學校召開特殊教育推行委員會決議，依學生個別學習適應需求及校內資源狀況，選擇適當教師擔任班級導師，並以適性原則均衡編入各班，不受常態編班相關規定之限制。前項班級導師，有優先參加融合教育相關研習權利與義務，學校並應協助其課務及導師職務派代。」其排課應遵循「十二年國基本教育特殊教育課程實施規範」（教育部，2019a）進行規劃與安排，資源班教師授課節數依各直轄市、縣（市）相關規定辦理，學生各領域之學習節數之百分比得視其個別化教育計畫（IEP）進行彈性調整，依現行「國民教育階段身心障礙資源班實施原則」（教育部，

2011），資源班排課可採抽離、外加及入班支援教學等三種方式，茲分別說明如下：

1. 抽離式：指利用原班該科正式上課時間安排至資源班上課，抽離課程視學生個別之需求，以語文（國語、英文、鄉土）、數學、自然與生活科技等領域爲主，並宜採該學習領域全部抽離爲原則。如（國語文）一週的上課時數爲六節，則學生每週於國語科六節的時間即至資源班上課，只接受資源班的國語科教學服務，沒有接受原班的國語科教學，其他科目依此類推。

2. 外加式：係指利用學生非正式上課時間安排至資源班上課，例如：升旗、早自修、課後時間及彈性課程等。外加課程以符合學生學習之特殊需求領域課程爲主，其學習內涵包括職業教育、學習策略、生活管理、社會技巧、定向行動、點字、溝通訓練、功能性動作訓練、輔助科技運用等。除此之外，若主科（語文、數學、自然與生活科技等領域）的基礎能力不足，老師除了原本的抽離式教學，還可利用學生非正式上課時間替學生外加課程補救該領域的基礎能力。例如：學生原本在第六週要學分數的通分，但其九九乘法表的能力尚不足，因此資源班老師可利用第一至五週的早自習，替學生外加課程以補救九九乘法等基礎能力。

3. 入班支援教學：係指與普通班教師協調於適當課程時段進入普通班對學生進行教學或輔導，以協助學生在普通班中之學習參與、生活適應、情緒管理及人際互動等；其課程應訂定入班支援教學計畫，包括入班協同教學、合作教學或提供學習輔導等之具體作法。各直轄市、縣（市）政府訂定資源班教師授課節數時，應考量教師入班支援教學或間接服務之性質與工作量，予以合理核算計入授課節數中。

（二）依資源班與教務處的排課合作方式區分

1. 群組排課：此方式是抽取障礙程度及補救科目相同之身心障礙學生先做小分組，與適性導師配對後，再以班爲單位做補救科目相同的屬性班級分組，每組班級數依各校大小和主科教師的人數而異，通常是越大型的學校，越適用群組排課方式，因其班級數及科任老師數均足以作此彈性安排。因爲是採學習領域全部抽離的方式，所以每學期教務處排課前應先瞭解資源班之排課需求，使排出來原班課表與資源班的課表一致，亦即學

生在資源班接受國語補救教學時，該時段同時也是原班的國語課，因此同時抽取的普通班級之科任老師應為不同人。所以教務處在排課時，科任老師應採區塊排課，若有兼任老師則應事先告知及調整。國中部分則除了前述措施之外，建議各科任老師或導師在教授自己專長科目時應不堅持排同一年段，以利群組排課的彈性運用。簡單舉個例子如下：

假設某校程度相同的學習障礙和智能障礙學生分別被編入三年一班及五班，資源班老師同時抽取這兩班的學生進行國語及數學補救教學時，教務處依據資源班排課之需求所排出的普通班課表如下所示。

教務處排出的二班主科課表：

兩班身心障礙學生資源班的排課需求課表

	一	二	三	四	五
1			國		
2	數		數	數	國
3				國	數
4		國			
5		國			
6					
7					

教務處依資源班排課需求，所排出兩班的課表如下：

三年一班

	一	二	三	四	五
1			國		
2	數		數	數	國
3				國	數
4		國			
5		國			
6					
7					

三年五班

	一	二	三	四	五
1			國		
2	數		數	數	國
3				國	數
4		國			
5		國			
6					
7					

2. 混合群組排課：與群組排課方式大致相同，旨在因應學校無法排出資源班與原班相同的課表，而採取部分課程混合群組排課，所以在資源班某一科的時間，不一定和原班同一時間上課。例如：如國一新生欲抽離的課程為國、英、數，而普通班上這三科的時間則為共同時段，並進行抽離到資源班上課，此時資源班上的可能是國文，但甲班上的是英語，而乙班上的可能是數學，但課程整體學習領域節數仍需上夠節數與時間，以利課程完整呈現與普通班課程銜接。此方式對於抽離節數較多的資源班較易排課，彈性較大，對於小校較易解決某科師資不足的問題。簡單舉例如下：

教務處排出的二班主科課表：

一年甲班課表

	一	二	三	四	五
1			國	國	
2	英		英	數	數
3	數	英	數	英	國
4		國			
5					
6					
7					

一年乙班課表

	一	二	三	四	五
1			國	英	
2	數		數	數	國
3	英	英	英	國	數
4		國			
5					
6					
7					

這兩班身心障礙學生在資源班的課表

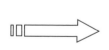

	一	二	三	四	五
1			數	英	
2	數		英	國	國
3	英	國	國	數	數
4		英			
5					
6					
7					

3. 區域留空排課：由教務處將特殊學生必須到資源班上課的時段或區域空出來（如彈性課程及早自習或課後時間），該區域時段由資源班為特殊學生排課，學生除接受原班課程之外，於外加的時段也接受資源班額外的加強課程，適用於無法做到群組排課的學校。簡單舉例如下：

教務處排出的二班主科課表：

四年二班課表

	一	二	三	四	五
1			國	國	
2				數	數
3	數		數		國
4	數	國			
5		國			
6					
7					

四年五班課表

	一	二	三	四	五
1			國		
2	數		數	數	國
3				國	數
4		國			
5		數			
6	國				
7					

這兩班身心障礙學生在資源班的課表

	一	二	三	四	五
早自習／升旗	國	數	國	數	國
1					
2					
3					
4					
5					
6					
7					

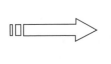

4. 併用方式的排課：以上二種或三種排課方式並行使用，各校可依據學校的行政方式及學校班級數的規模彈性規劃排課的方式，以適用於學生的需求。

三、 課程型態

根據整理自 Hallahan、Lloyd、Kauffman、Weiss 和 Martinez（2005），Kirk、Gallagher、Anastasiow 和 Coleman（2006），以及 Lerner（2003）等學者之觀點，描繪出以下之學習歷程圖：

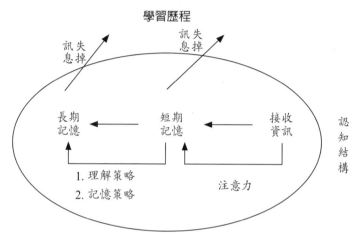

學習歷程

▲ 圖 1-2　學習歷程圖

根據前述學者所統整之學習歷程，在資源班課程規劃上，他們也認為有效的資源班教學應符合以下原則：(1) 連接學生起點能力；(2) 教材重點結構分析；(3) 多元感官適性訓練；(4) 學習策略直接訓練；(5) 善用具體提示方式；(6) 採用立即回饋方法；(7) 多予正向明確鼓勵；以及 (8) 評量學生進步情形。同時在國小基礎課程階段，需特別注重學生弱勢課程之補救教學。中學階段時，因學生的弱勢課程可能已完全跟不上原班進度，可能需在補救教學過程，更注重學生優勢課程能力的培養。高中教育階段，除優勢課程的持續協助發展外，更應注重能與學生未來職涯之結合與培養。

依據十二年國民基本教育總綱之「自發」、「互動」與「共好」的發展理念，以「啟發生命潛能」、「陶養生活知能」、「促進生涯發展」及「涵育公民責任」四項總體課程目標，說明如何應用於身心障礙學生與資賦優異學生之課程設計，以協助學生學習與發展。

　　依據「十二年國基本教育特殊教育課程實施規範」（教育部，2019a）之規定，特殊教育學生（含安置在不同教育情境中的身心障礙或資賦優異學生）經專業評估後，得外加或融入其所需之特殊需求領域課程，包括：生活管理、社會技巧、學習策略、職業教育、溝通訓練、點字、定向行動、功能性動作訓練、輔助科技應用、創造力、領導才能、情意發展、獨立研究或專長領域等。特殊需求領域課程任一科目的實施，可採融入普通學習領域的方式，也可以採單獨實施的方式，當然也可以合併兩種方式。

　　十二年國民基本教育依學制，分為國民小學教育、國民中學教育、高級中等學校教育。又依學生之身心發展狀況分為五個學習階段，各學習階段分別有不同的重點。考慮到身心障礙學生特殊教育需求的多樣性，以及身心障礙相關之特殊需求領域課程九個科目的性質，學習階段的劃分如下：「社會技巧」、「學習策略」、「職業教育」等三科係以搭配學生普通領域課程進行，學習階段與普通教育一致，分為五個學習階段。「生活管理」、「溝通訓練」、「定向與行動」、「點字」等四科，考慮到學生有該科需求的時間未必與生理年齡一致，所以分為「初階」及「進階」二個學習階段。原則上「初階」的學習是屬於基本的與簡單的，「進階」的學習則為較複雜的或難度較高的。「功能性動作訓練」與「輔助科技應用」二科，不分學習階段，由教師依學生狀況選擇適合的學習重點。

　　身心障礙相關之特殊需求領域課程九個科目分別的課程目標，是結合核心素養發展出來的。各科的學習重點則是依據該科的課程目標，呼應該科之核心素養訂出。學習重點包括學習表現與學習內容兩項。學習表現強調以學習者在認知、情意與技能方面的表現。其中認知方面包括記憶、理解、應用、分析、評鑑、創造等；情意方面包括接受、反應、評價、價值組織等；技能方面包括：感知、準備狀態、模仿、調整、獨創等。學習內容是指教師教學的內容，可以包括重要事實、概念、原理原則、技能、態度、後設認知等。

　　身心障礙相關之特殊需求領域課程九個科目，均有不同學習階段的學習表現與學習內容，分別以編碼方式呈現。最後一碼是流水號，但不等同教學次序，特教教師可根據個別學生需求選取適合的學習重點。基於是由「課程綱要」的原則規劃，所有內容係提供教師參考，引導教師發展及實

施課程,而非「課程標準」、「教師手冊」或「編序教材」。使用課綱的特教教師宜針對學生需求,彈性選擇或調整學習階段及學習重點。學習重點分為學習表現與學習內容,但兩者間並非一對一的關係。一個學習表現可能需要經由接受不同的學習內容才可以達成。同樣的一個學習內容可能與好幾個學習表現都有關聯。特教教師可以自行選用或增加學習表現或學習內容的項目。「學習重點」中的「學習表現」可以是教師擬定學生學年學期教育目標的參考,但非唯一的依據。

(一) 補救性和功能性科目

生活管理、社會技巧、學習策略、職業教育、溝通訓練、點字、定向行動、功能性動作訓練、輔助科技應用等九科的特殊需求領域課程發展原則,請參考十二年國民基本教育課程綱要,以及特殊類型教育課程實施規範。針對身心障礙學生適性學習需求,若課程的重點在學科的補救教學,則特殊需求領域課程中的學習策略會扮演較主要的課程架構設計來源,而若是強調學習內容與生活所需具備技能相結合的功能性學習重點,則特殊需求領域課程中的生活管理、社會技巧、職業教育、溝通訓練、點字、定向行動、功能性動作訓練、輔助科技應用,會扮演較主要的課程架構設計來源。以下簡述各科目的要點,與其他特殊需求領域科目、普通學習領域的關聯。

1. 生活管理:強調學生能具備獨立生活的能力。學習表現包括:自我照顧、家庭生活、社區參與及自我決策等四個向度。學習內容則包括:飲食、衣著、個人衛生、健康管理、財務管理、環境清潔與衛生、居家安全、休閒活動、自我保護、行動與交通安全、社區生活、獨立自主與自我管理、心理賦權與自我實現。生活管理學習重點中的項目,可能與社會技巧、學習策略、溝通訓練、功能性動作訓練、輔助科技應用等科目有關聯,也與學校生活及普通學習領域中的「生活課程」、「健康與體育」、綜合活動有較多的關聯。

2. 社會技巧:強調學生能有效處理自身的情緒壓力,瞭解學習與互動技巧,增進社會參與。學習表現包括:處理情緒技巧、處理壓力技巧與自我效能訊息的解讀、基本溝通技巧、人際互動技巧、處理衝突技巧、多元性別互動技巧、學校基本適應技巧、家庭基本適應技巧和社區基本適應

技巧。學習內容則包括：自我行為與效能、溝通與人際的互動、家庭與社會的參與。社會技巧學習重點中的項目，可能與生活管理、學習策略、溝通訓練、輔助科技應用等科目有關聯，也與學校生活及普通學習領域中的「綜合活動」有較多的關聯。

3. 學習策略：期盼學生具備有效的學習方法，增進學習效果。學習表現包括：提升認知學習、提升學習態度與動機、運用環境與學習工具，以及發展後設認知策略。學習內容則包括：認知策略（包括注意力、記憶力、組織策略、理解策略）、增進態度與動機的方法、調整學習環境與運用學習工具的方法、自我調整、監控、檢核與時間管理。學習策略學習重點中的項目與輔助科技應用有關，也與普通學習領域中所有學習領域都有關聯。

4. 職業教育：本科目培養學生就業前的準備，並非特定領域的工作技能。學習表現包括：瞭解工作資訊、具備求職技巧、能獨立工作、具備安全及意外事故處理的能力、有良好的工作習慣、可以適應工作變化，以及與他人合作。學習內容則包括：工作知識、基本工作技能、工作態度等。職業教育學習重點中的項目可能與生活管理、社會技巧、溝通訓練、功能性動作訓練、輔助科技應用有關，也與普通學習領域中的語文、數學、綜合活動領域有關。

5. 溝通訓練：強調學生參與社會所需具備的基本溝通能力與態度。學習表現包括：運用感官或溝通輔具理解溝通訊息、運用多元溝通方式表達自己的意見。能夠具備流暢有效的溝通方式與人交流互動，並能參與各項活動。學習內容則包括：非口語訊息、口語、手語、輔助溝通系統。溝通訓練學習重點中的項目與生活管理、社會技巧、輔助科技應用有關，也與普通學習領域中所有學習領域都有關聯。

6. 點字：培養學生因無法明視及書寫文字的替代學習方式。學習表現包括：熟練點寫與摸讀注音符號、英文、數學、物理、化學、音樂符號系統的技能，並能以點寫、摸讀技能參與社會。學習內容則包括：點字系統、點寫工具、點字規則等。點字學習重點中的項目與功能性動作訓練、輔助科技應用有關，也與普通學習領域中的語文、社會、數學、自然科學（物理、化學）、藝術（音樂）學習領域有較多關聯，而點字的應用會出

現在日常生活與所有的學習領域中。

7. 定向行動：培養學生利用多感官知覺，提升對環境的認識，能夠活用定向行動技能參與並融入社會。學習表現包括：能建構心理地圖、在各種環境中獨立行走、倡議視障者所需要的無障礙環境。學習內容則包括：感覺訓練、與定向行動有關的概念發展與統整、定向系統與應用、行動技能與運用、求助禮儀等。定向行動學習重點中的項目可能與社會技巧、溝通訓練、功能性動作訓練、輔助科技應用等有關，也與普通學習領域中的數學、健康與體育有關，而定向行動的應用則出現在日常生活中。

8. 功能性動作訓練：強調學生運用功能性動作能力參與日常生活。學習重點包括：四肢與軀幹的活動能力、與日常生活相關的動作能力、運用功能性動作能力參與生活作息及各項學習活動。學習重點則包括：四肢與軀幹的關節活動、身體姿勢的維持、身體姿勢的改變、移位、移動、手與手臂的使用、手部精細操作、雙側協調與眼手協調、動作計畫、交通工具的乘坐與駕駛。功能性動作訓練學習重點中的項目可能與生活管理、職業教育、點字、輔助科技應用等有關，也與普通學習領域中的健康與體育有關，而普通學習領域教師也需要瞭解學生功能性動作能力，提供適當的教具或學用品。

9. 輔助科技應用：培養學生瞭解可以協助生活、溝通與學習的各種科技或電腦產品，進而願意使用，並能提升生活與學習品質。學習表現包括：認識、正確操作、維護所需使用的輔具，並能排除簡單故障。學習內容則包括：視覺輔具、聽覺輔具、行動移位與擺位輔具、閱讀與書寫輔具、溝通輔具、電腦輔具、生活輔具、休閒輔具及其他輔具。輔助科技應用學習重點中的項目可能與身心障礙有關的特殊需求領域其他八科都有關，也與普通學習領域的科目有關。

(二) 充實性科目

對資賦優異學生的課程需求而言，充實性課程係依據學生的特殊學習需求，提供學生認知內容的深度、廣度與過程、技能更高層次的學習發展，包括超越教育部制定的領域科目，擴大學習的領域範疇，學習複雜的理論、概念與議題，應用問題解決、批判性與創造性等思考技能，促進情

意發展、學習動機與生涯興趣。以下簡述各科目的要點：

1. 情意發展：情意發展課程包含「啟發潛能、精進自我」、「增能應變、發展生涯」、「適應環境、參與社會」三個主軸與十五個項目，與總綱核心素養「自主行動」、「溝通互動」與「社會參與」三大面向呼應。十五個學習表現項目涵蓋資優特質、能力成就與期待、正向情緒激發與維持、人生關懷與心靈休養、壓力調適、強化韌性、興趣與動機、生涯試探與規劃、溝通表達與同理、資訊運用與批判、美感涵養、利己與利他、家庭適應、學校適應、文化認同與國際連結。

2. 領導才能：領導才能課程包含任務導向、關係導向、變革導向三個主軸與八個項目，八個學習表現項目涵蓋釐清角色與目標、擬定計畫、監督過程、善用心理支持、協助個人發展、肯定團隊貢獻、掌握環境、實踐願景。

3. 創造力：創造力課程包含創造性人格特質、思考歷程、創意成果三個主軸與十四個項目，十四個學習表現項目涵蓋具備好奇心、豐富想像力、嘗試冒險、勇於挑戰、堅持毅力、擴散性思考、聚斂性思考、流暢、變通、獨創、精進、實用、支持回饋、克服逆境。

4. 獨立研究：獨立研究課程包含研究態度、研究概念與思考能力、獨立研究技能三個主軸與十五個項目，十五個學習表現項目涵蓋探索的興趣、溝通與合作、動機與毅力、學術與研究倫理、研究內涵、批判思考、問題解決、自我引導學習、界定研究問題、擬定研究計畫、文獻蒐集與分析、運用研究工具、資料分析與解釋、研究成果展現、研究成果評鑑。

四、課程調整

十二年國民基本教育課程強調以學生在各領域／科目的學習功能缺損或優異程度，再決定其所需的調整，課綱定位在提供課程設計之參考，而並非教學指引。因此，課程調整不是根據障礙／資優類別及安置場所進行特殊教育學生的整體課程規劃，而是要依據學生個別化教育計畫／個別化輔導計畫之能力現況與需求評估，發掘學生在每一項領域／科目之能力或表現情形，調整每一位特殊教育學生的學習內容、歷程、環境與評量（教育部，2019）。

　　由於十二年國民基本教育課程實施規範之適用對象，需參照其每一領域／科目之學習表現作為該領域／科目調整之依據，故需依學生在各領域／科目表現區分為學習功能無缺損、學習功能輕微缺損、學習功能嚴重缺損及學習功能優異，作為本課程實施規範適用對象在特定領域／科目課程規劃及實施之依據。

　　所謂學習功能無缺損領域／科目，係指學生在某一特定領域／科目學習功能與一般同年齡或同年級學生相近，該領域／科目需依據總綱與該領域課程綱要之規劃與安排。惟學校應依學生之個別需要，根據其個別化教育計畫會議之決議，提供學習輔具、環境與評量調整、行為功能介入方案與其他支持策略或相關服務等之協助。

　　所謂學習功能輕微缺損領域／科目，係指學生在某一特定領域／科目的學習非僅因學習動機和成就低落之影響，而係因其身心障礙之限制，造成與一般同年齡或同年級學生有部分落差。該領域／科目需依據總綱與該領域課程綱要之規劃與安排。惟學校應依學生之個別需要，根據其個別化教育計畫會議之決議，提供該學習功能輕微缺損領域／科目之原班課程調整或外加式課程、或得至普通班級或在社區／職場中以調整該領域／科目課程之方式進行融合教育，以及提供在原安置班級所需之學習輔具、環境與評量調整、行為功能介入方案與其他支持策略或相關服務之協助。

　　所謂學習功能嚴重缺損領域／科目，係指學生在某一特定領域／科目因身心障礙影響致使其學習成就嚴重落後一般同年齡或同年級學生。該領域／科目課程需先參考總綱與該領域課程綱要進行規劃。惟學校得依學生個別需要，根據其個別化教育計畫會議之決議，彈性調整該領域／科目之課程內容，進行抽離式教學或在原安置之集中式特殊教育班進行教學，或增減該學習領域／科目之節數／學分數，且提供所需之學習輔具、環境與評量調整、行為功能介入方案與其他支持策略或相關服務等之協助。

　　所謂學習功能優異領域／科目，係指資賦優異學生在某一特定領域／科目表現優異或具潛能者（包括身心障礙及社經文化地位不利之資賦優異學生，該領域／科目之課程需與一般學生相同為原則，依據總綱與該領域課程綱要之規劃安排。惟各級學校需依上述各類資賦優異學生之個別需要，根據其個別輔導計畫會議之決議，提供學習功能優異領域／科目之濃

縮、抽離或外加式之充實教學。濃縮之領域／科目宜與原普通班之任課教師相互配合。身心障礙資賦優異學生除需根據個別輔導計畫針對其學習功能優異領域／科目提供教學外，並需將個別輔導計畫納入個別化教育計畫中，提供其他學習功能缺損之領域／科目所需之特殊教育、相關服務、支持策略、行為功能介入方案與行政支援。

(一) 學習功能缺損領域／科目課程調整的向度與方式

1. 學習內容的調整：學習內容的調整包含十二年國民基本教育課程綱要中，各領域／科目之節數／學分數與學習重點（含學習表現與學習內容）的調整。

學習重點（含學習表現與學習內容）的調整，針對學習功能缺損領域，調整方式主要為「簡化」、「減量」、「分解」、「替代」、「重整」，調整各教育階段之領域／科目的學習重點（含學習表現與學習內容），再根據調整過後的核心素養及學習重點，以課程與教材鬆綁的方式安排學習節數／學分數與決定學習內容。故而該領域／科目的節數或是學分數的調整，需依學生在該領域／科目之學習重點的調整結果，再經學生個別化教育計畫會議決議，並由學校特殊教育推行委員會同意後執行。

(1) 簡化：是指降低各領域／科目學習重點的難度。例如：在國語文學習表現上，「2-I-1 以正確發音流利的說出語意完整的話」，可簡化為「說出語意完整的話」；「2-I-3 與他人交談時，能適當的提問、合宜的回答，並分享想法」，可簡化為「與他人交談時，可合宜的回答」。若同時要簡化學習表現與學習內容，例如：學習表現「5-III-10 結合自己的特長和興趣，主動尋找閱讀材料」呼應學習內容「Ad-III-3 故事、童詩、現代散文、少年小說、兒童劇等」，可對應簡化為學習表現「結合自己的興趣尋找閱讀材料」呼應學習內容「故事、童詩、少年小說等」。

(2) 減量：若學習重點對學生而言分量過多，可保留對學生而言是關鍵且重要的部分，適度減少學習分量。例如：在學習表現上「4-II-1 認識常用國字至少 1,800 字，使用 1,200 字」，減量為「認識常用國字至少 1,200 字，使用至少 500 字」，呼應學習內容上「Ab-II-1 1,800 個常用字的字形、字音和字義」，減量為「1,200 個常用字的字形、字音和字義」；「Ab-II-2 1200 個常用字的使用」，減量為「500 個常用字的使用」。

(3) 分解：針對內涵上較為龐雜，學生在原規範時段內習得所有項目內容有所困難的學習重點，可將各領域／科目學習重點分解成數個小目標或學習內容，在同一階段或不同學習階段分段學習，以便學生的學習能循序漸進。例如：學習表現「2-I-3 與他人交談時，能適當的提問、合宜的回答，並分享想法」，可分解為「與他人交談時，會適當的提問」、「與他人交談時，可合宜的回答」、「與他人交談時，會分享想法」，後續學習表現「2-V-2 討論過程中，能適切陳述自身立場，歸納他人論點並給予回應，達成友善且平等的溝通」，可分解為「討論過程中，能適切陳述自身立場」、「討論過程中，能歸納他人論點並給予回應」、「討論過程中，可達成友善且平等的溝通」，所呼應的學習內容「Bd-V-1 以事實、理論為論據，達到說服、建構、批判等目的」，可分解成「以事實、理論為論據，達到說服目的」、「以事實、理論為論據，達到建構目的」、「以事實、理論為論據，達到批判目的」等。

(4) 替代：針對某些因其障礙因素，無法以一般學生慣用方式達成學習目標，而需以另外方式或科技輔具協助達成原來領域／科目學習重點的學生，可採行之課程調整方式。例如：對有書寫表達障礙的學生，學習表現「6-V-2 廣泛嘗試各種文體，發表感懷或見解」，可能的調整替代方式為「運用電腦輸入或是語音輸入系統，廣泛嘗試各種文體，發表感懷或見解」，其所呼應學習內容「Bb-V-4 藉由敘述事件與描寫景物間接抒情」，可替代為「熟悉運用有利敘述事件與描寫景物的電腦輸入或是語音輸入系統」。也可針對閱讀障礙學生將學習表現「5-II-10 透過大量閱讀，體會閱讀的樂趣」，替代為「透過報讀軟體大量閱讀，體會閱讀的樂趣」。

(5) 重整：為因應學生適性學習需求，可將該學習階段或跨學習階段之學習重點，進行新的相似功能、類別團體、相似描述、時間序列的組合安排，也可以是重新詮釋或轉化成生活化或功能化的學習目標與內容。例如：在國語文學習表現「1-II-3 聽懂適合程度的詩歌、戲劇，並說出聆聽內容的要點」，可重整為「聽懂適合程度的日常生活短文、故事、短劇，並說出聆聽內容的要點」；也可以是在英語文學習表現「1-II-2 能聽辨英語的子音、母音及其基本的組合」，重整為「能先聽辨英語的母音，接續子音及其基本的組合」。

以上這五種調整方式，可以是學生的能力與需求，彈性調整其中一種或是多種調整方式，例如：可同時使用簡化和減量方式。但若學生因障礙限制，學習功能嚴重缺損而無法在該領域／科目原學習重點進展學習時，可考量採重整方式或是替代調整，因在課程減量調整過程需特別慎重，避免學生因在該學習階段未學習到被減量的學習重點，以致影響下一學習階段的學習。

2. 學習歷程的調整：學習歷程的調整乃指綜合評估特殊教育學生適性學習需求，藉由設計有效的教學策略、安排融入式教學活動、營造正向支持學習氛圍，促使學生積極參與學習，有效提升學習效能。常見的調整作法如下：

(1) 依據特殊教育學生的適性學習需求，善用各種能引發其學習潛能之學習策略，並適度提供各種線索及提示，例如：協助學生畫重點、教導關鍵字、提供閱讀指引、運用心智組織圖等。

(2) 採用工作分析、多元感官、直接教學、合作學習、合作教學、多層次教學或區分性教學（差異化教學）或選擇具有研究數據驗證支持的教學方法與策略等，並配合講述、示範、發問、運用輔助科技、圖解、操作、實驗、角色扮演等不同的策略及活動進行教學，或調整教學地點和情境，以激發並維持特殊教育學生的學習興趣與動機。必要時得穿插一些遊戲活動或將教學活動分段進行，並多安排學生練習表現的機會。

3. 學習環境的調整：學習環境的調整宜依據個別學生之身心狀況與適性學習需求，營造物理及心理的無障礙學習環境，常見的調整作法如下：

(1) 物理環境的調整：以提供特殊教育學生友善校園，以及安全、安心且無障礙的學習環境為首要考量。得依據個別學生之身心狀況與需求，進行教室採光、通風、溫度、教室布置、教學設備資源、教室位置、動線規劃、學習區、座位安排等物理環境的調整。

(2) 心理與融合教育環境的營造：提供所需的義工、志工、教師助理員或特教學生助理人員等人力協助，並得由縣市特殊教育資源中心、學校各處室等提供各項行政支援，以及提供教師、同儕等自然支持之心理與融合教育環境的調整。

4. 學習評量的調整：特殊教育學習評量應依學生之個別化教育計畫實施多元評量，包括學生起點行為之評估及持續性的形成性評量，並依據學年與學期教育目標作總結性評量。評量方式得採動態評量、檔案評量、實作評量、生態評量與課程本位評量等多元評量的方式。學習評量的調整可依「身心障礙學生考試服務辦法」（教育部，2012），衡酌考生之考試科目特性、學習優勢管道及個別需求，提供適當之試場服務、輔具服務、試題（卷）調整服務、作答方式調整服務及其他必要之服務。身心障礙學生參加校內學習評量，學校提供之各項服務，應載明於個別化教育計畫內。分述如下：

(1) 試場服務

①調整考試時間：包括提早入場或延長作答時間。

②提供無障礙試場環境：包括無障礙環境、地面樓層或設有昇降設備之試場。

③提供提醒服務：包括視覺或聽覺提醒、手語翻譯或板書注意事項說明。

④提供特殊試場：包括單人、少數人或設有空調設備等試場。

(2) 輔具服務：包括提供擴視機、放大鏡、點字機、盲用算盤、盲用電腦及印表機、檯燈、特殊桌椅或其他相關輔具等服務。

(3) 試題（卷）調整服務：包括調整試題與考生之適配性、題數或比例計分、提供放大試卷、點字試卷、電子試題、有聲試題、觸摸圖形試題、提供試卷並報讀等服務。

(4) 作答方式調整服務：包括提供電腦輸入法作答、盲用電腦作答、放大答案卡（卷）、電腦打字代謄、口語（錄音）作答及代謄答案卡等服務。

(二) 學習功能優異領域／科目課程調整的向度與方式

學生在特定領域／科目學習功能優異時，宜以同年段之課程採加深、加廣與濃縮的方式調整該領域／科目的核心素養及學習重點，再根據調整過後之核心素養及學習重點編選具挑戰性的教材，得參考《特殊教育學生課程調整應用手冊》（教育部，2019）中，屬於資優學生的專長領域／科目部分進行課程規劃與實施教學。故而依據學生個別化輔導計畫中之能力現況與需求評估，發掘學生在每一項領域／科目之能力或表現情形，調整

其學習內容、歷程、環境與評量（教育部，2019）。建議調整方式分述如下：

1. 學習內容的調整：學生在特定領域／科目學習功能優異時，其學習內容應調整其領域／科目的核心素養及學習重點，再依據調整後的核心素養及學習重點，編選具有挑戰性的教材，增加課程的深度與廣度，必要時，得調整學習節數／學分數、部定或校定課程，實施同年級、跨年級或跨校學習群組一起學習。調整原則建議如下：

(1) 加深

①教師在有利擴展學生的學習經驗原則下，規劃課程內容可比普通教育課程內容豐富、深入與困難，以垂直的充實方式加深各教育階段之各領域／科目核心素養及學習重點的深難度。

②教師在促進發展高層次概念與高階抽象思考推理能力前提下，可運用更進階、複雜、多變、抽象的概念與教材進行教學，如此課程內容調整會隱含課程加速的成分，但不會涉及提早入學、跳級等調整修業年限制度。

(2) 加廣：有別於普通教育普遍通用的補充教材，教師在綜合評估學生的興趣、喜好與個人學習風格時，在有利學生延伸學習就讀教育階段內各個領域／科目課程原本未安排的學習經驗，增加各教育階段內各個領域／科目核心素養及學習重點的廣度及多元性，亦即水平的充實方式。

(3) 濃縮：主要目的希望確認學生在課程規劃前原已有的先備能力，避免重複上課或過度練習，在不影響學生普通教育課程內容的前提下，將各教育階段內各個領域／科目核心素養及學習重點加以結合，經由預試及教學診斷，刪除或精簡學生已經精熟的學習內容，以提升其學習動機與效能。若要進行濃縮課程，教師在教學前與過程中須注意以下進行步驟：

①教學前先確認領域／科目學習重點，自行發展或選用相關預試及診斷工具。

②找出課程濃縮可能對他們有用的學生進行相關預試及診斷，瞭解學生精熟某些領域／科目學習重點的程度。

③為某些已經表現精熟這些領域／科目學習重點的學生，減少練習或教學內容及時間，並提供充實或加速課程給原課程濃縮的學生。

④為某些未表現精熟這些領域／科目學習重點，但有能力更快學習的學生，則可以加速教學流程。

⑤前述歷程及相關紀錄應予保留，並載明於學生的個別化輔導計畫中。

2. 學習歷程的調整：教師宜靈活運用適當的教學技巧，並採取以學生為中心的學習歷程方式，針對特定領域／科目學習功能優異的學生，其教學過程則宜由記憶、瞭解、應用、分析、評鑑及創造等不同層次之認知歷程，進行事實、概念、程序及後設認知等知識教學，以使資優學生能在學習互動中自行尋找問題的解決方式。或允許學生選擇主題探討，進行獨立、深度與自我導向的專題研究或創作，朝向解決問題、創造與批判性等高層次思考，以及歸納和演藝的推理能力，以情意培養為導向，提升其與自我、與他人、與社會及與自然互動之能力。其可能的調整方式如下：

(1) 藉由開放式問題引導高層次思考：鼓勵學生對學生間的多元互動與回答，也鼓勵學生自我或是向同學及老師提問，引導學生對有興趣主題由基礎的記憶或理解層次，更深入的進行應用、分析、評鑑與創造性的思考和探究。

(2) 建構學生為中心的發現式學習：發現式學習的重點即在於協助學生自己須找出知識的意義、結構、自行整合或組織想法的自我發現，也在於學生協助學生透過實作，進行觀察、分類、命名、描述與推理，並能自行歸納結論或推論到其他情境事物的自我習得知識。

(3) 自由選擇與證據推理：資賦優異學生需有選擇研究主題的自由，教師協助其在證據推理的原則下覺察自己的思考歷程，解釋自己得到答案的分析過程，並學會善於聆聽或觀察別人如何分析問題，以便能在更精進思考歷程的情形下，運用不同的方法來處理操作與轉換資訊，選擇創造以不同型態來呈現作品，並明智選擇或營造適合自己的研究學習環境。

(4) 彈性教學進度與多樣性學習歷程：在讓學生擁有更多思辨與思考時間的原則下，提供多樣性的學習歷程，可彈性調整教學進度。多樣性的學習歷程可以涵蓋在教學過程中，彈性運用各種適性教學方法，例如：區分式教學或是合作學習等，鼓勵學生參與討論、實驗、模擬、小組活動等；也可以是使用多種不同教學媒介，例如：資訊科技、學習角、戶外教學、良師典範、實地參訪、操作示範等，更可以只是允許學生在相同的時間、地點做不同的事情等。

3. 學習環境的調整：針對該領域／科目學習功能優異的學生，宜提供具有挑戰性、豐富的探索、討論及創作的物理環境，得在校園設計學習角、學習中心或提供個別學習桌，並得利用校外環境進行參觀、實察或訪談。學校宜提供尊重、互動、接納及支持的社會心理環境，以激發學生的學習動機，並增進展現創意思考潛能的行為。學習環境的調整宜依據個別學生之身心狀況與適性學習需求，營造物理及心理的無障礙學習環境，常見的調整作法如下：

(1) 物理環境的調整：學習空間保持開放彈性，宜規劃有可支持學生自我管理的學習區域，同時營造有利師生或同儕進行開放式問題討論、小組分組或團體活動、獨立研究或探索活動等，提供學生觸手可及的豐富資源與教學媒材等。

(2) 心理與融合教育環境的營造：以學生獨立學習需求為中心，同時規劃有師生與同儕回應及有挑戰性的學習環境，支持學生認知、情感與社會能力發展，結合校內外學習資源，運用真實的學習環境，讓學生學習可自然有效的延伸至社區、跨縣市或其他國家。

4. 學習評量的調整：特殊教育評量應依學生之個別化輔導計畫實施多元評量，包括學生起點行為之評估及持續性的形成性評量，並依據學年與學期教育目標作總結性評量，宜提高目標層次，引導自我設定目標的獨立學習或自我評鑑。評量方式得採動態評量、檔案評量、實作評量、生態評量與課程本位評量等多元評量的方式，以多元智能的觀點提供符合學生學習風格與優勢能力的彈性措施。至於特定領域／科目學習功能優異的學生，亦得藉由同儕評量、自我評量等多元評量來瞭解其整體表現。建議調整方式如下：

(1) 發展適合的評量工具：教師宜針對學生學習目標，擬定合適的評量工具或方式，主要目的乃為協助學生瞭解自己已經精熟亟待加強的部分，並作為教師日後課程設計及修正教學的參考。

(2) 訂定區分性的評量標準：可針對不同學習能力的資賦優異學生或是針對資賦優異學生的優勢與非優勢領域／科目，訂定區分性及個別化的評量標準。但針對設定區分性及個別化的學習評量或作品標準，建議須能讓學生呈現以下特性：

①具備專業特質。

②具問題解決導向。

③能歸納、分析、評鑑相關資訊。

④具有人文社會關懷。

⑤能進行自我評價並修正。

(3) 鼓勵多元實作與作品：鼓勵學生以多元實作與作品取代傳統紙筆測驗，呈現其創造力與問題解決能力。多元實作與作品，可以下列方式呈現：

①書面：研究報告、小論文、投稿文章、競賽或資格考試等。

②演示：實驗、模擬、實作、發明、表演等。

③視覺：海報、心智圖、網頁、AR／VR／MR 等。

④口頭：辯論、演講、評論、口頭報告、班級討論、圓桌會議等。

歸納前述內容重點，十二年國民基本教育課程強調以學生在各領域／科目的學習功能缺損或優異程度作課程調整，教師宜先考量以學生的個別能力與需求是否適用原學習重點，再思考如何運用相關課程調整方式加以調整，學生在各領域／科目的學習功能缺損或優異程度，不宜視為一截然劃分的類別，而宜視為一個連續式的學習過程。這是為何十二年國民基本教育課程調整強調非根據障礙／資優類別及安置場所進行特殊教育學生的整體課程規劃，而是要依據學生個別化教育計畫／個別化輔導計畫之能力現況與需求評估，發掘學生在每一項領域／科目之能力或表現情形，調整每一位特殊教育學生的學習內容、歷程、環境與評量的主要目的。亦即課程調整前應先評估特殊教育學生之身心特質與學習需求，瞭解學生的起點行為與先備能力，接著分析學生在領域／科目學習重點與學生需求及能力的適配性，依循學生適性學習需求，根據特殊教育相關法規，例如：「特殊教育課程教材教法及評量方式實施辦法」（教育部，2010）、「身心障礙學生考試服務辦法」（教育部，2012）等，進行學習內容、學習歷程、學習環境及學習評量四大向度的調整。相關課程調整流程可參考下頁流程圖。

```
┌─────────────────────┐         ┌─────────────────────┐
│   學生學習特殊需求    │         │   領域/科目課程要求   │
└─────────────────────┘         └─────────────────────┘
              │                            │
              └──────────────┬─────────────┘
                             │
                    ┌────────────────┐
                    │     適配性       │
                    └────────────────┘
           否                              是
   ┌─────────────────┐            ┌─────────────────┐
   │   進行課程調整    │            │    採用原課程     │
   └─────────────────┘            └─────────────────┘
```

```
┌───────────────────────────────────────────────┐
│  ┌──────┐  ┌───────────────────────────────┐  │
│  │ 內容 │  │ ┌──────┐ ┌──────┐ ┌──────┐    │  │
│  │      │  │ │ 環境 │ │ 歷程 │ │ 評量 │    │  │
│  │      │  │ └──────┘ └──────┘ └──────┘    │  │
│  │      │  │        學習功能無缺損           │  │
│  └──────┘  └───────────────────────────────┘  │
│        學習功能缺損 / 學習功能優異              │
└───────────────────────────────────────────────┘
```

```
┌───────────────────────────────────────┐
│               IEP會議                   │
│      決定學生之課程與相關特殊需求服務      │
└───────────────────────────────────────┘
```

```
┌───────────────────────────────────────┐
│           學校特殊教育推行委員會          │
│      審議全校特殊教育學生整體課程規劃      │
│              及相關服務需求。             │
└───────────────────────────────────────┘
```

```
┌───────────────────────────────────────┐
│           學校課程發展委員會             │
│    將全校特殊教育學生課程納入學校課程計     │
│      畫，由教務處進行課務安排。           │
└───────────────────────────────────────┘
```

```
┌───────────────────────────────────────┐
│      執行教學及相關特殊需求服務，         │
│      並定期檢討IEP之執行成效。           │
└───────────────────────────────────────┘
```

有愛無礙網站的 for contents 特教教材項目（http：//www.dale.nthu.edu.tw）在這一方面已有相當豐富的教材，且均已按前述課程教材編選與調整原則規劃，並依「國民教育階段特殊教育課程大綱」（教育部，2011）之能力指標作註記，可以免費下載使用。以下將以有愛無礙網站自編教材做示例：

（一）簡化教材示例

簡化

單元名稱	海倫・凱勒的奇蹟
調整原則	●簡化 ○減量 ○分解 ○替代 ○重整 ○加深 ○加廣 ○濃縮
學習表現	5-Ⅱ-4掌握句子和段落的意義與主要概念
調整後學習表現	掌握段落的意義

原學習內容	簡化後學習內容
海倫・凱勒的奇蹟 海倫・凱勒出生時，是個人見人愛的孩子。在她一歲多的時候，不幸生了一場重病，造成腦部受傷，失去聽力與視力。由於聽不到別人說話，無法學習語言，使得她連話也說不出來。大家都以為她這一生已經沒有希望了，幸好在她七歲那年，出現一位老師──安・蘇利文，從此改變了她的命運。 蘇利文老師為了讓海倫・凱勒認識世界、了解大自然，常常帶著她在草地上打滾，在田野裡跑跑跳跳，又在泥土裡種下種子，讓海倫・凱勒用手感受種子漸漸發芽、成長的喜悅。 在蘇利文老師長期細心的照顧與指導下，海倫・凱勒學會用手語溝通，用點字卡讀書，也用手觸摸別人的背脊，學會發音、說話。最後，她克服失明與失聰的障礙，完成大學學業。	■ 第一段： 海倫・凱勒身體有許多缺陷，但是蘇利文老師的出現改變了她的生命。 ■ 第二段： 蘇利文老師教導她靠著觸覺了解世界、認識大自然，並感受生命的成長。 ■ 第三段： 海倫用觸摸學會了手語、用點字卡學會了讀書、觸摸別人嘴唇學會講話，她克服了身體的障礙，完成大學學業。

資料來源：https://contents.dale.nthu.edu.tw/index.php

(二) 減量教材示例

減量

單元名稱	春天來了
調整原則	○簡化 ●減量 ○分解 ○替代 ○重整 ○加深 ○加廣 ○濃縮
學習表現	Ab-Ⅱ-2 1200個常用字的使用
調整後學習表現	500個常用字的使用

資料來源：常用國字標準字體筆順學習網

(三) 分解教材示例

分解

單元名稱	幫助他人真快樂
調整原則	○簡化 ○減量 ●分解 ○替代 ○重整 ○加深 ○加廣 ○濃縮
學習表現	6-I-4 使用仿寫、接寫等技巧寫作
調整後學習表現	6-I-4-1 使用仿寫技巧寫作、6-I-4-2 使用接寫技巧寫作

原學習內容	分解後學習內容
	接寫　　　　　　　　仿寫

原學習內容

幫助他人真快樂！

助人高手

日期： 月 日

你有困難嗎？

你曾經幫助過誰並做了什麼事呢？

你覺得受到幫助的人他的心情是如何呢？

你遇到困難時曾受他人幫助嗎？

分解後學習內容

仿寫

你曾經幫助過誰並做了什麼事呢？

我幫　老師　發學習單

我幫（　　）收玩具

我幫（　　）做家事

接寫

你覺得受到幫助的人他的心情是如何呢？

我覺得他可能會覺得很（　　），因為我的幫助，他可以（　　）。

資料來源：https://contents.dale.nthu.edu.tw/index.php

㈣ 替代教材示例

替代

單元名稱	閱讀的樂趣
調整原則	○簡化 ○減量 ○分解 ●替代 ○重整 ○加深 ○加廣 ○濃縮
學習表現	5-Ⅱ-10 透過大量閱讀，體會閱讀的樂趣
調整後學習表現	透過報讀軟體大量閱讀，體會閱讀的樂趣

原學習內容

閱讀障礙者
的視界

替代後學習內容

資料來源：Daniel Britton、Nvaccess報讀軟體官網

(五) 重整教材示例

重整

單元名稱	詩兩首
調整原則	○簡化 ○減量 ○分解 ○替代 ●重整 ○加深 ○加廣 ○濃縮
學習表現	5-Ⅱ-3 讀懂與學習階段相符的文本
調整後學習表現	以白話文的型式讀懂與學習階段相符的文本

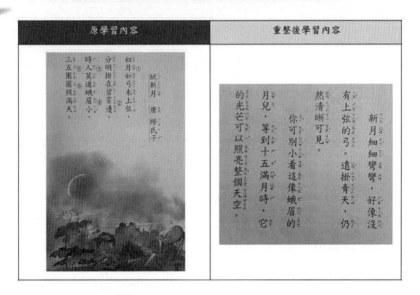

原學習內容	重整後學習內容

賦新月　唐　繆氏子

①初月如弓未上弦，
②分明掛在碧霄邊。
③時人莫道蛾眉小，
④三五圓圓照滿天。

新月細細彎彎，好像沒有上弦的弓。遠掛青天，仍然清晰可見。

你可別小看這像蛾眉的月兒，等到十五滿月時，它的光芒可以照亮整個天空。

資料來源：https://contents.dale.nthu.edu.tw/index.php

(六) 加深教材示例

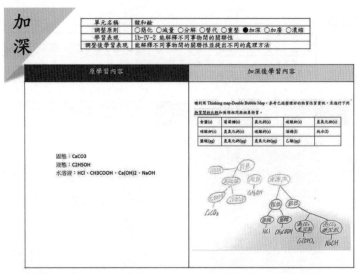

資料來源：https://contents.dale.nthu.edu.tw/index.php

(七) 加廣教材示例

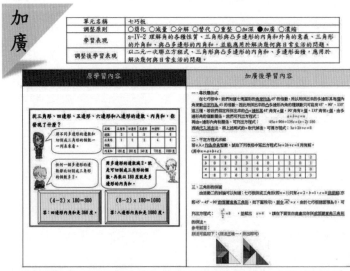

資料來源：https://priori.moe.gov.tw/download/textbook/math/grade6/6-3-1.pdf　　https://contents.dale.nthu.edu.tw/index.php

㈧ 濃縮教材示例

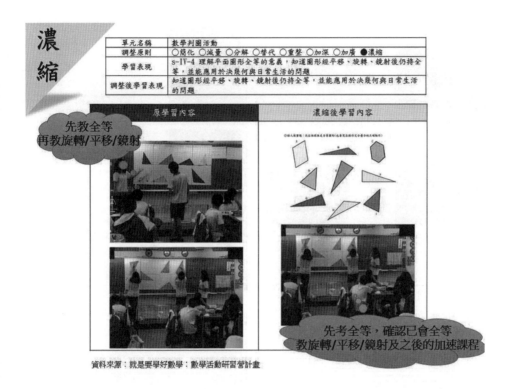

資料來源：就是要學好數學：數學活動研習營計畫

㈨ 多層次教學與區分式教材示例

以下分別為具有識字障礙、閱讀障礙及書寫障礙者，如何運用同一套有愛無礙研究團隊自編的「刺蝟與田鼠」教材，作多層次教學與區分式教材示例。

1. 識字障礙

(1) 學習困難：無法認讀字詞、寫字困難。

(2) 介入方法：詞語教學、高功能字教學。

(3) 對應適用教材：刺蝟和田鼠。

001看圖說故事

看圖說故事

◎小朋友！看看下面的圖，請你運用你聰明的頭腦，根據題目說出一個有趣的故事。

題目：刺蝟和田鼠

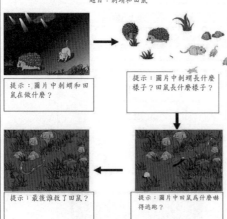

提示：圖片中刺蝟和田鼠在做什麼？

提示：圖片中刺蝟長什麼樣子？田鼠長什麼樣子？

提示：最後誰救了田鼠？

提示：圖片中田鼠為什麼嚇得逃跑了？

我是說故事高手！我可以得到：☆☆☆☆☆

002詞語認讀

一、看圖讀出語詞

◎小朋友，請你看圖讀出語詞，越多越好喔。

○投射
○追逐

○讚美　　○羨慕
○柔軟　　○嘆了一口氣

○慌張
○刺蝟

○謝謝
○又直又硬

 我預估需要（　）分鐘，寫作時間（　：　）－（　：　）
我的表現✪✪✪✪

◎小朋友，請你看圖寫出語詞，越多越好喔。

003認識新詞

認識新詞

小朋友！讓我們來認識新詞，並區分 相似詞 （意思相同的語詞），和 反意詞 （意思相反的語詞）

標號	語詞	意義	相似詞	反意詞
1	投射	照射。		
2	追逐	追趕。	追趕	
3	嘆氣	心中憂悶而呼出長氣。		
4	羨慕	內心仰慕。	愛慕、仰慕、妒忌、嫉妒、憎惡	
5	柔軟	柔而不硬。	柔嫩、柔滑、優柔	僵硬、剛硬、堅硬
6	讚美	誇獎別人的優點。	歌頌、誇獎、稱讚、稱頌、讚許、讚賞、讚揚	批評、詆毀、唾罵、毀謗、譏刺、指摘、嘲笑、申斥、責備、責怪
7	慌張	緊張、急促的樣子。	驚慌、著急、張惶	鎮定、鎮靜、沉著、從容
8	刺蝟	脊椎動物，像老鼠大一些，全身布滿尖銳的硬刺，有保護作用。		
9	謝謝	表示感激的話。	感謝	
10	又直又硬	（以實物舉例說明）		

004詞彙理解

◎牛刀小試—：詞義連連看--小朋友，用你聰明的頭腦找出各語詞的意思，並連起來。

投射　*	*照射。
追逐　*	*心中憂悶而呼出長氣。
嘆氣　*	*追趕
羨慕　*	*柔而不硬。
柔軟　*	*內心仰慕。

讚美　*	*緊張、急促的樣子。
慌張　*	*誇獎別人的優點。
刺蝟　*	*表示感激的話。
謝謝　*	*長得像老鼠，身體布滿尖銳的硬毛。
又直又硬　*	*（舉例：像柱子一樣。）

★上面的詞語，我不知道意思的，我記得一定要問老師！

我真是太棒了！我可以得到：☆☆☆☆☆

005詞語搜尋

生字語詞搜尋

◎小朋友，請你從文章中找出「生字」圈起來，找出「語詞」畫線；並在「圈圈」中打勾。

刺蝟和田鼠

　　天黑了，刺蝟和田鼠剛剛醒過來，晚上的森林裡是他們的世界。這一天，月光投射在樹葉間，森林裡一片光亮。刺蝟和田鼠在月光下，高興的<u>追逐</u>著。

○追　　○逐　　○投射　　○追逐

　　忽然，刺蝟停下腳步，嘆了一口氣。田鼠走過來，說：「我的朋友，你在嘆什麼氣？」刺蝟搖動著身上又直又硬的刺，說：「唉！好羨慕你有一身柔軟美麗的毛，哪像我……。唉！」田鼠說：「謝謝你的讚美。」

○唉　　　　○羨　　　　○慕　　　　○讚
○羨慕　　　○讚美　　　○柔軟　　　○嘆了一口氣

009填空作文

填空作文法

◎小朋友，請你讀一讀文章，看看框框內的解釋，從下面的提示選出正確的語詞填入空格內，記得選過的語詞要打勾喔。

刺蝟和田鼠

　　天黑了，刺蝟和田鼠剛剛醒過來，晚上的森林裡是他們的世界。這一天，月光【　　　】在樹葉間，森林裡一片光亮。刺蝟和田鼠在月光下，高興的【　　　】著。

　　忽然，刺蝟停下腳步，【　　　】。田鼠走過來，說：「我的朋友，你在嘆什麼氣？」刺蝟搖動著身上又直又硬的刺，說：「唉！好【　　　】你有一身【　　　】美麗的毛，哪像我……。唉！」田鼠說：「謝謝你的【　　　】。」

○追逐　○羨慕　○投射　○柔軟　○讚美
○嘆了一口氣

　　這時候，草堆裡傳來沙沙的聲音。田鼠【　　　】的跑了起來，並且大聲的叫著：「蛇來了！蛇來了！」田鼠很快的跑回洞裡，蛇也緊緊的跟在後面。【　　　】一個快步，用身體堵住洞口，全身的刺也豎了起來。那條蛇，

A02前測

填空作文法

◎小朋友，請你讀一讀文章，看看框框內的解釋，從下面的提示選出正確的語詞填入空格內，記得選過的語詞要打勾喔。

刺蝟和田鼠

　　天黑了，刺蝟和田鼠剛剛醒過來，晚上的森林裡是他們的世界。這一天，月光【　　　】在樹葉間，森林裡一片光亮。刺蝟和田鼠在月光下，高興的【　　　】著。

　　忽然，刺蝟停下腳步，【　　　】。田鼠走過來，說：「我的朋友，你在嘆什麼氣？」刺蝟搖動著身上又直又硬的刺，說：「唉！好【　　　】你有一身【　　　】美麗的毛，哪像我……。唉！」田鼠說：「謝謝你的【　　　】。」

○追逐　○羨慕　○投射　○柔軟　○讚美
○嘆了一口氣

　　這時候，草堆裡傳來沙沙的聲音。田鼠【　　　】的跑了起來，並且大聲的叫著：「蛇來了！蛇來了！」田鼠很快的跑回洞裡，蛇也緊緊的跟在後面。【　　　】一個快步，用身體堵住洞口，全身的刺也豎了起來。那條蛇，

A03後測

學生（　　　　　）的『學習後評量』

評量者：○資源教師○普通教師　　日期：　年　月　日

○家長○其他　簽名：＿＿＿＿＿＿＿＿＿

◎生字認讀：將小朋友正確唸出的「字」打√。

○ 刺	○ 蝟	○ 追	○ 逐	○ 嘆
○ 硬	○ 羨	○ 慕	○ 謝	○ 讚

得分：（　　/10）

◎語詞評量：將小朋友正確完成的部分打√。

	唸語詞	解釋辭意	口述造句
投射			
刺蝟			
追逐			
羨慕			
柔軟			
謝謝			
讚美			
慌張			
又直又硬			
嘆了一口氣			
得分	（　　/10）	（　　/10）	（　　/10）

2. 閱讀障礙

(1) 學習困難：無法朗讀文句或文章、無法理解文句或文章內容。

(2) 介入方法：圖像教學、閱讀策略。

(3) 對應適用教材：刺蝟和田鼠。

000課文圖

單元名稱：刺蝟和田鼠

001看圖說故事

◎小朋友！看看下面的圖，請你運用你聰明的頭腦，根據題目說出一個有趣的故事。

題目：刺蝟和田鼠

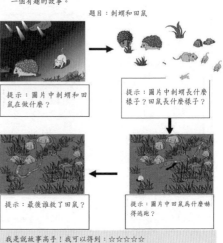

提示：圖片中刺蝟和田鼠在做什麼？

提示：圖片中刺蝟長什麼樣子？田鼠長什麼樣子？

提示：最後誰救了田鼠？

提示：圖片中田鼠為什麼嚇得逃跑？

我是說故事高手！我可以得到：☆☆☆☆☆

006畫重點寫摘要

摘要法—1.

◎小朋友，請你畫重點，完成摘要，並寫下來。

刺蝟和田鼠

　　天黑了，刺蝟和田鼠剛剛醒過來，晚上的森林裡是他們的世界。這一天，月光投射在樹葉間，森林裡一片光亮。刺蝟和田鼠在月光下，高興的追逐著。

摘要：_____

_____

　　忽然，刺蝟停下腳步，嘆了一口氣。田鼠走過來，說：「我的朋友，你在嘆什麼氣？」刺蝟搖動著身上又直又硬的刺，說：「唉！好羨慕你有一身柔軟美麗的毛，哪像我……。唉！」田鼠說：「謝謝你的讚美。」

摘要：_____

007故事結構分析

故事結構分析法

◎小朋友，請你分析故事的結構，並說出故事大意。

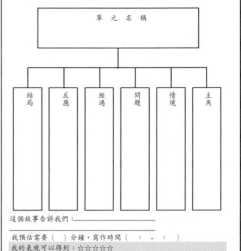

單元名稱

結局	反應	經過	問題	情境	主角

這個故事告訴我們：_____

我預估需要（　）分鐘，寫作時間（　：　－　：　）

我的表現可以得到：☆☆☆☆☆

008問題討論

問題討論

◎小朋友，請你運用你聰明的頭腦，和老師或同學討論下面的問題，並寫下來。

※天黑了，什麼動物剛醒過來，開始一天的活動？

※刺蝟為什麼停下腳步，嘆了一口氣？他在羨慕什麼？

※田鼠為什麼慌張的跑走，並且大聲喊叫？

※蛇撞到了什麼？為什麼渾身疼痛，趕緊調頭就跑？

※誰救了田鼠？用什麼方法救了田鼠？

※蛇離開後，田鼠怎麼了？牠為什麼反而羨慕刺蝟？

我是最優秀的！我可以得到：☆☆☆☆☆

010故事接龍

故事接龍法

◎小朋友：請你用短句寫出故事的變化，可以發揮想像力，編出屬於自己的故事內容。

刺蝟和田鼠 → □ → □ → □

□ → □ → □

□ → □ → □

□ → □ → □

我預估需要（　）分鐘，寫作時間（　：　）-（　：　）
我的表現✪✪✪✪

011寫作過程

寫作過程法

◎小朋友：寫作的第一步是思考內容，並描述細節。請你回答問題後再寫出圖片細節。

圖片	問題	回答
	圖片中是一個什麼樣子的世界？	
	出現了什麼動物？在做什麼？	
	刺蝟嘆氣，牠在羨慕什麼？	
	田鼠怎麼回答？	
	什麼動物出現，嚇跑了田鼠？	
	蛇撞上了什麼，痛得趕緊逃走？	
	蛇逃走後，田鼠怎麼了？	
	最後刺蝟有什麼樣子的感覺？	

012輪圈式寫作

輪圈式寫作法

◎小朋友：請你用輪圈的提示寫出一篇短文。

什麼動物在月光下追逐？　刺蝟為什麼嘆氣？　發生了什麼事，嚇得田鼠逃跑？　刺蝟用什麼方法救了田鼠？　結局我的想法。

→

我預估需要（　）分鐘，寫作時間（　：　）-（　：　）
我的表現✪✪✪✪

刺蝟和田鼠—閱讀理解

<table>
<tr><td>

A02後測

學生（　　　　　　）的『學習後評量』

評量者：○資源教師○普通教師　日期：　年　月　日

○家長○其他　簽名：＿＿＿＿＿＿

◎生字認讀：將小朋友正確唸出的「字」打√。

○ 刺	○ 蝟	○ 追	○ 逐	○ 嘆
○ 硬	○ 羨	○ 慕	○ 謝	○ 讚

得分：（　　/10）

◎語詞評量：將小朋友正確完成的部分打√。

唸語詞	解釋辭意	口述造句
投射		
刺蝟		
追逐		
羨慕		
柔軟		
謝謝		
讚美		
慌張		
又直又硬		
嘆了一口氣		
得分	（　/10）	（　/10）| （　/10）

</td><td>

C00問題解決

問題解決—我該怎麼辦？

◎小朋友！請你想想看，下面的情形如果發生在你的生活周遭時？你會怎麼做？把你的想法說出來或寫下來。

※班上的小明好屬害，功課一級棒，又是運動健將。我好羨慕他，希望變成他，我該怎麼辦？

_____

_____

※我畫畫畫得很漂亮，班上的小強非常羨慕我，一直希望變成我。我該怎麼幫助他，讓他發現自己的優點呢？

_____

_____

※班上的小英覺得自己什麼都不會，成績是倒數的，運動也不會，心情一直很糟糕。我該怎麼幫助他，讓他變得快樂？

_____

_____

我是最優秀的！我可以得到：☆☆☆☆☆

</td></tr>
</table>

3. 書寫障礙

(1) 學習困難：無法寫字、造詞困難、造句困難、寫作（文）困難。

(2) 介入方法：寫作策略。

(3) 對應適用教材：刺蝟和田鼠。

<table>
<tr><td>

000課文

單元名稱：刺蝟和田鼠

</td><td>

002詞語認讀

一、看圖讀出語詞

◎小朋友，請你看圖讀出語詞，越多越好喔。

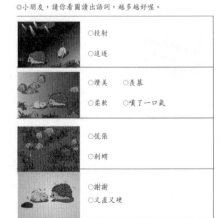

○投射　　○追逐

○讚美　　○羨慕
○柔軟　　○嘆了一口氣

○慌張
○刺蝟

○謝謝
○又直又硬

我預估需要（　）分鐘，
寫作時間（　：　）－（　：　）
我的表現✪✪✪✪

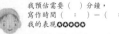

◎小朋友，請你看圖寫出語詞，越多越好喔。

</td></tr>
</table>

003認識新詞

認識新詞

小朋友！讓我們來認識新詞，並區分 相似詞（意思相同的語詞），和 反意詞（意思相反的語詞）

標號	語詞	意義	相似詞	反意詞
1	投射	照射。		
2	追逐	追趕。	追趕	
3	嘆氣	心中憂悶而呼出長氣。		
4	羨慕	內心仰慕。	愛慕、仰慕	妒忌、嫉妒、憎惡
5	柔軟	柔而不硬。	柔嫩、柔滑、優柔	僵硬、剛硬、堅硬
6	讚美	誇獎別人的優點。	歌頌、誇獎、稱讚、稱頌、讚嘆、讚許、讚賞、讚揚	批評、詆毀、唾罵、毀謗、譏刺、指摘、嘲笑、申斥、責備、責怪
7	慌張	緊張、急促的樣子。	驚慌、著急、張惶	鎮定、鎮靜、沉著、從容
8	刺蝟	脊椎動物，像老鼠比老鼠大一些，全身布滿尖銳的硬刺，有保護作用。		
9	謝謝	表示感激的話。	感謝	
10	又直又硬	（以實物舉例說明）		

004詞彙理解

◎牛刀小試一：詞義連連看--小朋友，用你聰明的頭腦找出各語詞的意思，並連起來。

投射 ＊	＊照射。
追逐 ＊	＊心中憂悶而呼出長氣。
嘆氣 ＊	＊追趕
羨慕 ＊	＊柔而不硬。
柔軟 ＊	＊內心仰慕。

讚美 ＊	＊緊張、急促的樣子。
慌張 ＊	＊誇獎別人的優點。
刺蝟 ＊	＊表示感激的話。
謝謝 ＊	＊長得像老鼠，身體布滿尖銳的硬毛。
又直又硬 ＊	＊（舉例：像柱子一樣。）

★上面的詞語，我不知道意思的，我記得一定要問老師！
我真是太棒了！我可以得到：☆☆☆☆☆

005詞語搜尋

生字語詞搜尋

◎小朋友，請你從文章中找出『生字』 圈起來，找出『語詞』 畫線；並在『圈圈』中 打勾。

刺蝟和田鼠

天黑了，刺蝟和田鼠剛剛醒過來，晚上的森林裡是他們的世界。這一天，月光投射在樹葉間，森林裡一片光亮。刺蝟和田鼠在月光下，高興的追逐著。

○追　　○逐　　○投射　　○追逐　（ ）

忽然，刺蝟停下腳步，嘆了一口氣。田鼠走過來，說：「我的朋友，你在嘆什麼氣？」刺蝟搖動著身上又直又硬的刺，說：「唉！好羨慕你有一身柔軟美麗的毛，哪像我……。唉！」田鼠說：「謝謝你的讚美。」

○嘆　　○羨　　○慕　　○讚
○羨慕　○讚美　○柔軟　○嘆了一口氣

006畫重點寫摘要

摘要法一1.

◎小朋友，請你畫重點，完成摘要，並寫下來。

刺蝟和田鼠

天黑了，刺蝟和田鼠剛剛醒過來，晚上的森林裡是他們的世界。這一天，月光投射在樹葉間，森林裡一片光亮。刺蝟和田鼠在月光下，高興的追逐著。

摘要：＿＿＿＿＿＿＿＿＿＿＿＿＿
＿＿＿＿＿＿＿＿＿＿＿＿＿＿＿＿

忽然，刺蝟停下腳步，嘆了一口氣。田鼠走過來，說：「我的朋友，你在嘆什麼氣？」刺蝟搖動著身上又直又硬的刺，說：「唉！好羨慕你有一身柔軟美麗的毛，哪像我……。唉！」田鼠說：「謝謝你的讚美。」

摘要：＿＿＿＿＿＿＿＿＿＿＿＿＿
＿＿＿＿＿＿＿＿＿＿＿＿＿＿＿＿

007故事結構分析

故事結構分析法

◎小朋友，請你分析故事的結構，並說出故事大意。

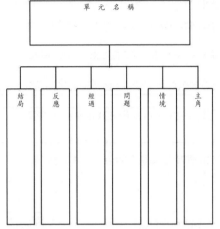

```
單 元 名 稱
```

結局	反應	經過	問題	情境	主角

這個故事告訴我們：_____

我預估需要（　）分鐘，寫作時間（　：　－　：　）
我的表現可以得到：☆☆☆☆☆

008問題討論

問題討論

◎小朋友，請你運用你聰明的頭腦，和老師或同學討論下面的問題，並寫下來。

※天黑了，什麼動物剛醒過來，開始一天的活動？
_____

※刺蝟為什麼停下腳步，嘆了一口氣？牠在羨慕什麼？
_____

※田鼠為什麼慌張的跑走，並且大聲喊叫？
_____

※蛇撞到了什麼？為什麼渾身疼痛，趕緊調頭就跑？
_____

※誰救了田鼠？用什麼方法救了田鼠？
_____

※蛇離開後，田鼠怎麼了？牠為什麼反而羨慕刺蝟？
_____

我是最優秀的！我可以得到：☆☆☆☆☆

009填空作文

填空作文法

◎小朋友，請你讀一讀文章，看看框框內的解釋，從下面的提示選出正確的語詞填入空格內，記得選過的語詞要打勾喔。

刺蝟和田鼠

天黑了，刺蝟和田鼠剛剛醒過來，晚上的森林裡是他們的世界。這一天，月光【　　　】在樹葉間，森林裡一片光亮。刺蝟和田鼠在月光下，高興的【　　　】著。

忽然，刺蝟停下腳步，【　　　】。田鼠走過來，說：「我的朋友，你在嘆什麼氣？」刺蝟搖動著身上又直又硬的刺，說：「唉！好【　　　】你有一身【　　　】美麗的毛，哪像我……唉！」田鼠說：「謝謝你的【　　　】。」

○追逐　○羨慕　○投射　○柔軟　○讚美
○嘆了一口氣

這時候，草堆裡傳來沙沙的聲音。田鼠【　　　】的跑了起來，並且大聲的叫著：「蛇來了！蛇來了！」田鼠很快的跑回洞裡，蛇也緊緊的跟在後面。【　　　】一個快步，用身體堵住洞口，全身的刺也豎了起來。那條蛇，

010故事接龍

故事接龍法

◎小朋友：請你用短句寫出故事的變化，可以發揮想像力，編出屬於自己的故事內容。

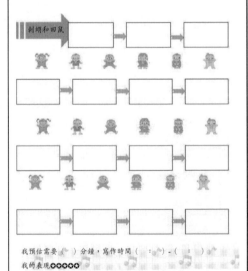

我預估需要（　）分鐘，寫作時間（　：　）－（　：　）
我的表現 ◎◎◎◎

011寫作過程

寫作過程法

◎小朋友：寫作的第一步是思考內容，並描述細節。請你回答問題後，再寫出圖片細節。

圖片	問題	回答
	圖片中是一個什麼樣子的世界？	
	出現了什麼動物？在做什麼？	
	刺蝟嘆氣，牠在羨慕什麼？	
	田鼠怎麼回答？	
	什麼動物出現，嚇跑了田鼠？	
	蛇撞上了什麼，痛得趕緊逃走？	
	蛇逃走後，田鼠怎麼了？	
	最後刺蝟有什麼樣子的感覺？	

012輪圈式寫作

輪圈式寫作法

◎小朋友：請你用輪圈的提示寫出一篇短文。

什麼動物在月光下追逐？	刺蝟為什麼嘆氣？	發生了什麼事，嚇得田鼠逃跑？	刺蝟用什麼方法救了田鼠？	結局我的想法。

→

我預估需要（　）分鐘，寫作時間（　：　）－（　：　）

我的表現☆☆☆☆☆

刺蝟和田鼠－閱讀理解

A02前測

填空作文法

◎小朋友，請你讀一讀文章，看看框框內的解釋，從下面的提示選出正確的語詞填入空格內，記得選過的語詞要打勾喔。

刺蝟和田鼠

天黑了，刺蝟和田鼠剛剛醒過來，晚上的森林裡是他們的世界。這一天，月光【　　　】在樹葉間，森林裡一片光亮。刺蝟和田鼠在月光下，高興的【　　　】著。

忽然，刺蝟停下腳步，【　　　】。田鼠走過來，說：「我的朋友，你在嘆什麼氣？」刺蝟搖動著身上又直又硬的刺，說：「唉！好【　　　】你有一身【　　　】美麗的毛，哪像我……唉！」田鼠說：「謝謝你的【　　　】。」

◎追逐　◎羨慕　◎投射　◎柔軟　◎讚美

◎嘆了一口氣

這時候，草堆裡傳來沙沙的聲音。田鼠【　　　】的跑了起來，並且大聲的叫著：「蛇來了！蛇來了！」田鼠很快的跑回洞裡，蛇也緊緊的跟在後面。【　　　】一個快步，用身體堵住洞口，全身的刺也豎了起來。那條蛇，

A03後測

學生（　　　　　）的『學習後評量』

評量者：○資源教師○普通教師　　日期：　年　月　日

○家長○其他　簽名：＿＿＿＿＿＿＿＿

◎生字認讀：將小朋友正確唸出的「字」打√。

○刺	○蝟	○追	○逐	○嘆
○硬	○羨	○慕	○謝	○讚

得分：（　／10）

◎語詞評量：將小朋友正確完成的部分打√。

	唸語詞	解釋辭意	口述造句
投射			
刺蝟			
追逐			
羨慕			
柔軟			
謝謝			
讚美			
慌張			
又直又硬			
嘆了一口氣			
得分	（　／10）	（　／10）	（　／10）

C00 問題解決

問題解決—我該怎麼辦？

◎小朋友！請你想想看，下面的情形如果發生在你的生活周遭時？你會怎麼做？把你的想法說出來或寫下來。

※班上的小明好厲害，功課一級棒，又是運動健將。我好羨慕他，希望變成他，我該怎麼辦？

_____
_____
_____

※我畫畫畫得很漂亮，班上的小強非常羨慕我，一直希望成為我。我該怎麼幫助他，讓他發現自己的優點呢？

_____
_____
_____

※班上的小英覺得自己什麼都不會，成績是倒數的，運動也不會，心情一直很糟糕。我該怎麼幫助他，讓他變得快樂？

_____
_____
_____

我是最優秀的！我可以得到：☆☆☆☆☆

C01 令人羨慕的人

令人羨慕的人

◎小朋友！請你想想看，世界上有哪些令人羨慕的人物？請把他寫在框框內，和老師、同學分享。

名字：_____

令人羨慕的原因：
1.

名字：_____

令人羨慕的原因：
1.

令人羨慕的人

名字：_____

令人羨慕的原因：
1.

名字：_____

令人羨慕的原因：
1.

C03 我最優秀

我最優秀

◎小朋友！我們不要一味的羨慕別人，要發現自己的優點和長處。請你在下面的框框內，寫出自己的優點和長處。

我最優秀

1. 我的優點和長處：
_____
_____

2. 我的優點和長處：
_____
_____

2. 我的優點和長處：
_____
_____

我是最棒的！我可以得到：☆☆☆☆☆

註：對應教材內之數字碼XXX為教材內之序號。

五、 評量與成績考查

依現行「國民教育階段身心障礙資源班實施原則」（教育部，2011）之規定，資源班學生成績評量與考查應採用多元評量，可採用紙筆評量、檔案評量、觀察評量、操作評量等方式。同時應給予學生適性之評量調整，包括評量方式、評量地點、評量工具、評量標準或評量人員等之彈性調整。學生成績評量應以公平合理為原則，其評量方式、標準與成績採計方式應於個別化教育計畫中載明，必要時應經特殊教育推行委員會審議。

平時評量成績採計方式依規定，採如下原則進行：

1. 抽離式課程由資源班教師進行該學習領域平時成績考查，並應將考查結果與原班教師商議，以作為該生該學習領域之平時成績。

2. 外加式課程由原班任課教師進行該學習領域平時成績考查，並應將考查結果與資源班教師商議，以作為該生該學習領域之平時成績。

定期評量成績採計方式依規定，採如下原則進行：

1. 學生之定期評量應以使用原班試題為原則，必要時應提供學生所需之相關試題調整或試場服務，例如：延長考試時間、口語作答、電腦作答、提供獨立考試空間、試題報讀服務、放大試卷、點字卷、提供輔具等。

2. 學生若因障礙特質無法適用原班試題考試，可採用資源班試題或多元評量方式，其原班定期評量成績應依學生能力水準及其於原班之相對位置調整，並應將定期評量成績與原班教師商議；必要時經特殊教育推行委員會審議後，得僅採資源班定期評量成績。

六、 支援服務與專業團隊

依據教育部（2012）「特殊教育支援服務與專業團隊設置及實施辦法」，各級主管機關應提供學校輔導身心障礙學生支援服務，其項目如下：

1. 評量支援服務：包括學生篩選、鑑定評量及評估安置適切性等。

2. 教學支援服務：包括特殊教育課程、教材、教法、教具、輔導及學習評量等。

3. 行政支援服務：包括提供專業人力、特殊教育諮詢或資訊、特殊教育知能研習、評量工具、輔具、相關設備或社區資源等。

而專業團隊之合作方式及運作程序如下：

1. 由專業團隊成員共同先就個案討論後再進行個案評估，或由各專業團隊成員分別實施個案評估後再共同進行個案討論，做成評估結果。

2. 專業團隊依前款評估結果，確定教育及相關支持服務之重點與目標，完成個別化教育計畫之擬定。

3. 個別化教育計畫經核定後，由專業團隊執行及追蹤。

專業團隊提供身心障礙學生專業服務前，應告知學生或其法定代理人提供服務之目的、預期成果及配合措施，並徵詢其同意；實施專業服務時，應主動邀請其參與；服務後並應通知其結果，且作成紀錄，建檔保存。

七、 建議出班標準

建議資源班在設定出班標準時，宜盡可能採用相對標準，而非絕對標準。建議出班標準如下：

1. 學習障礙學生：學校國語科與數學科必須連續兩次定期考查成績達 16% 或班上最後五名以上。

2. 身心障礙學生：可以達 IEP 學年／學期目標 80% 以上為原則。

3. 情緒與行為適應問題學生：需經原班老師認可或經標準化相關測驗測試，已能適應班上團體學習行為者可回歸。

出班後需經學期中一個月之觀察期，確定適應良好，方確認回歸普通班。此外，若無特殊理由缺課，在資源班開課後一個月內達二分之一以上，或與家長連續三次溝通，仍未到班上課者，可先將個案轉請輔導室給予專案輔導，空出之名額先輔導其他有特殊教育需求之學生。

第七節 資源教室方案的教室規劃

一、 規劃原則

依據「特殊教育學生及幼兒支持服務辦法」（教育部，2024c）第 16 條規定：「學校（園）應……配合身心障礙學生及幼兒之需求，安排無障礙教室、廁所、餐廳、宿舍、運動場所及其他設施設備，並建立或改善整體性之設施設備，營造校園無障礙環境。學校（園）辦理相關活動，應考量身心障礙學生及幼兒參與之需求，以通用設計原則，營造最少限制環境，包括調整活動內容與進行方式、規劃適當通路、提供輔具、人力支援、防災及危機處理方案等相關措施，以支持身心障礙學生及幼兒參與各項活動。」

第 8 條規定：「學校（園）應……視身心障礙學生及幼兒教育需求，提供可改善其學習能力之教育及運動輔具服務。前項教育輔具服務，包括視覺輔具、聽覺輔具、行動移位與擺位輔具、閱讀與書寫輔具、溝通輔具、電腦輔具及其他輔具之服務。第一項所稱運動輔具服務，指身心障礙學生及幼兒參與學校（園）體育課程或活動，應提供運動參與所需之相關輔具，或調整運動設施、設備及器材服務。」必要時可尋求各縣市鑑輔會及特教資源中心之協助。

資源教室服務內涵彈性且廣泛，因此在教室布置上，須注意以下幾點原則：

1. 教室位置應適中：考慮出入方便、安全，校門口至教室的位置及其周邊必須要有無障礙動線設計規劃，例如：應盡力協助有肌肉萎縮症、乘坐輪椅等行動不便之學生就學，並將其教室安排於一樓為原則。資源教室需融合在一般教室中，而且儘量縮小學生的往返時間，並避免視聽覺的干擾，例如：樂隊練習室及會議室等。

2. 資源教室位置的安排與環境布置，注意避免產生標記作用。

3. 資源教室內部空間儘量彈性運用，可供多用途使用。

4. 資源教室的布置宜單純化，顯示資源服務的功能，不宜過度花俏，造成學生容易分心。建議裝靜音冷氣，避免吊扇及懸掛式風扇，以免引起

自閉症學生注意力固執現象或造成閱讀障礙學生因炫光效果而徒增閱讀困難現象。

5. 資源教室布置亦需兼顧團體教學、小組教學與個別指導等，所需的空間與布置，應予以詳細規劃。

二、 設備

1. 基本設備：包括教師辦公室桌椅、學生資料櫃、參考書櫃、書架、獨立學習桌、圓形學習桌、環形上課桌、教具櫥櫃、活動黑白板、揭示板、儲藏櫃、文具等。

2. 教學硬體設備：觸控大屏、單槍投影機、桌上型電腦、筆記型電腦、平板電腦、AR／VR／MR 等相關資訊融入教學設備。

3. 輔助教學軟體：包括各科各類多媒體教學軟體、APP 軟體。

4. 文具及美工用具：護貝機（最好可護貝至 A4 規格）、裁紙機、資料夾（40頁）、強力夾、磁鐵（圓形）數十個、磁鐵片、訂書機、剪刀、尺、打洞機、白板筆、奇異筆、麥克筆、彩色筆數盒、廣告原料、西卡紙、色紙、膠水、膠帶、美工刀、色鉛筆、作業簿等、增強物類（例如：文具組、可愛造型的橡皮擦、自動筆、貼紙）、整理盒（整理教具及文具，規格有大、中、小，視需要而定）。

三、 教室布置圖

(一) 兩組同時教學的隔間方式

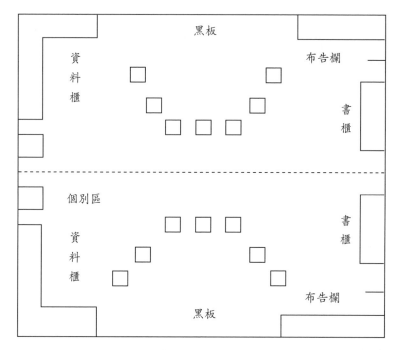

▲ 圖 1-3

(二) 協同教室教學的隔間方式

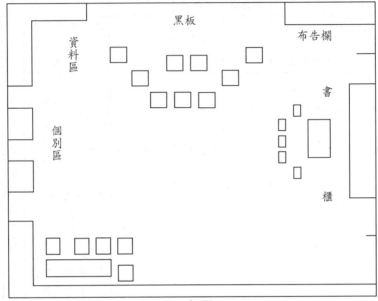

▲圖1-4

第八節 資源班的學期行事曆

資源班需視學校各項行事，研擬配合資源班之行事曆，將每學期例行工作、校內外教學活動、家庭訪問等事先規劃，以求各處室及普通班教師的配合，使班務推展順利。高級中等以下學校之資源教室，各縣市政府教育局或是鑑輔會均會參考「國民教育階段身心障礙資源班實施原則」（教育部，2011）。資源班任務及資源班教師職責之規定：「資源班應提供特殊教育之教學與輔導、諮詢與支持及協調與整合資源等服務。其任務如下：(1) 負責資源班身心障礙學生個案管理工作；(2) 與普通班教師、家長、行政人員、學生及相關人員合作，共同擬定個別化教育計畫，並提供學生適性之課程、教學、評量、輔導與轉銜服務等；(3) 協助整合校內外教育及相關資源，例如：協助申請輔具、獎助學金等；(4) 協助辦理普通班之疑

似身心障礙學生轉介前輔導與評量鑑定；(5) 提供普通班教師、相關人員及家長特殊教育諮詢與支援服務。」在網站上公布相關行事曆之規劃，可自行依據任教縣市上網參考，擬定行事曆之規劃原則建議如下：

1. 每星期固定一次的共同空堂時間，召開資源班班務會議，研商每星期欲執行的計畫。此外，另有每月一次的普通班與資源班雙邊教學協調會，通常會在學校月考後執行，對於班務的推展、學生的輔導、計畫的執行非常有幫助，因為專任資源班教師間，與普通班教師及行政體系間彼此的默契與合作非常重要。

2. 屬於每學期的例行工作，如學生的評量、親職座談、個案會議、家庭訪問、各類競賽等，均可事先規劃，填上日期即可。

3. 配合課程需要執行之校外參觀訪問應事先規劃，提前連絡。

4. 行事曆每學期初應呈報各處室，以爭取各處室的配合。

第九節 高中及大專院校資源教室方案

一、 高中職資源教室方案

高中高職於 1993 年首先在板橋高中成立視障資源教室，同年臺北市士林高商在政府未提供人員與經費之下，學校自行報備創設聽障資源教室（臺北市政府教育局，1992）。87 學年度臺北市在各公立高中設立資源教室，各高職的重點學校設立資源中心；臺北市政府教育局也在該學年度開始，分別設置工作小組，辦理國民中學身心障礙學生升高中職入學鑑定及安置作業，由各承辦學校邀請相關人員共同擔任鑑定及安置人員，並召開相關會議（蔡瑞美，2000）。

以往由於聯考制度篩選，除了一些肢體障礙學生可通過考驗進入一般高中職就讀外，其餘的障礙學生大多在國民教育畢業後，進入特殊學校受教，但隨著開放高中多元入學管道，以及修正公布的特教法中對特殊學生的甄選須有彈性的規定外，更明確指出「各級學校不得以身心障礙為由拒絕入學」，家長紛紛要求讓孩子就讀一般之高中職，培養孩子獨立自主的能力，再加上回歸主流與融合教學思潮之激盪，教育當局也決議給這些障

礙孩子加分、彈性甄選或降低標準等無障礙考試措施，讓身心障礙學生進入普通高中職就讀的機會增多（林麗華，1998）。

教育部更於 2001 年提出「身心障礙學生十二年就學安置」計畫，目的就是希望國中畢業後的身心障礙學生能繼續升學就讀高中，發掘自己興趣所在，培養能力以服務社會。現今更有「身心障礙學生升學輔導辦法」（教育部，2024b）、「特殊教育學生調整入學年齡及修業年限實施辦法」（教育部，2023i）、「高級中等以下學校特殊教育課程教材教法及評量實施辦法」（教育部，2023h）及「身心障礙學生考試服務辦法」（教育部，2023d）等相關法令協助與規範。

二、 服務內容

林和姻（2003）歸納出高中職身心障礙學生升學大專校院轉銜服務的內涵，應包括以下五個向度：

1. 生涯探索與升學準備：指幫助身心障礙學生瞭解自己的升學方向、個人能力、大專科系、升學甄試有關的準備、設立升學目標等。

2. 學業能力養成：由於升大學需有優良的學科成績，因此學校應幫助身心障礙學生提升學習動機與興趣、學業能力，並增進學習成效、考試技巧與做好時間的管理。

3. 校園生活支援與資源：指幫助與提供身心障礙學生適應大學校園生活為主的各種相關支援服務與輔具。

4. 人格與人際成長：指協助身心障礙學生培養獨立、自主、健全的人格，及自我管理與自我擁護的能力，並能培養良好的溝通能力與人際關係。

5. 認識大學校院：指協助身心障礙學生瞭解大學校園的物理與社會環境、課程安排與評量要求、社團活動和支持系統等。

第十節 資源教室方案的評鑑

評鑑的主要功能是在為各項活動定向，並且管制活動的進行，以便適時提出改進的途徑，最後促進活動目標有效的實現。針對資源教室的評

鑑，鍾聖校（1982）提出評鑑原則應至少包括下列四點：

1. 周全的評鑑應包括自評、他評、學者專家評鑑。
2. 評鑑的內容應兼具物質與精神層面。
3. 評鑑標準應根據項目、性質，選擇採用常模參照或參照校標。
4. 評鑑過程應兼具審閱靜態資料及考察動態資料。

依據現行教育部（2024d）所公布的「高級中等以下學校及幼兒園特殊教育評鑑辦法」第2條規範：「各該主管機關，每四年至少應對所主管之特殊教育學校、高級中等以下學校（以下併稱學校）及幼兒園，辦理一次特殊教育成效評鑑（以下簡稱本評鑑）。高級中等以下學校設有分班、分校、分部或幼兒園設有分班者，應與其本校（園）於同學年度接受本評鑑。」第3條則規範評鑑項目及執行方式：「本評鑑之評鑑項目如下：

一、行政運作與融合教育。

二、教育計畫與團隊合作。

三、課程教學與專業發展。

四、支持服務與輔導轉銜。

前項評鑑項目之指標，由中央主管機關公告之。

本評鑑得併同學校校務評鑑、幼兒園評鑑或校長辦學績效考評辦理；併同辦理時，本評鑑得就第一項部分項目為之，其評鑑程序及其他相關事項，除評鑑結果之處理依本辦法規定外，依各該評鑑、考評規定辦理。

高級中等以下學校或幼兒園未設特殊教育班或實施特殊教育方案者，各該主管機關得擇第一項部分評鑑項目及第二項部分評鑑指標，併入校務評鑑、幼兒園評鑑、校長辦學績效考評辦理；其執行程序及其他相關事項，依各該評鑑、考評規定辦理。」評鑑以採書面檢視資料為原則，必要時，得以實地訪視或二者併行之方式辦理；其須提出之資料應予簡化。

第2章

資源教室方案IEP之發展與建立

第一節　IEP之發展與建立

　　特殊教育強調個別化適性教學，特殊教育教師需要根據不同學生編製不同的個別化教育計畫（individualized educational program，簡稱IEP），使得他們的工作負荷一直是相當大的，而電腦處理效能持續提升，資訊相關領域的研究，諸如人工智慧，類神經網絡或模糊邏輯等之發展也逐漸成熟，應用電腦及資訊科技輔助教學、學習，甚或診斷，以補足目前特教人力之不足，似乎可為目前發展的趨勢。

　　在特殊教育界，IEP 為強調成功適性化教學不可或缺的重要因素之一。所謂的 IEP，泛指一份書寫與整理完善的學生個別學習方案與歷程，其主要目的為：(1) 建立學生個別化的適性學習目標；(2) 決定學校應提供哪些資源與服務，以協助學生達成第一點所稱之學習目標；(3) 藉由 IEP 的參與完成，強化父母、教師與專業團隊間的溝通聯繫，使學生能有最適合的學習環境與最有效的學習成果。

　　美國早在 1970 年代即已將 IEP 的精神列入法律中，例如：「94-142公法」（Education for All Handicapped Children Act，簡稱 EHA）強調，每位學生均須有 IEP，且須定期檢視與修正。而至 1990 年的「101-476 公法」（IDEA），更將轉銜服務內容列為 IEP 之必要項目，以期更能保障每位特殊學生於生涯轉銜點皆能得到應有的協助。我國於 2023 年修正之「特殊教育法」（教育部，2023a）第 31 條亦規定：「高級中等以下學校應以團隊合作方式對身心障礙學生訂定個別化教育計畫，訂定時應邀請身心障礙學生本人，以及學生之法定代理人或實際照顧者參與；必要時，法定代理人或實際照顧者得邀請相關人員陪同參與。」而為了能期待訂定個別化教育計畫時的團隊合作運作方式，第 32 條則規定：「為增進前條團隊之特殊教育知能，以利訂定個別化教育計畫，各級主管機關應視所屬高級中等以下學校及幼兒園身心障礙學生及幼兒之特殊教育需求，加強辦理普通班教師、教保服務人員、特殊教育教師及相關人員之培訓及在職進修，並提供相關支持服務之協助。」

　　同時亦在「特教法施行細則」（教育部，2023b）第 10 條中明訂 IEP應涵蓋項目：「本法第三十一條所稱個別化教育計畫，指運用團隊合作方

式，針對身心障礙學生個別特性所訂定之特殊教育及相關服務計畫；其內容包括下列事項：一、學生能力現況、家庭狀況及需求評估。二、學生所需特殊教育、相關服務及支持策略。三、學年與學期教育目標、達成學期教育目標之評量方式、日期及標準。四、具情緒與行為問題學生所需之行為功能介入方案及行政支援。五、學生之轉銜輔導及服務內容。學校應將身心障礙且資賦優異學生之個別輔導計畫內容，併入個別化教育計畫規劃。幼兒園為身心障礙幼兒訂定個別化教育計畫時，應準用第一項規定。」

針對高等教育階段特殊教育方案，在「特殊教育法施行細則」第12條（教育部，2023b）則規定：「學校應運用團隊合作方式，整合相關資源，針對身心障礙學生個別特性及需求，訂定個別化支持計畫；其內容包括下列事項：

一、學生能力現況、家庭狀況及需求評估。

二、學生所需特殊教育、支持服務及策略。

三、學生之轉銜輔導及服務內容。」

個別化教育計畫在執行過程中採滾動式修正方式進行，在「十二年國民基本教育特殊教育課程實施規範」（教育部，2019）中，更對其訂定過程、行政程序及注意事項做了相關規範，茲分述如下：

1. 訂定過程：「(1) 個別化教育計畫必須以團隊合作方式進行評估，並成立個別化教育計畫小組，小組成員需於個別化教育計畫會議中依學生之個別特性訂定特殊教育及相關服務計畫；(2) 個別化教育計畫小組參與訂定之人員應包括學校行政人員、特殊教育與相關教師、學生家長及學生本人；必要時，得邀請相關專業人員參與，學生家長亦得邀請相關人員陪同。學校應確保身心障礙學生有權就所有影響其本人之事項自由表達意見，並獲得適合其身心障礙狀況及年齡之協助措施。」

2. 行政程序：「(1) 須將身心障礙學生的課程規劃送學校特殊教育推行委員會審議，融入學校課程計畫後，再送學校課程發展委員會通過並陳報各該主管機關備查；(2) 個別化教育計畫需經家長同意後確實執行，若有意見得再召開個別化教育計畫會議修正；若仍有爭議時，應依據《特殊教育學生申訴服務辦法》，以書面向學校提起申訴；(3) 學生之個別化教育計畫經特殊教育推行委員會審議不通過達二次者，應再送主管機關審議。

若主管機關認為該委員會不通過之決定係無理由者，學校應依該個別化教育計畫進行課程調整。」

3. 注意事項：「(1) 個別化教育計畫團隊進行評估時，需檢視調整措施能否符合相關之客觀標準，包括①相關性：該調整措施與有效實現該名身心障礙學生權利之目的具相關性；②比例性：該調整措施與能為該名障礙者實現之權利符合比例；③可能性：該調整措施在事實上與法律上可能做到（如：現行科技可以做到的調整措施），或是實現該調整措施不會違反現行法律；④財政上的可行性：窮盡可得的財政支援還是可以提供；⑤經濟上的可行性：提供該調整措施不會危害義務承擔方（如：學校）之營運與生存，或實質傷害其核心功能之執行。若學生所提出的調整措施，不符合上述標準之任何一項，學校得拒絕調整；(2) 學生之個別化教育計畫團隊評估且經學校特殊教育推行委員會確認之調整需求，若非有不可抗力之因素，學校與教師需盡其義務與職責實踐該調整措施，以免使身心障礙學生遭排拒於普通教育系統之外，而違背《身心障礙者權利公約》第24條所明定之教育權。」

在國外，IEP 的制度由於已行之多年，故而其專業團隊的服務早已與各學校緊密結合，基本上，IEP 是專業團隊的心血結晶，由學校輔導室將內容彙整後，普通班與特教班教師及父母多扮演 IEP 內容之執行者與回饋者的角色，教師在專業知識與紙上作業方面較能得到充分的協助。相對的，我國由於落實 IEP 制度的時日甚短，各縣市專業團隊之服務多僅限於召開特殊教育學生鑑定及就學輔導委員會時，IEP 的平日撰寫工作多落在特殊班教師身上，其所能得到的專業協助甚少，在 IEP 的實施過程中，教師最感困難者為工作負荷過重、參考資料與專家諮詢的缺乏、教學資源不足、評量困難與耗時過多，以及設計與執行難以配合等（孟瑛如，2019b；林幸台、林寶貴、洪儷瑜、盧台華、楊瑛、陳紅錦，1994；紀瓊如，2006；胡翠珊，2013）。而 IEP 內容中，最為繁瑣的是學期目標與學年目標的擬定，以及學期目標的評量標準與記錄，使得撰寫 IEP 成為特教教師揮之不去的夢魘；有些研究也顯示，IEP 的工作是教師主要的工作困擾及焦慮來源（林淑玲，2003；柳健玫，2006；張郁樺，2004；莊子鄰，2011；湯君穎，2007；蘇雅芬，2004）。在解決這部分的困難方面，教師

們提出希望能提供豐富的參考資料、減輕工作負荷、建立教學目標、資料庫、有適用之電腦軟體、擬定簡要明確之 IEP 格式等方法（林幸台等人，1994）。依據「高級中等以下學校特殊教育班班級及專責單位設置與人員進用辦法」（教育部，2024b）規定：分散式資源班及巡迴輔導班，每班服務學生人數依各級主管機關規定辦理，因此各縣市資源班的每班服務人數不等。以新竹市為例，「新竹市辦理身心障礙特殊教育資源班實施要點」（新竹市政府，2019）規定，國民中小學階段資源班的每班管理個案數以20 至 30 人為原則，因此依照目前國民小學資源班每班編制 2 位教師，國民中學每班編制 3 位教師來看，平均每位教師每學期至少約需撰寫 10～15 份的 IEP，這對資源班教師而言可說是相當繁重的工作。一般特殊教育教師設計一份 IEP 約以 1～3 小時為最普遍，亦有需花費十數小時者，此尚且不論平常對 IEP 之檢視與修改時間。在現今，已有法源規定要求每位特殊兒童均應擬定個別化教育方案，且依「特殊教育法施行細則」（教育部，2023b）第 10 條之規定：「……身心障礙學生個別化教育計畫，學校應於新生及轉學生入學後一個月內訂定；其餘在學學生之個別化教育計畫，應於開學前訂定。前項計畫，每學期應至少檢討一次。」特殊教育在擬定 IEP 的工作上不僅加重，且具有時間上的急迫性。

近幾年來，由於教育政策與特教趨勢的轉變，以及資源班由以往的單類或跨類型態轉變為以身心障礙不分類為主，其在撰寫 IEP 方面，資源班教師較以往更感困難之處在於：

1. 資源班學生除了涵蓋各個年級之外，內容部分亦須包括不同補救教學科目與向度，且大多需因應學生適性需要自編教材、教具，但因教科書來源多元化的影響，補救教學之教科書版本可能每年換一次，致使教學實務應用成果無法累積。

2. 資源班服務型態轉型為以身心障礙不分類為主後，學生異質性較以往大幅提高，在融合教育趨勢及全方位課程設計理念的要求下，多數資源班教師在這方面的訓練並不充裕，IEP 內容之撰寫與實際教學執行之困難皆躍升。

根據吳東光、孟瑛如（2004）之調查研究發現，特教教師要完成一份 IEP 相當費時，若不包括平時的檢視及修改所耗費的時間，少則一至三

小時不等，多則五小時以上亦大有人在。資訊融入教學已經成為目前各級教育教學的趨勢，而對教學與文書工作負荷均相對沉重的特殊教育教師而言，其需求則更為強烈。一方面可透過多媒體的聲光表現呈現教學內容，輔助資源班／特教班學生之學習；另一方面，應用資訊技術亦能取代許多現有資源班／特教班之經常性及重複性的資料輸入工作，大幅減少資源班／特教班教師在文書處理及行政上的負擔。「IEP 電腦化」就是在如此背景下受到特殊教育界之關注。以 IEP 內容而言，其中如學生基本資料、身心狀況、家庭與學校環境等，都屬於較固定的重複性資訊，而在學年學期目標部分，亦可經由教師經驗的累積或特教專家的建議，逐步建立教學目標、方法及步驟的資料庫。而在 2004 年 12 月 3 日，美國修正通過 IDEA（Individuals with Disabilities Education Impro-vement Act of 2004），法案中亦強調應儘量減少教師在 IEP 工作上所耗費的紙上作業時間（IDEA, 2004），IEP 的電腦化正符合所提倡的未來走向。

　　美國由於特殊教育發展較早，對 IEP 的要求非常重視，且因其市場較大，因此 IEP 電腦化在美國相對普及，許多商業軟體公司均紛紛投入開發電腦化 IEP 系統，且適合各障礙類別的系統均一應俱全，例如：Leader 的 IEPWriter（http://www.leaderservices.com/）、Technical Perspe-ctives 的 CLAS-S BRIDGE IEP（http://www.classplus.com/）、Contour Data 的 The StudentTracker（http://www.contourdata.com/）、MediaNet Solutions 的 e-IEP PRO（http://www.e-ieppro.com/）、Public Consulting Group 的 EasyIEP（http://www.publicconsultinggroup.com/）等（孟瑛如、吳東光、陳虹君、謝瓊慧，2014；張乃云、孟瑛如，2015；張貽秀、孟瑛如、吳東光，2007）。相對於國外相關軟體的蓬勃發展，國內於早期曾有勝利之家開發的啟智類電腦化 IEP 系統（張英鵬，1995；彭日貴、劉侃，1989）、嘉義啟智學校亦開發區域網路版之啟智類電腦化 IEP 系統，但這些都未有後續升級或對外推廣（王華沛，2002；蔡秉樺、蘇俊鴻，2003）；另外，由臺灣省特殊教育網路中心（現為國教署特教網路中心）規劃建置的網路版 IEP 系統 ——「阿寶的天空」（https://www.aide.edu.tw/），曾結合電子績效支援系統的概念，配合關聯性資料庫作業，整合網際網路特性，透過網路的連結，不論是特教教師、學生家長及專業團隊人

員等都能登入該系統查看，並獲得最新的資訊及即時的互動；不過最近一次修正為 2012 年 10 月，並未再隨新的「特殊教育法」及「十二年國民基本教育特殊教育課程實施規範」做調整。而有愛無礙融合教育網站（https://www.dale.nthu.edu.tw/）的 IEP 系統則從 5.0 版本後進入網路版，並依據「十二年國民基本教育課程綱要」發展學習內容、學習表現及學年學期目標之 Excel 檔案，供使用者依個別需求自行點選、編輯，是目前少數仍不斷根據新頒布的教育政策、課程綱要、教學目標，以及教師需求而更新的系統。

過去在 IEP 電腦化的研究議題，多集中在系統之發展、測試、應用，以及探討系統的方便性與省時性等（吳東光、孟瑛如，2004；張英鵬，1995；陳小娟，2003），事實上，上述研究都肯定 IEP 電腦化在省時省力方面的效果。另一方面，在 IEP 電腦化相對於 IEP 品質的討論上，早期曾有研究者對於透過電腦選單式的項目快速點選製作的 IEP 是否會流於形式，而教師是否可能在缺乏思考情況下，做出一份不一定符合學生需求的教學計畫等感到憂慮（Smith & Kortering, 1996）；最近則有學者（Wilson, Michaels, & Margolis, 2005）提出如何衡量電腦化 IEP 系統在合法性（格式符合法律規定）之外，達到其功能性（即建立符合需求的 IEP），其原則包括：(1) 系統是否能適切地記錄或描述學生在學業上之現況能力；(2) 系統是否能允許使用者修改及新增學年學期目標；(3) 系統是否能協助學年學期目標執行成果之評量（assessment）；(4) 系統之學年學期目標及成就標準（Performance Criteria）是否能與部訂（原文為州訂）之普通教育課程目標與標準有關聯；(5) 系統是否能促進家庭與學生之參與。除此之外，電腦化 IEP 系統之分類（包括單機版、區域網路版或網際網路版等）及其各自的優缺點，亦為討論之議題（蔡秉樺、蘇俊鴻，2003；Margolis & Free, 2001）。在上述三種架構中，有愛無礙融合教育網站發展之電腦化 IEP 系統選擇單機架構，此項決定之背景在於單機版具有教師撰寫 IEP 時，得以免除網路塞車之苦的優點。事實上，有愛無礙融合教育網站初期曾提供 Web-based 電腦化 IEP 系統供特教教師使用，然而試用結果，多數教師反映當網路較擁擠時，使用者很容易在等待過程中分心，因而較無法一氣呵成地完成一筆 IEP 案例的新增或修改（孟瑛如、吳東光、魏光民、簡吟

文，2000）。對此結果，國外文獻亦有類似看法（Margolis & Free, 2001; Wilson et al., 2005）；此外，國內針對啓智學校高職部教師所做之實際調查研究，亦有高達 99.4% 的網路 IEP 使用者認爲，「上網人數多而造成網路壅塞問題」爲使用類似系統最需協助及解決的使用障礙（陳小娟，2003）。然而，單機版系統的缺點卻也是因其缺乏網路連線，使得 IEP 資訊的分享（在教師、家長及學生間）受到限制。因此，如何找出一個能夠兼具單機版與網路版之優點的解決方案，一直是有愛無礙融合教育網站工作團隊的研究方向。而一直到 2023 年底，有愛無礙團隊終於製作了簡單好用易上手的 Excel 表單及 Word 檔電腦化 IEP，詳述如本章第四及第五節。

第二節 電腦化 IEP 系統之功能性評估

　　爲讓教師能夠節省大量的時間以製作符合法律規定之 IEP，應該只是 IEP 電腦化的消極目標；實務上，我們期望電腦化應該能更積極地進一步達到「個別教育」的功能性。以下我們將根據學者提出之五個面向（Wilson, Craig, & Margolis, 2005），逐一檢視新版有愛無礙電腦化系統在達成 IEP 功能性上的表現，同時若有不足之處，也將檢討此系統未來之修正方向。

一、 系統是否能適切地記錄或描述學生在學業上之現況能力

　　若要達到上述原則，電腦化 IEP 系統必須避免使用一成不變的拼湊式敘述或片斷句子來描述學生的能力現況，主要原因在於能力現況爲驗證學年學期目標及其他相關服務之選擇是否合理的基礎，因此 Wilson 等學者（2005）建議，能力現況最好能避免勾選式選單，而應採由教師輸入敘述性的文句。

　　針對此需求，有愛無礙網站電腦化 IEP 系統採取兩種作法（如圖 2-1），首先，我們將「能力」粗分爲生活自理能力、知覺動作能力發展、社會化及情緒行爲能力、溝通能力、認知能力、學業能力共六類，每一類別再細分，最後再整理相對之能力現況描述；然而，每個項目下能力現況描述之選擇並不充分；也就是說，教師仍需經由系統提供之「使用者新增」

功能，自行輸入敘述性文句。換句話說，我們的系統經由分類及結構化的選單，導引教師如何面面俱到地撰寫學生在各領域之能力現況，再提供所謂「自然語言」的輸入介面，讓教師能夠寫出真正「個別化」的學生能力現況描述。

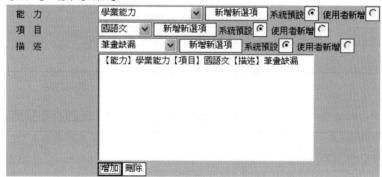

〔能力現況描述〕〔優弱勢能力綜合評估〕〔特殊學習需求〕
現況描述 > 能力現況描述

▲ 圖 2-1　有愛無礙網站電腦化 IEP 系統「能力分析」表單

　　除此之外，有愛無礙網站電腦化 IEP 系統內容還有「優弱勢能力評估」、「特殊學習需求」、「參與特教班情形」等項目（功能均類似能力分析），足夠作為教師撰寫學年學期目標及其他相關服務之充分與完整的基礎。

二、 系統是否能允許使用者修改及新增學年學期目標

　　誠如 Wilson（2005）等學者指出，學年學期目標資料庫乃電腦化 IEP 系統之核心，而一個好的電腦化 IEP 系統必須能夠協助 IEP 團隊選擇合適且能夠具體評估成效之目標。針對此需求，有愛無礙網站電腦化 IEP 系統每年依據新修訂的特教法規與「國民教育階段特殊教育課程綱要總綱」（教育部，2011）之規範同步修正電腦化 IEP 系統內容，以最新頒訂的課程指標來建置學年學期目標；而不論學業性或發展性目標，均使用「具體可評量的動詞」（例如：將「能認識常用中國文字 1,000」句中較為廣泛抽象的「能認識」，修改寫成「能讀出常用中國文字 1,000」）。如同前面提及的

能力現況所述，我們的系統亦經由分類及結構化的選單導引教師找到各領域之適當學年學期目標（請參見圖 2-2）。

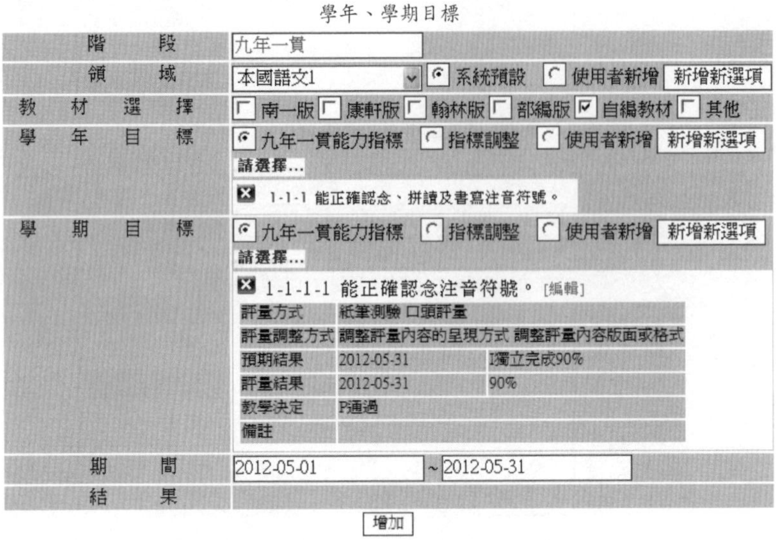

▲ 圖 2-2　學年學期目標介面

同樣的，即使我們有愛無礙團隊研究人員很努力地嘗試整理出所有可能的 IEP 項目，但事實上，這些資料或許仍未能滿足所有教師的需求，因此，系統的「使用者新增」項目，能讓資源班或特教班教師自行建構（新增／修改／刪除）屬於自己的資料庫，建立適合自己的電腦化 IEP 工作環境。透過此資料庫管理功能，其範圍不僅涵蓋學年學期目標，亦包括現況描述、測驗與評量、支援服務及參與特教班情形等主要表單內之任何細部項目。在格式（form）符合特教法規範的情況下，足夠提供未來任何 IEP 團隊於此角度之功能性需求（function）。

三、　系統是否能協助學年學期目標執行成果之評量

Wilson（2005）等學者指出，一個好（即具備 IEP 功能性）的電腦化 IEP 軟體，需能夠針對評量準則、評量條件與持續性評量等面向，彈性地描述、製作及個別化每一位個案之 IEP 學年學期目標執行成果之評量。

評量準則通常採用達成率，然而針對不同學習目標，有些 80% 的達成率已經足夠，有些則需要更高，因此達成率不應該是一體適用於所有目標。針對此需求，有愛無礙網站電腦化 IEP 系統提供之「預期結果」（即預期達成率）允許個別學習目標間有所差異（請參見圖 2-3），使用者亦可透過前述資料庫管理功能，建構更個別化之評量準則。

學年度	101	階段	九年一貫	領域		本國語文1	
教材選擇		自編教材		教師		謝○○	
學年目標		1-1-1 能正確認念、拼讀及書寫注意符號。					
學期目標 (2012-05-1～2012-06-30)	評量方式	評量調整方式	預期標準	評量結果	教學決定	備註
1-1-1-1 能正確認念注意符號。 (2012-05-31～2012-05-31)	紙筆測驗、口頭評量	不調整	I 80%	80%	P	5/31
1-1-1-2 能正確拼讀注意符號。 (2012-05-31～2012-05-31)	紙筆測驗、口頭評量	不調整	I 80%	70%	C	5/31
			I 80%	80%	P	6/30

預期標準：I-獨立完成　O-口頭提示　H-他人協助　A-使用輔具　E-其他方式。
教學決定：P通過　C原目標繼續　M原目標調整　G放棄。

▲ 圖 2-3　學年學期目標輸出內容

評量條件指的是評量方式（例如：口頭、紙筆或觀察方式）。在此面向，有愛無礙網站電腦化 IEP 系統使用者同樣可透過前述資料庫管理功能，建構契合其個案之適當評量方式。

持續性評量指的是確定學生精熟某特定知識後一段時間，繼續監控學生於「維持」該特定知識之狀況。若學生無法維持獲得之知識，一方面可能造成特教教師在進入新的教學單元時，可能會錯誤地以為該學生已經具備應該有的起點能力，但其實不然；另一方面，亦可能表示教師需要提供進一步的教學活動或修正其教學方式。針對此面向，有愛無礙網站電腦化 IEP 系統目前在學年學期目標輸出文件中，提供可新增多個欄位之評量記錄，教師可在較長的不同時間點對個案進行持續性評量，以確認學生在某特定目標學習過程獲得知識之維持程度，再調整其教學進度或方法。

四、 系統之學年學期目標及成就標準是否能關聯至部訂之普通教育課程目標與標準

特殊教育的目標，仍在於盡可能地讓身心障礙學生能夠獲致與普通教育一樣的目標，因此特教學生 IEP 之學年學期目標及其成就標準（除某些特定障別外），亦應連結至「國民教育階段特殊教育課程綱要總綱」（教育部，2011）課程內容規範。針對此項，有愛無礙網站電腦化 IEP 系統根據 2011 年的課程綱要建置了十二年國教領域、特殊需求領域、學前領域、高中職領域等學年學期目標資料庫。

五、 系統是否能促進家庭與學生之參與

IDEA 97 特別強調加強與支持家庭與學生主動參與 IEP 之過程。然而，即使對 IEP 發展相對重視且歷史悠久的美國，在這方面也面臨許多問題，家庭成員對 IEP 會議的貢獻似乎僅止於點頭或以沉默取代同意；來自於學生本身的意見更是有限（Wilson, Craig, & Margolis, 2005）。基本上，電腦化 IEP 系統對此面向的幫助仍有限，頂多在於 IEP 會議後能方便及迅速地修改並底定最終版本的 IEP。

以國內而言，目前在家庭與學生參與 IEP 過程主要仍透過 IEP 會議、親師座談或個案研討會等機會。有愛無礙網站電腦化 IEP 系統則進一步在表單中，加入學生成長史、家庭生活環境調查、家長義務工作及家長晤談等項目，這將「強迫」教師在撰寫 IEP 過程即能與家長做充分溝通。未來是否可能加入一些機制，讓家長與學生在學年學期目標的擬定及轉銜過程有所抉擇等，將是我們的努力方式。

第三節 網路版電腦化 IEP 系統之各項目設計說明

本節將針對有愛無礙融合教育網站 IEP 之格式以及項目之規劃與設計理念做逐項及詳細的說明。有愛無礙融合教育網站 IEP 表格的整體架構係根據「特殊教育法施行細則」（教育部，2023b）第 10 條的內容，包括五

大項法律規定項目：

1. 學生能力現況、家庭狀況及需求評估：包括學生基本資料、學生家庭狀況、學生身心狀況、學生能力評估、現況及整體需求分析、學生能力現況描述、在班級的影響及調整方式整體需求分析。

2. 學生所需特殊教育、相關服務及支持策略：包括相關服務（醫療服務、福利服務、學習輔具、成績計算方式、行政支援、巡迴輔導服務、教師助理員服務、專業團隊服務）、學生所需特殊教育（主要安置環境及課表）。

3. 學年及學期教育目標、達成學期教育目標之評量方式、日期及標準：包括十二年國民基本教育基本課程領域、特殊需求領域等學習表現、學習內容、學年學期目標資料庫。

4. 具情緒與行為問題學生所需之行為功能介入方案及行政支援：包括情緒或問題行為之標的行為、行為功能、介入目標、介入策略、執行方式、負責人員、執行情形、所需行政支援、危機處理流程、執行成效評估及後續建議。

5. 學生之轉銜輔導及服務內容：包括升學輔導、生活輔導、就業輔導、心理輔導、福利服務、其他相關專業服務及追蹤輔導紀錄。

一、 學生、家庭現況與需求評估

為增加特教教師對學生的掌握與瞭解，表格設計以涵蓋各種身心障礙類別為主，期使特教教師能設計出最適合學生的IEP。相關表格內容編修說明如下：

(一) 學生基本資料

基本資料除了包含姓名、生理性別、生日、身分證字號、父母親資訊、戶籍及通訊地址、身障證明、鑑輔會鑑定安置結果等，另新增監護人、主要照顧者，以利未來個案升學時能順利將資料匯入教育部通報系統中的個別化轉銜計畫（ITP）；而為了因應臺灣社會外籍新娘日益增多的現況，新增本國籍、外國籍、原住民的欄位，藉此瞭解與記錄學童父母親的文化背景。

（二）學生家庭狀況

家庭生活調查主要是記錄家長提供的相關資料，可涵蓋各種不同的身心障礙類別。家庭狀況簡述的部分，包含：學生生長史、家庭成員、成員中是否有其他特殊個案、經濟狀況、主要照顧者（學習協助者）、家庭對學生的教養態度、支持、接納情形、父母對個案管教態度、父母婚姻狀況、同住家人、個案與人相處情形。此外，還有家長對孩子感到困擾的問題、家長對孩子學習的期望，包含：家人對孩子的期望、家長對學校教育的期望等。透過此表的填寫將有助於教師更瞭解學生的家庭狀況、與家人相處的情形，以及家長的期望。

（三）學生身心狀況

身心狀況包含學生的「成長史」、「健康狀況」、「醫療史與教育史」等三部分，讓老師能夠記錄學生成長過程的重要里程碑。此外，為因應不同身心障礙類別，新增障礙狀況表格，障礙類別包含智能障礙、視覺障礙、聽覺障礙、語言障礙、肢體障礙、腦性麻痺、身體病弱、情緒行為障礙、學習障礙、多重障礙、自閉症、發展遲緩、其他障礙。因多重障礙涵蓋兩項障礙以上，故採可複選而不重複設計表格。建置過程主要參考「臺北市高中職個別化教育計畫表格」、「特殊教育學生及幼兒鑑定辦法」（教育部，2024）、「特殊教育相關專業服務作業手冊」（王天苗主編，2003），以及「學習障礙與補救教學：教師與家長實用手冊」（孟瑛如，2024），並參酌相關文獻資料整合編修而成。

（四）學生能力評估、現況及整體需求分析

包含評量紀錄、學生能力現況描述、在班級的影響及調整方式、整體需求分析。其中評量紀錄的向度中，包含評量工具／評量方式、評量日期、評量者、評量結果摘要。學生能力現況描述、在班級的影響及調整方式的向度中，會就健康狀況、感官功能、知覺動作能力、生活自理、認知能力、溝通能力、人際關係及情緒行為、學業能力—國語文領域、學業能力—英語（文）領域、學業能力—數學領域、學業能力—其他領域、職業教育能力、其他能力等方面作詳盡的紀錄及瞭解，並確認這些行為狀況對上課或生活的影響，以做後續相關調整配合。整體需求分析的向度則是針對學習內容、學習歷程、學習環境、學習評量四個部分作相關撰寫，以確認該提

供哪些支援。

由於資源班／特教班學生並非能力全面低下，若加以調整適合的學習方式，他們亦能有參與普通班之學習機會。「身心障礙學生考試服務辦法」（教育部，2023a）第4條規定：「考試服務之提供，應以達成該項考試目的為原則。各級學校及試務單位應依身心障礙考生障礙類別、程度及需求，提供考試服務。」多元評量、替代性評量、無障礙考試評量服務，主要是針對不同障礙類別學生的特殊需求與考試目的所做的調整方式，藉此讓學生的能力不受身心障礙的限制，主要從時間、施測場所、試題呈現與反應方式、試題指導語等向度，整理出考試調整的原則（邱上真，2004；教育部，2023）。

二、 學生所需特殊教育、相關服務及支持策略

㈠ 相關服務

相關服務包括「醫療服務」、「福利服務」、「學習輔具」、「成績計算方式」、「行政支援」、「巡迴輔導服務」、「教師助理員服務」、「專業團隊服務」。其次，特殊學生在學校需要許多行政單位的支援，透過詳細列出的行政支援內容，也讓學校其他單位瞭解：特殊學生不只屬於特教班，他們也是學校的一分子，需要透過各處室的協調，提供他們支援與幫助。

最後，在專業團隊服務部分，主要依據教育部通報系統中的個別化轉銜計畫（ITP），整合學前階段、國小、國中、高中職，以及大專等不同階段，根據其需求分成物理治療、職能治療、語言治療、心理治療、社工輔導等項目，提供教師記錄不同身心障礙學生對於相關專業服務的特殊需求。

㈡ 學生所需特殊教育

學生所需特殊教育包含主要安置環境及課表兩方面。從主要安置環境可選擇適合學生的安置方式。課表則詳列科目、節次及教師，並標註此課程為合作教學、抽離、外加，還是彈性學習課程時間，讓教師能瞭解如何滿足學生的特殊學習需求。

而近年來融合教育的提倡，不管是資源班或是特教班，身心障礙學生接受特殊教育服務的目的都是希望達到在普通班的學習生活或是人際互動

有更好的適應及表現。有鑑於此，鼓勵加強在普通班的教室觀察，以及家長對於孩子在普通班的學習適應情形觀察，能讓教師隨時掌握及記錄身心障礙學生在普通班學習的情形，以隨時調整特殊教育相關服務的協助或是教學目標。

三、 學年及學期教育目標、達成學期教育目標之評量方式、日期及標準

學年學期目標係依據最新頒訂的「十二年國民基本教育課程綱要」建置 Excel 資料庫，分為十二年國民基本教育基本課程領域、特殊需求領域等學年學期目標資料庫。

十二年國民基本教育基本課程領域分成語文、數學、社會、自然科學、藝術、綜合活動、科技、健康與體育、服務類群等科目。特殊生若在特定領域／科目的學習功能上與一般同年齡／同年級之學生能力相近，則可以完全依總綱以及各領域課程綱要之規範去進行課程規劃，但仍要考量依學生個別需要，提供必要的學習輔具、進行環境與評量調整或其他支持策略、相關服務等。若特殊生因身心障礙的限制，造成在特定領域／科目有輕微或嚴重缺損的學習表現，則需要提供必要之課程調整。課程調整的方式不調整部定課程（含語文、數學、社會、自然科學、藝術、綜合活動、科技、健康與體育）或校訂課程之學習學分數（節數）和內容，僅提供環境或評量調整，並得提供學習歷程的調整與外加式課程。依特殊生之能力和需求，可參考「十二年國民基本教育特殊需求領域課程綱要」，經專業評估後提供特殊需求領域課程（包括生活管理、社會技巧、學習策略、職業教育、溝通訓練、點字、定向行動、功能性動作訓練、輔助科技應用、情意發展、創造力、領導才能、專長領域、獨立研究等）。

有愛無礙團隊將上述的課程綱要指標都內建在 Excel 表單中，讓教師可快速點選來設定學年學期目標，更發想 Word 檔下拉式功能，使老師可以直接在個人電腦上完成 IEP 並可直接儲存、列印。另外教師也可依實際教學需要，將內容自行修改，使 IEP 之內容更具彈性，達成個別化、適性化之目的。

四、 具情緒與行為問題學生所需之行為功能介入方案及行政支援

情緒行為功能介入方案於「特殊教育法施行細則」第 10 條（教育部，2023）有相關規定，用於記錄學生的問題行為或情緒問題、介入方法和成效。行為介入（Behavior Intervention）著重在改善個人的行為及所處環境，因此針對行為問題，除了減少與解決外，更要積極的培養和增進良好行為（侯禎塘，2003；Bateman & Linden, 2006）。在有愛無礙融合教育網站所發展的行為功能介入方案模式中，除了參考行為分析的概念外，更重視正向支持理念，以過去情緒與行為發生時的介入過程，做為現階段發展介入方案時參考評估的依據，同時在評估後持續追蹤以期問題能確實獲得改善，其內容如下：

1. **標的行為**：包含行為類別，在何種情境下（A）出現目標行為，目標行為的型態次數或頻率、強度、持續時間（B），對於行為問題的處理情形（C）以及個案的反應（R）。

2. **行為功能**：勾選其行為功能或目的為獲得注意／事物／活動、獲得自我刺激、逃避要求、逃避注意／事物／活動、逃避內在不舒服的情緒、其他。

3. **介入目標**：具體描述希望達成之目標為何。

4. **介入策略**：分為行為介入的前事處理與先兆控制、行為教導、後果處理三部分。分別記錄介入策略、執行方式、負責人員、執行情形。此外還有所需行政支援、危機處理流程的具體描述。最後作執行成效評估及後續建議，目的在瞭解現階段的介入是否有效，並提出下個階段行為介入的建議。

簡吟文、孟瑛如、黃姿慎（2011）指出，針對情緒行為問題學生設計個別化教育方案時，融入行為介入方案是最有效率的解決問題行為方式之一，因此有愛無礙團隊在設計情障介入方案的 IEP 內容時，除內建了許多行為介入方法，更在每個方法後面列上淺顯易懂的例子，使教師能一邊撰寫 IEP，一邊瞭解情緒行為障礙學生的問題行為與解決方法（如圖 2-4 所示）。未來則期待能透過 Word 下拉式選單，讓老師們能在檔案中直接點

選適合的行為介入方法，或依需求進行調整。

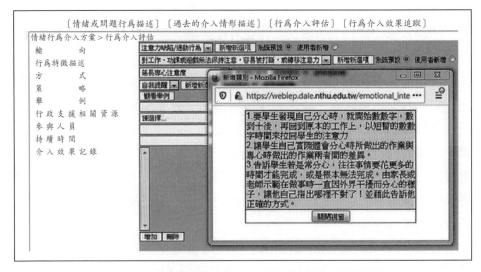

▲ 圖 2-4　情障行為功能介入方案的內容介面與例子

五、 學生之轉銜輔導及服務內容

　　轉銜服務是特殊需求學生升學的一個重要環節，尤其轉銜計畫對於學生在進入新階段的教育安置環境是相當重要的，而新階段的教師也可根據轉銜計畫對學生進行新的教學設計與教育安置，前一階段的教育人員也能針對學生做定期追蹤輔導。

　　為方便教師在填寫轉銜資料時能有統一的標準，有愛無礙融合教育網站版電腦化 IEP 系統參照教育部特殊教育通報網（https://www.set.edu.tw/）中所提供的轉銜服務表格，設計出電腦化 ITP，其中包括學生基本資料、學習紀錄摘要、現況能力分析、相關服務記錄，以及安置與輔導五大項，其內容說明如下：

　　1. **學生基本資料**：包括基本資料、障礙狀況、活動狀況與健康狀況。在本系統的功能下，若是在 IEP 中已經填過學生的基本資料，在 ITP 中將會自動顯示在基本資料裡。

　　2. **學習紀錄摘要**：包括學制、教育安置型態、學習狀況摘要等紀錄。

3. 現況能力分析：包括生活自理能力、社會化及情緒行為能力、綜合評估個案優弱勢能力、認知能力、溝通能力，以及學業能力。本項中的資料內容，摘選自 IEP 資料庫的相關項目，便利教師使用。

4. 相關服務記錄：包括經濟補助、支持性服務復健與醫療服務、就學服務，以及安置服務等項目。

5. 安置與輔導：針對未來安置與輔導建議，由教師填寫建議與相關意見。

有愛無礙團隊在 2023 年所開發之空白表格則分為同級學校間轉銜、各教育階段間轉銜兩部分。同級學校間轉銜包含學生適逢轉換安置型態、導師變更或轉學等狀況，需確實記錄關於轉換安置型態、導師變更以及轉學等情形，並留下轉銜追蹤輔導紀錄。各教育階段間轉銜則包含學生適逢畢業、升學、就業、就醫或就養等情況，需設計轉銜相關課程、召開轉銜相關會議、安排轉銜活動、完成特教通報及書面資料轉銜，須針對升學輔導、生活輔導、就業輔導、心理輔導、福利服務、其他相關專業服務等轉銜服務內容作規劃，並一樣需留下轉銜追蹤輔導紀錄。

第四節 電腦化 IEP 示例

根據「特殊教育法施行細則」第 10 條（教育部，2023）之規定，IEP 共有五大項主要內容，有愛無礙網路版 IEP 廣受特教教師使用，目前已根據最新法律及課程綱要做了修改，IEP 空白表格可自有愛無礙 IEP 網站的常用檔案區下載（http://webiep.dale.nthu.edu.tw/），也請參見以下的示範檔：

▲ 圖 2-5　「有愛無礙融合教育網站」之 [For IEP] 電腦化個別教育計畫

For IEP - 提供特教教師依據十二年國教課綱撰寫IEP之平台

附件

有愛無礙 IEP 示範檔

_____學前／國小／國中／高中_____學年度____學期

個別化教育計畫

起迄時間：____年__月__日至____年__月__日　　　會議日期：____年__月__日

填表日期：____年__月__日　　　　　　　　　　　填寫者：_____

安置環境：□普通班　　■普通班接受_不分類資源班_服務　□集中式特教班
　　　　　□在家教育

壹、學生能力現況、家庭狀況及需求評估

一、基本資料

（一）個人資料					
姓　　名			出生日期	民國　　年　　月　　日	
年　　級	年　　　班		生理性別	□男　　□女	
安置班別／型	□普通班　　　□集中式特殊教育班　　□分散式資源班 □巡迴輔導班　□特殊學校　　　　　□在家教育 □其他（請說明）_____				
鑑輔會鑑定類別／類型／程度	選擇一個項目。 □輕度　　□中度 □重度　　□極重度		鑑輔會 鑑定文號		後續提報 特教鑑定時間	
主要聯絡人	關係		聯絡 電話	聯絡電話： 手機：	
通訊地址					
（二）家庭狀況					
現況說明	父母對個案管教態度： 父：□權威　□放任　□民主　□其他：_____ 母：□權威　□放任　□民主　□其他：_____ 父母婚姻狀況： □良好　□分居　□離婚　□其他：_____				

	同住家人： ☐祖父　☐父　☐兄選擇一個項目。人　☐弟選擇一個項目。人 ☐其他：_____ ☐祖母　☐母　☐姊選擇一個項目。人　☐妹選擇一個項目。人 個案主要照顧者： ☐父母　☐祖父母　☐保姆　☐兄姊　☐其他：_____ 家族中特殊案例： ☐無　☐有（☐智障　☐視障　☐聽障　☐精神疾病　☐糖尿病 　　　　　☐其他：_____），與個案之關係_____ 個案與人相處情形：☐正常　☐異常：_____（請說明） 家庭經濟狀況：☐富裕　☐小康　☐普通　☐清寒　☐其他：_____ 　　　　　　　☐具中低收入戶證明　☐具清寒證明
期待	家人對孩子的期望： ☐對學業成就有所要求　☐成績進步　☐可以獨立 ☐能學習到一些實用技能　☐良好的人際關係 ☐自動自發學習　☐其他：_____ 孩子最需要學校那方面的協助： ☐協助鑑定　☐接納孩子的特殊性　☐提供適當的補救教學 ☐提供適當的行為改變班級經營技巧　☐提供親職教育 ☐其他_____ 需要的教養協助： ☐親職教育　☐教導技巧　☐學習策略　☐心理諮商 ☐專業團隊諮詢　☐參與家長團體　☐福利服務資訊 ☐醫療諮詢　☐其他_____ 其他補充說明：
家庭生態圖	

家庭生態圖的繪製與舉例

符號	意義	符號	意義
☐	男性	——	關係連結
○	女性	══	關係緊密
■●	服務對象	--------	關係疏離
△	懷孕胎兒	....	關係很疏離
☐——○	婚姻關係	╳	關係中斷
☐……○	同居	/\/\/\	衝突
☐—‖—○	離婚（或X）	-/\/\/\-	關係衝突
☐—/—○	分居	—→	資源流向
⌐☐○	育有二子女	←→	資源互動
⌐☐○	收養子女		雙胞胎異卵
⌐☐○	非婚生子女		雙胞胎同卵

（三）發展、醫療與教育史	
發展史 （生長發展 情況）	1. 出生時有無特殊狀況：□無　□照顧者不清楚　□有：_____ 2. 目前健康狀況： 　視覺功能：□正常　□配戴眼鏡　□其他：_____ 　聽力：□正常　□異常（聽力分貝／千赫：左：_____，右：_____） 　健康情形：□良好　□普通　□體弱多病 3. 其他：
醫療史 （專業診斷 治療情形）	1. 是否曾罹患重大疾病：□無　□照顧者不清楚 　　　　　　　　　　□有，病名：_____ 2. 過去是否有特殊服藥： 　□無　□有，續填下表

<table>
<tr><th>藥名</th><th>劑量／用法</th><th>服藥後是否有
副作用</th><th>適應症狀</th><th>服用起迄
日期</th></tr>
<tr><td>選擇一個項目。</td><td></td><td>□否
□是：_____</td><td></td><td></td></tr>
</table>

3. 其他：

教育史 （過去教育 安置及服務 情形）	請貼上通報網上教育安置及服務狀況

二、能力現況描述

(一) 評量紀錄

〔認知與成就測驗評量結果摘要〕

	分測驗名稱	原始分數	換算PR值	切截點（PR值）	結果
國民中小學學習行為特徵檢核表	注意與記憶（A）				□疑似學障（至少一項≧切截分數） □非疑似學障 如A≧切截分數，需施測問題行為篩選量表或注意力缺陷／過動障礙測驗（ADHDT） 如D或E≧切截分數，需施測情緒障礙量表
	理解與表達（B）				
	知動協調（C）				
	社會適應（D）				
	情緒表現（E）				
	全量表				
中文年級認字量表			小一：12，小二：35，小三：49，小四：65，小五：75，小六：91 國一：105，國二：112，國三：122		□疑似學障（≦切截分數） □非疑似學障
閱讀理解困難篩選測驗			小二：8，小三：9，小四：9，小五：13，小六：13 國一：15，國二：16，國三：17		□疑似學障（≦切截分數） □非疑似學障
基礎數學概念評量			小二：22，小三：32，小四：34，小五：22，小六：22 國一：26，國二：30，國三：34		□疑似學障（≦切截分數） □非疑似學障

魏氏兒童智力測驗（五版）*請附分析表	全量表智商（FSIQ）： PR：		語文理解（VCI）： PR：	視覺空間（VSI）： PR：	流體推理（FRI）： PR：	工作記憶（WMI）： PR：		處理速度（PSI）： PR：	
	量表分數	類同	詞彙	常識	理解	圖形設計	視覺拼圖	矩陣推理	圖形等重	圖畫概念	算術	記憶廣度	圖畫廣度	數字序列	符號替代	符號尋找	刪除動物
	選擇性指數 PR：	數量推理（QRI）： PR：		聽覺工作記憶（AWMI）： PR：		非語文（NVI）： PR：		一般能力（GAI）： PR：	認知效能（CPI）： PR：

魏氏幼兒智力測驗（四版）	全量表智商： PR：			語文智商： PR：			作業智商： PR：		
	語文理解（VCI）： PR：	知覺空間（VSI）： PR：	流體推理（FRI）： PR：	工作記憶（WMI）： PR：	處理速度（PSI）： PR：	詞彙學習（VAI）： PR：	非語文（NVI）： PR：	一般能力（GAI）： PR：	認知效能（CPI）： PR：
	常識	類同	詞彙	理解	圖形設計	物形配置	矩陣推理	圖畫概念	圖畫記憶	動物園	昆蟲尋找	刪除衣物	動物替代

〔適應功能評量結果摘要〕

修訂中華適應行為量表得分摘要					
分量表	原始分數	百分等級	標準分數	解釋	符合標準分數 85分以下
A1生活自理					□是　□否
A2家事技能					□是　□否
B1溝通能力					□是　□否
B2實用知識					□是　□否
B3獨立自主					□是　□否
B4安全衛生					□是　□否
C1社區活動					□是　□否

C2消費技能（幼兒園版無）					□是　□否
C3社會技能					□是　□否
C4休閒活動					□是　□否
D1動作發展					□是　□否
D2工作活動					□是　□否
D3社會—工作行為					□是　□否
適應行為評量結果分析					
幼兒園版——前十二項中，符合標準分數85分以下的有＿＿＿＿項，個案在適應行為發展能力上＿＿＿＿（有、無）缺陷。					
中小學版——前十三項中，符合標準分數85分以下的有＿＿＿＿項，個案在適應行為發展能力上＿＿＿＿（有、無）缺陷。					

〔情緒行為障礙評量結果摘要〕

		分測驗名稱	教師版	家長版	篩選標準				結果
問題行為篩選量表	ADHD	第一部分	1-9不專注行為			不專注型	1-9題≧6分			□疑似ADHD（第一部分及第二部分同時達到篩選標準）□非ADHD
						過動/衝動型	10-18≧6分		
			10-18過動/衝動行為			混合型	1-9題≧6分且10-18≧6分		
						其他型	1-18≧7分		
		第二部分	1-8功能受損				小一～三	小四～六	國一～三
						教師版	22	20	20
						家長版	20	19	18
	ODD	第三部分	1-8對立性違抗行為			≧4分			□疑似ODD（達到篩選標準）□非ODD
	CD	第四部分	1-15違規行為			≧3分（國中青少年版之13.14.15題需同時第五部分第1.2.3題為1分，方計1分）			□疑似CD（達到篩選標準）□非CD
		第五部分	1-3（青少年版）	第一題　教師版		家長版			
				第二題　教師版		家長版			
				第三題　教師版		家長版			

注意力缺陷過動症學生行為特徵篩選量表（K-9 ADHD-S）（學前至國三）	分測驗名稱	原始分數	標準分數	百分等級	篩選標準		結果
	注意力缺陷				家長版	原始分數 ≧切截數	☐疑似ADHD ☐非ADHD
	過動和衝動						
	全量表						
	分測驗名稱	原始分數	標準分數	百分等級	篩選標準		結果
	注意力缺陷				教師版	原始分數 ≧切截數	☐疑似ADHD ☐非ADHD
	過動和衝動						
	全量表						

電腦化注意力診斷					
全測驗		因素			
兩因素總分	三因素總分	圖畫記憶力	推理記憶力	語文注意力
原始分數					
百分等級					
CADA 商數					
商數切截分數	76	119	學前32 低年級56 中高年級67 國中72	學前89 低年級146 中高年級167 國中72	學前- 低年級17 中高年級25 國中32

電腦化注意力診斷			原始分數	百分等級	CADA商數	商數切截分數
	全測驗	兩因素總分				76
		三因素總分				119
	因素	圖畫記憶力				學前32 / 低年級56 中高年級67 / 國中72
		推理記憶力				學前89 / 低年級146 中高年級167 / 國中72
		語文記憶力				學前 / 低年級17 中高年級25 / 國中32

〔自閉症評量結果摘要〕

評量工具名稱		總分	第一切截點	第二切截點	篩選結果
自閉症三階段測驗	第一階段 行為檢核表	自閉症兒童行為檢核表（低年級版）		97	114	□疑似自閉症（總分≧第一切截分數） □非自閉症
		自閉症兒童行為檢核表（中年級以上版）		92	119	□疑似自閉症（總分≧第一切截分數） □非自閉症
		高功能自閉症／亞斯柏格症行為檢核表（國小版）		60		□疑似高功能自閉症／亞斯柏格症（總分≧切截分數） □非自閉症
		高功能自閉症／亞斯柏格症行為檢核表（國高中版）		57		
		自閉症學生行為檢核表（高級中等教育階段）		社會溝通領域＿＿＿＿分 行為領域＿＿＿＿＿＿分 總分＿＿＿＿＿＿分		□疑似自閉症（總分≧切截分數） □非自閉症
	第二階段	自閉症兒童訪談紀錄表	症狀出現時間確認	□三歲前；□三歲～六歲；□小學階段 主要症狀（至少一項）： □社會互動及溝通 □固定而有限的行為興趣		□疑似自閉症（主要症狀兩領域各有一項符合，且年齡也符合者） □非自閉症
	第三階段	自閉症兒童觀察評量紀錄表	觀察結果	社會互動及溝通	□符合 □不符合	□疑似自閉症（兩領域均符合） □非自閉症
				固定而有限的行為興趣	□符合 □不符合	

(二) 能力現況描述

➤ 應根據 (一) 之評量紀錄結果分析整合敘述

➤ 修改欄位應說明修改日期及修改內容

項目	能力現況描述	補充說明／修改 （須註明日期）
健康情形	☐健康情形與一般同儕無異 ☐健康情形不佳，容易罹患疾病，如： ☐其他：	**對上課或生活的影響** ☐無 ☐有，請填寫以下調整方式 ☐提供學習輔具：＿＿＿ ☐提供專業團隊服務 ☐提供教師助理員協助 ☐提供醫療服務 ☐其他，說明：＿＿＿＿
認知	☐認知能力與一般同儕無異 ☐注意力缺陷： ☐推理力缺陷： ☐記憶力缺陷： ☐思考力缺陷： ☐其他：	**對上課或生活的影響** ☐無 ☐有，請填寫以下調整方式 ☐指令正向、簡短、明確可行 ☐教導學生自我提醒 ☐提供分段學習 ☐運用具體的教材教具（如： 　圖片及實物等）教學 ☐教師說話速度放慢 ☐安排小老師協助 ☐教導學生學習方法 ☐覆述教師的話 ☐給予成功機會，提高學生學 　習動機 ☐教導學生整理物品的方法 ☐其他：說明：＿＿＿＿
知覺動作	☐行動與動作能力與一般同儕無異 ☐粗大動作表現不佳： ☐手眼協調不佳：不太會丟球 ☐動作十分緩慢： ☐精細動作表現不佳：	**對上課或生活的影響** ☐無 ☐有，請填寫以下調整方式 ☐調整教室位置 ☐設立無障礙坡道或扶手

	☐容易碰撞或跌倒： ☐其他：	☐提供無障礙廁所 ☐提供電梯使用 ☐提供學習輔具：_____ ☐提供運動輔具：_____ ☐適應體育教學調整 ☐提供物理治療 ☐提供職能治療 ☐其他，說明：_____
溝通	☐溝通能力與一般同儕無異 ☐言理解能力不佳： ☐口語表達不佳： ☐口語能力不佳： ☐無法表達意願： ☐無法和他人進行對話： ☐其他：	**對上課或生活的影響** ☐無 ☐有，請填寫以下調整方式 ☐指令正向、簡短、明確可行 ☐教師說話速度放慢 ☐覆述老師的話 ☐給予學生緩衝的待答時間 ☐提供學習輔具：_____ ☐語言治療 ☐其他，說明：_____
生活自理	☐自我照顧能力與一般同儕無異 ☐生活自理能力不佳： ☐個人衛生習慣不佳： ☐其他：	**對上課或生活的影響** ☐無 ☐有，請填寫以下調整方式 ☐請家長配合訓練 ☐提供教師助理員協助 ☐提供志工協助 ☐安排小老師 ☐教導學生整理東西的方法 　（說明：　　　　） ☐其他，說明：_____
情緒及 社會行為	☐情緒行為表現與一般同儕無異 ☐缺乏人際互動能力： ☐情緒管理不當： ☐無法適應團體生活： ☐缺乏社交技巧： ☐有明顯行為問題： ☐是否干擾原班上課，（　　　）科： ☐其他：	**對上課或生活的影響** ☐無 ☐有，請填寫以下調整方式 ☐提供行為功能介入方案 ☐建立簡明具體的班規 ☐自我規範訓練 ☐自我規範訓練 ☐調整教室氣氛

		□提供團體輔導
		□提供個別輔導
		□提供心理諮商
		□其他，說明：＿＿＿＿＿
學業表現	□學業表現與一般同儕無異 □（選擇一個項目。）科成績表現為全班最後15% □無法完成課堂學習作業 □缺乏學習動機 □基本學習能力有明顯缺陷 □經常無法如期繳交作業 □其他：	**對上課或生活的影響** □無 □有，請填寫以下調整方式
		□調整課程 □調整教材 □調整作業份量 □提供補救教學 □調整評量方式：＿＿＿＿ □調整考試服務：＿＿＿＿ □提供學習輔具：＿＿＿＿ □其他，說明：＿＿＿＿＿

三、需求評估（必要項目）

（一）優弱勢分析	
優勢能力	弱勢能力
（二）學生障礙狀況對其在普通班級（或融合情境）適應的影響	

（三）需求分析

向度	內容
學習需求／課程調整 學習內容 （提供十二年國教各領綱課程與特殊需求領域之內容調整，說明採用簡化／減量／分解／替代／重整／加深／加廣／濃縮等策略，以原班調整或外加／抽離方式提供課程）	1. 領域學習課程 ☐ 國語課程選擇一個項目。（每週選擇一個項目。節） 　<u>簡化／減量／分解／替代／重整／加深／加廣／濃縮</u> ☐ 英語課程選擇一個項目。（每週選擇一個項目。節） 　<u>簡化／減量／分解／替代／重整／加深／加廣／濃縮</u> ☐ 數學課程選擇一個項目。（每週選擇一個項目。節） 　<u>簡化／減量／分解／替代／重整／加深／加廣／濃縮</u> 2. 特殊需求領域 ☐ 生活管理課程選擇一個項目。（每週　節） ☐ 社會技巧課程選擇一個項目。（每週　節） ☐ 學習策略課程選擇一個項目。（每週　節） ☐ 職業教育課程選擇一個項目。（每週　節） ☐ 溝通訓練課程選擇一個項目。（每週　節） ☐ 點字課程選擇一個項目。（每週　節） ☐ 定向行動課程選擇一個項目。（每週　節） ☐ 功能性動作訓練／適應體育課程選擇一個項目。（每週　節） ☐ 輔助科技應用選擇一個項目。（每週　節）
學習歷程 （適合的學習方式／管道、原班與資源班上課所需之教學法與教具調整等）	1. 發展性策略調整需求 ☐ 注意力訓練與策略培養　　☐ 提供適當的記憶策略和方法 ☐ 提供自我指導能力訓練　　☐ 口語表達訓練 ☐ 提供情緒管理訓練　　　　☐ 提供社交技巧訓練 ☐ 提供推理與思考訓練　　　☐ 其他＿＿＿＿ 2. 學業性策略調整需求 ☐ 藉由口訣練習　　　　　　☐ 學習重點提示 ☐ 學習內容步驟化，部分呈現　☐ 適性課程，調整學習內容 ☐ 數學解題訓練　　　　　　☐ 考試技巧與自我檢視 ☐ 閱讀理解訓練　　　　　　☐ 書寫能力訓練 ☐ 關鍵字教學　　　　　　　☐ 其他＿＿＿＿ 3. 動作發展調整需求 ☐ 提供體適能訓練　　　　　☐ 空間概念訓練 ☐ 動作協調訓練　　　　　　☐ 其他＿＿＿＿

	學習環境 有助於學習之物理、社會、心理等環境之調整【校園、教學（實習）環境、設施、輔具、座位安排、教師及同儕協助】	□班級教室位置調整　　□教室座位調整 □特製桌椅　　□無障礙廁所　　□電梯 □適性導師　　□同儕協助　　□助理教師協助 □其他 （說明內容：　　　　　　　　　　　　　　　）	
	學習評量 適合學生學習特性之評量（如評量標準、評量方式、評量內容、時間調整、評量地點、提供相關輔具或必要提示、作業等）	□資源班另命試卷，成績依合適比例調整： 　選擇一個項目。科-（資　%、普　%） 　選擇一個項目。科-（資　%、普　%） □無障礙考試服務： 　□試場服務（□調整考試時間　□提供無障礙試場環境 　　　　　　　□提供提醒服務　□提供特殊試場） 　□輔具服務（□擴視機　□放大鏡　□點字機　□盲用算盤 　　　　　　　□盲用電腦及印表機　□檯燈　□特殊桌椅 　　　　　　　□其他相關輔具：＿＿＿＿＿＿＿） 　□試題調整（□調整試題與考生之適配性　□調整題數或比 　　　　　　　例計分　□提供放大試卷　□提供點字試卷 　　　　　　　□提供電子試題　□提供有聲試題　□提供觸 　　　　　　　摸圖形試題　□提供試卷並報讀） □作答方式調整（□電腦輸入法作答　□盲用電腦作答 　　　　　　　　□放大答案卡（卷）　□電腦打字代謄 　　　　　　　　□口語（錄音）作答　□代謄答案卡）	
相關服務與支持策略需求	相關專業團隊（醫師、物理、職能、語言、心理、社工、聽力師、職業輔導、定向行動等相關專業人員及各類巡迴輔導服務）	□需要 □不需要	□醫師　□物理治療　□職能治療　□臨床心理 □諮商心理　□語言治療　□聽力師　□社會工作師 □定向行動　□其他專業人員：＿＿＿＿＿
	人力資源與協助（教師助理、酌減人數及志工等）	□需要 □不需要	□酌減人數：選擇一個項目。人（依公文為主） □教師助理員：協助＿＿＿＿＿＿ □特教學生助理人員：協助＿＿＿＿＿＿

家庭支持服務 （家庭諮詢、特殊教育相關研習及資訊、協助家長申請相關機關（構）或團體之服務等）	□需要 □不需要	□提供特教研習資訊　□特教諮詢　□親職教育 □提供各項福利補助訊息（□獎助學金　□午餐減免 　□家庭救助　□其他補助_____） □轉介相關資源協助 　（□社會局　□醫院　□其他_____）
校園無障礙環境	□需要 □不需要	□教室位置　□座位安排　□特製桌椅 □無障礙廁所　□電梯　□導盲磚　□斜坡道 □其他
教育及運動 輔具服務	□需要 □不需要	□視覺輔具：選擇一個項目。 □聽覺輔具：選擇一個項目。 □行動移位與擺位輔具：選擇一個項目。 □閱讀與書寫輔具：選擇一個項目。 □溝通輔具：選擇一個項目。 □電腦輔具：選擇一個項目。 □其他輔具：選擇一個項目。
行政支援 （區塊排課／出缺勤管理等）	□需要 □不需要	1. 教務：□成績評定方式　□校內編班　□優先排課 2. 學務：□學生管教相關事宜　□出缺席管理 3. 總務：□教育儲蓄專戶申請　□辦理各項減免 　　　　□無障礙環境／設備 4. 輔導：□召開特教相關會議　□人數酌減　□認輔
其他（交通服務、健康照顧、轉介醫療、行為功能介入方案、班級經營策略、適性教材等）	□需要 □不需要	□交通服務：□申請交通車／□補助交通費 □醫療服務：□_____疾病護理　□緊急狀況處理程 　　　　　　序（請檢附處理程序表）　□其他____ □行為功能介入方案：_____ □其他_____

貳、學生所需特殊教育、相關服務及支持策略

一、特殊教育、相關服務及支持策略（必要項目）

　　※ 以下服務內容須提送學校特殊教育推行委員審議。

（一）特殊教育主要安置環境
　　　□普通班接受特教服務　□普通班接受資源班服務　□集中式特教班
　　　□在家教育　　　　　　□其他（請註明）＿＿＿＿
1.國中／小階段適用

學習領域名稱		排課方式			負責教師	上課地點	起迄日期
		週／節					
		原班	抽離	外加			
領域學習課程	語文						
	數學						
	（生活）						
	社會						
	自然科學						
	藝術						
	綜合活動						
	健康與體育						
	科技						
彈性學習課程	統整性主題／專題／議題探究課程						
	社團活動與技藝課程						
	特殊需求領域課程						
	其他類課程						

註：「原班」係指在原班上課，包含在普通班由特殊教育教師入班進行合作教學；或
　　在集中式特殊教育班與原班同學一起上課。「抽離」係指抽離式課程，學生在原
　　班該領域／科目節數教學時到資源班／教室／方案上課。「外加」係指外加式課
　　程，可適用於資源班或集中式特殊教育班，包括學習節數需超過十二年國民基本
　　教育課綱原領域／科目或原班排定的節數及經專業評估後需提供的特殊需求領域
　　課程節數。

　　　　　　　　　　　　　　　　　　　合計：＿＿＿＿＿節／週

2.高中階段適用

課程類別	科目名稱	排課方式 學分／節數			上課時間原班課程	負責教師	上課地點	起迄日期
		原班	抽離	外加				
部定必修								
校訂必修								
校訂選修								
彈性學習時間		(不計入學分數)						
合計								

註：「原班」係指在原班上課，包含在普通班由特殊教育教師入班進行合作教學；或在集中式特殊教育班與原班同學一起上課。「抽離」係指抽離式課程，學生在原班該領域/科目節數(學分數)教學時到資源班/教室/方案上課。「外加」係指外加式課程，可適用於資源班或集中式特殊教育班，包括學分數需超過十二年國民基本教育課綱原領域/科目或原班排定的學分數及經專業評估後需提供的特殊需求領域課程學分數。

合計：_____節／週

（二）學生課表——每學期依教務處公告課表以單頁呈現
（請並列科目名稱與任課教師，①資源班學生之特殊教育課程或②特教班學生之入普通班上課之融合課程，以網底呈現）

（三）相關服務與支持策略（請依前述有需求之項目敘寫具體做法）

服務項目	需求內容及提供方式／策略		負責單位／人員
醫療服務	☐需要 ☐不需要	☐＿＿＿＿＿疾病護理 ☐緊急狀況處理程序（請檢附處理程序表） ☐其他：＿＿＿＿＿＿＿＿	
福利服務	交通服務　☐需要 ☐不需要	☐交通車接送 ☐其他＿＿＿＿＿	
	經費補助及減免　☐需要 ☐不需要	☐學雜費減免　☐午餐減免 ☐交通費補助 ☐教科書經費補助　☐獎助金 ☐學前特教補助 ☐在家教育代金（限在家教育學生請領） ☐其他＿＿＿＿＿	
教育輔助器材	☐需要 ☐不需要	☐視覺輔具：選擇一個項目。 ☐聽覺輔具：選擇一個項目。 ☐行動移位與擺位輔具： 　選擇一個項目。 ☐閱讀與書寫輔具： 　選擇一個項目。 ☐溝通輔具：選擇一個項目。 ☐電腦輔具：選擇一個項目。 ☐其他輔具：選擇一個項目。	
學習協助服務	☐需要 ☐不需要	☐錄音　☐報讀　☐提醒 ☐手語翻譯 ☐同步聽打員　☐代抄筆記 ☐心理輔導 ☐行為輔導 ☐其他＿＿＿＿＿	
家庭支持服務	☐需要 ☐不需要	☐提供特教研習資訊 ☐特教諮詢　☐親職教育 ☐提供各項福利補助訊息 　（☐獎助學金　☐午餐減免 　　☐家庭救助　☐其他補助 　　＿＿＿＿＿）	

		□轉介相關資源協助 （□社會局　□醫院 　□其他＿＿＿＿＿）	
生活協助 服務	□需要 □不需要	服務人員：□教師助理員 　　　　　□特教老師 　　　　　□志工 　　　　　□同學（愛心小天使） □其他，＿＿＿＿＿	

<table>
<tr><td rowspan="7">復健／諮
商服務</td><td colspan="4">□不需要　□需要</td></tr>
<tr><td>服務項目</td><td>服務人員</td><td>頻率</td><td>服務方式／建議事項
（如提供評量、教學及行政
支援等服務）</td></tr>
<tr><td>物理治療</td><td></td><td>（　）小時／學年</td><td></td></tr>
<tr><td>職能治療</td><td></td><td>（　）小時／學年</td><td></td></tr>
<tr><td>語言治療</td><td></td><td>（　）小時／學年</td><td></td></tr>
<tr><td>心理治療</td><td></td><td>（　）小時／學年</td><td></td></tr>
<tr><td>社工輔導</td><td></td><td>（　）小時／學年</td><td></td></tr>
<tr><td>適應體育</td><td colspan="4">□無調整　□適性調整　□體育老師調整課程（適用全班）　□人力支
援　□輔具申請
□特教老師調整（適用個案）　□融合式課程　□其他＿＿＿＿＿＿＿</td></tr>
</table>

參、學年及學期教育目標、達成學期教育目標之評量方式、日期及標準（** 以社會技巧為例）

＿＿＿學年度第＿＿學期社會技巧領域			學生：＿＿＿＿ 組別：＿＿＿				
教材選擇：自編教材			授課教師：				
核心素養		通用設計					
學年目標	108課綱指標						
	情緒-特社A-Ⅰ-1認識與分辨基本的情緒。						
	情緒-特社A-Ⅰ-2察覺與面對壓力。						
	訊息-特社B-Ⅰ-3學習與人建立適當的人際關係。						
	訊息-特社B-Ⅰ-4分析衝突的原因及情境。						
	訊息-特社B-Ⅰ-5遵守性別互動的基本禮儀。						
	學校-特社C-Ⅰ-1認識與遵守學校的規則。						

學年目標	學期目標	教學起迄日期	評量方式/預期目標	評量日期/達成方式/達成率%			教學決定
情緒-特社A-Ⅰ-1認識與分辨基本的情緒。	情緒-特社1-I-1-3分辨他人基本的正向或負向情緒。	9/6～1/10	E I/80%	9/27 I/70%	11/15 I/80%		○
情緒-特社A-Ⅰ-2察覺與面對壓力。	壓力-特社1-I-3-1學習新的或困難事物時面對可遭遇的失敗。	9/6～1/10	E I/80%	9/27 I/60%	11/15 I/70%	1/3 I/80%	○ 能理解會失敗，但有情緒而壓抑
訊息-特社B-Ⅰ-3學習與人建立適當的人際關係。	溝通-特社2-I-5-1依情境表達自己意見。	9/6～1/10	E I/80%	9/27 I/75%	11/15 I/80%		○
	溝通-特社2-I-5-2等待、輪流說話及不隨便插話。	9/6～1/10	E I/80%	9/27 I/70%	11/15 I/75%	1/3 I/80%	○

	衝突-特社2-I-10-1分辨發生衝突的原因及情境。	9/6～1/10	E I/80%	9/27 I/60%	11/15 I/70%	1/3 I/80%	○
訊息-特社B-I-4分析衝突的原因及情境。	衝突-特社2-I-10-2表達衝突所引發的情緒反應。	9/6～1/10	E I/80%	9/27 I/60%	11/15 I/65%	1/3 I/70%	△能理解衝突的原因,但內心有很多的想法卻不願意表達而出現壓力的情緒。
	衝突-特社2-I-9-1被他人誤解時,主動尋求大人或同儕的協助。	9/6～1/10	E I/80%	9/27 I/70%	11/15 I/80%		○
訊息-特社B-I-5遵守性別互動的基本禮儀。	多元性別-特社2-I-12-2分辨他人適當或不適當的語言。	9/6～1/10	E I/80%	9/27 I/70%	11/15 I/80%		○
學校-特社C-I-1認識與遵守學校的規則。	學校-特社3-I-1-1在課堂中持續傾聽他人說話。	9/6～1/10	E I/80%	9/27 I/70%	11/15 I/80%		○

評量方式:A實作評量 B紙筆測驗 C口頭問答 D自我評量 E觀察

達成方式:I獨立完成 O口頭提示 V視覺提示 H使用輔具 N其他_____

達成率:以百分比方式表示

教學決定:○通過 △再加強 ×放棄

※因應疫情的關係停課在家,所以一些與他人互動的技巧未能完整評斷,所以該目標延至下學期繼續評。

肆、具情緒與行為問題學生所需之行為功能介入方案及行政支援

一、學生情緒及行為問題描述

請具體描述情緒／行為特徵、發生的頻率與情境
設定正向介入目標

二、行為功能評估、介入策略及行政支援

學生情緒／行為問題功能評估	分析問題行為的前事、後果與功能		
	行為介入策略、成效及後續建議		
項目／說明	介入策略	介入時間	參與人員
前事控制策略	1.調整教室環境 選擇一個項目。 2.調整教材教法 選擇一個項目。 3.調整學習單與作業單 選擇一個項目。 4.調整考試方式 選擇一個項目。 5.正向／支持的班級經營 選擇一個項目。 6.藥物生理 選擇一個項目。		□家長／稱謂： □教師（□導師 □資源班老師 □輔導教師 □科任：＿＿＿） □行政（□校長 □主任 □組長 □助理員 □其他：＿＿＿） □相關專業人員（□物理 □職能 □語言 □心理 □社工 □其他：＿＿＿） □其他

		教導替代行為／因應／容忍		
正向行為 教導策略		1.使用行為改變技術導正問題行為： 選擇一個項目。 2.增進自我管理能力： 選擇一個項目。 3.情感輔導： 選擇一個項目。 4.感官訓練： 選擇一個項目。 5.想像技巧： 選擇一個項目。 6.認知改變： 選擇一個項目。 7.人際關係： 選擇一個項目。		
後果處理策略	期待行為出現			
	問題行為出現			
行政支援及 相關資源		□人力 □課務 □環境空間 □輔導經費 □警政／社福 □親職教育 □醫療 □其他：		
介入成效		□介入目標已達成 □介入目標未達成		

行為表現		方案執行情形	
		策略執行率高於80%	策略執行率未達80%
□	有進步	□	□，因為：
□	無明顯變化	□	□，因為：
□	標的行為惡化	□	□，因為：

後續建議	☐	可自　年　月結案	方案策略納入IEP課程調整，說明：		
	☐	原方案持續進行			
	☐	調整方案再執行（檢附調整後的目標／策略／負責執行人員）	下次評估日期：		
	☐	增加相關專業／資源介入：_____			
	☐	中止本方案，因為：☐轉學　☐轉換教育階段　☐其他：			

伍、學生之轉銜輔導及服務內容（＿＿＿年級）

一、安置型態及轉銜原因（含跨階段轉銜、平行轉銜）

□跨階段轉銜（國小升國中／國中升高中／高中升大專院校／就業／就養）
□新生入學輔導轉銜
□延續前一學年度之服務
□安置型態更改　□轉安置普通班接受特教諮詢服務
　　　　　　　　□資源班轉安置集中式特教班
　　　　　　　　□集中式特教班轉安置資源班
　　　　　　　　□放棄特殊生身分
□轉學
□其他：

二、各階段專業服務資料

各教育階段專業服務資料		
□1.學前階段　　□國小　　□國中　　□高中		
福利服務	□基本法律常識的認識 □下個階段學雜費、午餐減免等申請資訊提供 □政府相關福利資訊提供 □下個階段交通車搭乘申請資訊提供 □社工服務的相關資訊提供 □下個階段獎助學金或相關福利機構助學金的申請資訊提供 □愛心早餐／暑期餐券／急難救助金申請資訊提供 □其他：	
其他相關專業服務	□專業團隊的需求申請與服務（如：物理、職能、語言與心理諮商等） □相關輔具的申請資訊提供、輔具移撥 □醫療或特教諮詢服務 □其他：	

三、輔導重點

項　　目	輔導重點	負責人
學業輔導	□學習內容（簡化／減量／分解／替代／重整／加深／加廣／濃縮） □學習歷程（學習方式／教學法教具的調整） □學習環境（同儕小老師／學習輔具／無障礙設施／上課環境／座位安排） □學習評量（試場服務／輔具服務／試題（卷）調整服務／作答方式調整服務）	
生活輔導	□召開新生入學輔導安置會議 □生活自理訓練（如廁、穿脫衣物、進食等） □衛生習慣的訓練（座位環境整潔、自我衣物打理等） □提升社會適應力：結合社區資源，利用校外教學的機會，提供各種場所的適應練習的機會 □提升自我需求表達能力的訓練 □增加自我保護能力的訓練 □適切使用金錢能力的訓練 □提供專注力訓練 □提供適切的休閒活動時間的安排與規劃 □提供特教助理人員協助 □其他：	
心理輔導	□提供適切的溝通與情緒表達機會及訓練 □社交技巧訓練：練習正確的人際互動方式 □練習勇敢拒絕的適切回應 □提升自信心及自我肯定訓練（如：學習自我增強） □加強自我決策的能力 □提升學習動機（如：學習心態的調整等） □提供心理師協助心理諮商輔導 □安排認輔老師及小天使協助 □提供適切的情緒調適及抒壓管道 □安排親職教育及親子溝通 □其他：	

四、轉銜服務內容		
五、其他特殊記載事項		
六、受理轉銜單位		

第 **3** 章

班級經營策略

　　一般教師在接受養成教育過程，班級經營為一門重要的必修課，然其較偏廣義的班級經營，涵蓋所謂的級務處理。而在現今講求融合教育，班級成員愈趨異質性，愈需全方位課程設計理念，近年卻因師資培育制度及退休制度可能改變的過程，而使校園在退休潮影響下，幾使各種銜接產生斷層現象；新任教師在融合教育多層次班級經營理念與策略部分訓練不足，且無資深教師誘導及給予協助下，再加上教育政策的穩定度與支持架構建構缺乏的情形，多層次班級經營遂成為教師關切的主題，對特教老師所受的養成教育而言，高異質性班級成員與多層次班級經營本就為常態，以下將就多層次班級經營之基本概念、預防層次、非語言層次、語言層次、行為改變技術運用做討論。

第一節　班級經營的基本概念

一、　維持班級授課過程流暢原則

　　班級經營的目的是為了能使上課流程更流暢，良好的班級經營策略以不打斷上課流程為原則，故而教師宜多注重班級經營策略中的預防層次與非語言層次，同時儘量於必要時才作班級經營，例如：學生妨礙教師上課、學生妨礙他人上課、破壞公物、危及個人或他人安全等情形。維持授課過程流暢原則的班級經營可兼顧其他守秩序同學的上課權利，同時亦避免課程中斷次數過多所帶來的種種後遺症。

二、　提升學生「我能感」原則

　　班級經營策略中若有學生之參與及自覺的成分在內，將比教師強制外加式的班級經營策略易於得到認同、成功與持久的效果。近年來，教育界大力提倡 empowerment（我能感）的概念，即強調任何策略之使用，必須配合學生的自覺及其個人相關特質與背景，以使該策略能內化成為學生認知背景的一部分，進而強化其追尋自我生活與自我決定的能力，提升「我能感」。特殊教育的精髓所在應是讓特殊學生於受教過程中，能發展出各種掌握自己未來生活的特質，亦即獨立與負責的態度與能力。empowerment 是一種長期與多元的發展過程，教師若能於班級經營策略中重視激發學生自覺與參與的原則，學生必能由此學習到自我控制與自我負責的「我能感」精神。現今的社會與以往已有許多不同，激發孩子處事的原則可能比無彈性的做法更重要。例如：對於孩子在校園中欺侮人或被欺侮的問題，許多的父母要求子女絕不可以動手打人，若有人打你，儘速報告老師即可；或是有些父母鑑於現今社會的混亂，要子女若別人打你一拳，你一定要回敬一拳，如此才不會再有人欺負你。然而這些作法皆是以父母的觀念強加於孩子身上，若是依 empowerment 的觀念，則僅需提父母所期望的原則，再與子女討論細節，給予子女通權達變的處理空間與自我負責的態度，期望的原則可以僅是「避免衝突」與「保護自己」，至於如何去避免衝突，孩子可能會有很多自己的想法，比如說：路上有人打架，我們要不要去看——不要；路邊有人隨便跟你招手要你過去，他長得怪怪的——絕對不要很老實的走過去；班上有難惹的人——如果他走前門，我就走後門，不要和他走在一塊等，這些都是避免衝突的技巧。第二是「保護自己」，如果有爭執，而報告老師是比較好的方法，那我們就去報告老師；如果打回去比較好，那就打回去；如果你可以躲得掉，當然就躲掉。一直讓孩子去想像這個情境，掌控與自己個性及情境相符的策略。就像我們會告訴孩子：「你去想一個情境，如果今天你回家時發現爸媽都不在家，而你又沒帶鑰匙，那該怎麼辦？」如果做家長或老師的從來不讓孩子做這一方面的演練，當孩子第一次遇到這種情形時，就會不知道該怎麼辦。若在平時常常去演練這些事情，便是在激發自身的解決問題策略，孩子就會知道有哪幾種選擇可選，例如：到附近的便利超商等爸媽回來；趕快打電話給爸媽；若外公、外婆住在附近，則可以先去找他們；或是找鄰居；最壞的方法是坐在門口等。如果平常我們規定孩子不能夠隨便亂跑，孩子的第一個選擇方法大概會是留在家附近，因為孩子可能過去曾因到處亂跑而被處罰過。就像我們不斷的告訴孩子「你絕對不可以動手打人」，而不是給予很彈性的規定，你的孩子在學校可能被打得很厲害而不敢還手。

班級經營策略有許多人談過，教師們亦學習過不同的班級經營策略，然而在運用時宜掌握自我人格特質、情境、環境與學生人格特質等因素，於第一現場的第一時間作出最正確的反應，故而班級經營策略沒有最好與

最壞的分野，有的只是教師是否能根據 empowerment 的原則，臨場作出最適當的專業化自動思考與行動。

三、 多層次策略系統性運用原則

　　一般班級可採單一層次班級經營法，若是有特殊兒童回歸主流的普通班或是資源班，則需採多層次的班級經營，雖有適性化的個別管理，然應異中求同，例如：統一的要求是上課要專心，但對甲而言是上課要專心，眼睛看老師；對乙而言卻是上課要專心，坐在位置上。不論教師、家長決定採用何種策略，須管教一致，且系統性的運用，運用該策略之目的、原則、施行細節與可能發生的狀況皆能事先預想並討論，例如：若選擇代幣法以增強班上的某種目標行為，則目標行為需具體簡要並符合最大適用性原則，並確定同學明白實施流程與要求，賞罰公平，增強物或制度須多元且特殊以吸引同學配合。若有任何挫折狀況發生時，「溫和的堅持」會是一種最好的方法，權威體（例如：教師與家長）間應管教一致，避免互相指責或有情緒失控的情形發生，權威體間應互為助力而非互為阻力。

四、 即時具體回饋原則

　　多數的特殊學生均有注意力與記憶力方面的問題，故而即時回饋，不論是正向或負向的回饋，便顯得愈形重要，但對較無分辨力的特殊學生，正向回饋的效果通常會優於負向回饋，亦即教師直接陳述並獎勵自己所要的目標行為，會讓孩子較能具體掌握教師的要求。但在即時具體回饋時仍需盡量維持班級授課過程流暢的原則，故而若不能在言語上即時回饋，也許非語言的身體動作或是彼此約定好的手勢、表情，也是可以運用的方法。

五、 示範與操作原則

　　許多特殊學生有短期記憶與理解力方面的問題，示範與操作練習會是幫助他們瞭解老師期望的好方法。經由認知學習方面的學習步驟分析或技能學習方面的工作分析式的示範與練習過程，明瞭學生的困擾何在，進而根據前述 empowerment 原則，找出最適合該生執行的策略方式。

六、 提示及緩衝原則

特殊學生常因自我內在控制力的問題，在執行過程中易產生落差的狀況。給予約定的提示，提醒學生應注意的行為或應作的事，會比事情發生後再去責備，效果要好得多；同時在給予提示後，可給予學生一些緩衝的空間或時間，例如：對於再度說謊的學生，可提示：「老師想知道事實是什麼？想清楚了再告訴老師，好嗎？」不必直接指責學生說謊，只提示說實話的重要性，並留思考空間給學生思索應如何說明事實；又例如：對於老是在上課時忘了要準時回教室的同學，可請同學在快上課時提醒他：「還有兩分鐘要上課了，準備進教室吧！」會比上課鐘一打立刻要他進教室，缺乏時間上的緩衝要好得多；也例如：針對易生衝突的學生，在提示友好相處行為後，可在座位安排上給予適度的緩衝空間以減少衝突。

第二節 多層次的班級經營

為符合前述維持班級授課過程流暢的原則，故而在班級經營層次上以預防、非語言、語言及行為改變技術層次為先後排序；這次我們將先探討預防層次。而在班級經營的過程中，若有教師無法勝任處理的特殊個案時，與輔導室保持密切聯繫成立專案輔導或運用其他資源，例如：運用社政、醫療或是各縣市鑑輔會所提供的資源，亦不失為一個可行的方法。

一、 預防層次

㈠ 教師專業

教師對教育及本科的專業性是非常重要的，若能再擁有溫暖與幽默的人格特質，賞罰公平與恩威並濟的班級經營策略，教學設計為能兼顧每位同學程度落差的全方位課程設計，形成磁場老師特性，亦即教師一進教室即可形成磁場效應，讓所有學生都非常渴望聽他開口講課，可以吸引學生注意力並維持學習動機，則班級經營策略對這種教師而言是可有可無的。教師在課堂上的重要性不可言喻，一位磁場教師縱使缺乏教學設備，只要一支粉筆，便能使教室如沐春風，而不專業的教師就算擁有最好的教學設

備，也會使教室的學習氣氛如酷寒的冬天。

(二) 行政支持

學校除了在輔導制度、校規懲處與一般應有的行政支持外，一般教師最費心的應是班上的特殊學生，而若學校能按縣市政府依教育部所通過「各級主管教育行政機關提供普通學校輔導特殊教育學生支援輔導辦法」訂定的各項法規確實執行，亦即按時召開學校的特教推行委員會協調推動與追蹤各項需跨處室合作推行之決議，便能提供輔導特殊教育學生有關評量、教學及行政支援服務。

學校可以做到以下貼心小措施：(1) 先依特殊學生學習特性安排導師與班級位置，再將其餘普通學生依亂數或 S 形方式常態編入，以利未來班級經營之進行，例如：過動症學生需寬容性高富幽默感的老師，選擇性緘默症學生需個性活潑主動的老師，亞斯伯格症需溫和但堅持度高的老師，腦性麻痺的孩子盡可能在獲得原照顧他的小天使學生同意後分在同一班；(2) 提供特殊新生聯絡名單，以協助導師在開學前事先瞭解其需求，並建立家長與教師的信任感；(3) 教務處排課時採區塊原則，先排資源班，再排科任專任老師的課，以利學校資源班服務較多特殊學生；(4) 建立良好的無障礙評量制度，例如：過動症學生可單獨應考，閱讀障礙學生享有報讀服務，寫字障礙學生可有口試、電腦作答、重謄答案卡、延長時間等服務，以達立足點平等並提升特教學生學習動機；(5) 營造無障礙接納環境，涵蓋心理及生理無障礙。若能有以上這些支援性措施，教師在面對特殊學生的班級經營上必能較得心應手，也避免在學期中時常會在校長室中見到沮喪的學生、憤怒的家長及無助的老師。我們應將時間多花在事前的準備與接納上，而非事情發生後的彌補與協調。

(三) 教室布置

教室的環境影響學生學習的情緒，富有學習氣氛的環境才能引起學生的學習動機。整潔、乾淨、明亮當然為首要條件，然對於資源班學生而言，關於減少不必要的刺激及營造學生向心力的氣氛亦頗重要。減少不必要的刺激，例如：過於凌亂的空間規劃與雜亂的教具陳列，皆會分散學生學習的注意力，故而只要掌握該原則，例如：教具使用教具櫃、空間規劃

合宜、教室不近馬路邊等皆應注意。至於營造向心力部分，由於資源班補救教學科目多為接受安置學生不拿手或學習困難的科目，如何將學習不拿手的科目變成一件愉快有趣的事，且學生願意至某處再多花時間學習該科目，便成了資源班布置時要注意的要點。教室學生背對的那面牆通常為一般教室布置的重點，可作為陳列每位學生學習成果或分享心得之處，應定時更換；且多數資源班同學的作品於普通班中可能沒有陳列的機會，故資源班中若能給予這種機會，可增進學生的向心力與成就感。至於黑板邊的牆壁空白處，則可布置成學習角，陳列本週學習主題或注意事項，時時提醒學生學習上應注意的事。以上的這些布置，皆以更換容易為原則，可用磁鐵板、透明袋抽換或萬能毛氈布等方式，以適應資源班中服務學生年級及班別皆多元化的情形。

(四) 班級幹部

班級幹部形同老師的小內閣，資源班班級人數每一階段時間的服務人數雖不若普通班班級人數多，但仍應設班級幹部；善用班級幹部可培養同學的榮譽感，同時亦能使老師於教學過程中得到事半功倍的效果。擔任資源班幹部後，也使得同學會更樂意且準時到資源班上課。資源班教師也可建議普通班教師給予資源班同學在普通班上課時擔任幹部的機會，提供該位同學激發榮譽感或學習潛能的機會，而該幹部可以是教師自創的教材教具股長或是小助教，也可以是作業股長或是大家輪流作的排長，上課時一方面給予過動學生合法的活動機會，同時利用其協助教師操作教具或指出重點的機會，使其更能集中注意力學習。幹部位置之運用，巧妙存乎一心。

(五) 班規設立

資源班因同一階段時間的服務人次較少，常忽略班規的設立，其實與學生共同訂定一些班規，更能增進學習的效果，惟因資源班的同學多數皆伴隨有注意力及短期記憶的問題，故而班規之設立最好不要超過三項，陳述上以簡單、清楚、正向、可行為原則，亦即陳述的語句儘量採簡單的正向直敘句，清楚明確的訴求，並且是學生可以達到的標準，例如：「上課要注意聽講」會比「上課不要不專心」好，而何謂「上課要注意聽講」，可依老師自己的課堂原則及學生的學習風格定義，例如：(1) 上課時能安靜坐在自己座位上；(2) 上課時能眼光跟隨老師；以及 (3) 上課時能按老

師指示做事等明確小規則。

二、 非語言層次

(一) 身體接近

通常愈不能集中注意力的同學，教師愈會安排他坐在靠近老師的位置，如此教師不僅較能掌握該生的上課情形，同時在教師權威身體接近的原則下，學生的上課行為與專注力亦會隨之改善，而若要執行示範與操作等策略以加深其學習印象時也會較便利。

(二) 臨近增強

在班上責備同學容易導致師生負向的學習互動情緒，若是能適度的稱讚教師所期待的行為以吸引學生來達成目標，如此便能既不打斷上課流程，又能達成教師班級經營的期望，例如：可採取稱讚鄰近同學正向行為的機會以減低行為問題學生的問題行為。例如：教師期望同學皆能端正坐著上課，但甲卻坐立不安，附近的乙則符合老師期望，坐得非常端正，教師即可於講課流程中提示：「現在老師要講一個重點，請大家注意聽，要坐得很端正注意聽，就像乙同學一樣哦！」如此可在自然情境下，促使甲模仿乙的行為，乙也會因受到稱讚而更期盼能符合老師的期望。

(三) 提示行為

教師可於講課流程中很自然地將同學的名字或行為融入課程中，採機會教育的方式隨機提示同學的課堂不良學習行為，如此在可隨機提示同學的課堂不良學習行為，亦不打斷上課流程的方式下，達到班級經營的目的。例如：王小明與張小美上課時出現不專心的行為，教師正在講授「黑羊、白羊要過橋」一課，可將黑羊、白羊隨機換成王小明與張小美的名字，通常聽到自己名字時，注意力皆能自動回到發聲源，則教師可在自然情境下達到矯正上課行為的目的。提示行為也可與教材內容及生活化例子結合，以實施機會教育方式改善班級行為與氣氛，例如：(1) 在國中國文課程中，上到五柳先生傳與王藍田食雞子的故事時，可藉由上課文內容提及個性之差異足以影響一個人行事態度與風格，並讓學生討論；(2) 想讓學生體會寫字障礙者的痛苦與無奈時，也可舉美人魚公主故事為例子，因美人魚公主失去了聲音，故而無法向王子表達自己是他救命恩人的事實與

濃濃的愛意，最後只好投到海中，含悲化成泡沫以終。這是少見以悲劇終結的童話故事，但若美人魚公主非受限於魚族身分，而能以文字向王子陳述一切，故事結局當會有所不同。

三、 語言層次

語言層次的班級經營策略是希望孩子能在具體的言語中學習到該如何做，故而稱讚時，要能做具體式的稱讚，使學生下次若要重複做該行為時有明確的遵循標準。亦即掌握他聽完你的「具體」稱讚後，可以再照做一遍的重點！同時多採用正向語句的方式。老師與家長若不能接受孩子在上課時到處走動，不要只是要求孩子「上課不要走動」，而是應給予孩子正向的句子，如「老師希望你上課安靜」；對於有衝動思考的孩子，不要僅對他說「你答錯了」，而是「你要想清楚了再回答」；關於訓練孩子的試卷檢討策略，可告訴他：「看完考卷覺得正確了再交給我。」如果找出錯誤則給予獎勵，而不是「你現在才找出來，太差了吧！」冷言冷語很容易，但沒有做到同理心將會很難理解孩子的痛苦。而在責備學生時，亦需有具體的事實及可以如何改進的建議，其若能照著教師的建議或是表現出任何改善行為時，即可予以具體稱讚，使學生能在即時回饋的情形下繼續持續正向行為。關於具體式稱讚與責備的原則，在本章第三節有更詳盡的敘述可參閱。

四、 行為改變技術的應用

行為改變技術的理論與應用已有許多學者提及（陳榮華，1986；黃正鵠，1991；吳武典編，1994；施顯烇，1995；林正文，1996），本節不再贅述，而只針對筆者於資源班實驗教學中，所採用的某些行為改變技術及其在應用上應注意的重點做陳述。於資源班整體班級經營實施過程中，通常我們會先採代幣法（年長的孩子則採行為契約法），約定要改善的目標行為，同時對該目標行為的相關不良行為採忽視法，配合學生情緒及行為輔以隔離法；若有過失行為時，則輔以過度矯正法，對較年長的孩子則可輔以軼事記錄法與自我控制法。

㈠ 代幣法

代幣法是一般在國小常用的行為改變技術，教師通常會建立一種交換系統，使學生於表現適當行為之後可以獲得兌換多元化報酬的一種設計，實施過程宜遵守：(1) 約定明確目標；(2) 指出適當增強物；(3) 彈性調整與評量目標及增強物；(4) 削弱代幣制。然而對於資源班同學實施時，還應注意下列數點：

1. **公平原則**：所有同學都應有自己要增強的行為，所以所有同學僅是目標或增強物上的不同，應一起納入代幣交換系統中，避免單獨實施，造成同學間認為老師不公平。

2. **有意置乏原則**：凡是列於增強物中的物質增強部分，應於家庭及學校中皆予以控制，使學生僅能由代幣系統中得到此物，增強其改善的動機。

3. **特殊原則**：現今孩子多數處於富裕的環境中，故而對於一般物質增強可能誘因不夠，教師與家長可在增強物上增加其特殊性以增強孩子得到此增強物的動機，例如：一隻普通原子筆上有老師的「好學生」章，簿本上有老師的勉勵語及親筆簽名，極難得共同出遊的家庭可因其累積的點數兌換全家共同出遊一次。

4. **集中原則**：資源班的孩子多數有注意力及短期記憶的問題，故而每次選定的目標行為最好勿超過三項，然後再根據其改善進度逐步調整，避免因一次列項過多，過度分散學生注意力，反而延誤進度與動機。

㈡ 忽視法

所謂的忽視法乃是經由不理會某種行為以減低某種行為的出現次數，亦即在其出現我們不期待的行為時，教師會想辦法轉移其注意力，而在任何時候出現期待行為時予以稱讚，避免落入「做好是應該，做壞則責罰」的負向循環中。平常我們的管教態度常流於「做好是應該」，這樣通常會讓孩子較沒有成就感，尤其是家中有兩個孩子時，學障的孩子會覺得他什麼都比不上另一個孩子，常感苦惱，而正常的那個孩子也很痛苦，為什麼父母都把所有的注意力集中在學障的孩子身上，寫作業時只有自己乖乖的寫，父母根本不管我，寫完之後還要做家事！又如課堂上的情形也是如此，因為某某同學表現不好，只要他肯交作業，就會給予獎勵品，但其他

孩子天天按時交作業卻可能什麼獎勵也沒有，如此而引起其他孩子的不滿。

　　我們所有目的是希望孩子好，不管是正常，或是學障的孩子，要掌握的要點是在與孩子講話時，將孩子做好的地方具體點出來，孩子才知道下一次應該要如何做好，而不是他做不好，我們才去講他。舉例來說，有一種拍手找領袖的遊戲，若小明是領袖，當我遠離小明時掌聲變小，當我走近小明時，掌聲變大，在不斷嘗試、調整之下，大家會猜到領袖是小明。如果我們用的是鼓掌遊戲，你會看到出來猜領袖孩子滿面笑容；若遊戲改成帶一把尺，被選出來猜領袖的孩子若走對方向則不打，走錯方向或停滯不前皆須挨打，如此被選中玩猜領袖的孩子在過程中會非常痛苦。這就像是我們平常教育孩子的方式，故而若有機會應加改善。至於善用忽視法的要訣則為：

　　1. 轉移孩子的注意力，而非直接指責孩子的行為：有很多現象可指出中國的父母或老師對孩子的態度存有做好是應該，做壞就指責的觀念。比如孩子考第三名，外國父母通常給予稱讚，而中國父母問的第一句話往往可能是「第一名、第二名是誰？他們都考幾分？」，如果孩子考第一名，中國父母會說「下一次要保持」、「不容許一點點的出錯」。這種負面的做法常讓孩子沒有彌補的機會或是需要永遠保持完美。

　　2. 決定要忽視到什麼程度：是指比例發生的程度。比如孩子以前只要寫作業二小時就會走動十次左右，但今天只有走動了八次，就可以稱讚孩子表現進步，不要只去注意孩子不專心的程度有多少，這樣反而會有反效果。

　　3. 行為目標要達到何種程度：這和孩子的能力有關，依孩子的能力設定，若發現低估了就提高，而不是一開始即給予非常高的目標。當孩子發現目標太高而很難達成時，便較容易產生挫折感，或拒絕嘗試。

　　4. 決定要使用那種忽視法：你可以轉移孩子的注意力，或讓孩子在產生不當行為的地方時有事可做。比如有些智障的孩子有自慰行為，我們可以界定為孩子在自己的房間內自慰是可以接受的，他在外面則不行；但告知孩子時，要結合認知與行為改變技術。又如要求孩子出門時手拿皮包或物品，讓孩子沒有多餘的手去摸自己的性器官。此方法就如同要求幼稚園的孩子排隊時要一邊唱歌、一邊手搭肩，其實主要目的是要維持他們的

秩序避免吵鬧不休。孩子身體哪裡是不當行為的來源處，就讓那裡有事做，如此在多層次班級經營上亦可達課堂裡「人人有事做、人人很快樂」的目的。在課堂上要人人有事做是較容易的，惟要達到人人很快樂的目標，便需要老師善用技巧了。

(三) 隔離法

藉由取消某人獲得注意與獎賞的機會，以減少其不適當行為發生次數的一種方法，通常循：(1) 明確界定目標；(2) 測量行為；(3) 訂定終點行為；(4) 決定隔離地點與時間長短；(5) 與被施行對象解釋施行原因與討論施行方式；(6) 實施隔離等步驟來進行。然在實施過程中宜注意下列要點：

1. 安全原則：實施隔離的地點以教師或家長能監視安全的範圍為主，故而若在家中，可能廚房、廁所皆有安全上的顧慮，可於餐廳或客廳中置一呼啦圈，命其隔離於其中，若遵守規則就稱讚，並告知若違反規則則延長時間或採其他懲罰方式；教室中則四個角落會是較好的選擇，避免在教室外的走廊上，同時以不妨礙該生之受教權為原則。

2. 參與原則：與學生討論欲實施隔離的原因及施行方式是非常重要的，學生可以明確瞭解老師的要求，同時明白若在隔離時再度違反規則可能發生的後果。

3. 時間短，次數不限原則：每次隔離可以時間短但不限次數，避免長時間的隔離會有教師所無法預期的狀況發生，或是學生已忘記當時為何被隔離的原因。若在隔離後，行為有改善時令其回到原來位置，反使學生較有反省及改善行為的可能。

(四) 過度矯正法

即是指塑造一個比錯誤發生前更好情境的一種方式，也是讓學生學會自我負責的方式，因此所有矯正行為必須和錯誤行為產生關聯，學生方能藉此反省，而非因懲罰而惱羞成怒，但矯正之前的討論與示範，與矯正之後的稱讚是非常重要的。

所有的懲罰必須掌握過度矯正法原則，亦即所有懲罰必須與其過失行為有關，讓孩子由懲罰中學會對自己的行為負責任。矯正原則分三種，例如：若打破了花瓶，買一個一模一樣的歸還，叫做「單純矯正」；若歸還花瓶外，再加束花以示道歉，即是「過度矯正」；如因打破的是貴重的花

瓶，且也還不起，因而被老師指派整理原來放花瓶的桌子以示彌補，叫做「部分矯正」。

就過度矯正法而言，例如：老師在學校中記錄孩子走動或做其他事（例如：故意於上課中不斷要求上廁所或喝水）的時間，要求孩子在上課中占用了多少時間就要在下課時還給老師，讓孩子不能達到故意做其他事而不用上課之目的。所有的處罰必須與孩子本身的過失行為有關，而不是因孩子不專心上課卻罰他寫作業或做其他事；因這與孩子的過失行為無關，孩子容易因此惱羞成怒或無法體會懲罰的意義。比如開車超速，警察若罰你交互蹲跳而不是開罰單，你會覺得警察正在找你麻煩而非你應得的懲罰，但我們卻常用這種方式來對待孩子。

對於說謊或偷竊行為，家長常提到孩子會說謊或偷竊，如果孩子的謊話與課業有關，採用過度矯正法的方式是要孩子去補寫作業，或假裝要與老師討論作業內容，和孩子強調這是「我們」要去解決的問題，而不要貶低孩子。若孩子撒謊，只講片面的真話，例如：當孩子在學校裡挨打時，卻對父母說老師如何的不好，母親可以對孩子說：「媽媽希望聽到真話！」以引導孩子說真話而不是僅指責孩子說謊，才不致於變成家長與老師之間的戰爭或自己與孩子中間的溝通障礙，家長要慎重和老師溝通，才能發現真實情況。對於偷竊的孩子，要讓孩子親自道歉賠錢，而不是父母去道歉賠錢，而在孩子說實話時應給予稱讚。在矯正孩子的行為之前，要做到討論與示範的工作，只要孩子肯做，就給予稱讚。

(五) 軼事記錄法

藉由記錄其不適當行為的每日發生時間、方式、次數等細節，來幫助學生自我觀察與自我反省，以減低其不適當行為的出現次數。於記錄其每日不適當行為的過程只要掌握不適當行為忠實描述，適當行為則詳細描述的原則即可，如此可導引學生往目標行為接近。例如：甲生很喜歡罵髒話，只要將其每日罵髒話的時間、地點、對象、內容作記錄，中間若有友愛同學行為則詳細描述，並加以正面評語，每日放學前請學生看完自己當日記錄並簽名，此法雖然頗耗教師時間，但實施起來卻頗具效果，可參考表 3-1 所附格式進行記錄。

▼ 表 3-1　軼事記錄表

班級：　　　　　　　　日期：			
姓名：			
記錄者：			
時　　間	地　　點	對　　象	內　　　　容
			學生簽名：

㈥ 自我控制法

即藉由訓練學生自我觀察、自我增強、自我懲罰、替代反應、刺激控制、自我指導等方法，以達改善其行為的目的。

1. 自我觀察：應請學生觀察其正向行為出現的次數，藉由正向行為次數的增加以減少其負向行為。例如：常以粗暴態度面對同學的行為，我們可讓其觀察每天做了多少友愛同學的行為，同時並具體明定「友愛同學」的定義以利其遵循。

2. 自我增強：掌握任何增強物均需與目標行為有關的原則。常忘了帶作業本的同學，在其記得帶作業本後，應獎勵其精美且有教師簽名的作業本，使其更樂於帶作業本上學。如同我們對減肥成功的同學，我們會鼓勵其買一套合身的漂亮衣服、營養食譜或書本，而非吃大餐。

3. 自我懲罰：須符合前述過度矯正法的原則，亦即所有懲罰皆需與過失行為有關，同時在學生無法確實執行原訂的懲罰行為時，教師及家長可扮演監督的角色。

4. 替代反應：訓練學生先模擬若出現不適當行為時可能有的替代反應，這很像我們常會要正在戒菸的人在想抽菸時嚼口香糖，或是要減肥的人在想吃東西時嚼芹菜條替代一樣。我們可以讓學生設定自己想罵髒話時，改為在心裡罵，或是寫下來；想動手打人時，先在心裡數 1、2、3，

或是改為撕紙、寫下生氣的感覺等來發洩憤怒。

　　5. 刺激控制：協助學生控制會引發其不適當行為的人、事、物出現，例如：每次都會在上學途中溜到租書店的逃學孩子，也許改變上學路線或由家長接送會是可行的方法；又如：班上的兩位同學總是常起衝突，將他們座位隔得遠些，同時要一位同學儘量走教室前門出入，另一位儘量走教室後門出入會是可行的方法。

　　6. 自我指導：良好自我指導語的設計，可激發學生向上潛能，同時內化為其人格特質的一部分。例如：對滿口髒話的孩子，其自我指導語可以是「我是好孩子，我只說好話」；對暴力行為的孩子，自我指導語可以是「我是好學生，我會友愛同學」。當教師及學生每次皆能在不當行為出現時提示指導語，久而久之便易成為其行為的一部分，進而達到行為改善的目的。

第三節　如何與資源教室中的過動學生互動

　　通常教室裡若有一兩個過動學生，而教師又不知道如何與這種學生互動的話，往往便會造成教室裡秩序混亂，師生同感挫折。而注意力缺陷過動症與學習障礙又常有共病現象，使得資源班中亦同感困擾。目前關於注意力缺陷過動症學生之治療主要分為四大面向：一為藥物治療，二為行為改變技術及正向管教，三為固定運動習慣，四為應用膳食療養。國內大多數關於這方面的文章皆集中在探討過動學生的特徵、成因或類型上，本節將省略這些部分，而與讀者分享一些在教室中如何與過動學生互動的實際教學心得。根據筆者的經驗，在教室與過動學生互動的過程中，若能掌握下列原則，通常會收到頗佳的效果。

一、　教室情境布置

　　1. 課桌椅儘量採取堅固、難以移動或弄翻的課桌椅。

　　2. 課桌椅上每次只呈現本次要教授的教材或活動所需的材料，使用完畢立刻收起，除了可保持神祕感，引起過動學生興趣外，亦避免其因玩

弄各種教材教具而分心。

3. 教室中裝設地氈或吸音地毯以減少噪音，但隔音教室非筆者所推薦。

4. 過動學生的座位安排宜儘量靠近教師，以掌握親近感及權威體身體壓迫感的原則。

5. 教室中應有隔離區，甚至可購置一張專為過動學生設計的隔離桌，其在桌子邊緣另有突起的三面木板，面對講臺或教師的那一面木板可自由放下，不影響過動學生的上課學習，但在其需獨自學習或活動時，可將該面木板復原，如此過動學生形同在一封閉的小空間中工作，較不受其他分心因素影響，其過動行為也較不易影響他人。

6. 教室中應有情緒角（有一遠離其他活動區的情緒安撫角落），可購置一些抱枕、懶骨頭或填充玩具等作為布置。在過動學生情緒不穩或出現暴力行為時，將其帶至情緒角談話，通常會有意想不到的良好效果。

二、 教師與過動學生的課堂互動

㈠ 結構式上課法

結構式的授課法通常較適合過動學生，亦即每堂課的授課單元是環環相扣的，如此可減少其過動或分心機率，但在授課時可給予過動學生合法的活動機會，例如：到講臺拿取及分發材料。

1. 保持教學流程之流暢：面對過動學生在上課時的過動行為，應儘量採用教師之身體矯正法或是正向語句引導法，以不打斷整個上課流程為原則，避免過動學生或其他兒童更分心。例如：過動學生在畫圖的過程中，還未完成即想離座，教師可用手輕按其坐下（過動學生通常會被安排在靠近教師的位置，因此採用身體矯正應較容易），或是很自然的詢問：「你畫完了嗎？老師看看！」以阻止其離座行為，採用身體矯正或是正向語句引導法，會比一般的事後補救（例如：待過動學生離座後再懲罰）或是負向語句引導法（例如：「你又想離座了，是嗎？」）要使整個課程流暢度增加，亦可減少因其過動行為影響全班學習的情形。

2. 善用行為改變技術：面對過動學生的偏差行為，儘量採用非懲罰性的行為改變技術，最終以其能學會自我控制的內化行為為原則。在行為

改變技術的原理中，對過動學生同時採用代幣法、忽視法、過度矯正法及隔離法，根據筆者經驗，通常會收到蠻良好的效果，例如：在過動學生出現分心行為時，不去刻意提醒，只用正向語句引導法，若其有專心或其他適當的上課行為時，加以讚美並輔以代幣制；若其有較嚴重的不良行為時，則宜採用過度矯正法（任何負增強必須與其過失行為相關），讓過動學生學會為自己的行為負責；若其不良行為會影響其他同班同學時，隔離法將是個很好的考慮。

(二) 身體親近與直敘句

在與過動學生談話時，教師宜儘量靠近過動學生，甚至可將一隻手扶在其肩膀上，以減少其過動行為顯現的機會，或是蹲下與其平視，兩手略扶住過動學生的臉，以保持其與教師之目光接觸。對其談話時儘量以正向之直敘句為主，明白說出教師的期望、看法與感受，避免採用負向句或是反問句（例如：「你覺得這樣做，乖不乖呢？」），同時亦應避免過度的口頭讚美，過度的口頭化或聽覺刺激往往會對這種兒童造成干擾。

(三) 具體式的稱讚或責備

一般而言對性格上較衝動且邏輯思考力不佳的過動學生，太過廣泛式的稱讚（例如：「你今天好乖！」）或是人格攻擊式的責備（例如：「老師怎麼會教到你這種孩子！」），除了讓他無法再重複良好行為或是充滿挫折感外，對實質上的幫助不大。若是能採用具體式的稱讚或責備，明確指出他對與錯的地方，通常收效便會大得多。在具體稱讚部分宜注意下列四要點：(1) 採用完整語句（亦即語句中含人、事、時、地、物五要素）；(2) 即時原則；(3) 採用當事人喜歡的稱讚方式；(4) 善用其他情境，以增強讚賞。而在具體責備部分則宜注意下列七點：(1) 使用完整句子，並說明欲取代的正確行為；(2) 一次只責備一種行為；(3) 當出現改善行為時，立即予以稱讚；(4) 用堅定的口氣，並用身體語言加強表達，勿使用反問句或語氣與身體語言不符的情況（例如：一面責備、一面笑）；(5) 必須靠近孩子身旁；(6) 不要忽視任何不良行為；(7) 自己的情緒不要失控。

(四) 等待的原則

所謂等待的原則包含兩部分，在老師的部分，過動學生在學習上要給予比較多的緩衝時間，突然抽離情境的方式反會加重其挫折感，例如：在

完成作品時多給他一些時間，並於時間結束前予以提醒；又如：在戶外活動時間宜事先提醒他還有兩分鐘便要進教室了，如此比一打鐘便馬上要他進教室會好得多。在過動學生的部分，讓他學會等待，對其人際關係與學習上的衝動情形會有莫大的改善，例如：要他練習參與輪替性的遊戲，學會等待及如何與友伴相處。平常在上課活動時亦可善用此原則，以訓練其先思而後行或是先聽懂再反應的能力。如在畫圖課時可先發給一張畫有各種圖畫的單子，然後給予類似下列的指導語：「注意聽，小明，我要你在一些圖樣旁打勾，現在先不要拿起筆，先等一下，並且注意聽，我要你勾哪個圖樣，你才勾那個圖樣，不要勾其他圖。等一下⋯⋯（停頓約三秒）。小明，請你拿起紅筆⋯⋯，等一下，⋯⋯，請在鴨子的圖樣旁打勾。很好⋯⋯，等一下，⋯⋯現在拿起藍筆，在鹿的圖樣旁打勾。等一下⋯⋯，請拿起綠筆⋯⋯」在兒童照著指令工作的過程中，便可訓練其等候與仔細聽指令的能力，進而減少其衝動的行為反應。偶而當過動學生坐都坐不住時，亦可以定時器設定其在座位上的學習時間，先從二分鐘開始，要其聽到鈴響時才可離座，待其習慣坐在座位上，再逐次少量延長時間。

(五) 樸素原則

為免妨礙過動學生的學習活動，師生日常都應穿著樸素的衣服及鞋襪，並且儘量不戴佩飾，使其在學習過程，注意力能儘量固定在有關刺激上，同時教師應盡可能將容易分散過動學生學習注意力的刺激刪除。

第四節 情緒行為介入策略

情緒行為問題是普通班老師在班級經營時最常遇到的問題，也是特教教師在平常班級經營及編撰適性 IEP 時，依照「特教法施行細則」（教育部，2013）第 9 條中規範 IEP 內容中第四項：「具情緒行為問題學生所需之行為功能介入方案及行政支援」，較感困難編撰的部分。而在校內面對情緒行為問題之介入時，由於需優先建立正向支持系統，依據學生不同學習需求建構問題解決導向的一致性目標，普通教育與特殊教育需合作無間與密切配合，故而校內輔導與特教三級制度需結合運作。簡單而言，輔導一級制度在宣導與晤談時需結合特教一級的篩選制度，輔導二級制度在確

認個案時需結合特教二級的鑑定安置制度，輔導三級制度在輔導個案時需結合特教三級的教學輔導、專業團隊、行為改變、應用膳食療養及固定運動習慣養成等多元處遇制度，相關輔導與特教三級預防結合運作流程及分工請參閱下圖：

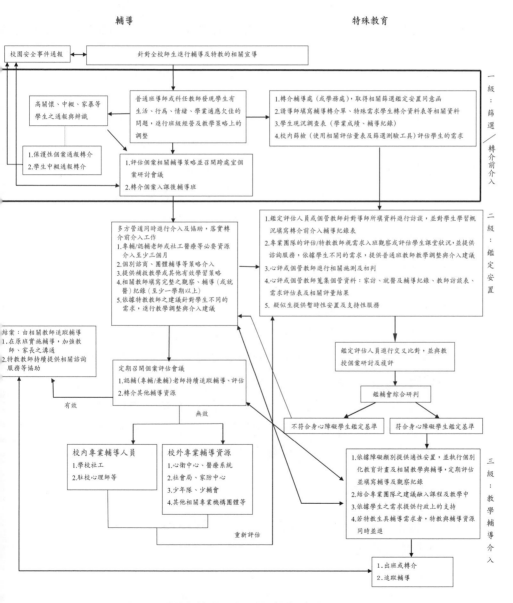

輔導與特教三級預防結合運作流程圖

　　本節將「身心障礙及資賦優異學生鑑定辦法」（教育部，2013）中提到的「情緒行為障礙」問題的行為特徵，並配合美國精神疾病診斷手冊（DSM-5）（APA, 2013）中所列各障礙類別的問題行為特徵，將情緒行為問題大致歸類為下列幾種問題行為：(1) 自我刺激行為；(2) 攻擊行為；(3) 注意力問題／過度活動行為；(4) 不當社會行為；(5) 情緒困擾行為；(6) 生活自理異常行為。以下將分別呈現各項行為特徵與介入處理策略（吳侑達、孟瑛如譯，2017；孟瑛如，2010、2012、2013、2014a、2014b、2016、2018；孟瑛如、謝瓊慧，2012；孟瑛如等，2015、2016；孟瑛如、吳侑達、簡吟文譯，2018；孟瑛如、簡吟文，2016、2017；孟瑛如、陳志平、彭文松、陳明終、呂秋蓮，2015；孟瑛如、簡吟文、陳明終、呂秋蓮，2015）。各項介入處理策略的呈現，以行為分析（ABC 法）的掌握前事（Antecedents，簡稱 A）、行為（Behavior，簡稱 B）、後果（Consequences，簡稱 C）為排列先後順序原則。在前事控制部分，著重個體背景因素、環境背景因素、調整情境因素、調整課程或工作等因素的介入與處理；在行為介入策略中不強調禁止與詢問「why」，而強調「how to do」以及問題解決導向的 PBS（Problem Based Solution），教導學生替代（例如：溝通、社會和休閒技能）、因應和容忍（例如：情緒調整、自我控制、問題解決、等待和輪流等技能）及一般適應（例如：做選擇和做決定的技能）三種技能類型；在後果處理策略上強調在行為問題發生後採取行動，以增加替代技巧的使用和減少行為問題產生的結果，期能達成減少問題行為（例如：運用消弱、反應代價、隔離、回歸原狀、過度矯正、區別性增強）、增加正向行為（例如：運用正增強、區別性增強）、提示正向行為（例如：運用讚美和提示其他人表現的正向行為、矯正性回饋、重新指令、以回顧和討論行為的過程中去解決問題）三種目標。以下為相關情緒行為問題特徵與介入處理策略：

一、 自我刺激行為

㈠ 刻板性的動作或行為表現 —— 含、咬手指

1. 初步排除問題

　　(1) 諮詢牙醫，進行口腔相關的檢查，排除因為生理因素（例如：長牙、蛀牙等）引發孩子出現含、咬手指等刻板性動作或行為的可能性。

(2) 嘗試以功能性分析的方式，找出孩子用嘴巴含、咬手指等行為的可能原因。

(3) 若用嘴巴含、咬手指的行為可能源於情緒上的焦慮，在改變孩子目前習慣的模式之前，必須先預告其可能發生的改變，以避免因臨時改變方式所帶來的更多焦慮。

(4) 若用嘴巴含、咬手指行為可能源於較大的情緒起伏，可以培養孩子固定的運動習慣及適切宣洩情緒的方式，例如：游泳、打球、揉紙團、打枕頭等。

(5) 若用嘴巴含、咬手指行為可能源於社會或溝通上的需求沒有被滿足，可以嘗試以社會技巧教學、擴大／替代性溝通等策略，解決其在社會、溝通上的問題。

2. 教學策略

(1) 若孩子已經開始有用嘴巴含、咬手指的刻板性行為，可以試著鼓勵替代的行為，將該刻板性行為引導到相關的學習事件上，尤其是需要用到手部的活動，如：指讀課文、寫字、操作教具等，適當的轉移孩子注意力。

(2) 在孩子有刻板性的動作或行為出現時，以鈴聲或約定好的方式進行提醒。

(3) 在孩子手指上塗抹對身體無害但有味道（例如：涼涼的、孩子不喜歡的味道）的護手霜，讓孩子主動避免產生用嘴巴含、咬手指的行為。

(4) 平時觀察刻板性動作或行為的類別，考量將該刺激需求納入知動訓練或是相關課程中（例如：口腔刺激、口腔按摩等）。

(5) 若經多次提醒還是無法改善，可以讓孩子戴上較厚重或硬的手套，讓孩子無法將手指含、咬入口中。

(6) 趁孩子情緒平穩時，逐步改變孩子習慣的模式，使其減低用嘴巴含、咬手指行為。

(7) 讓孩子瞭解用嘴巴含、咬手指會有哪些健康方面的壞處，可進一步採用圖片使他更具體的瞭解。

3. 班級經營

(1) 試著不要將太多的注意力放在孩子用嘴巴含、咬手指行為上，可以多關心孩子在身體、學校以及生活上遇到的壓力。

(2) 當孩子出現用嘴巴含、咬手指行為時，大人要注意自身語彙、語調及表情等，切勿當場「關懷」他這個行為，也不要嫌惡或強勢禁止，只需要正向、溫柔且堅定地提醒孩子，喚回他的注意。

(3) 可以圖片式、漫畫式等方式，教導孩子認識符合社會常規的行為，並且搭配行為改變技術，藉由自我獎勵及自我指導語等方式提升自我控制能力。

4. 增強制度

大人可以與孩子做約定，例如：上課鐘響後五分鐘內沒有出現用嘴巴含、咬手指行為，即可以個案喜歡的事物作為增強（例如：讚美、擁抱、擁有一項短暫特權、點心、飲料或實質獎賞等），強化其自我控制的動機，而後再逐漸拉長時間。

(二) 刻板性的動作或行為表現 —— 踢、抖、晃動腳

1. 初步排除問題

(1) 諮詢醫生，進行肢體相關的檢查，排除因為生理因素（例如：受傷、麻癢等）引發孩子出現踢、抖、晃動腳等刻板性動作或行為的可能性。

(2) 觀察孩子踢、抖、晃動腳的動作是否有規律的出現，或是屬於不自主的抽動，藉以排除神經傳導等生理問題。

(3) 嘗試以功能性分析的方式，找出孩子踢、抖、晃動腳動作的可能原因。

(4) 若踢、抖、晃動腳的動作可能源於情緒上的焦慮，在改變孩子目前習慣的模式之前，必須先預告其可能發生的改變，以避免因臨時改變方式所帶來的更多焦慮。

(5) 若踢、抖、晃動腳的動作可能源於較大的情緒起伏，可以培養孩子固定的運動習慣及適切宣洩情緒的方式，例如：游泳、打球、揉紙團、打枕頭等。

(6) 若踢、抖、晃動腳的動作可能源於社會或溝通上的需求沒有被滿足，可以嘗試以社會技巧教學、擴大／替代性溝通等策略，解決其在社會、溝通上的問題。

2. 教學策略

(1) 若孩子已經開始有踢、抖、晃動腳的刻板性行為，可以試著鼓勵替代的行為，將該刻板性行為引導到相關的學習事件上，例如：可以讓孩子在體育課時踢球，以正向方式替代，適當的轉移孩子的注意力。

(2) 在孩子有踢、抖、晃動腳的動作出現時，以鈴聲或約定好的方式進行提醒。

(3) 先讓孩子把正在做的事情告一個段落，再用他最喜歡的東西（玩具、零食）轉移他的注意力。

(4) 以干擾較少的行為作為替代，例如：不同踢、抖、晃動腳的行為，有可能是因為腳底或腳尖需要刺激，可以採用腳底按摩機器、行走在石頭步道上等方式，協助孩子獲得刺激。

(5) 平時觀察刻板性的動作或行為的類別（踢腳、抖腳、晃腳），將孩子需要的刺激納入平常知動訓練或是相關課程（如音樂或是體育）中。

(6) 趁孩子情緒平穩時，逐步改變孩子習慣的模式，使其減低踢、抖、晃動腳的動作。

3. 班級經營

(1) 當孩子出現踢、抖、晃動腳行為時，大人要注意自身語彙、語調及表情等，切勿當場「關懷」他這個行為，也不要嫌惡或強勢禁止，只需要正向、溫柔且堅定地提醒孩子，喚回他的注意。

(2) 可以圖片式、漫畫式等方式，教導孩子認識符合社會常規的行為，並且搭配行為改變技術，藉由自我獎勵及自我指導語等方式提升自我控制能力。

4. 增強制度：大人可以與孩子做約定，例如：上課鐘響後五分鐘內沒有出現踢、抖、晃動腳行為，即可以個案喜歡的事物作為增強（如：讚美、擁抱、擁有一項短暫特權、點心、飲料或實質獎賞等），強化其自我控制的動機，而後再逐漸拉長時間。

㈢ 刻板性的動作或行為表現 —— 咬嘴唇

1. 初步排除問題

(1) 建議家長帶孩子至口腔科、牙科進行檢查，排除生理問題（例如：

長牙、嘴唇乾澀等）導致孩子出現咬嘴唇的刻板性動作或行為。

(2) 嘗試以功能性分析的方式，找出孩子咬嘴唇等行為的可能原因。

(3) 若咬嘴唇的動作可能源於情緒上的焦慮，在改變孩子目前習慣的模式之前，必須先預告其可能發生的改變，以避免因臨時改變方式所帶來的更多焦慮。

(4) 若咬嘴唇的動作可能源於較大的情緒起伏，可以培養孩子固定的運動習慣及適切宣洩情緒的方式，例如：游泳、打球、揉紙團、打枕頭等。

(5) 若咬嘴唇的動作可能源於社會或溝通上的需求沒有被滿足，可以嘗試以社會技巧教學、擴大／替代性溝通等策略，解決其在社會、溝通上的問題。

2. 教學策略

(1) 若孩子已經開始有咬嘴唇的刻板性行為，可以試著鼓勵替代的行為，將該刻板性行為引導到相關的學習事件上，例如：可以讓孩子在音樂課中練習吹直笛，以替代咬嘴唇這項行為，適當的轉移孩子的注意力。

(2) 在孩子有咬嘴唇的動作出現時，以鈴聲或約定好的方式進行提醒。

(3) 先讓孩子把正在做的事情告一個段落，再用他最喜歡的東西（玩具、零食）轉移他的注意力。

(4) 在孩子面前放一面鏡子，藉由自我檢視提升其自我控制能力。

(5) 進行不同部位的口腔按摩，增加刺激。

(6) 安排不同部位的口腔運動遊戲（如吹泡泡、吸吸管），增加刺激；並讓孩子練習玩闖關遊戲，不斷轉換情境讓他去適應無固執源的情形。

(7) 當孩子出現咬嘴唇的動作時，老師也可以透過邀請孩子過來玩遊戲、向孩子提問、讓孩子說話等，透過這些方式來轉移孩子的注意力，不給孩子有機會咬嘴唇。

(8) 經費許可的話，可以規劃班級小旅行，或者到其他教室或環境上課試試看，環境改變了，孩子的注意力會集中在如何適應新環境上面，也有利於孩子改掉一些舊的壞習慣。

(9) 平時觀察刻板性的動作或行為的類別（咬嘴唇），將孩子需要的刺激納入平常知動訓練或是相關課程（如音樂或是體育）中。

(10) 趁孩子情緒平穩時，逐步改變孩子習慣的模式，使其減低其咬嘴

唇行為。

3. 班級經營

(1) 當孩子出現咬嘴唇行為時，大人要注意自身語彙、語調及表情等，切勿當場「關懷」他這個行為，也不要嫌惡或強勢禁止，只需要正向、溫柔且堅定地提醒孩子，喚回他的注意。

(2) 可以圖片式、漫畫式等方式，教導孩子認識符合社會常規的行為，並且搭配行為改變技術，藉由自我獎勵及自我指導語（上課嘴巴要閉緊，上唇貼下唇）等方式提升自我控制能力。

4. 增強制度：大人可以與孩子做約定，例如：上課鐘響後五分鐘內沒有出現咬嘴唇行為，即可以個案喜歡的事物作為增強（例如：讚美、擁抱、擁有一項短暫特權、點心、飲料或實質獎賞等），強化其自我控制的動機，而後再逐漸拉長時間。

㈣ 刻板性的動作或行為表現 ── 搖晃、揮舞肢體

1. 初步排除問題

(1) 建議家長帶孩子至醫院兒童心智科、精神衛生科進行檢查，排除生理問題導致孩子出現搖晃、揮舞肢體的刻板性動作或行為。

(2) 嘗試以功能性分析的方式，找出孩子搖晃或揮舞身體的任一部位行為的可能原因。

(3) 若搖晃、揮舞肢體的動作可能源於情緒上的焦慮，在改變孩子目前習慣的模式之前，必須先預告其可能發生的改變，以避免因臨時改變方式所帶來的更多焦慮。

(4) 若搖晃、揮舞肢體的動作可能源於較大的情緒起伏，可以培養孩子固定的運動習慣及適切宣洩情緒的方式，例如：游泳、打球、揉紙團、打枕頭等。

(5) 若搖晃、揮舞肢體的動作可能源於社會或溝通上的需求沒有被滿足，可以嘗試以社會技巧教學、擴大／替代性溝通等策略，解決其在社會、溝通上的問題。

2. 教學策略

(1) 若孩子已經開始有搖晃、揮舞肢體的刻板性行為，可以試著鼓勵

替代的行為，將該刻板性行為引導到相關的學習事件上，例如：舉手、操作性的學習步驟等，適當的轉移孩子的注意力。

(2) 在孩子有搖晃 — 揮舞肢體的動作出現時，以鈴聲或約定好的方式進行提醒。

(3) 在不經意的情況下，移開孩子注意力固執的來源，例如：請孩子起身走動等。

(4) 平時觀察刻板性的動作或行為的類別（搖晃身體），將孩子需要的刺激納入平常知動訓練或是相關課程（例如：使用旋盪系統、韻律球、滾筒）中。

(5) 趁孩子情緒平穩時，逐步改變孩子習慣的模式，使其減低其搖晃或揮舞身體的任一部位行為。

3. 班級經營

(1) 當孩子出現搖晃、揮舞肢體行為時，大人要注意自身語彙、語調及表情等，切勿當場「關懷」他這個行為，也不要嫌惡或強勢禁止，只需要正向、溫柔且堅定地提醒孩子，喚回他的注意。

(2) 可以圖片式、漫畫式等方式，教導孩子認識符合社會常規的行為，並且搭配行為改變技術，藉由自我獎勵及自我指導語等方式提升自我控制能力。

4. 增強制度：大人可以與孩子做約定，例如：上課鐘響後五分鐘內沒有出現搖晃、揮舞肢體行為，即可以個案喜歡的事物作為增強（例如：讚美、擁抱、擁有一項短暫特權、點心、飲料或實質獎賞等），強化其自我控制的動機，而後再逐漸拉長時間。

㈤ 刻板性的動作或行為表現 —— 玩手、拍手

1. 初步排除問題

(1) 建議家長帶孩子至醫院針對手部部分進行初步檢查，排除生理問題（例如：皮膚病等）導致孩子出現玩手、拍手的刻板性動作或行為。

(2) 嘗試以功能性分析的方式，找出孩子玩手、拍手行為的可能原因。

(3) 若玩手、拍手的動作可能源於情緒上的焦慮，在改變孩子目前習慣的模式之前，必須先預告其可能發生的改變，以避免因臨時改變方式所

帶來的更多焦慮。

(4) 若玩手、拍手的動作可能源於較大的情緒起伏，可以培養孩子固定的運動習慣及適切宣洩情緒的方式，例如：游泳、打球、揉紙團、打枕頭等。

(5) 若玩手、拍手的動作可能源於社會或溝通上的需求沒有被滿足，可以嘗試以社會技巧教學、擴大／替代性溝通等策略，解決其在社會、溝通上的問題。

2. 教學策略

(1) 若孩子已經開始有玩手、拍手的刻板性行為，可以試著鼓勵替代的行為，將該刻板性行為引導到相關的學習事件上，例如：可以讓孩子在音樂課中練習拍打鈴鼓或拍擊其他樂器，以正向方式替代，適當的轉移孩子的注意力。

(2) 不停的玩手、拍手有可能是孩子對於指尖刺激的需求比較大，可以各種觸覺球讓孩子上課時使用；或是提供有魔鬼氈的手套，當孩子玩手、拍手時手套會沾粘住，改變以往拍手的感覺；亦可安排捏黏土或是投球等活動，讓孩子做活動的同時滿足其手部觸覺需求。

(3) 在孩子有刻板性的玩手或拍手等動作或行為出現時，以鈴聲或是約定好的模式進行提醒。

(4) 讓孩子練習玩闖關遊戲，不斷轉換情境讓他去適應無固執源的情形。

(5) 當孩子已開始有玩手或拍手等刻板性動作或行為時，可叫他起來幫忙（如擦黑板），強迫其轉移注意力。

(6) 先讓孩子把正在做的事情告一個段落，再用他最喜歡的東西（玩具、零食）轉移他的注意力。

(7) 嘗試給小孩拿一顆軟球，讓小孩拿著把玩，可以安撫小孩的緊張心情，以及幫助他們穩定情緒。

(8) 平時觀察刻板性的動作或行為的類別（例如：玩手、拍手），將孩子需要的刺激納入平常知動訓練或是相關課程（如音樂或是體育）中。

(9) 趁孩子情緒平穩時，逐步改變孩子習慣的模式，使其減低其玩手、拍手行為。

3. 班級經營

(1) 當孩子出現玩手、拍手行為時，大人要注意自身語彙、語調及表情等，切勿當場「關懷」他這個行為，也不要嫌惡或強勢禁止，只需要正向、溫柔且堅定地提醒孩子，喚回他的注意。

(2) 可以圖片式、漫畫式等方式，教導孩子認識符合社會常規的行為，並且搭配行為改變技術，藉由自我獎勵及自我指導語等方式提升自我控制能力。

4. 增強制度：大人可以與孩子做約定，例如：上課鐘響後五分鐘內沒有出現玩手、拍手行為，即可以個案喜歡的事物作為增強（例如：讚美、擁抱、擁有一項短暫特權、點心、飲料或實質獎賞等），強化其自我控制的動機，而後再逐漸拉長時間。

㈥ 刻板性的動作或行為表現 —— 磨牙

1. 初步排除問題

(1) 建議家長帶孩子至醫院口腔科、牙科進行檢查，排除生理問題（例如：長牙、齲齒）導致孩子出現磨牙的刻板性動作或行為。

(2) 出現夜間磨牙症狀時，可以先請教牙醫師，牙科所使用的護牙套能預防牙齒的磨損，也可能會使磨牙的不良情況因而戒除掉。

(3) 嘗試以功能性分析的方式，找出孩子磨牙行為的可能原因。

(4) 若磨牙行為可能源於情緒上的焦慮，在改變孩子目前習慣的模式之前，必須先預告其可能發生的改變，以避免因臨時改變方式所帶來的更多焦慮。

(5) 若磨牙行為可能源於情緒不穩定及壓力，可以培養孩子固定的運動習慣及適切宣洩情緒的方式，例如：游泳、打球、揉紙團、打枕頭等。

(6) 若磨牙行為可能源於社會或溝通上的需求沒有被滿足，可以嘗試以社會技巧教學、擴大／替代性溝通等策略，解決其在社會、溝通上的問題。

2. 教學策略

(1) 若孩子已經開始有磨牙的刻板性行為，可以試著鼓勵替代的行為，將該刻板性行為引導到相關的學習事件上，例如：唸課文、回答問題等，

適當的轉移孩子的注意力。

(2) 在孩子有磨牙的刻板性的動作或行為出現時，以鈴聲或是約定好的模式進行提醒。

(3) 在不經意的情況下，移開孩子注意力固執的來源。

(4) 以干擾較少的行為替代，如磨牙有可能是孩子對於口腔刺激的需求比較大，可以提供如口香糖或是蒟蒻乾等零食讓孩子食用。

(5) 運用觸覺刷或是指套，為孩子進行口腔按摩。

(6) 平時觀察刻板性的動作或行為的類別（磨牙），將孩子需要的刺激納入平常知動訓練或是相關課程（生活管理的刷牙或漱口等自理課或者是平時的口腔按摩活動）中。

(7) 趁孩子情緒平穩時，逐步改變孩子習慣的模式，使其減低其磨牙行為。

3. 班級經營

(1) 當孩子出現磨牙行為時，大人要注意自身語彙、語調及表情等，切勿當場「關懷」他這個行為，也不要嫌惡或強勢禁止，只需要正向、溫柔且堅定地提醒孩子，喚回他的注意。

(2) 可以圖片式、漫畫式等方式，教導孩子認識符合社會常規的行為，並且搭配行為改變技術，藉由自我獎勵及自我指導語等方式提升自我控制能力。

4. 增強制度：大人可以與孩子做約定，例如：上課鐘響後五分鐘內沒有出現磨牙行為，即可以個案喜歡的事物作為增強（例如：讚美、擁抱、擁有一項短暫特權、點心、飲料或實質獎賞等），強化其自我控制的動機，而後再逐漸拉長時間。

(七) 刻板性的動作或行為表現 —— 撥弄耳朵或眼睛

1. 初步排除問題

(1) 建議家長帶孩子至醫院眼科、耳鼻喉科及皮膚科進行檢查，排除生理問題（例如：過敏、皮膚搔癢、耳道疾病）導致孩子出現撥弄耳朵或眼睛的刻板性動作或行為。

(2) 嘗試以功能性分析的方式，找出孩子撥弄耳朵或眼睛行為的可能

原因。

(3) 若撥弄耳朵或眼睛行為可能源於情緒上的焦慮，在改變孩子目前習慣的模式之前，必須先預告其可能發生的改變，以避免因臨時改變方式所帶來的更多焦慮。

(4) 若撥弄耳朵或眼睛行為可能源於較大的情緒起伏，可以培養孩子固定的運動習慣及適切宣洩情緒的方式，例如：游泳、打球、揉紙團、打枕頭等。

(5) 若撥弄耳朵或眼睛行為可能源於社會或溝通上的需求沒有被滿足，可以嘗試以社會技巧教學、擴大／替代性溝通等策略，解決其在社會、溝通上的問題。

2. 教學策略

(1) 若孩子已經開始有撥弄耳朵或眼睛的刻板性行為，可以試著鼓勵替代的行為，將該刻板性行為引導到相關的學習事件上，例如：可以讓音樂課律動活動中有類似動作，以正向方式替代，適當的轉移孩子的注意力。

(2) 在孩子有刻板性的動作或行為出現時，以鈴聲或是約定好的模式進行提醒。

(3) 在不經意的情況下，移開孩子注意力固執的來源。

(4) 教導他處理發洩過剩體力及不穩情緒的方法，例如：運動、聽音樂、畫畫、寫書法。

(5) 若孩子已開始有固執行為時，可叫他起來回答問題或是拿教具，強迫其轉移注意力。

(6) 平時觀察刻板性的動作或行為的類別（撥弄耳朵或眼睛等），將孩子需要的刺激納入平常知動訓練或是相關課程中。

(7) 趁孩子情緒平穩時，逐步改變孩子習慣的模式，使其減低其撥弄耳朵或眼睛的行為。

3. 班級經營

(1) 當孩子出現撥弄耳朵或眼睛行為時，大人要注意自身語彙、語調及表情等，切勿當場「關懷」他這個行為，也不要嫌惡或強勢禁止，只需要正向、溫柔且堅定地提醒孩子，喚回他的注意。

(2) 可以圖片式、漫畫式等方式，教導孩子認識符合社會常規的行為，並且搭配行為改變技術，藉由自我獎勵及自我指導語等方式提升自我控制能力。

4. 增強制度：大人可以與孩子做約定，例如：上課鐘響後五分鐘內沒有出現撥弄耳朵或眼睛行為，即可以個案喜歡的事物作為增強（例如：讚美、擁抱、擁有一項短暫特權、點心、飲料或實質獎賞等），強化其自我控制的動機，而後再逐漸拉長時間。

(八) 刻板性的動作或行為表現——吞空氣

1. 初步排除問題

(1) 建議家長帶孩子至醫院心智科、精神衛生科進行檢查，排除生理問題導致孩子出現吞空氣的刻板性動作或行為。

(2) 嘗試以功能性分析的方式，找出孩子出現吞空氣行為的可能原因。

(3) 若吞空氣行為可能源於情緒上的焦慮，在改變孩子目前習慣的模式之前，必須先預告其可能發生的改變，以避免因臨時改變方式所帶來的更多焦慮。

(4) 若吞空氣行為可能源於較大的情緒起伏，可以培養孩子固定的運動習慣及適切宣洩情緒的方式，例如：游泳、打球、揉紙團、打枕頭等。

(5) 若吞空氣行為可能源於社會或溝通上的需求沒有被滿足，可以嘗試以社會技巧教學、擴大／替代性溝通等策略，解決其在社會、溝通上的問題。

2. 教學策略

(1) 若孩子已經開始有吞空氣的刻板性行為，可以試著鼓勵替代的行為，將該刻板性行為引導到相關的學習事件上，例如：回答問題、唸讀課文等，適當的轉移孩子的注意力。

(2) 在孩子有刻板性的動作或行為出現時，以鈴聲或是約定好的模式進行提醒。

(3) 在不經意的情況下，以讓孩子發聲或是唱歌的方式移開孩子注意力固執的來源。

(4) 以干擾較少的行為替代，如吞空氣有可能是孩子對於口腔或是咽

喉部位的刺激有需求，可以教導其於生活管理等課程安排漱口，透過正向行為提供刺激。

(5) 選擇以手勢、輕按孩子的部分身體，甚至全身、以及暫停孩子的相關活動。

(6) 教導孩子深呼吸技巧。

(7) 平時觀察刻板性的動作或行為的類別（吞空氣），將孩子需要的刺激納入平常知動訓練中或是口腔按摩課程中。

(8) 趁孩子情緒平穩時，逐步改變孩子習慣的模式，使其減低其吞空氣的刻板性動作或行為。

3. 班級經營

(1) 當孩子出現吞空氣的刻板性動作或行為時，大人要注意自身語彙、語調及表情等，切勿當場「關懷」他這個行為，也不要嫌惡或強勢禁止，只需要正向、溫柔且堅定地提醒孩子，喚回他的注意。

(2) 可以圖片式、漫畫式等方式，教導孩子認識符合社會常規的行為，並且搭配行為改變技術，藉由自我獎勵及自我指導語等方式提升自我控制能力。

4. 增強制度：大人可以與孩子做約定，例如：上課鐘響後五分鐘內沒有出現吞空氣的刻板性動作或行為，即可以個案喜歡的事物作為增強（例如：讚美、擁抱、擁有一項短暫特權、點心、飲料或實質獎賞等），強化其自我控制的動機，而後再逐漸拉長時間。

㈨ 刻板性的動作或行為表現 ── 不停地旋轉物體

1. 初步排除問題

(1) 建議家長帶孩子至醫院心智科、精神衛生科進行檢查，排除生理問題導致孩子出現不停地旋轉物體的刻板性動作或行為。

(2) 嘗試以功能性分析的方式，找出孩子出現不停地旋轉物體行為的可能原因。

(3) 若不停地旋轉物體行為可能源於情緒上的焦慮，在改變孩子目前習慣的模式之前，必須先預告其可能發生的改變，以避免因臨時改變方式所帶來的更多焦慮。

(4) 若不停地旋轉物體行為可能源於較大的情緒起伏，可以培養孩子固定的運動習慣及適切宣洩情緒的方式，例如：游泳、打球、揉紙團、打枕頭等。

(5) 若不停地旋轉物體行為可能源於社會或溝通上的需求沒有被滿足，可以嘗試以社會技巧教學、擴大／替代性溝通等策略，解決其在社會、溝通上的問題。

2. 教學策略

(1) 若孩子已經開始有不停地旋轉物體的刻板性行為，可以試著鼓勵替代的行為，將該刻板性行為引導到相關的學習事件上，例如：可以讓孩子在美勞課或是職業訓練中練習旋轉螺絲等工具，以正向方式替代，適當的轉移孩子的注意力。

(2) 在孩子有刻板性的動作或行為出現時，以鈴聲或是約定好的模式進行提醒。

(3) 在不經意的情況下，移開孩子注意力固執的來源。

(4) 以干擾較少的行為替代，如不停地旋轉物體有可能是孩子對於視覺刺激的需求比較大，可以提供一個角落在特定時間允許他玩陀螺或是其他旋轉的玩具。

(5) 平時觀察刻板性的動作或行為的類別（不停地旋轉物體等），將孩子需要的刺激納入平常知動訓練或是相關課程（如美勞或體育）中。

(6) 趁孩子情緒平穩時，逐步改變孩子習慣的模式，使其減低其不停地旋轉物體行為。

3. 班級經營

(1) 當孩子出現不停地旋轉物體行為時，大人要注意自身語彙、語調及表情等，切勿當場「關懷」他這個行為，也不要嫌惡或強勢禁止，只需要正向、溫柔且堅定地提醒孩子，喚回他的注意。

(2) 可以圖片式、漫畫式等方式，教導孩子認識符合社會常規的行為，並且搭配行為改變技術，藉由自我獎勵及自我指導語等方式提升自我控制能力。

4. 增強制度：大人可以與孩子做約定，例如：上課鐘響後五分鐘內沒有出現不停地旋轉物體行為，即可以個案喜歡的事物作為增強（例如：

讚美、擁抱、擁有一項短暫特權、點心、飲料或實質獎賞等），強化其自我控制的動機，而後再逐漸拉長時間。

(十) 刻板性的動作或行為表現——尖叫、發出怪聲

1. 初步排除問題

(1) 建議家長帶孩子至醫院心智科、精神衛生科進行檢查，排除生理問題導致孩子出現尖叫、發出怪聲的刻板性動作或行為。

(2) 嘗試以功能性分析的方式，找出孩子出現尖叫、發出怪聲行為的可能原因。

(3) 若尖叫、發出怪聲行為可能源於情緒上的焦慮，在改變孩子目前習慣的模式之前，必須先預告其可能發生的改變，以避免因臨時改變方式所帶來的更多焦慮。

(4) 若尖叫、發出怪聲行為可能源於較大的情緒起伏，可以培養孩子固定的運動習慣及適切宣洩情緒的方式，例如：游泳、打球、揉紙團、打枕頭等。

(5) 若尖叫、發出怪聲行為可能源於社會或溝通上的需求沒有被滿足，可以嘗試以社會技巧教學、擴大／替代性溝通等策略，解決其在社會、溝通上的問題。

2. 教學策略

(1) 若孩子已經開始有尖叫、發出怪聲的刻板性行為，可以試著鼓勵替代的行為，將該刻板性行為引導到相關的學習事件上，例如：可以讓孩子在音樂課中練習以不同的聲調唱歌或是故事人物模仿，以正向方式替代，適當的轉移孩子的注意力。

(2) 在孩子有尖叫或發出怪聲行為出現時，以鈴聲或是約定好的模式進行提醒。

(3) 若孩子已開始有刻板性動作或行為時，可叫他起來回答問題或是拿教具，強迫其轉移注意力。

(4) 以干擾較少的行為替代，如不停的尖叫有可能是孩子對於高音聲音的需求比較大，可以提供有耳機的播放機播放類似性質的音樂。

(5) 平時觀察刻板性的動作或行為的類別（尖叫或發出怪聲等），將

孩子需要的刺激納入平常知動訓練或是相關課程（如音樂或是知動訓練）中。

(6) 趁孩子情緒平穩時，逐步改變孩子習慣的模式，使其減低其尖叫或發出怪聲行為。

3. 班級經營

(1) 當孩子出現尖叫、發出怪聲的刻板性動作或行為時，大人要注意自身語彙、語調及表情等，切勿當場「關懷」他這個行為，也不要嫌惡或強勢禁止，只需要正向、溫柔且堅定地提醒孩子，喚回他的注意。

(2) 可以圖片式、漫畫式等方式，教導孩子認識符合社會常規的行為，並且搭配行為改變技術，藉由自我獎勵及自我指導語等方式提升自我控制能力。

4. 增強制度：大人可以與孩子做約定，例如：上課鐘響後五分鐘內沒有出現尖叫、發出怪聲的刻板性動作或行為，即可以個案喜歡的事物作為增強（例如：讚美、擁抱、擁有一項短暫特權、點心、飲料或實質獎賞等），強化其自我控制的動機，而後再逐漸拉長時間。

(十一) 刻板性的動作或行為表現 —— 重複問相同的問題

1. 初步排除問題

(1) 建議家長帶孩子至醫院心智科、精神衛生科進行檢查，排除生理問題導致孩子出現重複問相同的問題的刻板性動作或行為。

(2) 嘗試以功能性分析的方式，找出孩子重複問相同的問題行為的可能原因。

(3) 若重複問相同的問題行為可能源於情緒上的焦慮，在改變孩子目前習慣的模式之前，必須先預告其可能發生的改變，以避免因臨時改變方式所帶來的更多焦慮。

(4) 若重複問相同的問題行為可能源於較大的情緒起伏，可以培養孩子固定的運動習慣及適切宣洩情緒的方式，例如：游泳、打球、揉紙團、打枕頭等。

(5) 若重複問相同的問題行為可能源於社會或溝通上的需求沒有被滿足，可以嘗試以社會技巧教學、擴大／替代性溝通等策略，解決其在社會、溝通上的問題。

2. 教學策略

(1) 若孩子已經開始有重複問相同的問題的刻板性行為，可以試著鼓勵替代的行為，將該刻板性行為引導到相關的學習事件上，例如：唸讀課文、回答問題等，適當的轉移孩子的注意力。

(2) 在孩子有重複問相同的問題的行為出現時，以鈴聲或是約定好的模式進行提醒。

(3) 若孩子已開始有刻板性動作或行為時，可叫他起來回答問題或是拿教具，強迫其轉移注意力。

(4) 若反覆發問的原因在於對答案的不確定，可以透過非開放式問句（你想說的是……嗎？）反問進行確認。

(5) 回答時給予單一正向的答案，避免不同發問有不同答案。

(6) 要孩子發問前，先將問題寫下來。

(7) 在重複發問時且答覆答案後，可以提醒他這已經是第 N 次發問了。

(8) 趁孩子情緒平穩時，逐步改變孩子習慣的模式，使其減低重複問相同的問題的行為。

3. 班級經營

(1) 當孩子出現重複問相同的問題的刻板性動作或行為時，大人要注意自身語彙、語調及表情等，切勿當場「關懷」他這個行為，也不要嫌惡或強勢禁止，只需要正向、溫柔且堅定地提醒孩子，喚回他的注意。

(2) 可以圖片式、漫畫式等方式，教導孩子認識符合社會常規的行為，並且搭配行為改變技術，藉由自我獎勵及自我指導語等方式提升自我控制能力。

4. 增強制度：大人可以與孩子做約定，例如：上課鐘響後五分鐘內沒有出現重複問相同的問題的刻板性動作或行為，即可以個案喜歡的事物作為增強（例如：讚美、擁抱、擁有一項短暫特權、點心、飲料或實質獎賞等），強化其自我控制的動機，而後再逐漸拉長時間。

(十二) 刻板性的動作或行為表現──只坐固定座位／走固定路線

1. 初步排除問題

(1) 建議家長帶孩子至醫院心智科、精神衛生科進行檢查，排除生理

問題導致孩子出現只坐固定座位／走固定路線的刻板性動作或行為。

（2）嘗試以功能性分析的方式，找出孩子只坐固定座位／走固定路線行為的可能原因。

（3）若只坐固定座位／走固定路線行為可能源於情緒上的焦慮，在改變孩子目前習慣的模式之前，必須先預告其可能發生的改變，以避免因臨時改變方式所帶來的更多焦慮。

（4）若只坐固定座位／走固定路線行為可能源於較大的情緒起伏，可以培養孩子固定的運動習慣及適切宣洩情緒的方式，例如：游泳、打球、揉紙團、打枕頭等。

（5）若只坐固定座位／走固定路線行為可能源於社會或溝通上的需求沒有被滿足，可以嘗試以社會技巧教學、擴大／替代性溝通等策略，解決其在社會、溝通上的問題。

2. 教學策略

（1）進行生態分析，瞭解哪一些情境下允許孩子可只坐固定座位／走固定路線，而哪一些情境則不宜。

（2）釐清刻板行為發生的地點（例如：只坐固定座位／走固定路線），確認是否會對生活造成影響，在未造成重大妨礙下，不立即改變孩子的固定座位／路線。

（3）讓孩子帶著感受到安心的安撫物，讓他在不同座位／路線上仍有熟悉感。

（4）在未造成重大妨礙下，不強迫立即改變孩子的固定座位／路線。

（5）在更換座位／路線時，讓孩子坐／走在信任的同學身邊。

（6）在期望改變的座位／路線外，置放吸引孩子注意的物品或事物。

（7）讓孩子練習玩大風吹等遊戲，不斷轉換座位，讓他去適應無固執源的情形。

（8）趁孩子情緒平穩時，逐步改變孩子習慣的模式，使其減低只坐固定座位／走固定路線的行為。

3. 班級經營

（1）當孩子出現只坐固定座位／走固定路線的行為時，大人要注意自

身語彙、語調及表情等，切勿當場「關懷」他這個行為，也不要嫌惡或強勢禁止，只需要正向、溫柔且堅定地提醒孩子，喚回他的注意。

(2) 可以圖片式、漫畫式等方式，教導孩子認識符合社會常規的行為，並且搭配行為改變技術，藉由自我獎勵及自我指導語等方式提升自我控制能力。

4. 增強制度：大人可以與孩子做約定，例如：上課鐘響後五分鐘內沒有出現只坐固定座位／走固定路線的行為，即可以個案喜歡的事物作為增強（例如：讚美、擁抱、擁有一項短暫特權、點心、飲料或實質獎賞等），強化其自我控制的動機，而後再逐漸拉長時間。

(十三) 自我傷害行為 —— 自己打自己

1. 初步排除問題

(1) 建議家長帶孩子至醫院心智科、精神衛生科進行檢查，排除生理問題（例如：疹子、腹痛）導致孩子出現自己打自己的自我傷害行為，必要時可以與醫師討論採用相關藥物減低焦慮。

(2) 嘗試以功能性分析的方式，找出孩子自己打自己的自我傷害行為的可能原因。

(3) 若自己打自己的自我傷害行為可能源於情緒上的焦慮，在改變孩子目前習慣的模式之前，必須先預告其可能發生的改變，以避免因臨時改變方式所帶來的更多焦慮。

(4) 若自己打自己的自我傷害行為可能源於較大的情緒起伏，可以培養孩子固定的運動習慣及適切宣洩情緒的方式，例如：游泳、打球、揉紙團、打枕頭等。

(5) 若自己打自己的自我傷害行為可能源於社會或溝通上的需求沒有被滿足，可以嘗試以社會技巧教學、擴大／替代性溝通等策略，解決其在社會、溝通上的問題。

2. 教學策略

(1) 若孩子已經開始有自己打自己的刻板性行為，可以試著鼓勵替代的行為，將該刻板性行為引導到相關的學習事件上，例如：舉手、拍手、抄寫等，適當的轉移孩子的注意力。

(2) 觀察後將增強因素消除。例如：孩子自己打自己就會有老師前來關心，推測因素有可能是問了會引起老師關心，下次有類似情形，則刻意先行冷淡處理孩子的反應。

(3) 減輕挫敗感，例如：將工作分成若干小步驟執行，或採一對一、簡短工作指示用語等方式教導他完成。

(4) 緊急狀況時，將個案安置在安全的環境中並遠離可能傷人的器具，等待沒有不當的表現時，再回到原處。

(5) 事先徵求家長同意，在行為管理無法立即有效的情況下，採取束縛等措施。

(6) 在自己打自己行為發生時，可以先在背後以雙手環抱孩子，並在耳邊說請冷靜，孩子愈掙扎、環抱愈用力，直到孩子放鬆。

(7) 趁孩子情緒平穩時，逐步改變孩子習慣的模式，使其減低自己打自己的行為。

3. 班級經營

(1) 當孩子出現自己打自己的自我傷害行為時，大人要注意自身語彙、語調及表情等，切勿當場「關懷」他這個行為，也不要嫌惡或強勢禁止，只需要正向、溫柔且堅定地提醒孩子，喚回他的注意。

(2) 可以圖片式、漫畫式等方式，教導孩子認識符合社會常規的行為，並且搭配行為改變技術，藉由自我獎勵及自我指導語等方式提升自我控制能力。

4. 增強制度：大人可以與孩子做約定，例如：上課鐘響後五分鐘內沒有出現自己打自己的自我傷害行為，即可以個案喜歡的事物作為增強（例如：讚美、擁抱、擁有一項短暫特權、點心、飲料或實質獎賞等），強化其自我控制的動機，而後再逐漸拉長時間。

(十四) 自我傷害行為 —— 撞擊

1. 初步排除問題

(1) 建議家長帶孩子至醫院心智科、精神衛生科進行檢查，排除生理問題（例如：疹子、腹痛）導致孩子出現撞擊的自我傷害行為，必要時可以與醫師討論採用相關藥物以降低該行為。

(2) 嘗試以功能性分析的方式，找出孩子出現撞擊的自我傷害行為的可能原因，例如：控制環境中容易引發自傷行為的誘因。

(3) 若孩子出現撞擊的自我傷害行為可能源於情緒上的焦慮，在改變孩子目前習慣的模式之前，必須先預告其可能發生的改變，以避免因臨時改變方式所帶來的更多焦慮。

(4) 若孩子出現撞擊的自我傷害行為可能源於較大的情緒起伏，可以培養孩子固定的運動習慣及適切宣洩情緒的方式，例如：游泳、打球、揉紙團、打枕頭等。

(5) 若孩子出現撞擊的自我傷害行為可能源於社會或溝通上的需求沒有被滿足，可以嘗試以社會技巧教學、擴大／替代性溝通等策略，解決其在社會、溝通上的問題。

2. 教學策略

(1) 若孩子已經開始有撞擊的自我傷害行為，可以試著鼓勵替代的行為，將該刻板性行為引導到相關的學習事件上，例如：舉手、拍手、抄寫等，適當的轉移孩子的注意力。

(2) 觀察引起自傷問題行為的動機，進行分析後，將增強因素消除。例如：孩子撞擊就有老師前來關心，推測自傷的因素有可能是為了引起老師關心，下次有類似情形，則刻意先行冷淡處理孩子的反應，使其行為換不到期待的回饋反應。

(3) 緊急狀況時，將個案安置在安全的環境中，等待沒有不當的表現，再回到原處。

(4) 在有撞擊行為出現時，可以先在背後以雙手環抱孩子，並在耳邊說請冷靜，孩子愈掙扎、環抱愈用力，直到孩子放鬆。

(5) 教室環境安排，先以少尖銳或是玻璃的環境為主。

(6) 在教室周圍鋪設護牆板避免臨時危急的狀況。

(7) 提供一個孩子可以盡情翻滾的角落，情緒不佳時允許孩子獨自在角落。

(8) 透過球池或是滾筒，提供孩子被環抱的環境。

(9) 若撞擊原因來自於孩子自我刺激不足，可以如泡泡相撲等活動在有保護裝置下，提供正向身體撞擊的機會。

(10) 趁孩子情緒平穩時，逐步改變孩子習慣的模式，使減低其撞擊行為。

3. 班級經營

(1) 當孩子出現撞擊的自我傷害行為時，大人要注意自身語彙、語調及表情等，切勿當場「關懷」他這個行為，也不要嫌惡或強勢禁止，只需要正向、溫柔且堅定地提醒孩子，喚回他的注意。

(2) 可以圖片式、漫畫式等方式，教導孩子認識符合社會常規的行為，並且搭配行為改變技術，藉由自我獎勵及自我指導語等方式提升自我控制能力。

4. 增強制度：大人可以與孩子做約定，例如：上課鐘響後五分鐘內沒有出現撞擊的自我傷害行為，即可以個案喜歡的事物作為增強（例如：讚美、擁抱、擁有一項短暫特權、點心飲料或實質獎賞等），強化其自我控制的動機，而後再逐漸拉長時間。

（十五）自我傷害行為 —— 咬、吸吮身體部位

1. 初步排除問題

(1) 建議家長帶孩子至醫院心智科、精神衛生科進行檢查，排除生理問題（例如：牙痛等）導致孩子出現咬、吸吮身體部位的自我傷害行為，必要時可以與醫師討論採用相關藥物以降低該行為。

(2) 嘗試以功能性分析的方式，找出孩子出現咬、吸吮身體部位的自我傷害行為的可能原因，例如：控制環境中容易引發自傷行為的誘因。

(3) 若孩子出現咬、吸吮身體部位的自我傷害行為可能源於情緒上的焦慮，在改變孩子目前習慣的模式之前，必須先預告其可能發生的改變，以避免因臨時改變方式所帶來的更多焦慮。

(4) 若孩子出現咬、吸吮身體部位的自我傷害行為可能源於較大的情緒起伏，可以培養孩子固定的運動習慣及適切宣洩情緒的方式，例如：游泳、打球、揉紙團、打枕頭等。

(5) 若孩子出現咬、吸吮身體部位的自我傷害行為可能源於社會或溝通上的需求沒有被滿足，可以嘗試以社會技巧教學、擴大／替代性溝通等策略，解決其在社會、溝通上的問題。

2. 教學策略

(1) 若孩子已經開始有咬、吸吮身體部位的自我傷害行為，可以試著鼓勵替代的行為，將該刻板性行為引導到相關的學習事件上，例如：回應問題、唸讀課文等，適當的轉移孩子的注意力。

(2) 觀察引起自傷問題行為的動機，進行分析後，將增強因素消除。例如：孩子咬、吸吮身體部位就會有老師前來關心，推測自傷的因素有可能是為了引起老師關心，下次有類似情形，則刻意先行冷淡處理孩子的反應，使其行為換不到期待的回饋反應。

(3) 重新安排工作流程減輕挫敗感，例如：將工作分成若干小步驟執行，或採一對一、簡短工作指示用語等方式教導他完成。

(4) 咬、吸吮身體部位後，即刻提供負面增強達到遏止的功能。

(5) 若短時間無法改善，考慮使用軟性牙套等方法，減低身體傷害。

(6) 趁孩子情緒平穩時，逐步改變孩子習慣的模式，使其減低咬、吸吮身體部位行為。

3. 班級經營

(1) 當孩子出現咬、吸吮身體部位的自我傷害行為時，大人要注意自身語彙、語調及表情等，切勿當場「關懷」他這個行為，也不要嫌惡或強勢禁止，只需要正向、溫柔且堅定地提醒孩子，喚回他的注意。

(2) 可以圖片式、漫畫式等方式，教導孩子認識符合社會常規的行為，並且搭配行為改變技術，藉由自我獎勵及自我指導語等方式提升自我控制能力。

4. 增強制度：大人可以與孩子做約定，例如：上課鐘響後五分鐘內沒有出現咬、吸吮身體部位的自我傷害行為，即可以個案喜歡的事物作為增強（例如：讚美、擁抱、擁有一項短暫特權、點心、飲料或實質獎賞等），強化其自我控制的動機，而後再逐漸拉長時間。

〔十六〕自我傷害行為——拔頭髮

1. 初步排除問題

(1) 建議家長帶孩子至醫院心智科、精神衛生科進行檢查，排除生理問題（例如：頭痛等）導致孩子出現拔頭髮的自我傷害行為，必要時可以

與醫師討論採用相關藥物以降低該行為。

(2) 嘗試以功能性分析的方式，找出孩子出現拔頭髮的自我傷害行為的可能原因，例如：控制環境中容易引發自傷行為的誘因。

(3) 若孩子出現拔頭髮的自我傷害行為可能源於情緒上的焦慮，在改變孩子目前習慣的模式之前，必須先預告其可能發生的改變，以避免因臨時改變方式所帶來的更多焦慮。

(4) 若孩子出現拔頭髮的自我傷害行為可能源於較大的情緒起伏，可以培養孩子固定的運動習慣及適切宣洩情緒的方式，例如：游泳、打球、揉紙團、打枕頭等。

(5) 若孩子出現拔頭髮的自我傷害行為可能源於社會或溝通上的需求沒有被滿足，可以嘗試以社會技巧教學、擴大／替代性溝通等策略，解決其在社會、溝通上的問題。

2. 教學策略

(1) 若孩子已經開始有拔頭髮的自我傷害行為，可以試著鼓勵替代的行為，將該刻板性行為引導到相關的學習事件上，例如：抄寫、黏貼等，適當的轉移孩子的注意力。

(2) 觀察引起自傷問題行為的動機，進行分析後，將增強因素消除。例如：孩子拔頭髮就會有老師前來關心，推測自傷的因素有可能是為了引起老師關心，下次有類似情形，則刻意先行冷淡處理孩子的反應，使其行為換不到期待的回饋反應。

(3) 緊急狀況時，將個案安置在安全的環境中，等待沒有不當的表現，再回到原處。

(4) 平時觀察刻板性的動作或行為的類別（拔頭髮），將孩子需要的刺激納入平常知動訓練（如按摩頭部）中。

(5) 讓孩子戴帽子（或紮辮子）、戴手套，使其不容易有拔頭髮的行為。

(6) 趁孩子情緒平穩時，逐步改變孩子習慣的模式，使其減低拔頭髮行為。

3. 班級經營

(1) 當孩子出現拔頭髮的自我傷害行為時，大人要注意自身語彙、語調及表情等，切勿當場「關懷」他這個行為，也不要嫌惡或強勢禁止，只

需要正向、溫柔且堅定地提醒孩子，喚回他的注意。

(2) 可以圖片式、漫畫式等方式，教導孩子認識符合社會常規的行為，並且搭配行為改變技術，藉由自我獎勵及自我指導語等方式提升自我控制能力。

4. 增強制度：大人可以與孩子做約定，例如：上課鐘響後五分鐘內沒有出現拔頭髮的自我傷害行為，即可以個案喜歡的事物作為增強（例如：讚美、擁抱、擁有一項短暫特權、點心、飲料或實質獎賞等），強化其自我控制的動機，而後再逐漸拉長時間。

(十七) 自我傷害行為 —— 抓臉

1. 初步排除問題

(1) 建議家長帶孩子至醫院心智科、精神衛生科進行檢查，排除生理問題（例如：長疹子、皮膚過敏等）導致孩子出現抓臉的自我傷害行為，必要時可以與醫師討論採用相關藥物以降低該行為。

(2) 嘗試以功能性分析的方式，找出孩子出現抓臉的自我傷害行為的可能原因，例如：控制環境中容易引發自傷行為的誘因。

(3) 若孩子出現抓臉的自我傷害行為可能源於情緒上的焦慮，在改變孩子目前習慣的模式之前，必須先預告其可能發生的改變，以避免因臨時改變方式所帶來的更多焦慮。

(4) 若孩子出現抓臉的自我傷害行為可能源於較大的情緒起伏，可以培養孩子固定的運動習慣及適切宣洩情緒的方式，例如：游泳、打球、揉紙團、打枕頭等。

(5) 若孩子出現抓臉的自我傷害行為可能源於社會或溝通上的需求沒有被滿足，可以嘗試以社會技巧教學、擴大／替代性溝通等策略，解決其在社會、溝通上的問題。

2. 教學策略

(1) 若孩子已經開始有抓臉的自我傷害行為，可以試著鼓勵替代的行為，將該刻板性行為引導到相關的學習事件上，例如：在生活自理課程中教孩子洗臉，提供正向刺激，適當的轉移孩子的注意力。

(2) 觀察引起自傷問題行為的動機，進行分析後，將增強因素消除。例如：孩子抓臉就會有老師前來關心，推測自傷的因素有可能是為了引起

老師關心，下次有類似情形，則刻意先行冷淡處理孩子的反應，使其行為換不到期待的回饋反應。

(3) 行為出現後，可製造聲響轉移其注意力。

(4) 行為出現後，即刻提供負面增強達到遏止的功能。

(5) 讓孩子戴上手套，減低過程中讓臉部受傷的比例。

(6) 平時觀察刻板性的動作或行為的類別（抓臉），將孩子需要的刺激納入平常知動訓練（如按摩臉部）中。

(7) 趁孩子情緒平穩時，逐步改變孩子習慣的模式，使其減低抓臉的行為。

3. 班級經營

(1) 當孩子出現抓臉的自我傷害行為時，大人要注意自身語彙、語調及表情等，切勿當場「關懷」他這個行為，也不要嫌惡或強勢禁止，只需要正向、溫柔且堅定地提醒孩子，喚回他的注意。

(2) 可以圖片式、漫畫式等方式，教導孩子認識符合社會常規的行為，並且搭配行為改變技術，藉由自我獎勵及自我指導語等方式提升自我控制能力。

4. 增強制度：大人可以與孩子做約定，例如：上課鐘響後五分鐘內沒有出現抓臉的自我傷害行為，即可以個案喜歡的事物作為增強（例如：讚美、擁抱、擁有一項短暫特權、點心、飲料或實質獎賞等），強化其自我控制的動機，而後再逐漸拉長時間。

(十八) 自我傷害行為 —— 擠眼珠

1. 初步排除問題

(1) 建議家長帶孩子至醫院心智科、精神衛生科進行檢查，排除生理問題（例如：眼睛過敏、其他眼疾等）導致孩子出現擠眼珠的自我傷害行為，必要時可以與醫師討論採用相關藥物以降低該行為。

(2) 嘗試以功能性分析的方式，找出孩子出現擠眼珠的自我傷害行為的可能原因，例如：控制環境中容易引發自傷行為的誘因。

(3) 若孩子出現擠眼珠的自我傷害行為可能源於情緒上的焦慮，在改變孩子目前習慣的模式之前，必須先預告其可能發生的改變，以避免因臨時改變方式所帶來的更多焦慮。

(4) 若孩子出現擠眼珠的自我傷害行為可能源於較大的情緒起伏，可以培養孩子固定的運動習慣及適切宣洩情緒的方式，例如：游泳、打球、揉紙團、打枕頭等。

(5) 若孩子出現擠眼珠的自我傷害行為可能源於社會或溝通上的需求沒有被滿足，可以嘗試以社會技巧教學、擴大／替代性溝通等策略，解決其在社會、溝通上的問題。

2. 教學策略

(1) 若孩子已經開始有擠眼珠的自我傷害行為，可以試著鼓勵替代的行為，將該刻板性行為引導到相關的學習事件上，例如：抄寫、黏貼等，適當的轉移孩子的注意力。

(2) 觀察引起自傷問題行為的動機，進行分析後，將增強因素消除。例如：孩子擠眼珠就會有老師前來關心，推測自傷的因素有可能是為了引起老師關心，下次有類似情形，則刻意先行冷淡處理孩子的反應，使其行為換不到期待的回饋反應。

(3) 讓孩子戴上手套或是暫時性的束縛，減緩手部動作造成的傷害。

(4) 讓孩子戴上護目眼鏡，隔絕手部擠壓眼睛造成的傷害。

(5) 趁孩子情緒平穩時，逐步改變孩子習慣的模式，使其減低擠眼珠的行為。

3. 班級經營

(1) 當孩子出現擠眼珠的自我傷害行為時，大人要注意自身語彙、語調及表情等，切勿當場「關懷」他這個行為，也不要嫌惡或強勢禁止，只需要正向、溫柔且堅定地提醒孩子，喚回他的注意。

(2) 可以圖片式、漫畫式等方式，教導孩子認識符合社會常規的行為，並且搭配行為改變技術，藉由自我獎勵及自我指導語等方式提升自我控制能力。

4. 增強制度：大人可以與孩子做約定，例如：上課鐘響後五分鐘內沒有出現擠眼珠的自我傷害行為，即可以個案喜歡的事物作為增強（例如：讚美、擁抱、擁有一項短暫特權、點心、飲料或實質獎賞等），強化其自我控制的動機，而後再逐漸拉長時間。

(十九) 自我傷害行為 —— 挖身體部位

1. 初步排除問題

(1) 建議家長帶孩子至醫院心智科、精神衛生科進行檢查，排除生理問題（如：長疹子、疼痛等）導致孩子出現挖身體部位的自我傷害行為，必要時可以與醫師討論採用相關藥物以降低該行為。

(2) 嘗試以功能性分析的方式，找出孩子出現挖身體部位的自我傷害行為的可能原因，例如：控制環境中容易引發自傷行為的誘因。

(3) 若孩子出現挖身體部位的自我傷害行為可能源於情緒上的焦慮，在改變孩子目前習慣的模式之前，必須先預告其可能發生的改變，以避免因臨時改變方式所帶來的更多焦慮。

(4) 若孩子出現挖身體部位的自我傷害行為可能源於較大的情緒起伏，可以培養孩子固定的運動習慣及適切宣洩情緒的方式，例如：游泳、打球、揉紙團、打枕頭等。

(5) 若孩子出現挖身體部位的自我傷害行為可能源於社會或溝通上的需求沒有被滿足，可以嘗試以社會技巧教學、擴大／替代性溝通等策略，解決其在社會、溝通上的問題。

2. 教學策略

(1) 若孩子已經開始有挖身體部位的自我傷害行為，可以試著鼓勵替代的行為，將該刻板性行為引導到相關的學習事件上，例如：做黏貼畫或者鍵盤打字，透過摳貼紙或敲擊鍵盤等，適當的轉移孩子的注意力。

(2) 觀察引起自傷問題行為的動機，進行分析後，將增強因素消除。例如：孩子挖身體部位就會有老師前來關心，推測自傷的因素有可能是為了引起老師關心，下次有類似情形，則刻意先行冷淡處理孩子的反應，使其行為換不到期待的回饋反應。

(3) 重新安排工作流程減輕挫敗感，例如：將工作分成若干小步驟執行，或採一對一、簡短工作指示用語等方式教導他完成。

(4) 讓孩子戴上手套或暫時性的束縛，減緩手部動作造成的傷害。

(5) 趁孩子情緒平穩時，逐步改變孩子習慣的模式，使其減低挖身體部位的行為。

3. 班級經營

(1) 當孩子出現挖身體部位的自我傷害行為時，大人要注意自身語彙、語調及表情等，切勿當場「關懷」他這個行為，也不要嫌惡或強勢禁止，只需要正向、溫柔且堅定地提醒孩子，喚回他的注意。

(2) 可以圖片式、漫畫式等方式，教導孩子認識符合社會常規的行為，並且搭配行為改變技術，藉由自我獎勵及自我指導語等方式提升自我控制能力。

4. 增強制度：大人可以與孩子做約定，例如：上課鐘響後五分鐘內沒有出現挖身體部位的自我傷害行為，即可以個案喜歡的事物作為增強（例如：讚美、擁抱、擁有一項短暫特權、點心、飲料或實質獎賞等），強化其自我控制的動機，而後再逐漸拉長時間。

(二十) 自我傷害行為 —— 過度換氣

1. 初步排除問題

(1) 建議家長帶孩子至醫院心智科、精神衛生科進行檢查，排除生理問題（例如：氣喘、呼吸道疾病等）導致孩子出現過度換氣的自我傷害行為，必要時可以與醫師討論採用相關藥物以降低該行為。

(2) 嘗試以功能性分析的方式，找出孩子出現過度換氣的自我傷害行為的可能原因，例如：控制環境中容易引發自傷行為的誘因。

(3) 若孩子出現過度換氣的自我傷害行為可能源於情緒上的焦慮，在改變孩子目前習慣的模式之前，必須先預告其可能發生的改變，以避免因臨時改變方式所帶來的更多焦慮。

(4) 若孩子出現過度換氣的自我傷害行為可能源於較大的情緒起伏，可以培養孩子固定的運動習慣及適切宣洩情緒的方式，例如：游泳、打球、揉紙團、打枕頭等。

(5) 若孩子出現過度換氣的自我傷害行為可能源於社會或溝通上的需求沒有被滿足，可以嘗試以社會技巧教學、擴大／替代性溝通等策略，解決其在社會、溝通上的問題。

2. 教學策略

(1) 若孩子已經開始有過度換氣的自我傷害行為，可以試著鼓勵替代

的行為，將該刻板性行為引導到相關的學習事件上，例如：唸課文、回答問題等，適當的轉移孩子的注意力。

(2) 觀察引起自傷問題行為的動機，進行分析後，將增強因素消除。例如：孩子過度換氣就會有老師前來關心，推測自傷的因素有可能是為了引起老師關心，下次有類似情形，則刻意先行冷淡處理孩子的反應，使其行為換不到期待的回饋反應。

(3) 平時教導深呼吸、靜坐等方式控制自己的情緒，課程中避免引起情緒激動的活動。

(4) 緊急狀況時，將個案安置在安全的環境中，等待不當的表現停止時，再回到原處。

(5) 利用圖畫治療的方法，讓孩子表現其情緒，並幫助其解決問題。

(6) 若有情緒激動現象時，可要求他閉上眼睛、深呼吸數到十，在閉上眼睛這段時間，老師在旁邊跟孩子說等張開眼睛後，我們就要進行另外一項工作，轉移孩子激動的情緒。

(7) 趁孩子情緒平穩時，逐步改變孩子習慣的模式，使其減低過度換氣的行為。

3. 班級經營

(1) 當孩子出現過度換氣的自我傷害行為時，大人要注意自身語彙、語調及表情等，切勿當場「關懷」他這個行為，也不要嫌惡或強勢禁止，只需要正向、溫柔且堅定地提醒孩子，喚回他的注意。

(2) 可以圖片式、漫畫式等方式，教導孩子認識符合社會常規的行為，並且搭配行為改變技術，藉由自我獎勵及自我指導語等方式提升自我控制能力。

4. 增強制度：大人可以與孩子做約定，例如：上課鐘響後五分鐘內沒有出現過度換氣的自我傷害行為，即可以個案喜歡的事物作為增強（例如：讚美、擁抱、擁有一項短暫特權、點心、飲料或實質獎賞等），強化其自我控制的動機，而後再逐漸拉長時間。

(二十一) 自我傷害行為 —— 屏住呼吸

1. 初步排除問題

(1) 建議家長帶孩子至醫院心智科、精神衛生科進行檢查，排除生理問題（例如：過敏、呼吸道疾病等）導致孩子出現屏住呼吸的自我傷害行為，必要時可以與醫師討論採用相關藥物以降低該行為。

(2) 嘗試以功能性分析的方式，找出孩子出現屏住呼吸的自我傷害行為的可能原因，例如：控制環境中容易引發自傷行為的誘因。

(3) 若孩子出現屏住呼吸的自我傷害行為可能源於情緒上的焦慮，在改變孩子目前習慣的模式之前，必須先預告其可能發生的改變，以避免因臨時改變方式所帶來的更多焦慮。

(4) 若孩子出現屏住呼吸的自我傷害行為可能源於較大的情緒起伏，可以培養孩子固定的運動習慣及適切宣洩情緒的方式，例如：游泳、打球、揉紙團、打枕頭等。

(5) 若孩子出現屏住呼吸的自我傷害行為可能源於社會或溝通上的需求沒有被滿足，可以嘗試以社會技巧教學、擴大／替代性溝通等策略，解決其在社會、溝通上的問題。

2. 教學策略

(1) 若孩子已經開始有屏住呼吸的自我傷害行為，可以試著鼓勵替代的行為，將該刻板性行為引導到相關的學習事件上，例如：唸課文、回答問題等，適當的轉移孩子的注意力。

(2) 觀察引起自傷問題行為的動機，進行分析後，將增強因素消除。例如：孩子屏住呼吸就會有老師前來關心，推測自傷的因素有可能是為了引起老師關心，下次有類似情形，則刻意先行冷淡處理孩子的反應，使其行為換不到期待的回饋反應。

(3) 重新安排工作流程減輕挫敗感，例如：將工作分成若干小步驟執行，或採一對一、簡短工作指示用語等方式教導他完成。

(4) 訓練其養成休閒興趣，使其具備對環境較佳的控制力。

(5) 屏住呼吸當下，可以透過搔癢或者是要孩子說話、唱歌等方法，強迫其中斷屏住呼吸的行為。

(6) 趁孩子情緒平穩時，逐步改變孩子習慣的模式，使其減低屏住呼吸的行為。

3. 班級經營

(1) 當孩子出現屏住呼吸的自我傷害行為時，大人要注意自身語彙、語調及表情等，切勿當場「關懷」他這個行為，也不要嫌惡或強勢禁止，只需要正向、溫柔且堅定地提醒孩子，喚回他的注意。

(2) 可以圖片式、漫畫式等方式，教導孩子認識符合社會常規的行為，並且搭配行為改變技術，藉由自我獎勵及自我指導語等方式提升自我控制能力。

4. 增強制度：大人可以與孩子做約定，例如：上課鐘響後五分鐘內沒有出現屏住呼吸的自我傷害行為，即可以個案喜歡的事物作為增強（例如：讚美、擁抱、擁有一項短暫特權、點心、飲料或實質獎賞等），強化其自我控制的動機，而後再逐漸拉長時間。

二、 攻擊行為

㈠ 攻擊行為 ── 身體或語言攻擊

1. 初步排除問題

(1) 找出學生會對同學攻擊的原因。如果是因為同學言語上對他有歧視或是挑釁，他是氣不過才反擊，老師必須要對雙方以及全班同學做機會教育。

(2) 如果學生是模仿家長的暴力行為，老師必須要告訴他這麼做是不對的，並採用溫和而堅持的方法持續引導。

2. 教學策略

(3) 教導其轉移情緒的方法，事先和學生討論生氣時讓自己高興的方式，讓學生在生氣時可以嘗試。

(4) 練習正確的腹式呼吸法，教學生每次在遇到會讓自己緊張或生氣的事物時，指導確切執行「停，深呼吸十次再開始行動」，以學習控制衝動。

(5) 將水火不容的雙方座位分開。

(6) 請該生記錄一周內發生的事，利用軼事訪問法的方式，分析類似

情境再發生時，可行的解決方法。例如：哪些話語會刺激他，並引發攻擊行為，下次可予以避免。

(7) 設計一些情境，讓學生得以感受到被攻擊的滋味，讓其產生同理心而克制自己的衝動。

(8) 舉辦一些分組的團體活動，藉由小組的互動，讓孩子先由小團體開始適應與同儕間的相處，減少因誤會產生暴力的行為。

(9) 先隔離發生暴力行為的學生，運用言語來開導與安撫其不穩定的情緒，然後再告訴學生尊重他人身體與心理的重要性。另外，和學生討論與分析其行為或語言不適當的地方，以及對他人所造成的傷害。

(10) 老師可以教學生一些固定的句子來確定對方的意圖，例如：「你能不能再講一遍」、「你的意思是 …… 嗎？」。

(11) 教導學生學習瞭解別人的情緒，透過觀察對方的聲調、姿勢、臉部表情，傾聽對方正在說什麼，辨識對方可能的感覺。

(12) 透過影片情境設計，讓學生共同討論哪些回答的方式與行為是適當的，不適切的部分該如何修正較好，讓孩子能在整個過程中學習到符合社會規範的應對與溝通行為。

(13) 瞭解事情的始末，確認事發原因，例如：同儕的玩笑。可以選擇一些類似情境的影片或故事讓其欣賞，讓其知道有其他更好的處理方式。

(14) 當學生犯錯時，要給予過度矯正方式的懲罰，所有的懲罰須與過失行為產生關聯性；而當其能維持一段時間不再犯過錯時，要給予獎勵。

(15) 以認知行為遊戲治療，減少高攻擊行為兒童的攻擊行為。

3. 班級經營

(1) 若當孩子出現用身體或語言攻擊行為時，大人要注意自身語彙、語調及表情等，切勿當場「關懷」他這個行為，也不要嫌惡或強勢禁止，只需要正向、溫柔且堅定地提醒孩子，喚回他的注意。

(2) 可以圖片式、漫畫式等方式，教導孩子認識符合社會常規的行為，並且搭配行為改變技術，藉由自我獎勵及自我指導語等方式提升自我控制能力。

4. 增強制度

(1) 大人可以與孩子做約定，例如：上課鐘響後五分鐘內沒有出現用身體或語言攻擊的行為，即可以個案喜歡的事物作為增強（例如：讚美、擁抱、擁有一項短暫特權、點心、飲料或實質獎賞等），強化其自我控制的動機，而後再逐漸拉長時間。

(2) 適當的創造學生學習的成功經驗，並設定學習的目標，當成功達成後，給予獎勵品。藉由獎勵的回饋與成就動機的提升，可以減少學生暴力行為的產生。

㈡ 反抗行為 —— 不聽從

1. 初步排除問題

(1) 找出學生干擾課堂秩序的原因，選擇適合他的輔導方式和學習策略。

(2) 當學生行為問題是想引起別人注意力時，可採用忽視或隔離法，合宜的阻斷或轉移其注意力。

(3) 若學生因忍不住而講話時，要求需舉手且被點到才能講話，或是要求學生將想要表達的話寫下來，下課再拿給老師。

(4) 若學生陷入情緒中無法立刻冷靜時，老師可以嘗試給予一些時間，待學生冷靜後，再協助學生分析情緒起伏的原因，並討論哪些方法也許可以在下次遇到同樣狀況時做嘗試。

(5) 若學生的情緒與行為表現是因家庭因素，應與家長保持密切且友好的聯繫，力求家庭方面的協助與配合。

2. 教學策略

(1) 指導學生嘗試運用靜坐的方式，控制自己的情緒。

(2) 利用圖畫治療的方法，讓孩子表現其情緒，並幫助其解決問題。

(3) 對學生有合理的要求標準，不要要求太高使他有太大的壓力。

(4) 對較大的學生，可採用戲劇治療方式設計戲劇，讓其扮演情緒穩定的角色，藉以訓練其控制情緒。

(5) 鼓勵學生多多觀察他人的情緒反應，藉由觀察、模仿，使其情緒趨於穩定。

(6) 教導學生合理發洩過剩體力及轉移不穩情緒的方法，例如：運動、聽音樂、畫畫等。

(7) 設計學生的自我指導語，當出現不當情緒時，可提示指導語，如「我能控制自己的脾氣」。針對叛逆心重的孩子，也可採用反向指導語，例如：「想讓我失控，沒那麼容易！」

(8) 教導學生認識自己的情緒之後思考不同的表達方式，然後選擇一個適合自己且不妨礙他人的方式。

(9) 讓其擔任班上的幹部，令其因責任心而降低干擾班級秩序的頻率。

(10) 提供若干機會，促進孩子的彼此認識，讓情緒不穩的孩子藉由與別人交往的過程中，學習控制情緒。

(11) 與課程結合，進行有系統的情緒管理與社交技巧訓練，增強其人際適應行為。

(12) 教學生如何去瞭解別人之感受，並嘗試記錄別人可能的感受，以增強其印象。

(13) 瞭解其造成班級混亂的原因，儘量避免觸及引爆點，同時可教導其他同學如何採取正向包容的可行解決方式，來適度引導學生的不良行為。

(14) 與學生建立良好的師生關係，以便可以多與其交談瞭解問題癥結之所在，可予以協助孩子解決情緒問題，抑或是能請教相關專業人員提供協助。

(15) 讓孩子知道，搗蛋的行為雖然可以吸引別人的注意，但是很惹人討厭。只有有禮貌和肯與別人合作的態度，才會受人歡迎。

(16) 教師首先需瞭解孩子情緒問題的情況及原因，並安排一種和諧的學習環境，使學生感到愉快、舒適。

(17) 提供結構化的學習情境，學習情境如果結構化、規律、無刺激物，可以幫助學生減少分心、衝動想搗蛋的問題。

(18) 在團體生活中，教師可安排適當的工作，啟發學生的責任感與自尊心，形成正向的自我概念。

(19) 以認知行為遊戲治療，減少高攻擊行為學生的攻擊行為。

3. 班級經營

(1) 對學生的教導必須溫和但堅持，管教一致，日常指示須符合簡單、

清楚、正向、可行的原則，以利學生理解之後的嘗試。

(2) 採用正向行為鼓勵法，並要學生如同寫日記般，記錄自己每天能做到的情緒控制與友愛同學行為。

(3) 若當孩子出現不聽從行為時，大人要注意自身語彙、語調及表情等，切勿當場「關懷」他這個行為，也不要嫌惡或強勢禁止，只需要正向、溫柔且堅定地提醒孩子，喚回他的注意。

(4) 可以圖片式、漫畫式等方式，教導孩子認識符合社會常規的行為，並且搭配行為改變技術，藉由自我獎勵及自我指導語等方式提升自我控制能力。

4. 增強制度：大人可以與孩子做約定，例如：上課鐘響後五分鐘內沒有出現不聽從行為，即可以個案喜歡的事物作為增強（例如：讚美、擁抱、擁有一項短暫特權、點心、飲料或實質獎賞等），強化其自我控制的動機，而後再逐漸拉長時間。

(三) 破壞性、衝動 —— 對立違抗與間歇性暴怒

1. 初步排除問題

(1) 大人的情緒表達方式會讓孩子在不知不覺中模仿，提醒周遭人注意平日的身教。

(2) 平常多鼓勵學生多多公開或個別的發表他的意見，藉由雙向溝通的方式，以表達其內在的情緒。

(3) 多加強親師溝通或親職教育，以減少不當教導發生頻率。

(4) 當學生生氣時一定會有先前的徵兆，若教師及家長能觀察出這些徵兆，那麼在他有這些現象出現時，趕緊轉移他的注意力，不讓他繼續專注在即將令他生氣的事情上，也可指導學生有效避開易令自己生氣的人或事的方法。

(5) 與學生的父母親懇談學生在學校的情況，並順便瞭解學生在家中的狀況，提供給父母改善的方法，藉由親情的引導，以穩定學生情緒。

2. 教學策略

(1) 在語文課中，可用「使我憤怒的事」為題目，鼓勵學生敘述，教師可根據此設法予以解說與協助其思考可行的解決途徑。

(2) 在學生陷入情緒時先給予適度隔離，處理的態度必須堅定而不情緒化，待其能平靜後才停止其隔離的狀態。

(3) 訓練學生在生氣時，直接表達出自己在生氣。

(4) 將認知性問題解決法融入課程中，每次暴怒後要學生思考其下次遇到類似情形時的處理方式並寫下實施方法，以加深其印象，並於每次實行後加以反省、檢討，以找出更好的問題解決模式。

(5) 經家長同意後，將學生陷入情緒中的情況攝影，事後可與學生共同觀看，並討論、引導個案列出適切的處理方式，以利下次遇到狀況可以做嘗試。

(6) 將圖畫治療、遊戲治療及音樂治療等概念融入課程中，以協助學生學會控制自己情緒。

(7) 教學生在每次生氣前問自己「我為什麼生氣？」，並把原因寫下來。

(8) 教導學生生氣時，採用「停、看、聽、想、做」五步驟。

(9) 教導學生控制自己怒氣的方法，例如：教他在生氣的時候默數到二十，平靜自己的情緒。

(10) 教導學生善用情緒轉移的技巧。如生氣時可視情況，將怒氣發洩在書寫生氣的情緒、玩自己有興趣的東西或運動等。

(11) 教導學生學習在不妨礙別人的情形下正確表達自己的情緒，在認識自己的情緒之後思考不同的表達方式，然後選擇一個適合自己的表達方式。

(12) 給學生一份作業，要他寫出讓他生氣的人／行為或是平常對他好的人／行為至少五項。

(13) 避免過多不必要的刺激，以減少其情緒失控行為。

(14) 觀察別人生氣時的行為，並寫下觀察心得及自己是否喜歡別人生氣時的感覺，藉此讓學生瞭解生氣時的不理智表現，對自己、對他人都是困擾。

(15) 教導學生善用自我指導語與自我獎勵。例如：「我今天沒有亂生氣，我很棒！」在他成功的控制自我脾氣的時候，給予適度稱讚、鼓勵並配合行為改變技術，以有效養成其自我情緒控制行為。

(16) 多運用情感上的感化，讓學生感受到自己的易怒，造成別人的傷

心或不悅，可因內疚感而學習體諒他人的感受、克制自己的行為，並在其能即時控制情緒時給予正向鼓勵語。

(17) 以認知行為遊戲治療，減少高攻擊行為學生的攻擊行為。

3. 班級經營

(1) 若當孩子出現對立違抗與間歇性暴怒行為時，大人要注意自身語彙、語調及表情等，切勿當場「關懷」他這個行為，也不要嫌惡或強勢禁止，只需要正向、溫柔且堅定地提醒孩子，喚回他的注意。

(2) 可以圖片式、漫畫式等方式，教導孩子認識符合社會常規的行為，並且搭配行為改變技術，藉由自我獎勵及自我指導語等方式提升自我控制能力。

4. 增強制度：大人可以與孩子做約定，例如：上課鐘響後五分鐘內沒有出現對立違抗與間歇性暴怒行為，即可以個案喜歡的事物作為增強（例如：讚美、擁抱、擁有一項短暫特權、點心、飲料或實質獎賞等），強化其自我控制的動機，而後再逐漸拉長時間。

㈣ 破壞性、衝動──品行障礙

1. 初步排除問題：尋求專業之精神科醫生協助，取得確認之診斷，釐清主要原因。

2. 教學策略

(1) 提供社會技能的訓練、問題解決能力的訓練。

(2) 小組討論時透過引導，切磋如何適當解決人際關係的問題。

(3) 提供孩子適當的機會來傾吐心聲，並體會到社會上不是單單只有他會感到挫折與憤怒。

(4) 衝突時釐清問題，例如：從事這種行為經過多久的預謀？做這件事之前，是什麼因素觸發？孩子是不是常感到自己一無是處？或比不上別人？

(5) 以認知行為遊戲治療，減少高攻擊行為學生的攻擊行為。

3. 班級經營

(1) 若當孩子出現品行障礙行為時，大人要注意自身語彙、語調及表情等，切勿當場「關懷」他這個行為，也不要嫌惡或強勢禁止，只需要正向、溫柔且堅定地提醒孩子，喚回他的注意。

(2) 可以圖片式、漫畫式等方式，教導孩子認識符合社會常規的行為，並且搭配行為改變技術，藉由自我獎勵及自我指導語等方式提升自我控制能力。

4. 增強制度

(1) 賞罰分明，讓孩子理解行為的發生與後果是緊密相連的。

(2) 大人可以與孩子做約定，例如：上課鐘響後五分鐘內沒有出現品行障礙行為，即可以個案喜歡的事物作為增強（例如：讚美、擁抱、擁有一項短暫特權、點心、飲料或實質獎賞等），強化其自我控制的動機，而後再逐漸拉長時間。

(五) 破壞性、衝動 —— 反社會人格障礙

1. 初步排除問題：尋求專業之精神科醫生協助，取得確認之診斷，釐清主要原因。

2. 教學策略

(1) 轉介適當之心理輔導資源。

(2) 以適當的方式和管道宣洩情緒，並學習管理自我情緒。

(3) 與案主建立信任、客體恆常的諮商關係，協助案主學著對其他人產生適當的期待和信任。

(4) 忠實地反應案主發展出來的自我概念，協助案主進行自我認同與整合。

(5) 青少年在叛逆期時，因為還無法確立自我的判斷是否正確，在行為表現上，就容易因價值觀的混亂，而無法清楚的瞭解到自己的行為是否違反常理。

3. 班級經營

(1) 若當孩子出現反社會人格障礙行為時，大人要注意自身語彙、語調及表情等，切勿當場「關懷」他這個行為，也不要嫌惡或強勢禁止，只需要正向、溫柔且堅定地提醒孩子，喚回他的注意。

(2) 可以圖片式、漫畫式等方式，教導孩子認識符合社會常規的行為，並且搭配行為改變技術，藉由自我獎勵及自我指導語等方式提升自我控制能力。

4. 增強制度：大人可以與孩子做約定，例如：上課鐘響後五分鐘內沒有出現反社會人格障礙行為，即可以個案喜歡的事物作爲增強（例如：讚美、擁抱、擁有一項短暫特權、點心、飲料或實質獎賞等），強化其自我控制的動機，而後再逐漸拉長時間。

三、 注意力問題／過度活動行為

㈠ 注意力不集中、分心──持續度

1. 初步排除問題

(1) 教學環境儘量單純化，減少注意力分散的因素。

(2) 若學生爲注意力不足，則以計時器先行測其注意力持續的時間，而後逐步延長其注意力時間，並適時獎勵其合格行爲。

(3) 上課鐘響後，請學生先閉目十秒，靜下心來告訴自己說：「我會上課專心聽講，讓每一分鐘的我都在進步。」

(4) 將學生座位安排在靠近講臺的位置，利用老師之身體權威感吸引學生上課時的注意力。例如：經常叫學生名字或拍拍學生肩膀，提醒他注意。

(5) 將學生學習環境安排在安靜、不受干擾的位置，例如：座位儘量遠離窗戶、門等易引起分心的事物。

2. 教學策略

(1) 用言語引起學生的注意，例如：「你猜 …… 會怎麼樣呢？」

(2) 安排一個細心的孩子與其同坐，作爲示範的榜樣。

(3) 暗示學生，老師正在注意他的行爲。在學生開始分心時，很自然的走到他桌子旁邊，輕敲桌沿，提醒他專心。

(4) 在黑板上出題目請學生上去寫，或是請學生站起來朗誦課文。

(5) 在課堂上請學生上臺演算，讓他在短時間內強迫專心。

(6) 在學生閱讀一段時間後，要他寫下重點。

(7) 把題目或敘述中的主角名字改成學生的名字，提高對課堂的參與動機。

(8) 講課時，可以預先準備一些與課程相關的有趣實例，當同學開始無法專注時，即結合課程內容舉出有趣實例，以吸引同學的注意力。

(9) 老師將課程切成十五分鐘左右，每隔十五分鐘就提示說接下來將要進行另一單元，以利學生於課堂變化性中提升學習動機。

(10) 採用結構式上課法，讓學生儘量維持在有事可做的狀態，例如：在課本上劃重點、抄寫板書、示範教具的操作等，避免因上課時等待時間過長而造成注意力渙散。

(11) 老師應隨時和學生保持眼神的接觸，並且善用言語、聲調、手勢、教具等方法，引導學生專注在學習的專案上。

(12) 老師寫黑板時，儘量採用依序由左至右或由右至左的方式書寫，以使教學資訊能依序出現。

(13) 將視覺刺激單純化，老師一次只呈現單一學習材料。

(14) 課程安排及教材教具選擇應力求有趣、簡單、循序漸進，吸引學生學習。

(15) 多使用有趣可引起學生動機的教具，設計活潑生動的課程（例如：角色扮演）、遊戲內容或教材，或採用多媒體教學方式，找出學生有興趣的學習主題，引導學生參與學習活動，增進注意力。

(16) 採用競賽的方式，與其他人比賽，看誰能於五分鐘（或十分鐘）裡面乖乖的寫作業而不亂動，就給他獎勵。

(17) 在上課或遊戲開始之前，老師先告訴他「等一下，你來教我怎麼做」等話語，讓他知道等一下老師會叫他。

(18) 設立目標讓學生逐步完成，並給予正增強以鼓勵孩子朝目標行為前進。

3. 班級經營

(1) 當孩子出現無法持續專注的行為時，大人要注意自身語彙、語調及表情等，切勿當場「關懷」他這個行為，也不要嫌惡或強勢禁止，只需要正向、溫柔且堅定地提醒孩子，喚回他的注意。

(2) 可以圖片式、漫畫式等方式，教導孩子認識符合社會常規的行為，並且搭配行為改變技術，藉由自我獎勵及自我指導語等方式提升自我控制能力。

4. 增強制度：大人可以與孩子做約定，例如：上課鐘響後五分鐘內沒有出現無法持續專注的行為，即可以個案喜歡的事物作為增強（例如：

讚美、擁抱、擁有一項短暫特權、點心、飲料或實質獎賞等），強化其自我控制的動機，而後再逐漸拉長時間。

(二) 注意力不集中、分心 —— 細節察覺

1. 初步排除問題

(1) 去除不必要的分散注意源，需要學生學習的教材、考卷及作業等，均須標註重點。

(2) 尋求專業精神科醫師協助，釐清原因，尋求適當的醫療介入。

2. 教學策略

(1) 發考卷時，口頭提醒學生總題數及作答時間。

(2) 規定學生每一大題作答的時間，鼓勵學生提早完成也要檢查。

(3) 規定學生用尺對著一行行的題目閱讀。

(4) 提醒學生必須按照題目的順序作答，會做的話必須按照題號做。如果不會做，才可在不會做的題目上劃上記號後，跳做下一題。

(5) 提醒學生作答完畢時在題目前面打一個小勾勾，仔細確認每一題檢查過。

(6) 試卷的題目編排要簡單清楚，並要求學生按照順序作答。

(7) 在考試卷上標上「提示語」，例如：「再檢查一遍」或「下面還有題目」等字樣，並在題目上將重要部分劃線，或標以其他顏色。

3. 班級經營

(1) 當孩子出現無法察覺細節的行為時，大人要注意自身語彙、語調及表情等，切勿當場「關懷」他這個行為，也不要嫌惡或強勢禁止，只需要正向、溫柔且堅定地提醒孩子，喚回他的注意。

(2) 可以圖片式、漫畫式等方式，教導孩子認識符合社會常規的行為，並且搭配行為改變技術，藉由自我獎勵及自我指導語等方式提升自我控制能力。

4. 增強制度

大人可以與孩子做約定，例如：上課鐘響後五分鐘內沒有出現無法察覺細節的行為，即可以個案喜歡的事物作為增強（例如：讚美、擁抱、擁有一項短暫特權、點心、飲料或實質獎賞等），強化其自我控制的動機，而後再逐漸拉長時間。

㈢ 注意力不集中、分心 —— **資訊摘要**

1. 初步排除問題

(1) 先試行以心智圖、關鍵字、重點摘要等方式教導學生，觀察其對此類教學策略的接受度。

(2) 尋求專業精神科醫師之協助，釐清原因，尋求適當的醫療介入。

2. 教學策略

(1) 題目每個小題都要標示清楚，要求幾個答案也注明清楚。

(2) 將其他無關的題目遮起來，只專注在某一題。

(3) 以唸讀一題、作答一題的考試方式，來進行測驗。

(4) 在作考卷時，可將考卷折好一次只呈現一題，作完再看下一題。

(5) 替學生準備特製的考卷，考卷的紙張大小與他人無異，只是每張試卷上僅呈現一道題目。

(6) 建議學生在閱讀或寫考卷時，用一把尺放在其所閱讀的那一列的下（左）方，遮住尚未閱讀的部分，以利專注作答。

3. 班級經營

(1) 當孩子出現無法摘要資訊的行為時，大人要注意自身語彙、語調及表情等，切勿當場「關懷」他這個行為，也不要嫌惡或強勢禁止，只需要正向、溫柔且堅定地提醒孩子，喚回他的注意。

(2) 可以圖片式、漫畫式等方式，教導孩子認識符合社會常規的行為，並且搭配行為改變技術，藉由自我獎勵及自我指導語等方式提升自我控制能力。

4. 增強制度：大人可以與孩子做約定，例如：上課鐘響後五分鐘內沒有出現無法摘要資訊的行為，即可以個案喜歡的事物作為增強（例如：讚美、擁抱、擁有一項短暫特權、點心、飲料或實質獎賞等），強化其自我控制的動機，而後再逐漸拉長時間。

㈣ 注意力不集中、分心 —— **忽略干擾**

1. 初步排除問題

(1) 將學生學習環境安排在安靜、不受干擾的位置，例如：座位儘量遠離窗戶、門等易引起分心的事物。

(2) 教學環境儘量單純化，減少注意力分散的因素。

(3) 設計專用閱覽角落，將角落用矮櫃隔開，布置舒適且適合閱讀的環境。

(4) 學習環境中可在桌椅的四個腳裝上防止噪音的布墊，避免因為桌椅移動的聲音受到干擾。

(5) 請學生戴上耳機，將其他干擾源過濾。

2. 教學策略

(1) 老師寫黑板時儘量採用依序由左至右或由右至左的方式書寫，使教學資訊能依序出現。

(2) 盡可能使用視聽媒體教學或動態教學，以吸引學生注意力。

(3) 老師音量加大，提醒學生注意，例如：「看老師這邊 …… 」、「剛剛老師說了什麼？請你們再說一次」、「好，下一題 …… 」。

(4) 訂立短程目標，告訴學生接下來的二十分鐘要把哪一部分的書看完，讓學生在短期目標與時間壓力的情形下學習。

(5) 要學生發現自己分心時，就開始數數字，數到十後，再回到原本的工作上，以短暫的數數時間來拉回學生的注意力。

(6) 老師不定時下來走動，經過他位置時輕拍一下，拉回學生注意力。

(7) 讓學生自己實際體會分心時所做出的作業與專心時所做出的作業，兩者間的差異。

(8) 家長可以在學生身邊監督，當他分心時馬上輕輕的捏或彈他的手一下提醒他，讓他知道「我又分心了！」。

(9) 安排一些行為良好或學生相當重視的同學坐在他座位附近，以提供良好的示範作用。

(10) 座位安排可以設計一位較細心的學生與其同坐，經常性的提醒和正確示範。

3. 班級經營

(1) 當孩子出現無法忽略干擾的行為時，大人要注意自身語彙、語調及表情等，切勿當場「關懷」他這個行為，也不要嫌惡或強勢禁止，只需要正向、溫柔且堅定地提醒孩子，喚回他的注意。

(2) 可以圖片式、漫畫式等方式，教導孩子認識符合社會常規的行為，並且搭配行為改變技術，藉由自我獎勵及自我指導語等方式提升自我控制能力。

4. 增強制度

(1) 大人可以與孩子做約定，例如：上課鐘響後五分鐘內沒有出現無法忽略干擾的行為，即可以個案喜歡的事物作為增強（例如：讚美、擁抱、擁有一項短暫特權、點心、飲料或實質獎賞等），強化其自我控制的動機，而後再逐漸拉長時間。

(2) 發現學生有分心狀況時，依當時情況適度讚美身邊同坐的同學，採取鄰近增強的方式，以利學生學習鄰座學生的專心行為。

(五) 注意力不集中、分心 —— 注意力固著

1. 初步排除問題

(1) 上課時桌上只留必要物品，減少固執源的出現。

(2) 把學生的座位排在離講臺或老師座位最近的地方，老師可以隨時注意到他的狀況。

2. 教學策略

(1) 多提醒學生幾次，喚回他的注意。

(2) 在不經意的情況下，移開學生注意力固執的來源。

(3) 將學生的注意力固著，引到有關學習的事情上。

(4) 若學生已開始有注意力固著行為時，可叫他起來回答問題或是拿教具，強迫其轉移注意力。

(5) 先讓學生把正在做的事情告一個段落，再用他最喜歡的東西（玩具、零食）轉移他的注意力。

(6) 當學生固執的做某活動時，老師應簡單明瞭地說：「停！」，必要時須動手去阻止學生固著的動作。

(7) 學生若有固著現象時，可要求他閉上眼睛深呼吸數到十，在閉上眼睛這段時間，老師在旁邊跟學生說等張開眼睛後，我們就要進行另外一項工作，藉以隔開學生與注意力固執源。

(8) 讓學生練習玩闖關遊戲，不斷轉換情境讓他去適應無固執源的情形。

(9) 避免安排會引起固著行為的活動，或是使用會引起固著行為的教具。

3. 班級經營

(1) 當孩子出現注意力固著的行為時，大人要注意自身語彙、語調及表情等，切勿當場「關懷」他這個行為，也不要嫌惡或強勢禁止，只需要正向、溫柔且堅定地提醒孩子，喚回他的注意。

(2) 可以圖片式、漫畫式等方式，教導孩子認識符合社會常規的行為，並且搭配行為改變技術，藉由自我獎勵及自我指導語等方式提升自我控制能力。

4. 增強制度：大人可以與孩子做約定，例如：上課鐘響後五分鐘內沒有出現注意力固著的行為，即可以個案喜歡的事物作為增強（例如：讚美、擁抱、擁有一項短暫特權、點心、飲料或實質獎賞等），強化其自我控制的動機，而後再逐漸拉長時間。

㈥ 注意力不集中、分心 —— 閱讀專注

1. 初步排除問題：初步先排除學生問題是因識字或閱讀能力不足所造成。

2. 教學策略

(1) 教導學生答題時，一個字一個字將題目唸讀出來。

(2) 讓學生以唸讀的方式將一題題目完整唸讀完，才可以開始作答。

(3) 讀題目時請學生拿著筆在題目旁邊劃線，沿著線做閱讀，等確認劃線過了，才能作答。

(4) 要學生在看題目的同時，用手或筆指著題目，並在題目最後作上記號，表示這一題看過了。

(5) 讓學生學會自我提醒，暗示「等一下，想清楚再回答」。

(6) 做第一題題目時，將考卷其餘的部分對折到第一題題目的下面或者是旁邊，讓自己看不到考卷上的其他題目，然後以手指逐字指著題目並唸讀，訓練學生依此程序作完一道題目，才可進行下一道題目。

(7) 教導學生養成唸讀題目的習慣。

(8) 在考卷上加「提示語」，例如：把每道題目看完才作答等。

(9) 在出考卷時標示每題答案共有幾個，也可用箭頭或不同顏色標示方法。

(10) 將題目分成多頁或設計遮板遮蓋其他題目，考卷上每次只呈現一題。

(11) 將考卷製成分項考卷，每頁只有一大項的題目呈現。

3. 班級經營

(1) 當孩子出現無法專注閱讀的行為時，大人要注意自身語彙、語調及表情等，切勿當場「關懷」他這個行為，也不要嫌惡或強勢禁止，只需要正向、溫柔且堅定地提醒孩子，喚回他的注意。

(2) 可以圖片式、漫畫式等方式，教導孩子認識符合社會常規的行為，並且搭配行為改變技術，藉由自我獎勵及自我指導語等方式提升自我控制能力。

4. 增強制度：大人可以與孩子做約定，例如：上課鐘響後五分鐘內沒有出現無法專注閱讀的行為，即可以個案喜歡的事物作為增強（例如：讚美、擁抱、擁有一項短暫特權、點心、飲料或實質獎賞等），強化其自我控制的動機，而後再逐漸拉長時間。

㈦ 衝動控制 —— 應答等待

1. 初步排除問題：初步先經精神科醫生確診排除相關衝動控制的生理因素。

2. 教學策略

(1) 問問題前，先提醒學生舉手等老師點到再發表。若學生仍有未符合規則的發言，老師可採忽視策略。

(2) 在有人搶答時馬上停止，先不要問，等學生較安穩時再實施問答。

(3) 將題目設計成重點在後面的形式，使學生未聽完完整題目前無法答題。

(4) 述說問題時，口語提示「題目沒說完前，不能搶答」。

(5) 故意問幾個前言很長的問題，在學生忍不住搶答時說：「我還沒說完呢？我要問的其實是 XXX。」

(6) 規定在問題敘述完，聽到鈴聲才能回答。

(7) 告訴學生聽完題目之後才能回答，否則算犯規。

(8) 用一個共同物品當班上的麥克風，拿到麥克風的人才有發言權。

(9) 告訴學生只有在題目說完，搶答時答對才計分，其餘不計分，反而會扣分。

(10) 儘量將問題的字數縮短，並規定孩子一定要在問題說完後再舉手搶答。

(11) 與學生訂定班規，老師在說完問題時會有固定的手勢，只有在看見手勢之後才可舉手。

(12) 對孩子解釋搶答或打斷老師問題這是一種不禮貌的行為，進行角色對調扮演，使其感受。

(13) 玩角色扮演遊戲讓學生代替老師問其他學生問題，並與其他學生商量，不讓這個學生問完問題即搶答，讓他學會將心比心。

(14) 安排一個行為優良同學與他同組，讓學生學習守秩序。

(15) 若學生搶答，老師就停止這題的問答，利用同儕的力量約束他。

(16) 在班上分組遊戲活動中加入一項規定，即未聽完題目即搶說答案者，必須將分數送給對方隊伍，讓同儕共同監督此項行為的發生。

3. 班級經營

(1) 當孩子出現無法在應答時等待的行為時，大人要注意自身語彙、語調及表情等，切勿當場「關懷」他這個行為，也不要嫌惡或強勢禁止，只需要正向、溫柔且堅定地提醒孩子，喚回他的注意。

(2) 可以圖片式、漫畫式等方式，教導孩子認識符合社會常規的行為，並且搭配行為改變技術，藉由自我獎勵及自我指導語等方式提升自我控制能力。

4. 增強制度：大人可以與孩子做約定，例如：上課鐘響後五分鐘內沒有出現無法在應答時等待的行為，即可以個案喜歡的事物作為增強（例如：讚美、擁抱、擁有一項短暫特權、點心、飲料或實質獎賞等），強化其自我控制的動機，而後再逐漸拉長時間。

(八) 過度活動 —— 多動

1. 初步排除問題：透過就醫就診，確定孩子的行為是否屬於障礙類別所產生。

2. 教學策略

(1) 透過觀察掌握孩子專心、注意的持續時間，並於上課時間徑行切割。

(2) 在課堂上，適時給孩子起身走動的機會（例如：服務他人之活動，如發作業等）。

(3) 培養孩子定時運動的習慣。

(4) 避免高糖、高熱量或人工添加物的食物。

(5) 把握時機給孩子鼓勵和適度的增強，使其建立正常反應的模式。

(6) 避免在環境中給予過多的刺激。

(7) 一次只給孩子一個指令。

(8) 允許孩子坐不住時可經老師允許下，在教室安全的角落合法活動。

(9) 在座位下劃定上課範圍區，約束孩子上課時，自己的屁股、手腳只能放在特定的地方。

3. 班級經營

(1) 當孩子出現動來動去的行為時，大人要注意自身語彙、語調及表情等，切勿當場「關懷」他這個行為，也不要嫌惡或強勢禁止，只需要正向、溫柔且堅定地提醒孩子，喚回他的注意。

(2) 可以圖片式、漫畫式等方式，教導孩子認識符合社會常規的行為，並且搭配行為改變技術，藉由自我獎勵及自我指導語等方式提升自我控制能力。

4. 增強制度：大人可以與孩子做約定，例如：上課鐘響後五分鐘內沒有出現動來動去的行為，即可以個案喜歡的事物作為增強（例如：讚美、擁抱、擁有一項短暫特權、點心、飲料或實質獎賞等），強化其自我控制的動機，而後再逐漸拉長時間。

(九) 記憶力 —— 短期記憶

1. 初步排除問題：初步先經精神科醫生確診排除會傷及短期記憶能力的生理因素，例如腦傷、癲癇等。

2. 教學策略

(1) 不厭其煩的多次複誦給學生聽，要學生也一起誦讀，直到能自行完整的說出為止。

(2) 以市面上販賣的教學影音檔，將所要教予的內容以音樂歌曲的方式教導他（指數字或字詞）。若無，則家長或老師可從學生最喜愛的卡通歌曲中自行編曲。

(3) 以寫作業的方式，讓學生將學到的數字、字詞或童謠一次次的書寫下來，以書寫與視覺重複的方式記憶。

(4) 平常多和學生玩可以訓練聽覺記憶力的遊戲，例如：文字接龍等遊戲。

(5) 用視覺教學來補救，多利用圖片或實地演練來加深學生的印象。

(6) 在敘述時一次內容不要過於複雜，以簡單、清楚為原則。

(7) 在傳達資訊時，儘量用寫的方式來傳達，最好是邊寫邊唸讀或輔以肢體動作。

(8) 使用教具，如字卡或圖片等，協助學生學習。

(9) 唸讀一串短的數字，分小組競爭，贏的給予獎勵，可逐次加長數字。

(10) 玩傳話的遊戲，請學生排成一排，然後給一段長文字，要求傳下去。

(11) 玩遊戲「金庫密碼」：由簡單、少量、容易聯想的語詞開始，請學生聽完之後複誦出來。

(12) 要求學生準備記事本，在遇到需要記憶的事情時，馬上在口中反覆唸讀，隨時記在記事本上。

(13) 要求學生聽廣播裡的歌曲排行榜，並且把結果抄錄下來。

(14) 訓練學生聽覺記憶，例如：準備數字卡或在黑板上寫出數字，老師說出一個數字，學生找出此數字卡或在黑板上圈選出正確的數字。

(15) 訓練學生的聽覺記憶，先由短的數字、詞開始，再逐漸加長。

(16) 配合肢體動作加深學生印象，例如：以手指的方向來記憶電流的流向。

(17) 配合視覺，教導學生一面看、一面聽，可加強收訊以利聽覺刺激再現。例如：利用幾幅畫配合童謠故事，讓學生能看圖記憶，進而能重述故事。

(18) 除了聽覺方面的刺激以外，同時配合視覺、觸覺等其他感官的刺激，以增強學生的印象。

(19) 將一系列的刺激劃分為若干段，例如：七位數的電話號碼可分為

兩段或三段以利記憶。

(20) 將事情依其特性作歸類以利記憶。

(21) 將所講的字句，嘗試用記下來的方式給學生看。

(22) 將重點重複強調幾遍，並要求學生用筆記下來，讓學生的記憶不只是聽覺記憶，還伴隨視覺和肢體感覺記憶。

(23) 採用類似音的方法，以記憶相關字詞。

(24) 老師將說話速度放慢，並在關鍵字上加強語氣。

(25) 教導孩子各種記憶策略，並由練習中找出其最適合的記憶策略。

(26) 教導學生當正要聽一序列的聲音時，一聽到前面的部分就要先默誦這一部分。

(27) 教導學生學習心智圖像記憶方式來記下事物，如說到牛奶，腦海中就浮現出牛奶的影像。

(28) 循序漸進的教學生複述延長話語。

(29) 給予聽覺刺激時，同時輔助視、聽、嗅、味、觸覺等多感官刺激法以加強念讀概念的形成，並在學生形成念讀概念後，逐漸減少其他感官刺激的輔助。

(30) 講課的過程中遇到想要學生記憶的部分，放慢說話的速度，且可以做適度的字詞重複，以加深學生的印象。

(31) 聽完一小段故事後，依故事內容提出簡單的問題請他回答，由是非題開始，慢慢到選擇題或問答題。

(32) 利用錄音檔反覆讓學生聽，重複的練習與提醒對學生也很有幫助。

(33) 錄製教學影音檔輔助教學，讓學生在接受聽覺刺激時，同時接受視覺的刺激，不但能提高學習動機，且能加深印象。

3. 班級經營

(1) 當孩子出現短期記憶較弱的行為時，大人要注意自身語彙、語調及表情等，切勿當場「關懷」他這個行為，也不要嫌惡或強勢禁止，只需要正向、溫柔且堅定地提醒孩子，喚回他的注意。

(2) 可以圖片式、漫畫式等方式，教導孩子認識符合社會常規的行為，並且搭配行為改變技術，藉由自我獎勵及自我指導語等方式提升自我控制能力。

4. 增強制度：大人可以與孩子做約定，例如：上課鐘響後五分鐘內沒有出現短期記憶較弱的行為，即可以個案喜歡的事物作為增強（例如：讚美、擁抱、擁有一項短暫特權、點心、飲料或實質獎賞等），強化其自我控制的動機，而後再逐漸拉長時間。

㈩ 記憶力 —— 長期記憶

1. 初步排除問題：初步先經精神科醫生確診排除會傷及長期記憶能力的生理因素，例如：腦傷、癲癇等作答案的確認。

2. 教學策略

(1) 採用引導式問法，教學生由時間順序與細節特徵，

(2) 一件件倒推回去。

(3) 請學生將所有經過，想成一部連續劇來記憶。

(4) 如果學生一時無法想起來，可以請他慢慢回想，想一點、寫一點，直到拼湊出完整內容。

(5) 將重要事件的時間、地點以字卡的方式寫出，並以不同的顏色標明以協助提示回憶。

(6) 提示時間可能是早上、下午或晚上；地點可能是學校、家裡或路上，給幾個可能的大選項來選。

(7) 訓練學生當重要事件發生時，可用筆或各種方式將發生經過記下來。

(8) 平常就訓練學生每天抽一小段時間，回想當天發生了哪些事情。

(9) 訓練學生看圖說故事，請他說出故事的內容，訓練他回想的能力。

(10) 播放教學影音檔，放完之後老師問問題。如果回答不出來，再放一次，並明確提示其應注意的人、事、時、地、物線索。

(11) 叫學生寫日記，請家長在他寫完後檢查，一定要記錄正確的時間、地點。

(12) 安排事件或情境教學，作業單上強調時間、地點、人物，請學生特別注意並記下。

(13) 讓學生利用圖畫來表示事件發生的經過。

(14) 教學生透過聯想法，來記憶事件發生的經過。

(15) 隨身攜帶錄音筆／APP，將重要事件錄下。

(16) 在月曆上或聯絡簿上做記號提醒自己。

(17) 教導學生將地點、時間以圖像流程的方式儲存在腦中，並與諧音法並用。

(18) 提醒學生當有重要事件發生的時候，將事情的最重要部分記住並複誦三次。

3. 班級經營

(1) 當孩子出現長期記憶較弱的行為時，大人要注意自身語彙、語調及表情等，切勿當場「關懷」他這個行為，也不要嫌惡或強勢禁止，只需要正向、溫柔且堅定地提醒孩子，喚回他的注意。

(2) 可以圖片式、漫畫式等方式，教導孩子認識符合社會常規的行為，並且搭配行為改變技術，藉由自我獎勵及自我指導語等方式提升自我控制能力。

4. 增強制度：大人可以與孩子做約定，例如：上課鐘響後五分鐘內沒有出現長期記憶較弱的行為，即可以個案喜歡的事物作為增強（例如：讚美、擁抱、擁有一項短暫特權、點心、飲料或實質獎賞等），強化其自我控制的動機，而後再逐漸拉長時間。

(十一) 記憶力 —— 自我管理與指令理解

1. 初步排除問題

(1) 每次出門時，要學生複誦或寫下其所帶的物品名稱；放學以前，也請他要複誦其所要帶回的東西，並即刻檢查是否有忘記的東西。

(2) 養成學生在離開任何地方時，能隨時清點隨身物品的習慣。

2. 教學策略

(1) 教導學生在出門前和放學前，用回憶該帶什麼東西。

(2) 協助製作小提示卡掛在書包上，每天確實記錄，收拾完才可以回家。

(3) 將每天應該攜帶的東西列成一張表格，要求學生睡前一一檢查是否準備齊全了。

(4) 回家以前再次檢查書包，確定必須溫習的功課及書本都已收放在書包。

(5) 養成學生在睡前整理書包的習慣，確定他把隔天要使用的簿本都帶到了，第二天出門前可再檢查一遍。

(6) 放學回家前請學生專心整理書包，確定帶齊須帶物品，整理書包的活動勿與其他活動同時進行。

(7) 學生的必要物品上，皆貼有名字。

(8) 在每天放學前，將隔天所需攜帶的物品或需完成的作業一條條詳細記錄在黑板上。

(9) 若學生將物品遺失，引導其回憶何時、何地、為何會將東西遺失，以養成其自己尋回失物的能力。

(10) 放學前利用全班團體道別的時間，請同學間互相檢查該帶回家的東西。

(11) 教室及家中提供一個專屬的置物架，放置上學或回家時必帶的物品。

(12) 試著將學生的文具用品等擬人化，例如：橡皮擦是小狗，則取名為小狗，以增加珍惜的心理。

(13) 每一樣用品都有其固定的位置，並以文字標示用品。

(14) 讓學生將隨身物品或文具當成身體的一部分，若不見了，就像身體缺少了一部分需立刻找回。

(15) 攜帶的物品最好全部放在同一個袋子或書包內，就不容易遺失。

(16) 使用有很多小袋的書包，一個小袋專門放鉛筆盒、一個專門放便當。學生收書包時如果看到哪一個小袋是空的，就知道還有東西沒放進來。

(17) 務必養成其離開每一場所，均需檢查的習慣。

(18) 假如能連續數次不忘記攜帶必要物品，就給予獎勵。

(19) 若每次完整帶回文具，則予以增強。

(20) 在學生表現良好的時候給予適當的鼓勵，如一天沒有遺漏東西就可以有記點增強。

(21) 要學生自己承受沒帶東西的後果，對學生解釋後即可開始實行。

(22) 教學生把複雜的指令分解成數個部分，來逐一施行。

(23) 將複雜指令分段，分解成數個簡易步驟，每次專注在一個小步驟實行上，要求其逐步完成工作。

(24) 請學生依指令流程圖行動，每做完一項就做記號，並繼續下一項。

(25) 請學生將執行的步驟分成幾個小部分，記錄在本子上，然後一步步照著做，做完一項後即打勾，全部做完時再重新檢查一次。

(26) 指導學生學習先掌握指令的重點來記憶。

(27) 利用遊戲或有趣的動作名詞，來代替實際名稱。

(28) 指導學生能找出指令中的重要部分，並依主要部分去聯想記憶。

(29) 學生做事時最好一次只給一個指示，每次指示他做一件事，直到他能處理兩項以上的指示。

(30) 給予指示時儘量使用正向句，並採用正向表列表。

(31) 不要一次給太多項指令，通常指令以三項為限，以避免學生混淆。

(32) 把指令用文字卡依序簡單說明。

(33) 將指令分別用特殊記號記於身上或明顯可見之處。

(34) 將指令簡化成口語且容易記憶的簡潔文字。

(35) 若是口頭指令記不起來，在下指令時給予圖片或其他具體、半具體物的輔助。

(36) 教導學生利用增強記憶力的策略，在腦中記住每一流程的重點。

3. 班級經營

(1) 當孩子出現自我管理與指令理解較弱的行為時，大人要注意自身語彙、語調及表情等，切勿當場「關懷」他這個行為，也不要嫌惡或強勢禁止，只需要正向、溫柔且堅定地提醒孩子，喚回他的注意。

(2) 可以圖片式、漫畫式等方式，教導孩子認識符合社會常規的行為，並且搭配行為改變技術，藉由自我獎勵及自我指導語等方式提升自我控制能力。

4. 增強制度：大人可以與孩子做約定，例如：上課鐘響後五分鐘內沒有出現自我管理與指令理解較弱的行為，即可以個案喜歡的事物作為增強（例如：讚美、擁抱、擁有一項短暫特權、點心、飲料或實質獎賞等），強化其自我控制的動機，而後再逐漸拉長時間。

四、 不當社會行為

(一) 間歇性強化形成的不當社會行為 —— 偷竊

1. 初步排除問題

(1) 瞭解學生家庭生活情形以及交友狀況。

(2) 家長應給予適宜的零用錢，養成其良好經濟控管以及自己的東西可以自己存錢買的觀念。

(3) 提醒周遭同儕錢財不露白，並妥善保管。

2. 教學策略

(1) 教室無人時須鎖好，並減低學生獨處的機會。

(2) 藉由角色扮演或討論的方式，讓學生瞭解東西被偷的緊張、不安與不方便，藉此體會到東西不見的痛苦。

(3) 瞭解學生偷竊動機，並給予正確的策略指導以滿足學生的需求。

(4) 加強法治教育，說明偷竊可能造成的後果。

(5) 校方加強輔導或轉介醫療機構進行協同輔導或治療，學生出現偷竊行為時，應馬上糾正他。

3. 班級經營

(1) 當孩子出現偷竊的行為時，大人要注意自身語彙、語調及表情等，切勿當場「關懷」他這個行為，也不要嫌惡或強勢禁止，只需要正向、溫柔且堅定地提醒孩子，喚回他的注意。

(2) 可以圖片式、漫畫式等方式，教導孩子認識符合社會常規的行為，並且搭配行為改變技術，藉由自我獎勵及自我指導語等方式提升自我控制能力。

4. 增強制度：大人可以與孩子做約定，例如：約定時間內沒有出現偷竊的行為，即可以個案喜歡的事物作為增強（例如：讚美、擁抱、擁有一項短暫特權、點心、飲料或實質獎賞等），強化其自我控制的動機，而後再逐漸拉長時間。

(二) 間歇性強化形成的不當社會行為 —— 說謊

1. 初步排除問題

(1) 瞭解其自信心不足的原因，可能與以前的經驗有關。

(2) 平常滿足其精神、物質的合理需求，如提供適當零用錢或鼓勵。

2. 教學策略

(1) 可採用建議替代責備的方法，由錯誤經驗中學習，增強其信心，以利下次擁有成功學習經驗。

(2) 要他張貼精神標語在每天最常看到的地方，例如：我是誠實的好學生。

(3) 給孩子一個任務，每天寫出關於自己誠實的一件具體事例。

(4) 瞭解學生的內在能力，評量學生的優缺點，不因為這個孩子有學習障礙而有所歧視。

(5) 學習判斷問題引發的因素是自己本身、別人或外在事件所引起，用來幫助評估在問題產生時，自己的因素和無法控制的因素各有多少。

(6) 理情治療，建立理性信念，去除孩子由過往挫折經驗中學習到的無助感。

(7) 當孩子受到挫折時，應該從正面的角度去安慰他。

(8) 採用負增強－懲罰的手段來改善，讓他知道說謊並不能掩飾過錯，甚至有可能面臨更大的錯誤。

(9) 透過故事，使小孩對於誠實有所認同，並讓孩子瞭解說謊行為的缺點，而抑制此種偏差行為的發生。

(10) 不直接點破孩子的謊言，而繼續重複該項事實，使他體會說謊沒有多大意義

(11) 當學生有了過失或錯誤，尤其無意時，應避免不當批評或懲罰，使學生有安全感，比較能夠承認自己的錯誤和過失。

(12) 讓孩子培養屬於自己的興趣，並由有興趣的事情開始作起，以獲取正向成功經驗。

(13) 教孩子對自己的期許是從零往上加，而不是從一百往下減。

(14) 讓學生看到老師獎勵誠實的同學，進而見賢思齊。

3. 班級經營

(1) 當孩子出現說謊的行為時，大人要注意自身語彙、語調及表情等，切勿當場「關懷」他這個行為，也不要嫌惡或強勢禁止，只需要正向、溫

柔且堅定地提醒孩子，喚回他的注意。

(2) 可以圖片式、漫畫式等方式，教導孩子認識符合社會常規的行為，並且搭配行為改變技術，藉由自我獎勵及自我指導語等方式提升自我控制能力。

4. 增強制度：大人可以與孩子做約定，例如：約定時間內沒有出現說謊的行為，即可以個案喜歡的事物作為增強（例如：讚美、擁抱、擁有一項短暫特權、點心、飲料或實質獎賞等），強化其自我控制的動機，而後再逐漸拉長時間。

㈢ 負強化形成的不當社會行為 —— 曠課、蹺課、逃家

1. 初步排除問題

(1) 透過觀察或訪談瞭解可能造成蹺家或是蹺課的原因，找尋排除的可能。

(2) 瞭解孩子交友情形，確認是否受同儕影響。

(3) 瞭解孩子交友情形，確認是否在校外有其他集結地點。

2. 教學策略

(1) 讓孩子培養屬於自己的興趣，並由有興趣的事情開始作起，以獲取正向成功經驗。

(2) 在學校提供一個孩子覺得安全的角落，當心情低落時可以在這裡獨處。

(3) 在學校或是家裡替孩子找到一個簡單的任務，例如：照顧花草或是動物等，提升他對家裡或是學校的情感。

(4) 當孩子犯錯時改變對待的方式，先情感同理，不急著責備。

(5) 掌握孩子在家中作息。

(6) 培養在家中或是學校的愉快經驗，讓他感受到他是當中的一分子。

3. 班級經營

(1) 當孩子出現曠課、蹺課、逃家的行為時，大人要注意自身語彙、語調及表情等，切勿當場「關懷」他這個行為，也不要嫌惡或強勢禁止，只需要正向、溫柔且堅定地提醒孩子，喚回他的注意。

(2) 可以圖片式、漫畫式等方式，教導孩子認識符合社會常規的行為，

並且搭配行為改變技術，藉由自我獎勵及自我指導語等方式提升自我控制能力。

4. 增強制度：大人可以與孩子做約定，例如：約定時間內沒有出現曠課、蹺課、逃家的行為，即可以個案喜歡的事物作為增強（例如：讚美、擁抱、擁有一項短暫特權、點心、飲料或實質獎賞等），強化其自我控制的動機，而後再逐漸拉長時間。

五、 情緒困擾行為

㈠ 情感性疾病——抑鬱症、躁鬱症

1. 初步排除問題：設法瞭解其自信心不足的原因，可能與以前的經驗有關，可與其共同檢視過往的經驗，並運用輔導方式去除其心理障礙。

2. 教學策略

(1) 要自信心低落的孩子去指導別的孩子做某些事情，嘗試讓孩子想出指導方式增加其自信心。

(2) 給學生一個作業，每天要他寫出自己的一個優點或做的一件好事。

(3) 發生問題時，讓學生練習判斷問題是自己本身、別人或外在事件引起的，驗證真正的原因為何？可採用請教別人或再次觀察的方法。

(4) 建立理性信念，去除孩子由過往挫折經驗中學習到的無助感。

(5) 當孩子受到挫折時，應該從正面的角度去安慰他。

(6) 協助學生認識自己並不是全面的不如人，讓他看到自己隱藏在障礙下的能力，以建立自信心。

(7) 詢問學生有沒有什麼值得稱讚的，老師就所觀察到的情況，一一舉例給學生聽，加強其自信心。

3. 班級經營

(1) 家長及教師可採用建議替代責備的方法協助學生，由錯誤經驗中學習，增強其信心，以利下次擁有成功學習經驗。

(2) 可以圖片式、漫畫式等方式，教導孩子正向、多元的思考，並且搭配行為改變技術，藉由自我獎勵及自我指導語等方式提升自我控制能力，例如：「我很棒，我做到了。」

4. 增強制度：當學生表現進步時給予讚美與獎勵，藉由具體事項鼓勵獲得成就感，進而增加自信心。

（二）焦慮性疾病

1. 初步排除問題：找尋學生神經質的原因，透過諮商輔導管道幫助學生解決問題。

2. 教學策略

(1) 引導學生將白日夢的內容以及讓他緊張的事情寫下來，藉以瞭解學生的內心世界，並針對問題來解決。

(2) 平時多注意學生的舉動，若學生在做白日夢時則給予提醒，若是緊張則給予安撫。

(3) 在事後要學生想想緊張的原因，並問他可以怎樣做得更好。

(4) 安排小組配對的教學方式，藉由同學的協助使其能漸次融入團體活動，減少因分組焦慮而產生的問題行為。

(5) 指導學生學習如何把焦點放在較積極的部分，並學習考慮他人的立場。

(6) 指導學生練習表達自己的情緒，在認識自己的情緒之後思考不同的表達方式，然後選擇一個適合自己的表達方式，例如：說出自己的感覺、做運動、打枕頭、撕紙片等較緩和且可以被他人發現的方式。

(7) 活動、作業設計和課程安排盡量輕鬆化及活潑化，減少對學生產生壓力，讓他的情緒能保持穩定。

(8) 培養學生的特定興趣，讓他的注意力集中在特定事物上。

(9) 教學生利用角色扮演，練習傾聽或宣洩情緒的技巧。

(10) 教導學生如何去適應環境的方法，幫助學生建立良好的友誼，有助他在學習環境中放鬆情緒，且因為有同伴，學生較不易沉溺於白日夢的想像中。

(11) 運用遊戲治療方式及圖畫治療方式，減緩其問題行為，並尋求建立安全感的替代方式。

(12) 飼養寵物或種植植物，增加學生安全感。

(13) 對學生要有合理的要求標準，不必做過度期待以減少無謂的壓力。

(14) 營造輕鬆有趣的學習環境，避免製造緊張的氣氛。

(15) 藉由規律作息及可信賴權威體，營造其安全感。

(16) 可藉由和緩的背景音樂或自然音樂，營造閱讀的環境與氣氛。

(17) 在課堂上將閱讀或作業以遊戲化活動方式呈現，以減低其負向行為。

3. 班級經營

(1) 當學生在緊張、神經質的情境下，應用溫和具同理心的方式和學生溝通，讓他冷靜下來。

(2) 給予學生自信心，例如：「老師相信你可以完成的」，使其能提升參與學習的動機。

(3) 可以圖片式、漫畫式等方式，教導孩子認識常見的焦慮原因及適切的情緒宣洩方法，並且搭配行為改變技術，藉由自我獎勵及自我指導語等方式提升自我控制能力。

4. 增強制度：大人可以與孩子做約定，例如：約定時間內沒有出現神經質的行為，即可以個案喜歡的事物作為增強（例如：讚美、擁抱、擁有一項短暫特權、點心、飲料或實質獎賞等），強化其自我控制的動機，而後再逐漸拉長時間。

(三) 強迫障礙與其他相關障礙

1. 初步排除問題

(1) 尋求心理治療幫助孩子克服焦慮問題。

(2) 尋求藥物治療協助克服焦慮問題。

2. 教學策略

(1) 解除對孩子強迫症狀的焦慮，對自己的症狀要採取順其自然，不理、不怕、不對抗的態度。

(2)「帶著症狀，順其自然」提醒孩子當因為某些原因而焦慮時，告訴自己不必在意，做該去做的事。

(3) 調整固有的思維方式，接納自己的不完美。

3. 班級經營

(1) 當孩子出現強迫症狀的焦慮時，大人要注意自身語彙、語調及表

情等，切勿當場「關懷」他這個行為，也不要嫌惡或強勢禁止，只需要正向、溫柔且堅定地提醒孩子。

(2) 可以圖片式、漫畫式等方式，教導孩子認識常見的焦慮原因及適切的情緒宣洩方法，並且搭配行為改變技術，藉由自我獎勵及自我指導語等方式提升自我控制能力。

4. 增強制度：大人可以與孩子做約定，例如：約定時間內沒有出現強迫症狀的焦慮行為，即可以個案喜歡的事物作為增強（例如：讚美、擁抱、擁有一項短暫特權、點心、飲料或實質獎賞等），強化其自我控制的動機，而後再逐漸拉長時間。

(四) 性別焦慮或其他不特定物件焦慮

1. 初步排除問題

(1) 尋求心理治療幫助孩子克服焦慮問題。

(2) 尋求藥物治療協助克服焦慮問題。

(3) 若學生缺乏安全感，老師可以先花一段時間陪伴學生，並在言語溝通過程中教導學生建立對自我的安全感，之後逐漸減少陪伴的時間。

2. 教學策略

(1) 請孩子嘗試與特定性別的人交談，記錄當時的想法，以及和孩子談論特定性別的人讓自己感到焦慮的原因，檢視事情的發生過程與自己當時的反應。自己在事後來評斷當初遇到該件事情時，是否反應過當。

(2) 和孩子一起找出周遭讓自己感到焦慮的性別中，是否有自己熟悉或是感到友好的人，讓孩子知道判斷人和人之間友好關係，奠基於彼此的互動而非性別。

(3) 培養自我認識和自我接受能力，客觀地評價他人。

(4) 在學生受到驚嚇的時候，要求他練習肌肉放鬆，降低驚嚇的情緒。

(5) 訓練學生學會放鬆自己的情緒，學習環境儘量維持在平靜、愉快的氣氛中。

(6) 教學生每次在遇見自己恐懼、抗拒的事物時，先做個深呼吸舒緩一下，讓身心放鬆，將心情放鬆之後，再來看待及處理該件事情。

(7) 轉移學生注意力，訓練他專心於一件事情，忽略外界的驚嚇物。

(8) 利用運動及大量的觸覺刺激，來改善學生過度警覺或敏感的心態。

(9) 採用系統減敏感法，在日常生活中製造類似讓學生警覺的發生源，讓他習慣這些發生源存在日常生活中。

(10) 進行各項活動或溝通時，先明確和善的告知即將進行的工作，讓學生先有心理準備，避免突如其來的變化。

(11) 當學生反應過大時，老師馬上以觸摸學生身體的方式，來緩和學生的緊張與不安全感，安撫學生的情緒，告訴他在這個環境下，他是安全的。

(12) 叮嚀其他同學不要故意去挑起該生的懼怕源。

(13) 請學生的好朋友陪著該生一起去接觸，並完成該生所恐懼的事情。

(14) 將學生害怕的東西與正向的增強物結合，減低其恐懼感。

3. 班級經營

(1) 當孩子出現性別焦慮或其他不定物件焦慮時，大人要注意自身語彙、語調及表情等，切勿當場「關懷」他這個行為，也不要嫌惡或強勢禁止，只需要正向、溫柔且堅定地提醒孩子。

(2) 可以圖片式、漫畫式等方式，教導孩子認識常見的焦慮原因及適切的情緒宣洩方法，並且搭配行為改變技術，藉由自我獎勵及自我指導語等方式提升自我控制能力。

4. 增強制度：大人可以與孩子做約定，例如：約定時間內沒有出現性別焦慮或其他不定物件焦慮行為，即可以個案喜歡的事物作為增強（例如：讚美、擁抱、擁有一項短暫特權、點心、飲料或實質獎賞等），強化其自我控制的動機，而後再逐漸拉長時間。

㈤ 精神性疾病

1. 初步排除問題

(1) 尋求專業之精神科醫生協助，取得確認之診斷，並釐清主要原因。

(2) 諮詢專業醫生之藥物治療，並規律用藥。

2. 教學策略

(1) 鼓勵孩子或其家人參與相關團體彼此支持。

(2) 隨時記錄病程發展狀況，作為治療之參考依據。

(3) 藉由規律作息以及運動，營造較安穩的生理狀態。

(4) 培養學生的特定興趣，讓他的注意力集中在特定事物上。

3. 班級經營

(1) 當孩子出現性別焦慮或其他不定物件焦慮時，大人要注意自身語彙、語調及表情等，切勿當場「關懷」他這個行為，也不要嫌惡或強勢禁止，只需要正向、溫柔且堅定地提醒孩子。

(2) 可以圖片式、漫畫式等方式，教導孩子認識常見的焦慮原因及適切的情緒宣洩方法，並且搭配行為改變技術，藉由自我獎勵及自我指導語等方式提升自我控制能力。

4. 增強制度：大人可以與孩子做約定，例如：約定時間內沒有出現性別焦慮或其他不定物件焦慮行為，即可以個案喜歡的事物作為增強（例如：讚美、擁抱、擁有一項短暫特權、點心、飲料或實質獎賞等），強化其自我控制的動機，而後再逐漸拉長時間。

六、 生活自理異常行為

㈠ 飲食異常

1. 初步排除問題

(1) 尋求專業之精神科醫生協助，取得確認之診斷，並釐清主要原因。

(2) 與醫院專業單位，合併營養、藥物、心理諮商或家族等治療方式進行。

(3) 找出造成壓力的原因，並共同討論移轉壓力的方法。

2. 教學策略

(1) 透過討論心中理想的偶像特質，找出正向形象的類型。

(2) 透過同理心的方式，使孩子建立自信和自尊。

(3) 若家庭成員或家庭問題是影響孩子病情之主要因素時，亦可邀請其他家庭成員一起加入會談。

(4) 與個案簽定治療契約，內容應包括目標體重、飲食量、體重增加量、減低嘔吐、暴食行為之頻率。

(5) 當孩子體重達到目標時，讓其利用適量的食物及運動，來維持其目標體重。

(6) 讓孩子記錄自我評量表及養成量體重的習慣，記錄每次進食的情

境、暴食衝動強度、進食種類及數量、當時合併的感覺及想法等，以尋找出暴食的誘發原因。

(7) 因應技巧的強化，尋求朋友幫忙，並且隨時矯正對身體形象的錯誤觀念。

3. 班級經營

(1) 當孩子出現飲食異常時，大人要注意自身語彙、語調及表情等，切勿當場「關懷」他這個行為，也不要嫌惡或強勢禁止，只需要正向、溫柔且堅定地提醒孩子。

(2) 可以圖片式、漫畫式等方式，教導孩子認識正常的飲食行為，並且搭配行為改變技術，藉由自我獎勵及自我指導語等方式提升自我控制能力。

4. 增強制度：大人可以與孩子做約定，例如：開始用餐五分鐘內沒有出現飲食異常的行為，即可以個案喜歡的事物作為增強（例如：讚美、擁抱、擁有一項短暫特權、點心、飲料或實質獎賞等），強化其自我控制的動機，而後再逐漸拉長時間。

(二) 排泄異常

1. 初步排除問題

(1) 接受專業醫生之藥物治療，並規律用藥。

(2) 找出造成壓力的原因，並共同思考移轉壓力的方法。

2. 教學策略

(1) 生活自理訓練可採工作分成小步驟，再藉口語指示及示範模仿進行教導。

(2) 建立行為問題「診斷－治療」過程，運用 ABC 分析法分析造成的原因並作相關治療。

(3) 掌握孩子的健康狀況，避免因健康因素而導致的問題。

(4) 平時建立排泄和廁所間的連結，熟悉不同廁所的不同標示，讓學生能正確迅速找到排泄的正確場所。

(5) 在廁所放一樣孩子看了會覺得玩具或布偶，讓孩子感到心安。

(6) 避免因為尿在褲子就被責罵。

(7) 平時衣著涼爽，保持居室空氣流通，讓孩子在比較安穩的環境中。

3. 班級經營

(1) 當孩子出現排泄異常時，大人要注意自身語彙、語調及表情等，切勿當場「關懷」他這個行為，也不要嫌惡或強勢禁止，只需要正向、溫柔且堅定地提醒孩子。

(2) 可以圖片式、漫畫式等方式，教導孩子認識正常的排泄行為，並且搭配行為改變技術，藉由自我獎勵及自我指導語等方式提升自我控制能力。

4. 增強制度：大人可以與孩子做約定，例如：約定時間內沒有出現排泄異常的行為，即可以個案喜歡的事物作為增強（例如：讚美、擁抱、擁有一項短暫特權、點心、飲料或實質獎賞等），強化其自我控制的動機，而後再逐漸拉長時間。

(三) **睡眠異常**

1. 初步排除問題

(1) 諮詢專業醫生之藥物治療，並規律用藥。

(2) 找出造成壓力的原因，並共同討論移轉壓力的方法。

2. 教學策略

(1) 培養固定運動的好習慣。

(2) 請家長協助觀察孩子睡覺時，是否有打鼾或呼吸暫停的現象，以排除其他生理問題。

(3) 和孩子討論壓力管理的技巧、找到適合自己的放鬆方法，以及如何面對和處理睡眠負面情緒。

(4) 瞭解孩子作息，並在睡眠前避免過度刺激的活動或是飲食。

(5) 給孩子一個安撫物，在睡覺前作為陪伴。

3. 班級經營

(1) 當孩子出現睡眠異常時，大人要注意自身語彙、語調及表情等，切勿當場「關懷」他這個行為，也不要嫌惡或強勢禁止，只需要正向、溫柔且堅定地提醒孩子。

(2) 可以圖片式、漫畫式等方式，教導孩子認識正常的睡眠行為，並

且搭配行為改變技術，藉由自我獎勵及自我指導語等方式提升自我控制能力。

4. 增強制度：大人可以與孩子做約定，例如：開始睡覺時間五分鐘內沒有出現睡眠異常的行為，即可以個案喜歡的事物作為增強（例如：讚美、擁抱、擁有一項短暫特權、點心、飲料或實質獎賞等），強化其自我控制的動機，而後再逐漸拉長時間。

(四) 衛生習慣異常或穿著困難

1. 初步排除問題：先經精神科醫生確診，排除相關精神狀態之情緒或行為問題，並有適當醫療介入。

2. 教學策略

(1) 養成學生在離開任何地方時，能隨時清點隨身物品的習慣。

(2) 協助製作小提示卡掛在書包上，每天確實記錄收拾完才可以回家。

(3) 放學回家前請學生專心整理書包，整理書包的活動勿與其他活動同時進行。

(4) 放學前利用全班團體道別的時間，請同學間互相整理教室座位環境整潔。

(5) 於教室及家中固定位置置放垃圾桶，讓孩子養成不存放垃圾的好習慣。

(6) 試著將孩子的個人用品等擬人化，以增強其珍惜的心理。

(7) 將穿衣步驟指令用文字卡，依序簡單說明。

(8) 請孩子依指令流程圖更衣，每做完一項就做記號，並繼續下一項。

3. 班級經營

(1) 當孩子出現衛生習慣異常或穿著困難的行為時，大人要注意自身語彙、語調及表情等，切勿當場「關懷」他這個行為，也不要嫌惡或強勢禁止，只需要正向、溫柔且堅定地提醒孩子。

(2) 可以圖片式、漫畫式等方式，教導孩子認識正常的衛生習慣或穿著行為，並且搭配行為改變技術，藉由自我獎勵及自我指導語等方式提升自我控制能力。

4. 增強制度：大人可以與孩子做約定，例如：約定時間內沒有出現

衛生習慣異常或穿著困難的行為，即可以個案喜歡的事物作為增強（例如：讚美、擁抱、擁有一項短暫特權、點心、飲料或實質獎賞等），強化其自我控制的動機，而後再逐漸拉長時間。

第 **4** 章

語文科補救教學策略

第一節 拼音問題的補救教學策略

注音符號是兒童增進識字效率的重要工具，藉由學習注音符號可以認識新字詞、閱讀各類注音課外讀物，更可以利用注音符號提早練習寫作，因此，注音符號的基礎性及重要性不容忽視。注音符號是許多兒童在進入國小一年級時所面臨的第一項挑戰，在十週之內完全牢記三十七個外形抽象、聲音又相似的符號，同時還要學會聲調及拼讀。對一般兒童已不是一件容易的事，對學習障礙的學生更是艱難，常因在注音符號學習過程中受挫而進入資源班。

注音符號是一種符號，用來表示國語的語音和國字的讀音，包括聲符、韻符和聲調三個要素。「聲符」是代表聲的符號，「聲」是氣息出聲門經過阻礙而成的，依照發音受阻部位來分，可分為兩唇聲、唇齒聲、舌尖聲、舌根聲、舌面聲、舌尖後聲及舌尖前聲。「韻符」是代表韻的符號，它的發音是氣息出聲門以後經過口腔，不受任何阻礙而成的音，可分單韻符、複韻符、聲隨韻符、捲舌韻符及結合韻符。「聲調」則是指聲音高低升降的調子，是每個字音的本來聲調，又稱為本調；國音有四個不同的聲調，就是陰平、陽平、上聲、去聲。現行的注音符號共包含二十四個聲符（其中三個國音注音不用）、十七個韻符（其中一個注音不用），聲韻符合計為三十七個，其形、音、義都與國字保持密切的關聯性。賴惠鈴及黃秀霜（1999）整理歸納提出注音符號之重要性有：(1) 解決識字的困擾：國字因形體繁複，少有標音功用，必須教學識字，而輔以注音符號可減少學習的困難；(2) 幫助國音的統一：注音符號是學習標準國音的輔助工具；(3) 增進閱讀的效果：兒童識字不多，但只要拼讀注音符號，即能瞭解文中的意思。兒童學會注音符號後，可自行閱讀附有注音符號的書籍，以增加字彙數，在寫作時遇到不會的字，可以利用注音符號查字典或以注音符號的方式寫出，表達文意。

兒童在學習注音符號可能面臨的困難，可分為兩種：

1. 書寫問題：注音鏡映字、注音字型不完整、未標示注音符號的聲母或韻母、字標示注音符號的四聲、未正確標示注音符號的四聲、四聲未標示在正確的位置、寫出相似音或字型相似的注音符號。

2. 發音問題：會有替代音出現，通常會以較易發的語音取代較難發的語音，如「公公」說成「咚咚」，以ㄉ替代ㄍ。會有歪曲音出現，其發出的聲音是語音系統中不存在的音。會有省略音出現，聲符或韻符被省略，如鞋子說成「ㄧㄝˊ」子。會有添加音出現，正確的語音內加入不該加的音，如吃飯說成「ㄔㄨ」飯。會有聲調錯誤的現象，即國語的四聲運用錯誤，二、三聲易混淆、構音異常影響拼音。

目前常用之注音符號基本教學模式，主要有下列五項（陳正香，1997；常雅珍，1998；胡永崇，2001；李慧娥，2002）：

一、 綜合法

綜合法為目前國小注音符號教學所採用的方法。教學方式是先讀有意義的注音符號課文，再逐漸進入注音符號句、詞、拼音、單音之學習，拼音則強調直拼法，不作各單音間之拼音練習。綜合教學法是先綜合再分析又綜合的教學法。其優點是有趣味，開始從有意義、有趣味的材料入手，容易引起兒童的學習興趣；其缺點為教學歷程緩慢。

二、 分析法

分析法是早期使用的教學法，教學步驟由「ㄅㄆㄇㄈㄉ……」等按順序先教聲符，後教韻符，先學三十七個注音符號，再逐漸學習注音符號的拼音、字音、詞、句、有意義課文，拼音則較重視各單音之拼音練習。其優點為系統分明，適用有知識的成人學習，其缺點為單學無意義的符號，刻板枯燥，不容易引起學習興趣，不適宜教兒童。

三、 折中法

折中法是一種結合綜合法及分析法的方法。以「字音」為主，從有意義的單字或單詞教起，凡由一個或兩個注音符號拼成的單字或單音詞都當作一個單位來教，不再分析。由字音開始教，再逐漸教詞、句、課文，拼音亦強調直拼法。折中法所費的學習時間比綜合法少，比分析法多，不如綜合法那麼有趣，但也不像分析法那麼枯燥乏味，適用於會說國語的失學民眾。

四、 精緻化教學法

由常雅珍（1998）所提出，是以教育哲學語言學課程教學的相關理論為基礎，在分析符號及聲調時，將無意義的注音符號及聲調，經過精緻化記憶策略之設計予以意義化，經由故事、遊戲、動作、教具等方式，幫助學生有效率的學習。在學習方法上，精緻化教學法有其理論基礎（以認知心理學為根本，結合兒童哲學、語言學、國音學及兒童遊戲理論為一體）、實施方法、教學活動設計和五項記憶教學策略。

五、 注音符號系統教學法

陳正香於 1997 年提出，其原則是：大量利用學生的舊學來學得新學，並從一再的複習舊學中，建立對注音符號的全面認識，來達成拼音、拼寫的教學目標。教學重點是從韻開始教起，理由有三：第一，韻是語音的基礎，沒有韻母，聲母是不能單獨成音的。從基礎學起，把根扎穩。第二，韻是音裡最難的部分，但因為它有一個關聯的學習方法，反而成了最容易學的部分。因為最重要，也最容易學，所以先學。第三，韻可以單獨成音，這些音是有意義的音，便於教材上生動活潑的設計。教學步驟分為四階段：(1) 單音韻母與聲調的教學；(2) 聲調的教學；(3) 結合韻的教學；(4) 聲母的教學。這個教學法的優點是讓學生對注音有一個清楚的概念，什麼是聲？什麼是韻？它們的特色、位置和用法，一目瞭然。在這個步驟的每一個單元裡，只有聲母是新的，韻的部分都是舊學，學生在沒有壓力的心情下，有趣的學了聲母和拼音，也不知不覺地把韻的部分再複習了。

第二節 識字與閱讀問題的補救教學策略

學習障礙學生多數伴隨有閱讀困難現象，根據研究，美國學齡兒童約有 40% 有閱讀方面的困難（Lipson & Wixson, 1985; Cegelka & Berdine, 1995），而學習障礙兒童伴隨閱讀困難者更高達 80% 以上（Kirk & Elkins, 1975; Kaluger & Kolson, 1978; Lerner, 1997）。

依據美國精神疾病診斷手冊第五版（Diagnostic and Statistical Manual of Mental Disorders-5，以下簡稱 DSM-5）（APA, 2013）對閱讀障礙的定義爲：1. 在閱讀能力具有障礙 315.00（F81.0）：(1) 文字閱讀正確度；(2) 閱讀速度或流暢度；(3) 閱讀理解。（註：通常針對文字閱讀速度與流暢度、文字解碼能力及拼字能力均差的個案，有另一個名詞「Dyslexia」來統稱這種類型個案，他們通常亦會伴隨閱讀障礙或是數學推理困難。）

不同的研究者對閱讀能力亦有不同的詮釋，例如：眼動幅度、多元回歸、口頭報告思考等（請參閱 Kieras & Just, 1984），也提出了不同的理論與模式，如由下而上（bottom-up）、由上而下（top-down）、互動（interaction）模式（請參閱 Rayner & Pollatsek, 1989）；這些模式，基本上都包括了字的辨識與理解兩方面，故而在閱讀能力的補救教學以字的辨識與閱讀理解爲主。

綜合前述影響閱讀的主要因素有二：(1)「字的辨識」，指獲得視覺字的訊息而欲解讀時，所進行的字彙觸接工作，包括字音（phonics）、字形結構（structural）和意義（meaning）的分析；(2) 理解這些符號的意義（Cegelka, 1995）即所謂的閱讀理解。國內目前有關學習障礙者閱讀方面的研究爲數不少，大都是針對閱讀理解與後設認知、文章結構或閱讀的教學方法等（藍慧君，1991；蘇宜芬，1991；王瓊珠，1992；高玉蓉，1993；劉玲吟，1994；胡永崇，1995；詹文宏，1995）。而識字方面的研究較少，主要是識字歷程、策略、字彙接觸以及識字能力與國語文學業之關係等（謝娜敏，1982；李忻雯，1992；周泰立，1993；方金雅，1996；吳宜貞，1997）。

一、 字的辨識的補救教學

㈠ 分散識字教學法與一般識字教學法

人類之所以能辨識語音及文字，是因爲其記憶系統中有一部「內在的字典」（internal lexicon），或稱「心理字典」（mental lexicon）。而「心理字典」中的字彙知識包含兩種，分別是「特定的字彙知識」，指每個字特有之形、音、義的訊息和彼此的連結關係；「一般字彙知識」則指大部分字彙所通用的一般特性（黃惠美，1993；鄭昭明，1993）。當外界的刺激

觸及其內在字典中「字彙知識」（lexical knowledge）相對應之位置時，便能產生辨識的作用（黃惠美，1993），此即識字的歷程。

　　學習障礙學童的識字困難從認知心理學的角度來看，被認為和其短期記憶及工作記憶的缺陷有很大的相關（胡永崇，1988），且由於其處理速度和策略的缺乏，導致長期記憶的儲存和提取也有困難（孟瑛如，1994）。一般中文學習障礙者識字時常會發生的情況如：無法記得學過的字或不會唸；書寫時會有字形相近、字音相近所導致的誤認、位置顛倒等情形。而以目前鑑定方法較明確，導致學習障礙學童人數不斷增加，資源班不斷設立的情形下，補救教學的內容大都以配合原班課程為主，並未針對中文學習障礙學童的這些識字困難來教學。因此如何將中文學習障礙學童的識字困難原因，配合中國字的特性建立一可行的教材教法來進行識字補救教學，應是目前特殊教育工作者所應協助發展的。

　　中國自民初五四運動以後，大量引進西方科學、心理學等研究方法，學者認為語文的教學應依據兒童發展以趣味為導向的學習方法，於是在語文教材的編寫上有了突破，通常是以文章作為導入語文學習的途徑，故語文教學不以純識字為主，而是從課文中摘出句子，再由句子中摘出生詞、生字，再教識字，這種教學法即所謂的分散識字教學，每年學習的字彙數量，大約在五百字左右，是一般較普遍的教學法（羅秋昭，1996）。臺灣目前所採用的國語科教材，不論新、舊課程大都是以分散識字教學為主。

　　然而在《漢書 · 藝文志》中記載：「古者八歲入小學，故周官保氏掌養國子，教之六書：謂象形、指事、象意、象聲、轉注、假借、造子之始也」，這說明在公元前八百年的語文教學以識字為先。清人王筠的《教童子法》也說：「蒙養之時，識字為先，不必遽讀書。…… 能識二千字，乃可讀。」這種教學理論主要是強調識字的重要性，因為文章主體皆是由字組成的，只有識字愈多，基礎愈穩，閱讀才能愈方便快速，效果更好（羅秋昭，1996）。大陸近年來所提倡的集中識字法亦是強調識字對於閱讀的重要性，其教材的編排方法，是先安排獨體字基本筆劃、筆順規則、常見的部首、偏旁等四種識字基礎，即：根據分析統計常用字形，找出出現字率最高的獨體字約 100 到 150 字（如水、木），以象形或看圖識字的方式學習，以作為基本字，將來可用來學習其他的字。在學習獨體字時，同時

學習難字的基本筆劃和筆順規則。找出幾十個最常用的偏旁部首及其在形聲字中一般所表示的類屬意義，再讓學生學合體字。奠定了以上基礎，再進行集中識字的教學（魏金財，1998），使兒童的識字能達到2,500字左右。

這種利用字的部首、偏旁等特性來教學的方法，即是利用中文字的共同特徵——「一般字彙知識」來教學，因中國文字源自圖書文字，且形聲字占了80%以上，除具有「象形表義」的組字原則外，更有了表音的功能，故兼具有形、音、義的特性。又形聲字的結構大多是由一個部首與一個偏旁組成，故具有以部首表義、偏旁表音的特徵（萬雲英，1991；林宜眞，1997）。因此在學習中文字時，形體符號便顯得相當重要，須利用形體上的差異性來區隔同音節所造成的混淆現象（魏金財，1998）。因此利用中文字的「一般字彙知識」特性，先培養字彙規則的概念，採部首歸類、聲旁歸類等方法教學童識字，可以讓學生較易記憶（萬雲英，1991）。

(二) 高頻字優先教學法

對有識字困難的學習障礙學生如能先學習於日常生活中出現頻率較高的高頻字（常用字），當有助於其閱讀時較能望文生義、觸類旁通。有鑑於1993年教科書開放後，新公布的國語科課程標準並無統一的識字量與教材內容，故而現今各學校常有各校各年級使用不同版本教科書的問題，數學科因其為一連續性的基礎課程，故而各版本的教科書通常差異不大。然而國語科教材各版本於生字學習的量與選擇上便差異甚大，對於原本即有識字困難的學習障礙學生，在原校接受補救教學時即有識字上質與量的問題。若在接受鑑定後，須安置於採不同版本國語科教材的他校資源班時，往往於轉學後問題更形嚴重。故而若能於識字補救教學時，優先教生活化的高頻字，能使其於日後學習任何國語教材時產生較大的共通性。鑑於目前並無專為資源班教學所設計的高頻字參考資料，筆者於主持教育部「資源班補救教學模式研究」時，曾應用教育部國語推行委員會1997年的研究成果，按注音符號順序、部首、國編本與康軒版國語課本生字分類原則，編製了資源班教學的字頻參考表，而後依據教育部國語推行委員會1998年修正而更新各項字頻排序（請參閱附錄一至三。注音符號各聲符字頻最高的前十字請參閱附錄一，字頻高的前二百字請參閱附錄二，以部首為序的高頻字請參閱附錄三）。

　　常用字彙的各種研究多以書籍圈詞爲主要的字、詞頻統計方式，兼採問卷、題目等方式蒐集書寫資料。以下爲各相關研究的簡介：

　　1. 教育部國立編譯館（1967）「國民學校常用字彙研究」，以分析國民學校學生常接觸詞彙方式，得常用字 3,861 個，次常用字 574 個，備用字 429 個。

　　2. 張春興及邱維城（1972）「國小中高年級兒童作文常用字彙研究」採用直接法，以國民小學中、高年級兒童爲對象，以其在不同情境下之作文爲材料，目的在分析兒童書寫常用字彙與年級、性別等變項的關係，藉以推估此一階段在校兒童對國字學習後於書寫方面使用的情形。

　　3. 劉英茂（1975）「常用中文詞的出現次數」，以間接法統計在報紙、小說、雜誌、教科書、兒童課外讀物等出現的文字頻率。

　　4. 柯華葳（1986）以造詞方式探討 4,000 多個常用字的難度，並以實驗的方式找出國小兒童的常用字與詞。

　　5. 司琦（1991）「兒童常用詞彙研究──五百個兒童常用詞彙」，以低年級兒童的課本、作品、報紙及讀物爲範圍，經分析統計後，得常用、次用、備用詞彙次數統計表。

　　6. 蘇琇敏（1992）「國民小學國語科低年級教科書用字研究」，以改編本初級國小國語低年級教科書爲對象，將一至四冊用字輸入電腦進行統計分析研究，找出基本用字，並列出各字常用頻率表。

　　7. 吳敏而（1995）「國民小學兒童常用字詞彙資料庫之建立與初步分析」，以蒐集國小二至六年級的兒童所接觸到的書面資料，及他們的作品的文字資料，來建立兒童字詞彙的資料庫。

　　8. 教育部國語推行委員會（2000）「八十七年常用語詞資料庫」，以 1998 年出版的報紙、雜誌、書刊等材料，進行統計分析，得字頻、詞頻資料庫。

　　上述研究各有各的取樣樣本及研究方法，因常用字彙之研究有其時代性，所以筆者乃採用教育部國語推行委員會於 2000 年的研究成果──「八十七年常用語詞資料庫」，以爲常用字彙的字、詞頻資料。

　　而在使用此高頻字參考表時，教師若能注意以字→詞→句子的循序漸進方式教導學生學習高頻字，必定更能事半功倍。教師於教字時，應同時

教授組字規則，陳靜子（1996）曾綜合國內學者探討中文字辨識字形激發之研究成果時指出，中文字在字彙辨識歷程中會被解析成較小部分，尤其若組成部件是高頻字時，最易產生分析部件的現象。因此資源班教師於教學時應把同義、同音、同部首、形相近或音相近的字放在一起，將有助於學生分析字形結構，從已學會的字上學新字以增進自學能力。同時一般人對高頻字的文字辨識效果較低頻字佳的現象，應可提供資源班教師在規劃教材時的參考。

鄭昭明（1981）在「漢字認知的歷程」研究中指出，「字」在「詞」裡比在「非詞」裡容易辨識，此效果稱為「詞優」效果，尤其是在瞬間顯現情形下，有意義的語文項目組成部分較無意義項目的組成部分容易辨識。所以，若以識字效率單純而言，詞的教學應是優於字的，這部分亦可讓資源班教師於使用高頻字參考資料時列入參考。

劉英茂於「中文字句的理解與閱讀」一文中指出：(1) 肯定句的理解時間短於否定句；(2)「對的肯定句」的理解時間短於「錯的肯定句」；(3)「錯的否定句」的理解時間短於「對的否定句」。句子的學習於教學歷程中，相對於字及詞的教授要緩，然為賦予字、詞現實意義的重要形式，故而資源班教師於運用高頻字參考資料做造句教學時，亦須注意上述之句型理解原則。

(三) 識字錯誤類型分析教學法

指學生錯別字的類型。錯別字的發生，包括那個字的形、音、義之任一導致學生學習錯誤的因素，而歸納其犯錯的原因和類型，可作為補救教學的重要指引。

國內對於錯別字的錯誤類型之研究有很多（柯華葳，1986；葉德明，1987；蔡金涼，1992；陳玉英，1994；許淑娟，1995；黃秀霜，1998）。

綜合以上之研究結果，本研究對受試者錯誤類型之分類，分為以下幾種：

1. 認字線索所造成的錯誤：如字本身所提供的認字線索造成的誤認、弄不清字義而錯用別字、同音別字、音形相近的別字。

2. 字形體產生的錯誤：如無點寫成有點、有點寫成無點、無橫寫成有橫、有橫寫成無橫、任意伸縮筆劃、自己創造、忽略字筆劃數、筆劃位

置與方向的怪字。

　　3. 一般字彙知識所產生的錯誤：如不諳漢字規則的非字、誤用規則的假字，過度類化兩個字的合體、字的形體左右顛倒、偏旁弄錯、遺漏或將部首、部件移位的字。

　　4. 書寫所造成的錯誤：如潦草的筆誤。

　　5. 不明錯誤：無法歸於前述幾類者，例如：胡亂猜測，此種情形常發生在生冷難字的猜測上。

　　教師可針對學生的錯誤類型編製各類補救教學教材，筆者曾於主持教育部「資源班補救教學模式」期間，針對學習障礙學生常犯的識字錯誤類型（如國字與部首、同音異字等）發展系列教材，請參閱本章第四節之「語文科補救教學教材設計範例」，或逕上筆者專為國內學障／情障教育所架設的有愛無礙──學障／情障互動網站（網址：http://www.dale.nhcue.edu.tw）以參閱所有資料。

　　㈣ 識字直接教學法

　　直接教學法被廣泛地應用於資源班補救教學中，直接教學法的各種模式大多包括下列步驟：(1) 解釋學習標的；(2) 教導學習標的；(3) 示範學習標的；(4) 練習學習標的；(5) 即時回饋；(6) 類化活動。故而若以識字直接教學法為例，McNinch（1981）提出識字直接教學法的六個步驟：(1) 選擇一個生活化且對學生有用的字來教，唸並解釋該字之意義及用處，同時確定學生瞭解；(2) 將該字以句子方式呈現在黑板或紙卡上，該字可以不同顏色、放大或畫線方式來加強視覺效果；(3) 單獨於黑板或紙卡上呈現該字，詢問學生關於該字之意義、字形、用法等問題；(4) 將該字以簡單造句方式呈現，同時要學生朗讀，同時給予即時回饋；(5) 於短文中呈現該字，並要學生就該字的用法回答相關問題；(6) 以作業單、遊戲或活動方式設計類化或應用情境，促使學生繼續練習該字並給予即時回饋。

　　㈤ 字卡銀行法

　　通常於資源班中可將用字或學生常犯的錯誤字製成字卡，置於紙盒或鞋盒中，寫上學生座號或姓名，即成學生專屬的字卡銀行。學生可自製字卡，自製圖片或造句，藉由學生自我蒐集或教師推薦字，可使學生因擁有的滿足感而引發學習動機，同時此字卡銀行亦方便教師促使學生作練習與

記錄其學習狀態。

二、 閱讀理解的補救教學

　　字的辨識雖然是頗為重要的閱讀基本技能，然而閱讀教學的最主要目的還是希望學生能從閱讀中瞭解意義，亦即閱讀理解。傳統上，大部分的教師採用在學生閱讀特定段落後，詢問其重點、細節、順序等方式來確定學生理解該段文字，然而此種教學法只能測出學生的零碎閱讀理解知識，無法引導學生學習閱讀理解策略。Gartland（1994）即提倡閱讀困難的教學應協助學生集中焦點於下列三步驟，亦即所謂的 K-W-L 法：(1) 協助學生表現出關於閱讀內容的已知相關訊息（representing what is Known）；(2) 瞭解學生想由此閱讀內容中學得什麼（what the student Wants to know）；(3) 學生由此閱讀內容中學得了什麼（what has been Learned）。以下介紹幾個可在資源班中使用的閱讀理解補救教學策略。

㈠ CORE 法

　　CORE 法之主要目的為結合學生原有的認知結構，並經由教師的協助指導發展閱讀理解之類化技巧。CORE 法之閱讀理解教學分為四個基本步驟（Lerner, 1997）：(1) 以活動、遊戲、作業單或詢問方式瞭解學生起點能力，並使閱讀內容之起始講解能連接學生起點能力與原有認知背景（connection）；(2) 教師以條列、圖表化或重點式陳述等方式，協助學生組織閱讀內容（organization）；(3) 將閱讀內容與學生生活相結合或反應至現實生活的例子中（reflection）；(4) 將閱讀內容類化或延伸（extension）。例如：於國小教社會科中相關地理知識時，上到關於亞洲部分，可先書寫亞洲兩字於黑板上或以字卡呈現，詢問學生看到「亞洲」兩字聯想到什麼；在學生以腦力激盪方式發表看法時，教師可一面將其看法書寫於黑板，一面注意學生的相關起點能力。學生若於發表看法時，皆集中於敘述亞洲的國家名稱及其物產，而課本內容則另提到亞洲的地理位置、氣候、人文、影響時，教師可明白學生的起點能力於哪一方面的知識較缺乏，於講解並整理課文內容時可予以加強；講解並整理課文內容完畢時，可舉自己生活地區的地理位置、氣候、物產、人文及影響為例，最後並可以此架構為例，套用地球的各個區域或國家，簡述其地理位置、氣候、物產、

人文及影響，以達類化及延伸效果，同時並可使此架構成爲學生未來閱讀相關地理區域文章時之基本理解架構。

(二) 增進閱讀預測能力策略

通常閱讀預測（prediction）能力是指讀者能預想文章內容而自我詢問問題，而理解能力則是指閱讀後能回答先前所提出的問題，故而閱讀預測能力與閱讀理解能力實有密切之相關。同時，由於大多數的閱讀理解能力皆受讀者認知結構中先前知識（prior knowledge）的影響，故而教師於教導學生朗讀或默讀文章前，若能先引導學生根據文章標題去預想其內容，應有其正面效益（Wilson, 1983）。以下介紹幾種資源班中增進閱讀預測能力的常用策略：

1. 設定閱讀目的法：預先設定閱讀目的可協助刺激學生運用其先前知識，同時協助學生自我監控整個閱讀流程。例如：讀到「黑羊、白羊要過橋」這篇文章時，請其先預想自己爲其中一隻羊，該如何解決面臨的問題，可刺激學生相關的先前知識，以使他們更有動機去閱讀該篇文章。或是在學生閱讀過程中，要求其自我監控，規律式的自我詢問：「這段話我理解了嗎？」若其無法理解，則可建議採用下列基本閱讀策略以增進理解：(1) 反覆多讀幾遍；(2) 與以前讀過的文章作比較或連接；(3) 改爲每讀一段即回想其大意；(4) 讀慢一點；(5) 把重要部分記起來；(6) 把重要部分畫起來；(7) 推想文章意思，或是 (8) 尋求同學或教師協助。

2. 填空法：填空法可用於測試或策略教學。通常填空法可明確測出學生是否能讀及理解文章段落的涵義，教師可選擇課堂教學材料中的任一段落文章，只保留其第一句與最後一句，然後每隔五個字刪掉一個字或詞，指導學生去讀並填滿空格，此時學生便須從前後文涵義，自己的先前知識或字詞辨識中去搜尋知識以填滿每一個空格，待學生將所有空格填滿後，教師可與學生討論他們所填的每一個空格答案意義或要求學生作解釋，如此雖不一定能促進學生的文學欣賞能力，但對其識字與理解是有幫助的。

3. DRTA 法：Directed Reading/Thinking Activity（DRTA）法是VanJura（1982）所提出，是運用閱讀預測能力來增進閱讀理解的方法，該法教學生如何於閱讀前去預測。VanJura（1982）認爲 DRTA 法應遵循

下列步驟：(1) 學生於閱讀前檢視該文之相關題目、圖片及副標題，同時個別或與團體討論後列下自己期望或預測將從文章段落中所獲得的資訊；(2) 學生正式閱讀該文章或段落，並同時檢視自己所有預測的正確性；(3) 當有不確定或與小組同儕意見不同時，大家須分頭由文章中找出正確的資訊。

4. 自我詢問法：此法強調學生於閱讀過程之積極參與，並對他們的學習成果自我負責。自我詢問法乃是訓練閱讀困難學生的後設認知與閱讀理解的方法之一，不僅常用於國語課的閱讀中，亦常被推薦用在社會科及自然科的閱讀中；綜合 Cohen（1983）、Schewel 及 Waddell（1986）的說法，自我詢問法於資源班中之教學可遵循下列步驟：(1) 學生先被教導如何寫問題，分辨何謂問題？何謂評論？同時分辨何謂好問題？何謂壞問題？(2) 教師可先引導學生讀簡單的故事，同時寫下至少兩個以上的問題，並回答問題；(3) 學生熟練自我詢問的技巧後，可讓其閱讀正式課文的段落，並學會標示出段落中的重點；(4) 根據 (3) 之重點寫出相關問題；(5) 教師確定其問題寫法正確；(6) 學生仔細閱讀相關段落並回答問題；(7) 學生可與同組同儕交換自行書寫之題目並討論，教師於一旁觀察並協助。

第三節 寫作問題的補救教學法

依據美國精神疾病診斷手冊第五版（Diagnostic and Statistical Manual of Mental Disorders-5，以下簡稱 DSM-5）（APA, 2013）對書寫表達障礙的定義為：在書寫表達具有障礙 315.2（F81.1）：(1) 拼字正確度；(2) 文法和標點正確度；(3) 書寫表達組織性或是精確性。

關於寫作問題的補救教學，常分為寫字能力與寫作能力兩部分來談。關於寫作部分，大部分的學習障礙學生常會伴隨有字形顛倒、筆劃容易混淆的情形，這部分的補救教學於國內許天威教授的名著《學習障礙者之教育》一書中已多所著墨，本節不再贅述。教師除可採用許天威教授書中所介紹之各理論學派用法外，亦可於教字時，歸納中國字的筆劃原則，以使學生有所遵循，不易犯錯。筆者於資源班從事的補救教學中，大概有下列原則可歸納教導有筆劃問題的學生：(1) 字為上下相疊的筆劃時，通常

由上而下書寫，例如：「三」；(2) 字分為左右兩邊時，通常先寫左，再寫右，例如：「媽」、「源」、「科」等；(3) 字有橫豎兩筆劃時，通常先寫橫筆劃，再寫直筆劃，例如：「下」；(4) 字有中間一直勾筆劃時，先寫直勾部分，例如：「水」；(5) 連串全字筆劃的那一劃，通常最後寫，例如：「手」；(6) 字有左右對稱兩筆劃時，通常先寫末端在左邊的筆劃，例如：「人」。同時現今由於電腦使用的普遍，多數筆劃混淆，字易左右顛倒的學生通常都能在學習電腦輸入法後，得到相當大的輔助，因此本節的重點將放在作文能力的補救教學策略上。

通常對於作文補救教學最重要的可能便是改變傳統的作文教法，改以學生可自行選擇題目、學生可自行設定寫作目標、教室的每日教學皆能提供學生有趣且隨機的寫作機會、寫作的活動應能配合學生實際生活情境等方法，以誘導學生寫作動機並實際提升其寫作能力。

一、　寫作前

在這個階段，教師有兩件最重要的工作，一是提供各種寫作機會，二是引起學生的寫作動機。可採用下列活動來同時達到前述兩者之目的：(1) 教師提供與寫作相關的各種閱讀與傾聽活動；(2) 鼓勵學生參與課堂或生活情境上的各種討論；(3) 鼓勵學生利用腦力激盪的方式與同儕討論；(4) 設計看圖說故事、改變故事結局、故事接龍、檢視文章中或電視節目中不合理情節等活動，鼓勵學生參與；(5) 設計一些生活化的題目鼓勵學生由短文開始寫起；這些有趣的生活化小題目可以參閱表 4-1；(6) 鼓勵學生寫作時儘量注意自己所要表達的概念及內容，而不必太在意文法及錯字，以免技術性的細節反而妨礙了文思；(7) 鼓勵有書寫障礙的學生，以錄音筆／軟體／APP 記錄自己的想法或以電腦書寫，再經由同儕或教師之協助轉化為文章；(8) 鼓勵學生養成寫日記或週記的習慣；(9) 增進學生的字彙及詞彙能力；及 (10) 鼓勵學生照樣照句，以發展其基礎寫作能力。

▼ 表 4-1　可能的生活化寫作題目

我最喜愛的電視節目是…… 我最喜歡的一本書…… 如果有一天我變成了……（人名、頭銜、動物皆可） 我所知道最有趣的人…… 我最喜愛的電視／電影演員…… 我最喜愛的歌／歌星…… 我最喜愛的電影／廣告…… 我最好的朋友…… 我們這一班…… 我的習慣…… 我想講一個笑話，內容是…… 我最喜愛的運動…… 我最喜愛的一句話…… 我想為＿＿＿＿＿＿＿＿＿（物品、節目、人名……）作廣告，內容是…… 我的週末…… 我的夜市／逛街經驗 我最喜歡的地方…… 假如我是百萬富翁…… 我最想改變自己成長過程中的一件事是…… 我的優點是…… 我的臉最美／英俊的是…… 我曾做過的一件好事…… 如果有一天世界只剩＿＿＿＿＿＿＿＿＿（顏色），那會……

二、　寫作

　　對於特殊學生的寫作問題，以下三點通常可能被列入考慮：教學者的主要考慮通常為何種寫作技巧是最適合該位學生且是最容易教的；而對於寫作過程中所最需考慮的，往往便是作者自己的規則及技術性的問題，作者自己可選擇任何方式或決定組織哪些文字、句子來表達一個概念，這便是所謂的作者規則；而技術性的問題則通常僅是考慮字形結構、文法、標點符號等的正確性。基於以上這些因素，國外有些學者提出他們對寫作策略的補救教學法，例如：

(一) TOWER 法

TOWER 法（Mercer & Mercer, 1993）提倡依循下列步驟來教寫作：(1) 要學生先根據題目去思考題目的意義、重點及可能描述的細節（Think content）；(2) 將想好的重點或細節按自己想要的順序排列（Order topics and details）；(3) 寫草稿（Write rough draft）；(4) 檢查錯誤，例如：是否於每句尾用了逗點或句點、空格及字形顛倒等問題（Look for Errors）；(5) 修正錯誤或重寫某部分（Revise and rewrite）。

(二) W-W-W, What-2, How-2 法

Harris 及 Graham（1992）提出 W-W-W、What-2、How-2 的步驟法來教學生以寫故事的方法練習寫作，所謂的 W-W-W、What-2、How-2 步驟法為：(1) 確定誰是主角（Who）？(2) 確定事件發生時間（When）；(3) 確定事件發生地點（Where）；(4) 主角想做什麼事（What）；(5) 當主角做了想做的事後，發生什麼事（What）；(6) 事件的結局（How）；(7) 主角及相關角色的感受（How）。

(三) 寫作過程檢視法

Stevens 及 Englert（1993）提出的寫作過程檢視法，建議教師可依循表 4-2 的步驟，分析有寫作障礙的學生寫作文。

▼ 表 4-2　寫作過程檢視項目

寫作過程	策略	自我對話
計畫	分辨寫作對象。 分辨寫作目的。 活用自我背景知識。 腦力激盪。	我為誰寫？ 我為何寫？ 我知道什麼？ 我的讀者需要知道什麼？
組織	分辨與題目有關項目的類別。 把相關想法歸為一類並給予標題。 確認新的類別和細節。 將想法按順序排列。	我要如何分類我的想法？ 我要如何稱呼這些想法？ 我是否遺漏任何種類或細節？ 我要如何將我的想法排序？
起草	將計畫轉譯成文章內容。 檢驗文章內容與原計畫不符處。 增加標題以有助於更容易瞭解和有組織。	當我要寫出這個，我可以說……。 我已包括所有的種類了嗎？ 有什麼標示性的文字，可以告訴我的讀者關於這個想法的關聯性？

寫作過程	策略	自我對話
編輯	監控本文的可被瞭解性。	每一個細節都合理嗎？
修改	檢驗計畫。 修改有需要之處。 監控由讀者的觀點，來看本文的合理性。 我的文章有趣嗎？	我的計畫中已包含了我全部的想法嗎？ 我需要加入、刪除，或移走一些想法嗎？ 我回答了我所有讀者的問題嗎？

㈣ 輪圈式寫作法

Rooney（1988, 1989）也曾提出輪圈式寫作策略（wheels for write-ing），學生被教導使用圓或輪胎式圖形，採用視覺性的增強來協助組織寫作的流程或重點。教導流程通常是以五個圓圈或輪胎式圖形開始，第一個圓圈為文章的起始或開頭語，第二至四個圓圈則描述本文的重點，第五個圓圈則為結束語。這五個圓圈的分布情形舉例如下：

題目：我們這一班

㈤ 自然寫作法

筆者擷取以上各寫作補救教學法的概念，於主持「資源班補救教學模式研究」期間，曾試用自創的自然寫作法來教導有寫作障礙的學生，亦獲致頗正面的成效。之所以名為「自然」，最主要是希望學生能在最自然的情境下學習寫最生活化的題目，寫作被定位是一種生活能力與溝通工具。其實施步驟如下：

1. 分組：學生會被依大致的寫作能力來分組，每組成員以 3-5 人為合適，寫作能力平均分布，如此方能在討論過程中產生帶動作用。每位同學皆準備紙與筆。

2. **出題目**：學生可自出題目，再由老師做潤飾；或由老師出數個題目，學生自選，但最好能每組一致，學生必須在該階段討論出本組最想或最可以寫的題目。

3. **腦力激盪**：同組學生可針對一個題目提出個人的看法，同時在別人陳述意見時，學生可以任何方式將別人的意見寫或畫在自己的白紙上。既是腦力激盪，討論時便須掌握四個原則：(1) 自由聯想；(2) 點子愈多愈好；(3) 禁止批評；(4) 評量。於聽及摘錄重點的過程，學生可經由討論獲取多元化的看法，較不會侷限於單一思想點。施行過程，教師可遊走各組，協助歸納該組重點，或提示還有哪些層面是可以思索的，教師可採「放聲思考」的方式加入討論，學生可經由教師之思路過程，學得更高層次的寫作技巧。

4. **草稿**：分組討論時間結束後，教師要求將方才之討論內容略微整理成為草稿。若學生不知如何做，教師可運用自己方才參與討論的紀錄，示範如何將其轉化為草稿。

5. **正文**：請同學將方才之草稿轉化成正文，要學生以最自然的方式寫下自己的想法或感受，掌握要點為：(1)What I can think about, I can talk about; (2)What I can talk about, I can write down; (3)What I can write down, I can read。寫正文時，以文章內容的真實反映最重要，先勿考慮技術性的問題，例如：錯字、文法、句型等，以免妨礙流暢的思緒；學生遇到不會寫或有疑問的地方可以任何方式記錄下自己的思緒，如用圖形或符號方式。

6. **朗讀正文**：學生將完成之正文以朗讀方式呈現給老師及同組同學，教師此時僅須協助學生將其正文變成一篇結構完整的文章，如補充其符號及圖形所代表的意義等，而不必太在意其錯字、文法、句型等技術性的問題；學生可朗讀數遍，直到自己滿意為止。

7. **文章修改**：教師於修改文章過程，須對學生全文之優缺點，給予具體式的評論，而非僅是廣泛式的評語，例如：「結構完整」或「辭藻豐富」。何謂「結構完整」與「辭藻豐富」之理由須陳述，使學生能具體掌握自己文章的優缺點。同時於此階段，教師須修正學生所有作文技術上的問題。

(六) TREE

由 Sexton、Harris 和 Graham（1998）所提出，可作為引導學生的寫作計畫，使文章結構完整且更具邏輯性。其步驟如下：(1) 主題句（Topic）；(2) 支持前提的理由（Reasons to support the premise）；(3) 檢驗讀者是否能接受這些理由（Examine reasons）；(4) 作結論（note for Ending for the paper）。

(七) PLAN & WRITE

由 De La Paz、Owen、Harris 和 Graham（2000）所發展而成，主要目的是為幫助學習障礙學生能更順利地進行說明文寫作歷程。在說明文的寫作法部分，以「PLAN & WRITE」寫作策略設計問題，透過寫作提示幫助思考，其步驟與內容分為「PLAN」與「WRITE」兩階段，分述如下：

1. PLAN

(1) 注意提示（Pay attention to the prompt）：透過寫作提示，幫助學生藉由辨別下列事項以充分考慮主題，A、他們被要求寫什麼？B、他們應該如何發展文章？

(2) 列出主要想法（List main ideas）：決定一個主題，接著自由聯想至少三個主要想法以發展文章。

(3) 增加支持想法（Add support ideas）：學生在每個主題下，至少列出三項細節、例子或詳細解說。

(4) 排列你的想法（Number your ideas）：提醒學生依照計畫整理自己的主要想法。

2. WRITE

(5) 從已完成的寫作計畫發展主題句（Work from your plan to develop your thesis statement）。

(6) 記住自己的寫作目標（Remember your goals）。

(7) 在每一段落中包含轉折語詞（Include transition words in each paragraph）。

(8) 嘗試使用不同的句型（Try to use different kinds of sentences）。

(9) 使用刺激、有趣、有價值的詞彙（Exciting, interesting, and valuable words）。

㈧ 句型教學

以俄羅斯娃娃的概念進行句型教學，將以前學過的句型套入後來新學的句型，使句子由基本句型延伸為複雜句型，成為環環相扣的複合句。楊芳欣（2009）歸納出九類複句句型，即「並列句、承接句、遞進句、選擇句、轉折句、條件句、假設句、因果句、目的句」，教導複句句型寫作教學，將學習到的句型應用於寫作之中，可增加文章的內容，也使內容更清晰完整。

例子：句型疊疊樂

句型可分以下六種：

1. 並列句：一邊 …… 一邊 …… 。
2. 因果句：因為 …… 所以 …… 。
3. 轉折句：雖然 …… 但是 …… 。
4. 並列句：有的 …… 有的 …… 。
5. 遞進句：不但 …… 還 …… 。
6. 因果句：既然 …… 就 …… 。

寫作時鼓勵學生將學過的句型加入另一句型，成為新句型。如「並列句＋因果句」產生「**因為**家境不好，**所以**他一**邊**工作、一**邊**讀書。」再加入「轉折句」變成「**雖然因為**家境不好，他需要一**邊**工作、一**邊**讀書，**但是**他永保一顆樂觀開朗的心面對人生。」

㈨ 修辭教學

修辭是在寫作時，傳情達意、美化語言的方法。寫作困難的學生，通常替換詞彙較少且精確描述事件能力低。例如：以「東西」替代「黃澄澄的柳丁」，以「好」替代「心曠神怡」等，不常使用連接詞、形容詞、副詞、成語或諺語。因此修辭的教學在寫作是不可或缺的一部分，教師可以用照樣造句或整理規則方法教授。例如：疊音字為形容詞的重疊型式，將可能的形式整理出來，再請學生把自己知道的填上：

1. AA 的：白白的、高高的、靜靜的、_____、_____。
2. ABB：髒兮兮、白花花、烏溜溜、_____、_____。
3. AABB：方方正正、明明白白、清清楚楚、_____、_____。

另外，也可以將寫作學習障礙學生很容易觀念模糊的標點符號，融入譬喻修辭法進行教學。

標點符號與譬喻的教法範例：

句號像甜甜圈，句子後，停一停。

問號像鉤子，問問題，想一想。

書名號像小蟲，書名旁，爬一爬。

驚嘆號像球棒，加強語氣，揮一揮。

第四節 語文科補救教學教材設計範例

主題一到主題五所示範的教材，皆為針對資源班語文科補救教學所設計的，為筆者在主持「資源教室補救教學模式研究」期間所發展，並根據此平面教材發展了適合資源班教學用的多媒體教材。本教材之發展，由傅先勇、田仲閔、王正珠及鍾曉芬貢獻心力良多，並承蒙他們的試教與修改；多媒體的技術製作部分則仰賴彰化師範大學資管系吳東光教授及其學生製作群的協助。

主題六及主題七為有愛無礙團隊於 2010 年及 2011 年所編製的語文適性教材；識字適性教材分為常用字教學、部首部件教學及基本字帶字教學三部分；閱讀適性教材則將記敘文、說明文及議論文等文體以教案及學習單方式呈現。

主題八及主題九為有愛無礙團隊近年來另外發展的多套數位教材模組，皆是針對學生的寫作能力來發展的多媒體教材，例如：刺蝟與田鼠、巨人的花園──文章結構分析、巨人的花園──圖畫預測、6W 寫作教學法、四季童詩寫作軟體等，都是由有愛無礙團隊教師群及明新科技大學資管系詹森仁教授共同編製而成。

因篇幅限制，上述教材無法呈現原貌，僅能每一主題呈現一單元示範。若讀者仍有興趣，可自行上網至有愛無礙團隊所建置之「有愛無礙學障／情障互動網站──數位教材管理系統」（網址：http://lcms.dale.nhcue.edu.tw/）閱讀更詳盡的資料。

主題一

小小建築師（拼音教學）

一、目的

透過遊戲及活動認讀注音符號或練習拼音，加深對符號的記憶。

二、對象

1. 國民小學低年級兒童。
2. 欲增進注音符號拼讀寫能力者。

三、所需材料

1. 注音符號字卡。
2. 房屋圖片掛圖。
3. 軟性吸鐵片。

四、活動流程

1. 老師先以閃示字卡的方式或是搭配「注音符號圖示口訣記憶表」，認讀聲符、介符、單韻符、結合韻符等注音符號，亦可加上雙拼及三拼的變化做練習。

2. 老師展示教具，講解「小小建築師」的遊戲規則。首先呈現房屋造型的圖卡（如圖一），向學生說明遊戲內容是要用字卡磚塊來蓋一間房子，每一個磚塊上都貼有不同的注音符號或是雙拼及三拼的拼音字卡。小朋友要仔細聆聽老師唸的音，選擇正確的磚塊，才能蓋好房子。

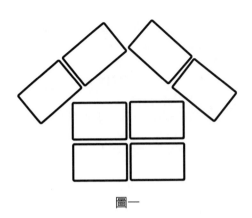

圖一

3. 老師事先製作字卡磚塊,將卡片貼在房屋造型圖卡的四周圍,讓學生練習操作看看,可先徵求志願者上臺演示。

4. 待熟悉遊戲規則後,可以分組比賽的方式增加學習樂趣。將全班分成兩組,分別派代表上臺搶字卡,老師可在一旁協助統計得分,搶得較多字卡磚塊者獲勝。

五、活動變化

字卡磚塊也可以積木來代替,將字卡貼在積木上,請小朋友聽指示拿取積木,實際搭蓋出一棟建築物。

六、注意事項

1. 建築物可以有不同的變化,課前可與小朋友討論,瞭解學生的喜好。

2. 練習時,可請小朋友輪流出題目。

主題二

我變、我變、我變變變（照樣造句）

一、目的

　　培養學生「寫作能力」之「句型」為主，並包含其他相關能力（聽覺能力、口語表達能力、閱讀能力、聽寫能力、注意力、記憶力、知覺動作能力）。

二、適用對象

　　程度已達國民小學低年級普通班學生、國民小學中年級資源班學生。

三、教學內容

(一) 教材

　　教材的編選根據學生的學習能力，以教科書（國民小學低年級句型）與常用生活字彙為主，編擬故事、遊戲化的教學活動。每篇故事包含 10 個主要句型，教師可從中任意抽取出 1、2 至 10 個不等的句型進行教學。

(二) 教學方式

　　1. 本文：請教師以說故事的方式，讓學生藉由聽故事引起學習意願。

　　2. 請教師將「主要句子」從故事中抽取出來，再呈現圖畫與之相互配合，加深學生印象。

　　3. 請教師呈現出其他範例，並與「主要句子」配合，再將「句型」呈現。

　　4. 讀讀看：教師先請學生將每一個句子讀一讀，再試著找出彼此相關的地方，最後教師必須做一總結，並將「主要句型」呈現。

　　5. 重組：教師請學生將句子的正確順序找出來。

　　6. 填填看：教師請學生將適當的答案填上，使之成為完整的句子。

　　7. 連連看：教師請學生將正確的上下句連起來，使之成為完整的句子。

　　8. 我會照樣造句：教師請學生先將句子所缺少的部分填上，再試著練習造句。

(三) **教學原則**

　　1. 教學時，先呈現圖片（可讓學生看圖說話），再將句子呈現出來，使之相互搭配。

　　2. 練習時，要求學生口頭唸出題目，待瞭解題意後，再作答。

(四) **教學變化**

　　在教學的過程中，可以進行一些與故事相關的遊戲。例如：

　　1. 拼圖遊戲——引起學生學習興趣，並加強「知覺動作訓練」。

　　2. 找出錯誤的地方——引起學生學習興趣，並加強生活常識。

(五) **練習題目**

　　包括：

　　1. 編製原則

　　(1) 字體變化、放大。

　　(2) 顏色變化。

　　(3) 圖示。

　　(4) 鼓勵語。

　　(5) 呈現重點。

　　(6) 教材簡化。

　　2. 作業單類型

　　(1)「讀讀看並選出適當的話」——加強學生「字音」、「口語表達」、「字意、句意」、「閱讀能力」。

　　(2)「重組」——加強學生「字意、句意」、「寫作能力」。

　　(3)「填填看」——加強學生「字形」、「字意、句意」、「寫作能力」。

　　(4)「連連看」——加強學生「知覺動作訓練」、「字意、句意」、「寫作能力」。

　　(5)「我會照樣造句」——加強學生「寫作能力」。

四、發展

　　句型熟悉之後，可以開始讓學生在句子的前、後，增加一些簡單的句子，慢慢增加句子的數量，逐漸變成一小段文章，培養學生作文的能力。

五、單元示例（請看聖誕禮物單元）

聖誕禮物

五彩的聖誕燈泡，把街道照得閃閃發光，好像小鎮上滿天的小星星。小蘭站在商店外，等著媽媽買東西出來。小蘭看到滿櫥窗都是玩具，左邊是好玩的小汽車，右邊是漂亮的洋娃娃，還有……。她心想：「要是我有那些玩具就好了！」可是她知道那是不可能的，因為她已經有一個音樂盒的。雖然它上面的小天使沒有翅膀，而且看起來髒髒的。

我的名字…

● 讀一讀

一、左邊是好玩的小汽車，
右邊是漂亮的洋娃娃。

二、左邊是綠油油的草地，
右邊是一望無際的大海。

三、左邊是一條小溪，
右邊是一片竹林。

我的名字…

● 填一填，選出正確的答案。

小汽車　　洋娃娃

一、左邊是好玩的【　　】，
右邊是漂亮的【　　】。

1 草地　2 大海

二、左邊是綠油油的【　　】，
右邊是一望無際的【　　】。

1 竹林　2 小溪

三、左邊是一條【　　】，
右邊是一片【　　】。

哇！好棒喔！

我的名字‥

● 排排看，排出正確的順序。

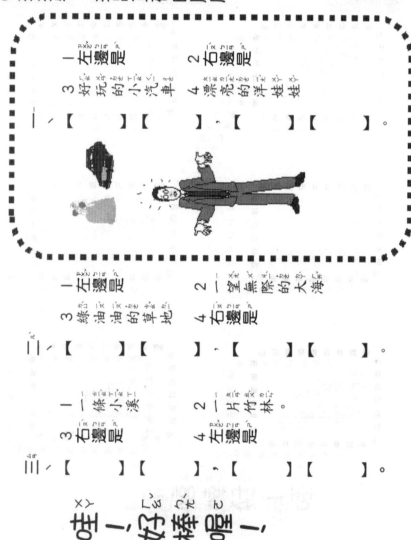

1 左邊是　2 右邊是
3 好玩的小汽車　4 漂亮的洋娃娃

一、【　　】【　　】‧【　　】【　　】。

1 左邊是　2 一望無際的大海
3 綠油油的草地　4 右邊是

二、【　　】【　　】，【　　】【　　】。

1 一條小溪　2 一片竹林。
3 右邊是　4 左邊是

三、【　　】【　　】，【　　】【　　】。

哇！好棒喔！

我的名字…

● 連連看

左邊是
好玩的小汽車

右邊是
一望無際的大海

左邊是
綠油油的草地

右邊是
漂亮的洋娃娃

左邊是
一條小溪

右邊是
一片竹林

哇！好棒喔！

我的名字‥

◆我會照樣造句

◆句型‥‥‥‥左邊是‥‥右邊是‥‥‥

例‥左邊是好玩的小汽車，右邊是漂亮的洋娃娃。

一、左邊是綠油油的草地，
　　右邊是【　　　　　　　　　　　　】。

二、左邊是【　　　　　　　　　　　　】，
　　右邊是一片竹林。

三、左邊是【　　　　　　　　　　　　】，
　　右邊是【　　　　　　　　　　　　】。

四、左邊是【　　　　　　　　　　　　】，
　　右邊是【　　　　　　　　　　　　】。

主題三

同音異字

一、目的

以訓練「同音異字」之字形辨別為主。以故事、遊戲及各種練習的方式，訓練學生分辨「同音異字」，進而增進造詞、基本詞彙、字形辨別、書寫、閱讀、造句等能力的增強。

二、適用對象

國小中、低年級程度及資源班學生適用。

三、教材內容

(一) 教材

為自編教材。將中、低年級常用之「同音異字」串聯起來，編成一篇小故事，以利學生學習。

(二) 教學方式

1. 引起動機：先以實物、圖片等方式提示學生，加強學生對本課所要學的「字音」的印象。

2. 閱讀課文

(1) 教師範讀、領讀後，小朋友試讀。

(2) 教師講述課文內容，使學生瞭解文意。

3. 生字新詞教學：利用詞卡、字卡進行語詞、生字教學。寫作活動：

(1) 造詞練習：讓學生瞭解字、詞義後，能造出正確的語詞。

(2) 造句練習：先讓學生熟悉課文中的句子，老師造一例句，分析解說後，學生口頭仿說練習，再寫下來。

(三) 教學原則

1. 請老師在教授一課前，先讓學生對該課所要學的「字音」有較深

的印象後，再進行該課教學。

2. 在教學的過程中，請先讓小朋友學會認、讀及辨認後，再教寫及寫作的部分。

(四) 教學變化

教師在教學的過程中，可利用各種遊戲或活動，來呈現所要教的內容或讓學生練習。例如：在生字教學時，可用抽牌遊戲、翻牌遊戲、拼圖或著色等活動，來增加學生學習的興趣。

(五) 練習題目

1. 編製原則

(1) 活潑的標語：利用一些鼓勵或讚美的話當標語，加在寫姓名的地方，以引發學生的興趣及自信心，進而增加學生的學習意願。例如：最棒的人名字是、最認真的人是……。

(2) 字形變化：利用「字體的放大」及「顏色的變化」以凸顯教材的重點，並提醒學生作答時應注意的事項。例如：想一想、檢查看看有沒有寫錯字……。

(3) 加入圖案：加入與課文或練習題有關的圖案，一方面可增加學生的興趣，另一方面可作為答案的提示。例如：答案中有「騎馬」二字，可放一張馬的圖案在此張作業單上。

(4) 以漸進方式編輯：題目由易入難、從簡到繁，循序漸進，注重由舊經驗進入新教材。

2. 練習題目之作答方式與目的

(1) 圈字練習一（課文句）：本練習是請小朋友在讀完課文後，將該課的同音字（即生字）找出來。備註：若小朋友不能自己閱讀課文，請教師幫學生報讀，且速度要慢以配合學生的能力，必要時請加重語氣。

練習目的：認識同音字的不同字形、視（聽）覺搜尋訓練、專注力訓練。

(2) 連詞練習：本練習在請小朋友，將課文中的生字與其對應的新語詞連起來。

練習目的：字詞連結訓練、專注力訓練、視覺搜尋訓練。

(3) 生字習寫練習：本練習在讓小朋友練習寫該課的生字，並學習字的筆劃順序。

練習目的：字形認知訓練、手眼協調動作訓練、手部精細動作訓練。

(4) 字形組合練習：本練習在請小朋友將字的兩個部分，組成一個正確的字。

練習目的：字形結構概念訓練、書寫練習。

(5) 拼字練習：本練習是請小朋友將字缺少的部分拼寫出來。

練習目的：字形結構辨認訓練、書寫練習。

(6) 圈字練習二（延伸語句）：本練習在請小朋友將句子中相同的生字圈起來。

練習目的：使小朋友瞭解字詞的各種用法。

(7) 造詞練習：本練習在請小朋友根據該課的生字，造出正確的語詞。

練習目的：詞彙聯想訓練、書寫練習。

(8) 選詞填寫：本練習在請小朋友將正確的語詞填入句子缺空的地方，使句子完整通順。

練習目的：詞彙應用練習。

(9) 造詞練習：本練習在請小朋友依據本課生詞或延伸語詞，造出詞句通順流暢的句子。

練習目的：語詞聯想訓練、詞句組織訓練。

四、發展

待小朋友對同音異字的字形能辨別清楚，對相關語詞的詞義亦能瞭解後，可朝語詞的應用方面發展，例如：運用語詞造句、寫短文，以培養學生的寫作能力，以及加強對詞義的瞭解。

五、單元示例（請看彩虹山谷單元）

彩虹山谷

有一天下午，美麗的彩虹山谷，
看見五隻小鳥，不斷地變換不同的隊伍，
他靠近一問，原來，他們正在練習跳舞。

聰明的人名字是：

圈圈看：小朋友，請你用筆把下面句子中，字音唸「ㄨ」的字圈起來。

1 有一天下午。

2 她看見五隻小鳥。

3 變換不同的隊伍。

4 他們正在練習跳舞。

5 雷公伯伯正準備欺侮他們。

6 小麗也摀著耳朵，躲起來了。

※小朋友，你有沒有發現？我們雖然長的不一樣，但是我們大家都叫「ㄨ」，是不是很有趣呢。

最厲害的人名字是‥

圈一圈：小朋友，請你把句子中有「舞」的地方圈起來。

1 他們正在練習跳舞。

2 媽媽每天早上都到公園跳土風舞。

3 妹妹最喜歡看芭蕾舞。

4 她是我們學校的舞蹈老師。

5 姊姊晚上要去參加同學的生日舞會。

※小朋友！你都找到嗎？

最棒的人名字是…

造造看…小朋友，請你參考上面的字，造一個正確的語詞。

跳（ㄊㄧㄠˋ）

隊（ㄉㄨㄟˋ）

上（ㄕㄤˋ）

欺（ㄑㄧ）

1 午（ㄨˇ）：☐ ☐

2 伍（ㄨˇ）：☐ ☐

3 舞（ㄨˇ）：☐ ☐

4 侮（ㄨˇ）：☐ ☐

我的名字是…

填填看…小朋友，請你選出正確的語詞填入句子缺空的地方，使句子完整通順。

| 隊伍 | 五個 | 上午 | 舞蹈 |

1 今天（　　　　），天空忽然下起雨來。

2 老師叫我們按照升旗（　　　　），在走廊排隊。

3 下星期，學校將舉辦（　　　　）比賽。

4 我們家有（　　　　）兄弟姊妹。

※ 小朋友！你選對了嗎？

最棒的人名字是‥

造句練習‥請小朋友用下面的語詞造出又句通順的句子。

一跳舞一

2下午一

3隊伍一

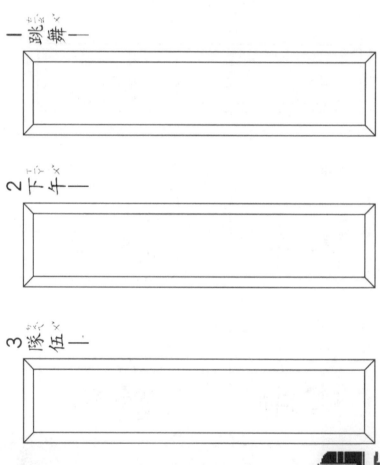

※小朋友！檢查看看有沒有寫錯字。

246

我ㄨˇ的ㄉㄜ˙名ㄇㄧㄥˊ字ㄗˋ是ㄕˋ‥

☆寫ㄒㄧㄝˇ一ㄧˋ寫ㄒㄧㄝˇ‥小ㄒㄧㄠˇ朋ㄆㄥˊ友ㄧㄡˇ，請ㄑㄧㄥˇ你ㄋㄧˇ將ㄐㄧㄤ左ㄗㄨㄛˇ邊ㄅㄧㄢ語ㄩˇ詞ㄘˊ中ㄓㄨㄥ的ㄉㄜ˙字ㄗˋ，缺ㄑㄩㄝ少ㄕㄠˇ的ㄉㄜ˙部ㄅㄨˋ分ㄈㄣ寫ㄒㄧㄝˇ出ㄔㄨ來ㄌㄞˊ。

跳ㄊㄧㄠˋ舞ㄨˇ

立ㄌㄧˋ隻ㄓ

蝦ㄒㄧㄚˋ十ㄨˇ

欺ㄑㄧ母ㄨˇ

烏ㄨˇ著ㄓㄜ˙

隊ㄉㄨㄟˋ五ㄨˇ

我的名字是…

三、拼拼看：小朋友，請你想一想上下兩個部分可以組成什麼字。

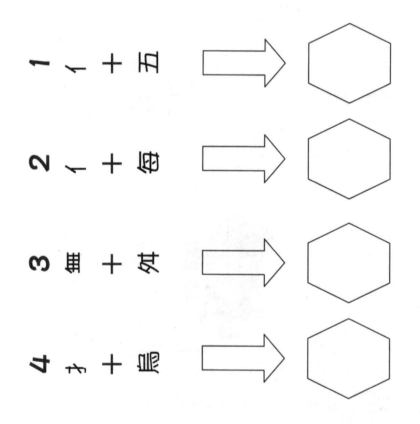

1　⺊ ＋ 五 ⟹ ⬡

2　⺊ ＋ 母 ⟹ ⬡

3　無 ＋ 灬 ⟹ ⬡

4　扌 ＋ 鳥 ⟹ ⬡

※小朋友，你拼對了嗎？

小畫家的名字是⋯

☆寫一寫，畫一畫：小朋友，請你用彩色筆把左邊的字寫滿來。

最棒的人名字是：

連連看：小朋友，請你將上面的生字和下面生字的新語詞連起來。

1 午 ．	． 隊伍。
2 五 ．	． 下午。
3 伍 ．	． 五隻。
4 舞 ．	． 跳舞。
5 悔 ．	． 搗著耳朵。
6 搗 ．	． 欺悔。

※小朋友，你都答對了嗎？

最棒的人名字是：

★ 圈一圈：小朋友，請你把句子中有「五」的地方圈起來。

1　小鹿看見了五隻小鳥。

2　我們家有五個人。

3　我讀民富國小二年五班。

4　小明有五本故事書。

※小朋友！你都找到了嗎？

主題四

我們都是一家人（國字和部首）

一、目的

    1. 加強學障學生「視知覺」之能力。

    2. 給予學障學生「注意力」之訓練。

    3. 培養學障學生「認字」之技巧。

二、適用對象

    程度已達國民小學低年級普通班之學障學生。

三、教學內容

㈠ 教材

    1. 以國民小學低年級的教科書為主。

    2. 為日常生活所常見、必備之國字。

    3. 自編故事為課文，自創遊戲為練習。

㈡ 教學方式

    本主題教學之教學方式，依其內容程序，列點說明如下：

    1. 首頁：呈現部首及代表之圖案。請教師由圖案引導其部首之認識，並請學生試著說出其圖案與部首之關聯，以加強其「視知覺」之能力。

    2. 部首之演變過程：請教師先讓學生說出各階段之變化，再作總結。

    3. 部首之由來：請教師以陳述故事之方式，吸引學生注意，並可請學生複述之。

    4. 課文：本課文已將該部首之國字以顏色分明，惟請教師先不特別強調，等到學生閱讀全文之後，再以開放性問題投射本文之重點（國字和部首的關係）。

    5. 讀讀看：本單元乃將該部首之國字整理彙集，並以圖形表達；由教師先請學生讀出每一個國字後，再試著說出彼此之關係；最後，教師必

須做一完整之總結。

6. 畫畫看：教師鼓勵學生畫出部首所代表的圖案，逼真與否並非本單元之重點，圖與字之連結方為教師所不可輕忽之提醒工作。

7. 排排看：請學生先說出各圖案之特徵，再依序排列之。

8. 唸唸看：請學生先唸出各圖形之國字，再找出所有該部首之國字，再塗上顏色。

9. 玩玩看：請學生先將每個字讀一遍，再找出相同部首的國字，將其國字連成一條線，並寫出其共同之部首。

(1) 找找看：教師先請學生唸出所欲填寫的國字，再依題次作答。

(2) 連連看：教師以故事敘述之口吻，讓學生於遊戲中，將正確的國字和注音牽連起來。

(3) 加加看：先複習本課所教授的國字，再請學生注意部首和國字的關係，並試著拆拆看；最後，進行國字的組合。

(4) 寫寫看：先複習「讀讀看」與「加加看」之練習，再請學生找出其共同缺少的部分，並說出其完整的國字。

(三) 教學原則

1. 教學中，以學生為主體，教師為引導者，亦即教學時，以「引起動機」為起點，並以「最少協助」為教學原則。

2. 注重學習歷程，觀察其錯誤型態及思路過程；教師為一觀察者，重視其動態的評量。

3. 藉由「提示」及「緩衝」的技巧，慢慢建立學生的正確概念。

4. 給予學生情緒上的支持，逐漸消弭學生作答時不安定的情緒。

5. 作答前，先鼓勵學生試著說出不同的想法，教師最後再做總結。

(四) 教學變化

1.「課文」部分，可請學生依其字句、段落畫成圖案，以加深學生學習之長期記憶，並增加學生之注意力。

2. 教學之流程，不必固守既定之模式，可依學生之學習狀況，增添或減少其內容。

3. 教師可依其需要，從中選取適合之練習，並自訂合宜之編序教學。例如：日部之演變過程→排排看；讀讀看→加加看→寫寫看；課文→讀讀

看→唸唸看→塗塗看→玩玩看→說說看。

4. 可依課文內容，自製（或鼓勵學生自繪）圖案，進行「看圖說故事」或「拼圖遊戲」之教學。

5. 利用坊間的「迷宮」，加入欲學習的國字，使其依國字走出迷宮（亦可增加其他部首的國字，調整難度）。

(五) 練習題目

包括：

1. 編製原則

(1) 本教材之編輯範圍：以國小一、二年級教科書為素材，並依兒童的常用字為選取原則。

(2) 採進階方式編輯：從易入難，循序漸進，注重由舊經驗進入新教材。

(3) 注重圖文之連結：以生動的圖畫搭配文字的呈現方式，強化學習效果。

(4) 依遊戲教學進行各項活動：肯定「遊戲」在補救教學上的重要，藉以提高其學習興趣，並達到寓教於樂的功能。

(5) 教材的安排：在教材的安排上以「單純少量」為原則，避免出現太多的「材料」使學生眼花撩亂，造成不必要的干擾。

(6) 利用「字體的放大」與「顏色的變化」，以凸顯該教材的重點，並吸引學生的注意，提高學習動機。

2. 作業單類型

(1)「讀讀看」——加強學生「視知覺」及「認字」之能力。

(2)「畫畫看」——加強學生「注意力」及「知動能力」之訓練。

(3)「排排看」——加強學生「視知覺」及「注意力」之練習。

(4)「唸唸看」——加強學生「視知覺」、「注意力」及「認字」之能力。

(5)「玩玩看」——加強學生「知動能力」、「視知覺」及「認字」之能力。

(6)「找找看」——加強學生「字意、句意」、「視知覺」及「認字」之能力。

(7)「連連看」——加強學生「注意力」、「知動能力」、「認字」、「視知覺」之能力。

(8)「加加看」── 加強學生「字形」、「注意力」、「視知覺」及「認字」之能力。

(9)「寫寫看」── 加強學生「字形」、「注意力」、「視知覺」及「認字」之能力。

四、發展

親子遊戲（團體遊戲）──可從中選取一國字，依「你一句，我一句」之方式，試著自創詩歌。

例如：星（日部）

→小星星→一顆星，孤零零；二顆星，像眼睛；三顆四顆五顆星，照在天上放光明。

五、單元示例（請看媽媽的眼睛單元）

媽媽的眼睛

媽媽有一雙

會說話的眼睛，

笑瞇瞇的看著我，

像夜晚的月亮哦！

最ㄗㄨㄟˋ認ㄖㄣˋ真ㄓㄣ的ㄉㄜ˙人ㄖㄣˊ是ㄕˋ…

玩ㄨㄢˊ玩ㄨㄢˊ看ㄎㄢˋ…請ㄑㄧㄥˇ把ㄅㄚˇ同ㄊㄨㄥˊ部ㄅㄨˋ首ㄕㄡˇ的ㄉㄜ˙字ㄗˋ連ㄌㄧㄢˊ成ㄔㄥˊ一ㄧˋ條ㄊㄧㄠˊ線ㄒㄧㄢˋ，再ㄗㄞˋ寫ㄒㄧㄝˇ出ㄔㄨ部ㄅㄨˋ首ㄕㄡˇ名ㄇㄧㄥˊ稱ㄔㄥ。

晴	去	是
的	真	天
人	好	睡

要仔細的看喔

最認真的人是‥

找找看‥請將正確的字，填入（　　）中。

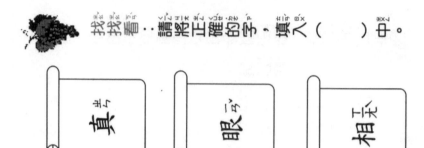

真ㄓㄣ　　眼ㄧㄢˇ　　相ㄒㄧㄤ

媽媽有一雙會唱歌的（　　）睛。

眼睛可以像（　　）機一樣，照下媽媽的眼睛嗎？

媽媽認（　　）的看著我。

高手的名字是⋯

連連看：請選出正確的國字，並填入（　）中。

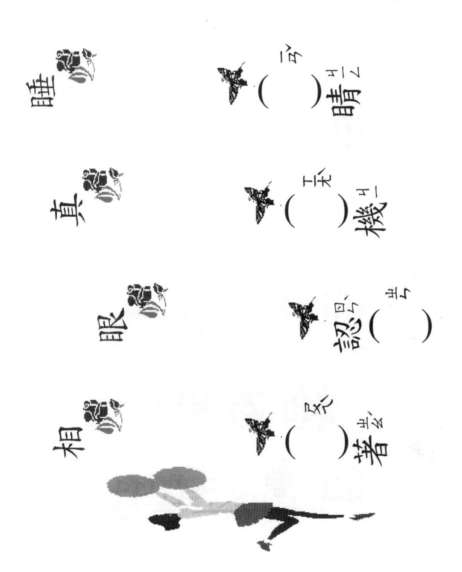

睡　　　　　　　　（ㄇㄧㄣˊ）睛ㄐㄧㄥ

真　　　　　　　　（ㄒㄧㄤ）機ㄐㄧ

眼　　　　　認ㄖㄣˋ（　）（ㄓㄣ）

相　　　　　　　　（ㄕˊ）著ㄓㄠ

259

最厲害的高手是‥

加加看‥將這些字合起來，會變成什麼字呢？

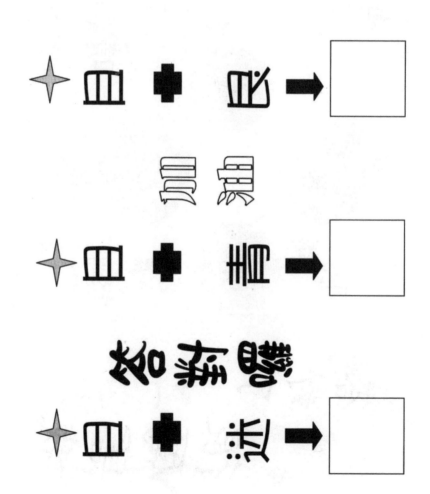

高手的名字是‥

猜猜看‥請找出這四個字所共同缺少的部首。

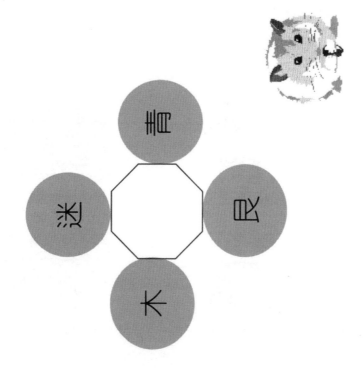

答對了

很厲害我

字族文教學　主題五

年　　月　　日　　　　　　用心唸的人是：＿＿＿＿＿＿＿＿＿

唸一唸，再把偏旁是「分」的字圈出來！

星期天，逛夜市，

炒米粉，香噴噴，

爆米花，份量多，

還有小丑扮鬼臉，

色彩繽紛真逗趣。

要認真找一找偏旁是「**分**」的字喔！喔！

我的表現	
老師評分	

年　月　日　　　　　最會連的人是：_____

請細心觀察下面的圖畫，連一連，唸一唸：

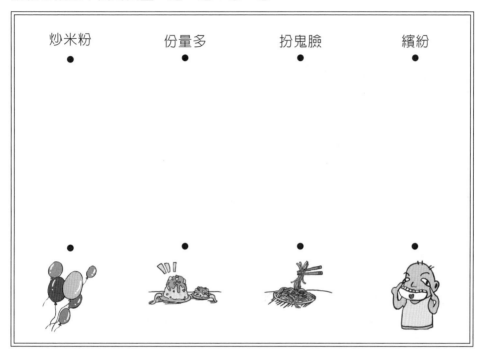

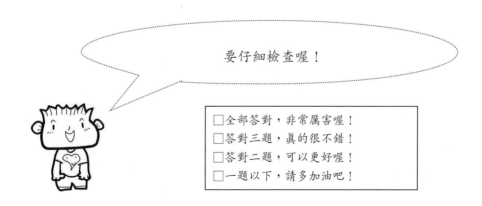

要仔細檢查喔！

□全部答對，非常厲害喔！
□答對三題，真的很不錯！
□答對二題，可以更好喔！
□一題以下，請多加油吧！

年　　月　　日　　　　　　最會唸的人是：_____

小朋友！我們要來認識偏旁是「分」的字，請你描一描、唸一唸，並把唸對的字圈起來。

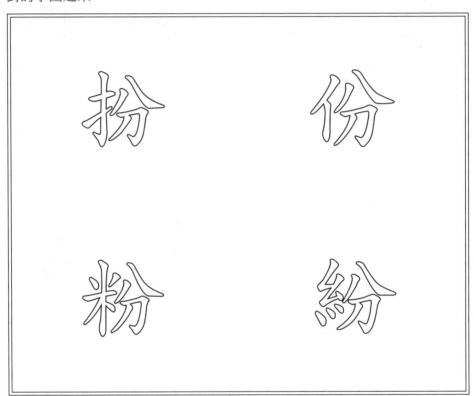

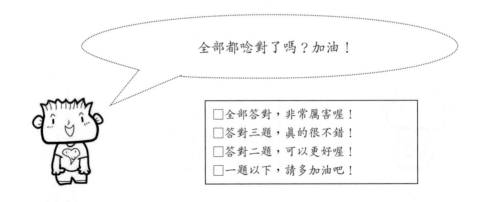

全部都唸對了嗎？加油！

□全部答對，非常厲害喔！
□答對三題，真的很不錯！
□答對二題，可以更好喔！
□一題以下，請多加油吧！

年　　月　　日　　　　　　　　　小畫家是：_____

小朋友！下面這些字都有一個相同的部件，請你找一找，把相同的部分塗上顏色，並大聲唸一唸。

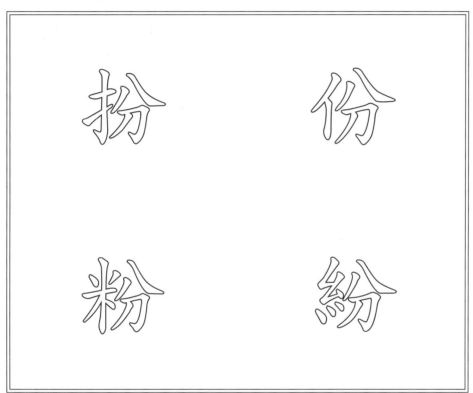

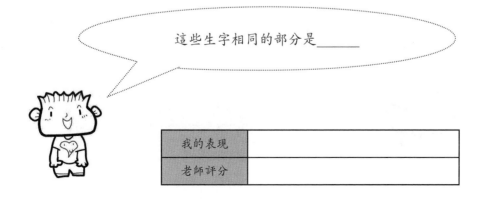

這些生字相同的部分是_____

我的表現	
老師評分	

年　月　日　　　　努力寫的人是：＿＿＿＿＿＿＿＿＿＿＿

小朋友！下面左邊的字是我們學過的部首，把他們放在「分」的旁邊，會組合成另一個新字喔！請你練習寫出完整的國字和注音。

	國字	注音
扌 ＋ 分 ＝		
亻 ＋ 分 ＝		
米 ＋ 分 ＝		
糸 ＋ 分 ＝		

加油！要努力想喔！

□全部答對，非常厲害喔！
□答對三題，真的很不錯！
□答對二題，可以更好喔！
□一題以下，請多加油吧！

年　　月　　日　　　　　　查字典高手是：＿＿＿＿＿＿＿＿＿＿＿＿

小朋友！現在讓我們一起來查字典，把每一個生字找出來，寫完基本題，可以再試試挑戰題！

	生字	扮	份	粉	紛
基本題	注音				
	部首				
	筆劃				
	頁次				
	造詞				
挑戰題	相似詞				
	相反詞				

要認真查喔！

我的表現	
老師評分	

　年　　　月　　　日　　　　　　　仔細想的人是：＿＿＿＿＿＿＿＿＿＿＿＿

看到下面的語詞，你會聯想到什麼呢？你可以利用寫字、說話、剪貼或畫圖等方法，把所有聯想到的內容表達出來，愈多愈好喔！

炒米粉	
份量多	
扮鬼臉	
繽紛	

集點滿10分，我希望可以＿＿＿＿＿＿

「滿分10分，算一算，你得了幾分？」
□1分：能剪貼圖案的，還不錯！
□2分：能畫出圖形的，很好喔！
□3分：能說出詞句的，非常棒！
□4分：能寫出詞句的，真厲害！

年　　月　　日　　　　　努力完成的人是：_____

小朋友！請練習在（　　）內寫出正確的生字。

＊今天學校的營養午餐是炒米（　　　）。

＊我最愛吃大（　　　）量的薯條。

＊小明背對著老師（　　　）鬼臉。

＊各式各樣色彩繽（　　　）的汽球在天空中飄揚。

集點滿10分，我希望可以_____

「滿分10分，算一算，你得了幾分？」
- □ 1分：能唸出正確的生字，還不錯！
- □ 2分：能朗讀完整的句子，很好喔！
- □ 3分：能照正確筆劃書寫，非常棒！
- □ 4分：能寫出正確的生字，真厲害！

年　　月　　日　　　　　認真思考的人是：＿＿＿＿＿＿＿＿＿＿

小朋友！請練習利用每一個生字或語詞造句。

＊炒米粉：

＿＿＿＿＿＿＿＿＿＿＿＿＿＿＿＿＿＿

＿＿＿＿＿＿＿＿＿＿＿＿＿＿＿＿＿＿

＊份量多：

＿＿＿＿＿＿＿＿＿＿＿＿＿＿＿＿＿＿

＿＿＿＿＿＿＿＿＿＿＿＿＿＿＿＿＿＿

＊扮鬼臉：

＿＿＿＿＿＿＿＿＿＿＿＿＿＿＿＿＿＿

＿＿＿＿＿＿＿＿＿＿＿＿＿＿＿＿＿＿

＊繽紛：

＿＿＿＿＿＿＿＿＿＿＿＿＿＿＿＿＿＿

＿＿＿＿＿＿＿＿＿＿＿＿＿＿＿＿＿＿

集點滿10分，我希望可以＿＿＿＿＿＿

「滿分10分，算一算，你得了幾分？」
☐1分：能寫出正確的國字或注音，上課十分用心聽講喔！
☐2分：能正確運用標點符號，知道寫作文的基本原則喔！
☐3分：造句內容能通順流暢，成為小作家的基本條件喔！
☐4分：造句內容能運用成語或諺語，課外常識很豐富喔！

主題六

識字適性教材

　　識字教材分爲常用字教學、部首部件教學及基本字帶字教學三部分，常用字教學適合識字量較少及智能不足學生（功能字）學習、部首部件教學適合有識字障礙學生學習、基本字帶字則適合識字、閱讀有困難的學生學習。教師也可以依學生識字錯誤形態或是認知風格，來選擇教學方式。以下簡單介紹各類識字教學法的教學方式與重點，教師可針對學生學習需要與風格，決定教學方式。

　　1. 常用字教學法的優點是以常用字爲重點，並能結合普通班之教學方式，讓學生以詞優效果結合具體語言學習環境，重複精熟學習，並可配合寫作教學練習。教材中並融入一般字彙識字教學，讓學生熟悉漢字的組字規則、部首表義、聲旁表音的知識（陳秀芬，1999）。

　　2. 部首部件教學法的優點是先學基本的字（部件），再將其組合成其他的字，讓學生在學習識字時同時瞭解如何運用漢字的組字規則，藉此大量識字。

　　3. 基本字帶字教學法是一種由下而上的教學法，強調從字的形、音、義等方面著手，以集中識字爲主要的教學導向，優先識字而後再進行閱讀（劉俊榮，2002）。基本字帶字的教學是將中文字歸類編排，並可輔以字族文及閱讀教學，目的是讓學生能在短時間內大量識字，藉以提升閱讀能力。其優點如下（萬雲英，1991；陳金明，1995）：(1) 教學目標明確、集中，便於突破識字的瓶頸；(2) 將文字歸類對比並顯現出文字的結構與規則，讓兒童學習時易於組織與歸納；(3) 明確的識字策略便於掌握，讓兒童容易舉一反三、觸類旁通，有利於口語和書寫能力之表達。教師可以依據各識字教學之優點及現場需求，做教學決定。

主題七

閱讀適性教材

　　閱讀理解有困難會直接影響學生在學校課業學習上的表現，亦會間接影響學生的日常生活作息。因此，如果能夠對於學習障礙學生實施語文補救教學，讓學生學習有效的閱讀策略，應有助於學生在課業學習與日常生活作息上的表現。

　　閱讀適性教材依據不同的閱讀能力，將教學活動分成四種，分別對應不同的閱讀能力，主要是讓教學者可以依據教學現場的需要、學生的喜好及能力，選取適合的教學活動進行教學。

　　1. 形式深究（文體、結構分析）。

　　2. 內容深究（內容討論、歸納主旨）。

　　3. 語意與語法（詞語教學）。

　　4. 語意與語法（句型教學）。

主題八

刺蝟與田鼠

　　刺蝟與田鼠內容單元包含課文、摘要高手、問題討論、看圖作答、填空作文、生字語詞搜尋、筆劃練習、辨認錯字、看圖選詞、連連看（同義）及連連看（反義）等十一個單元，每一單元都有完整之題庫提供豐富的教學活動。

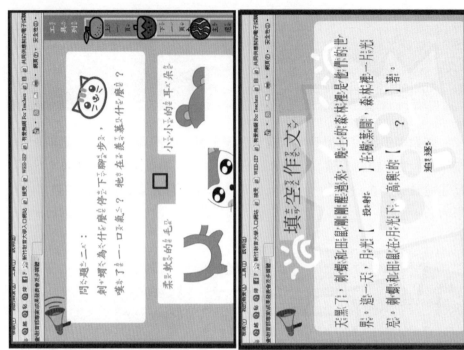

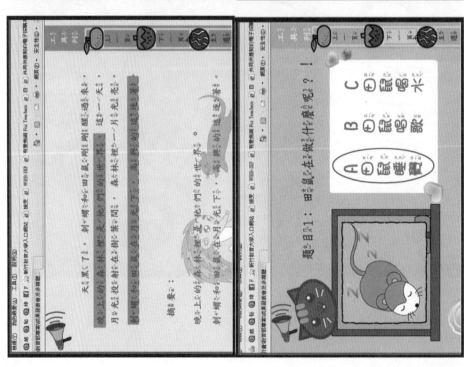

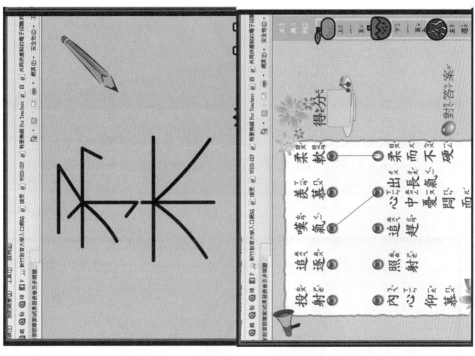

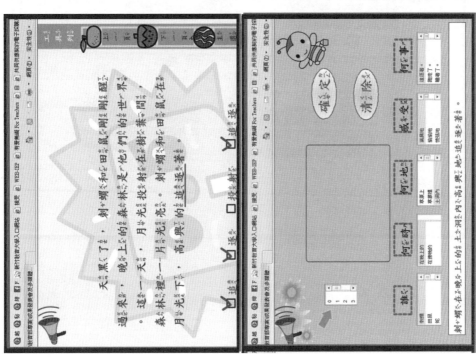

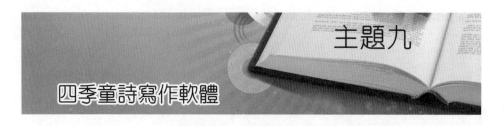

四季童詩寫作軟體分為春、夏、秋、冬四季，每個季節前面都有一篇短文引導學生，短文後則是透過引導的方式，讓學生學習用各種語詞結合成句子，最後能將學生在電腦軟體上寫出的文章直接列印成紙本。

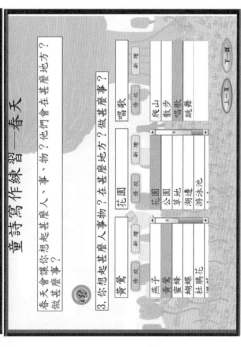

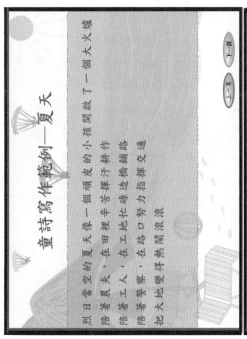

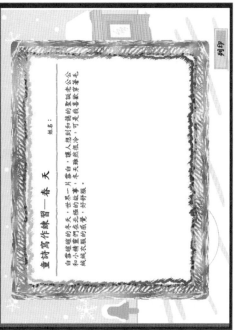

第 5 章

數學科補救教學策略

依據美國精神疾病診斷手冊第五版（Diagnostic and Statistical Manual of Mental Disorders-5，以下簡稱 DSM-5）（APA, 2013）對數學障礙的定義爲：在數學具有障礙 315.1（F81.2）：(1) 數感；(2) 數學公式記憶；(3) 數學計算正確性與流暢性；(4) 數學推理正確。（註：通常針對數字處理、數學公式學習、數學計算正確性與流暢性能力均差的個案，有另一個名詞「Dyscalculia」來統稱這種類型個案，他們通常亦會伴隨數學推理困難或是識字障礙。）Barkley（1998）亦強調學習障礙兒童於神經心理方面之缺陷會導致兒童在學習數學時，常因知與行的無法配合，產生下列問題：(1) 無法決定什麼問題需要解決；(2) 無法過濾不相關字句以掌握題目重點；(3) 無法整合題目中的各項訊息並決定解決方式；(4) 無法監控自己的解題歷程；(5) 無法覺察外在回饋並產生自我校正行爲。

國外的研究顯示，大約有 6% 的國中小學生有著嚴重的數學學習障礙（Fleischner & Marzola, 1988）；國內的研究也顯示，數學學習障礙在小學三到六年級的平均出現率爲 6.6%，且隨著年級的遞增而遞增（陳麗玲，1993），因爲數學爲一極具系統性之科學，若在低年級時未能補救其學習障礙，到了中高年級時補救教學便愈形困難，學生的挫折感比率亦會逐年升高，終致成爲終身障礙（王三幸，1992）。然而國內大多數的資源班是以語文補救教學爲主，數學學習障礙兒童並未受到應有的重視；然數學號稱爲科學之母，先進國家如美國已體認到這個問題的嚴重性，美國教育於 1991 年提出的國家西元 2000 年教育計畫中，將數學問題解決困難之學障學童列爲教學之重點。美國勞工部於 1991 年所提出的相關報告中，也指出教育數學學習障礙的學童將是其未來培養人力的重要方針之一。美國能成爲今日之科技大國，在教育政策方面應有其獨到的見解，這對於企圖建立科技島的我國應具有相當程度的示範意義。

第一節　數學科補救教學

數學其實是非常生活化，也是非常有用的知識，在日常生活中，數學幾乎是無所不在，例如：買東西要用到數學、娛樂遊戲時也常常要用到數學；報稅要用到數學，建築、測量及種種高科技都需要用到數學。然而現

今卻有許多學生聽到「數學」兩個字就頭疼，甚至成爲許多人在求學過程中揮之不去的惡夢。Oberlin（1982）曾歸納出下列七項理由是使學生不喜歡學數學的主因：(1) 忽視個別差異，經年累月給予所有學生一樣的課堂要求及作業；(2) 只強調數學方法，未強調教學方法的教學方式，數學課堂上多是一題解過一題，一頁做過一頁；(3) 數學作業多爲紙筆式，未能採用多元化的作業方式；(4) 堅持學生須採用某種方法解題，而忽略了其實數學可有多種解法；(5) 在學生犯錯時給予額外的數學作業以示懲罰；(6) 採用訓練方式來教數學，學生往往面對同一類型題目時，須做非常多機械式的練習；(7) 在缺乏適時回饋的情形下，要求學生將所有做錯的題目訂正直到正確爲止。

一、 數學知識的性質與教學原則

針對以上的缺失，在教導數學過程中，須掌握數學知識的性質與教學原則，可分爲下列幾點來說明（劉秋木，1998；Polloway & Patton, 1997）：

㈠ 生活化的數學

以生活問題爲材料才能激發學生學習的興趣，由生活問題的解決中發現數學的概念，熟悉之後便能自然地將數學概念應用於日常生活中，例如：單純教學生學習 $\frac{1}{2}$ 的概念，不如可以用分匹薩、分蛋糕或作菜時 $\frac{1}{2}$ 匙糖的概念來教，學習與生活互有關聯的情況下，學生較易產生濃厚的興趣。

㈡ 數學是由抽象概念所形成的嚴密結構

抽象概念的學習應由觀察與操作具體事物開始，教學順序應爲具體→半具體→抽象學習經驗，同時呈現的教材應與學生的先前知識（prior knowledge）相配合。

㈢ 數學是一種心智歷程的表現

學生學習數學是希望能在解決問題的過程中，主動運用各種心理歷程；數學應是在啓發學生的心智，進而使其具備解決問題的能力，而非僅是灌輸觀念，熟練一種計算或測量方法；分組的共同解決問題教學活動，往往有助於學生運用各種方法自行解題發現原理，同時瞭解數學概念的意義及各種方法的道理。

二、 引起與維持數學學習動機

對於資源班中已有數學學習挫折感的學生而言，除了以上的教學原則外，更須注意其學習歷程中，動機的引起與維持可能是更重要的工作，因為面對毫無學習動機的學生，教師的數學專業能力便不具有任何意義。在引起或維持動機上可採下列方法：

㈠ 運用遊戲化或生活化的情境，使學生能有運用自己能力解決問題的機會

例如：對於年幼的孩子，買賣活動可能是個很好的情境設計；學到加減乘除時，16 張紙牌遊戲可能便是個很好的學習及增強活動。教師可裁16 張一樣大小的紙卡，上書「清官升堂」、「公差保駕」、「人民告狀」、「小偷」、「強盜」、「江洋大盜」、「賊」、「捉拿官」、「判官」、「輕重官」、「花樣官」、「加官」、「減官」、「乘官」、「除官」、「劊子手」。玩的時候，四人一組每人四張，照順序大聲唸並出牌，到「人民告狀」時，此人可隨便告四種賊之一。「捉拿官」則必須猜所告的那張牌在誰手上，猜對了，賊受罰；猜錯了，「捉拿官」自己受罰。「判官」可以決定判幾下，「花樣官」可以決定形式，「輕重官」決定「輕罰」或「重罰」，「加」、「減」、「乘」、「除」四官可以就判官所判的數目做加、減、乘、除，最後由「劊子手」來執行。這種遊戲可以用傳統方式玩，亦可將受罰內容與課業相結合，通常都能達到頗佳的效果。而等學生再大一點，賣場中的生活情境式問題也是一種頗好的選擇，例如：可假設學生至賣場買飲料，某公司為促銷其飲料有三種降價方案，甲案是買三送一，乙案是打八折，丙案是每瓶容量增加 20%，應買何者最為划算。

㈡ 讓學生有成功的學習經驗

可於學習過程中將題目簡化給予標準化的提示，抑或於教學過程中採學習步驟分析法，使學生能逐步學習並且學得會，如此在享有學習成就感的情形下，學生才能持續學習動機。

㈢ 讓學生瞭解數學的生活價值，同時能內化學習目標

若是資源班中所選擇的為能在日常生活中發揮功能的教學素材，同時訂定具體的學習目標，通常亦較能引起學生興趣。所謂生活數學，有時

會與學校的數學有些差異，但若能配合著教，會使課堂教學顯得生動有趣，例如：陪媽媽去市場買魚，魚一斤120元，媽媽選了一條爲一斤二兩，請問要付多少錢；若用學校正式數學的算法爲 $120 \times \left(1+\dfrac{2}{16}\right)$，然而在市場時往往須用心算，所以是一斤120元，半斤60元，4兩30元，2兩爲15元，所以爲 120+15=135 元。學生的數學學習目標應不是我們慣用的分數評量，而應是具體的學習目標，例如：九九乘法表或是二位數進位加法，使學生於學習過程中更有著力點，同時也更易內化學習目標；若用分數來替代，常須取決於該次作業單或考題的難易，反而使學生易生挫折感。

(四) 適時的回饋

教師的適時回饋，例如：教學過程的適時提示、作業的批改、教學的評量等，讓他知道自己學得對不對，皆能持續學生的學習動機；亦可讓學生學習寫數學日記，日記的內容可以包羅萬象，最主要是協助學生內化其數學概念，監控其解題歷程，故而數學日記的內容可以是今天發生跟數學有關的生活經驗與過程，可以是具體學習目標下的兩題數學，可以是數學課的學習心得，可以是同樣一題數學的不同解法，甚或僅是一個待解決的數學生活情境。由於資源班的學生在學習上有許多困難之處，故教師在剛開始使用數學日記時，可以採明顯結構、簡要格式的方式，學生只須填入簡單句子或數字即可，然而日積月累下來，該數學日記往往成爲學生最好的數學學習回饋，教師亦可藉此掌握學生的起點能力、學習歷程、錯誤型態、省思能力等。

三、 常用的數學補救教學法

(一) 直接教學法

直接教學法是資源班中常用的補救教學法，其重要原則有三：(1) 結構化的課程規劃；(2) 注重教學技巧；(3) 有組織的課程內容。

Silbert、Carnine 和 Stein（1990）曾建議可遵循以下直接教學法的步驟，來教導特殊學生數學：

1. 界定教學之可評量或可觀察之具體目標。
2. 教導學生關於此具體目標可能用到的一些問題解決策略。
3. 決定教導該具體目標所需之先備技巧，並將其順序排列。

4. 規劃教學形式，包括教師在課堂上要做或說什麼、學生預期反應、可能的教學替代方案、評量過程及作業單。

5. 連接學生起點能力，並開始教學。

6. 練習、評量與回饋。

㈡ 合作學習法

合作學習強調學生於學習過程中須同心協力合作以完成特定的學習目標，教師通常須將團隊的工作結構化以協助學生易於在分工的情形下達成學習目標。有不同的學者提出各種不同的合作學習法，而 McTighe 和 Lyman（1988）則提出適用於資源班中小班教學的 Think-Pair-Share wooded，學生被要求遵循下列三個步驟以達到合作學習的目標：

1. Think：每位學生被要求看或聽一個數學題目，然後開始思索有何方法可解決這個問題。

2. Pair：在學生能想出解決方法後，教師將他們分組，同時在小組開放安全的氣氛下分享彼此的解決方法，如此可讓學生學會用數學語言來溝通彼此的解決方法，同時也有機會接觸到不同的數學問題解決法。

3. Share：學生再度被集合起來，教師鼓勵學生分享方才在小組討論中所學習到的方法，如此可讓學生再一次訓練數學溝通技巧，同時明白每種數學問題皆有一種以上的解法。

㈢ 認知結構激發法

該法強調學生的學習機會（Opportunity To Learn, OTL），是由 Sosniak 及 Ethington 於 1994 年提出，他們認為有許多特殊班級因不當的課程規劃，使得學生在學習後，程度與普通班學生差距愈來愈大，愈來愈不可能回歸到原班去。良好的課程規劃、學習機會與適度的師生比例會使資源班變成學生學習的魔術師，然而若教師只是用普通方法給學生更零碎的知識及更反覆的習作，或是教師受限於學生障礙的標籤概念，而相信應給予學生極度簡化的課程，那麼學生往往在無形中被剝奪了學習機會，以致程度愈來愈落後。Sosniak 及 Ethington 認為應不斷給予學生比他們起點能力程度略高的數學教材，形成挑戰性以激發學生的認知潛能，故而該法的教材內容多偏向於問題解決活動及應用題，而少反覆式的計算題練習，他們認為有愈多的機會讓學生解決情境式的數學問題，學生愈有機會建立

真正的數學概念與技巧。教師於教學過程中另須遵循三點原則：(1) 教師於課本之外，宜多配合學生能力，給予適性化的教材或教具；(2) 善用合作學習，使學生能互相激發學習潛能；(3) 教導學生數學即生活的概念，而非一堆的解題程序與規則。

(四) 問題解決法

該法強調教導學生各種數學問題解決法與表達技巧。例如：

1. 教導數學常用詞彙：資源班的同學常因無法理解數學常用詞彙或其與數學抽象符號的關聯性，以至於在解題上形成困難。教師可將數學常用詞彙作一統整性整理並據以教導學生，例如：＋、加、總共、總和、給、一起、及和代表的為相似意義，請把問題中的關鍵數字找出做加法。

2. 應用題的解題步驟：該法適合於中、高年級以上的學生，在解應用題有困擾時，可遵循下列步驟去試著解題：(1) 仔細再讀一次題目；(2) 畫出答案所要求的關鍵字，例如：答案想問的是「車子每小時可跑多少公里？」；(3) 尋找題目中的其他關鍵字並去除不必要的資訊；(4) 標示出任何關鍵數字；(5) 採用圖解方法來輔助思考；(6) 決定解題或計算步驟；(7) 執行解題或計算步驟；(8) 檢查答案的正確性；(9) 以題目要求的方式寫下答案。

第二節 多媒體教學與數學學習障礙

一、 多媒體教學與數學學習障礙

電腦科技的發展已經使得電腦輔助教學（Computer Assisted Learning, CAL）成為目前教學的趨勢，據研究指出，使用互動式的多媒體作為教育訓練的工具，可以降低訓練成本 64%，且減少原來學習時間的 36%（Merrill & Hammons, 1996）；另外，Kulik 教授曾經分析 192 篇電腦輔助教學的研究報告後，發現使用電腦輔助教學系統之後，學生成績進步了 11%，學習態度提高 32%，綜合的效果則提升了 32%（Kulik, Chen-Lin & James, 1992）。而電腦輔助教學所具備的特性（楊坤堂，1995）如：(1) 反覆式練習，課程可以重複；(2) 個別化學習，讓教師得以依據學生個

別化差異設計教學活動，學生則可依據其能力調整學習的時間與進度；
(3) 遊戲式教學，可以引發學習興趣與動機，促進注意力等，非常適合學習障礙的教學，也正可解決目前國內學習障礙師資不足的窘境。事實上，國外的研究顯示，電腦輔助教學的確能夠提升學習障礙兒童的學習能力（Watkins & Webb 1981; Hasselbring, 1982; Montague, 1987; Majsterek & Wilson, 1989）。反觀國內電腦輔助教學於特殊教育方面的研究，則偏重於輕中度智障兒童的教學（張英鵬，1993；高豫，1995；鍾樹橡、何素華、林菁，1995；林文濱、張明順、潘裕豐，1997；林菁、盧明，1997），電腦輔助學習障礙教學方面的研究相對較少，且多集中於學習障礙中的閱讀障礙類型（朱經明，1995；游惠美、孟瑛如，1997）或遠距診斷（孟瑛如、吳東光，1997；孟瑛如、吳東光、陳麗如，1999），至於學習障礙中的數學障礙類型則較少受到重視，即使有，也多以舊教材的行為目標觀點為著眼點（張英鵬，1993；蔡文煉，1995），多已不符目前所需。

在國小數學新教材全面更新為以建構主義精神編製後，由於建構主義強調由作中學，注重學習歷程而非僅重視學習成果，知識的建構都必須在群體的討論中，彼此構築而成（Vygotsky, 1978），且 Simons（1993）指出建構學習的六個核心特徵為：(1) 主動；(2) 建構；(3) 累積；(4) 目標導向；(5) 對話；(6) 省思，因此現今之數學新教材依據此精神，強調數學學習的目標在於培養學童解決問題的能力及使用數學語言與人溝通的能力，學童應透過解題，討論與說理的方式來學習數學知識，教師乃是學習環境中的引導者，也是學習團體成員之一（臺灣省國民學校教師研習會，1994）。教師的主要任務乃為提供問題情境，建立適合發展合作關係的學習環境，使學習者透過同學間的討論，澄清價值，得到知識的真正涵義；然而現今許多教師仍未能掌握建構主義的數學新教材精神，更遑論是師資極度缺乏的數學學障領域了。過去數十年間對教室討論行為所作的研究皆一致指出，學生很少有機會進行彼此的討論互動，通常在教室中說得最多的是老師，而老師的談話又往往是用來制止或妨礙學生討論的（Barnes, 1985; Cazden, 1988；洪啓文，1995）。

多媒體教材之發展若能有效結合建構主義精神，當可部分解決前述之數學學障師資不普遍的問題，且能發展國小數學教育的重心是以兒童為

本位的概念，輔導兒童能由日常生活中探討數學相關知識，並進而培養其能有效運用數學方法以解決實際問題的態度與能力。Bishop 及 de Abrue（1991）發現同一個數學概念在以情境法呈現時，兒童可以正確解出答案，但若抽離情境純以數學用語呈現時，兒童則往往會解題失敗；這顯示學生在面對生活情境式數學問題時的解題能力，會比採僅以文字紙筆回答的測驗式數學問題佳。多媒體教材作情境式問題呈現效果要較一般學校的演講式教學與紙筆測驗為優，同時許多研究亦建議應用電腦輔助教學的概念能有效降低學童之數學焦慮（李文忠，1995；柳賢、陳英娥，1994；鍾思嘉、林青青、蔣治邦，1991）。而近年來，更由於電腦網路技術的進步，使得原有的傳統式電腦輔助教學所提供的個別化學習環境可以經由網路的連接而成合作式的學習環境，網路之前人人平等，網路化的電腦環境更有助於合作團隊中的溝通及資訊的交換與分享，不僅可充分發揮建構主義的學習精神，更能協助解決數學學障師資嚴重缺乏的問題。

同時在電腦處理的效能持續地快速進步時，將人工智慧的技術引入網路化的電腦輔助教學系統並普及化已經不再是夢想，這種智慧型的系統可根據學習者的學習路徑或是學習評量結果，動態地調整教材呈現或評量試題的難易度，即所謂適性化測驗；甚至也可潛在地引入所謂「智慧型代理人」的概念，於網路上模擬教師或學習同伴的角色，幫助學習者的學習活動（陳德懷，1995），而使電腦由傳統的輔助教師教學，轉變為可以獨立存在的智慧型學習輔助系統。類似上述的智慧型學習輔助系統所扮演的角色，其實與現有特殊教育中，因應回歸主流而設置的資源教室頗為契合，亦應可解決我們一再強調的特教師資缺乏及資源教室設置不足的問題，讓學習障礙的學童於正規的教學活動以外，有一個學習補救的環境。

誠如前述所言，多媒體的教材若能建置在網路上，較能達到資源共享的目的。在教材的呈現方面，目前網路上的教材製作多為 HTML 格式，而以超媒體的方式呈現（Marchionini & Crane, 1995；王國禎、陳志名，1997；傅振華、鄭鈞文、鍾克雄，1997；陳年興，1997），若有需要動畫的效果則以其他多媒體製作工具（如 Director、Authorware 等）製作成 AVI、Quicktime、MPEG，或其他動畫格式之檔案，供學習者線上下載並觀看（CORAL, ICAL）。純粹的超媒體展現方式通常失之於單調，並不適

合於普遍有注意力與學習動機問題的學障學童，而線上下載的動畫則因檔案過大，需要較長的時間等待，不僅缺乏互動的效果，更容易使學障學童失去耐性。而且傳統的 HTML 運作模式過度地倚賴伺服器端，學習者的每個要求通常需要透過網路，由伺服器來回應，造成伺服器及網路的負擔；另外，傳統的方式也忽略了學習者端電腦所具備的運算處理能力，試想，若一個學習者擁有一臺 Pentium II 的多媒體電腦，而他所做的只是單純的瀏覽動作，這不啻是一大資源的浪費。當然，HTML 若能結合 JAVA 的技術，亦能具備相當的互動功能，但類似的設計方式僅侷限於少數具資訊專長的開發者，對於市場規模較小且強調個別化教材方案的特教領域，恐難以吸引足夠的專業人士或廠商投入，因此一個容易製作且又能改進傳統 HTML 問題的教材格式，實乃目前製作特教電腦輔助學習系統的最迫切需要。在筆者評估目前網際網路及多媒體的各種技術後，認為動態 HTML（Dynamic HTML）（Cambell, B. & Darnell, R., 1997）不僅可以製作活潑的網頁，具豐富的多媒體效果，並多能直接於 Client 端運作，減少伺服器及網路的負擔，製作上也不困難。

二、 數學學習障礙多媒體製作原則

現今之數學學習障礙多媒體教材若欲符合建構主義之精神，首先須符合下列四種原則：(1) 須以豐富且具彈性的問題情境呈現，以使學習者能在互動中掌握知識的複雜性與相對性；(2) 使學習者能充分發展與掌握生活情境式的學習策略以適應多向度的學習情境；(3) 為一適合發展合作關係與討論的學習環境；(4) 各種學習訊息必須具有彈性以達適性教育的要求。亦即教材設計須符合前述 Simons（1993）之建構學習六個核心特徵，學生握有學習的主動權，在學習目標明確的情形下，設計各類情境式教學與測驗問題，採逐步累積之教法並配合學生之生活體驗設計教材，於教學過程中，利用標準化提示或是從旁教師之協助，給予學生有對話與省思的機會。另為配合數學學習障礙學生之學習特質，於多媒體教材上另須注意以下原則（孟瑛如，1998）：(1) 於起始時，須提供少數成功學習經驗以利引起其學習動機並降低焦慮感；(2) 採生活化的情境式問題呈現，惟在教學呈現過程，宜採漸進累積方式，以符合學習步驟分析原則；(3) 顏色對

比宜分明，以強調視覺學習效果；(4) 畫面勿太複雜或跳躍，儘量採取單純呈現的原則，以避免非關主題的刺激分散學障學童的注意力；(5) 宜視情況配合注音或語音系統，畫面文字呈現應與語音同步，並隨語音變化顏色，以改善多數學障學童均伴隨的閱讀障礙問題；(6) 正確作答之獎勵畫面宜豐富多元，勝於錯誤作答之警示畫面，否則對通常學習動機低落的學障學童易造成反效果；(7) 說明宜採直敘句，同時符合簡單、清楚、正向、可行的原則，儘量避免使用反問句或疑問句；(8) 說明之聲調宜力求輕快、活潑，以引起學障學童之學習動機；(9) 文字語音同步呈現速度不宜太快，若有可能學生應能選擇自行閱讀或語音配合速度，以適應不同類型之學習障礙；(10) 介面須儘量友善，以免因電腦使用的障礙，引起不必要的學習困擾；(11) 教材之整體設計宜力求流暢，避免讓通常伴隨注意力與學習動機問題的學障學童作無謂的等待；(12) 教材之設計可採先教學再測驗的方式，但儘量以遊戲式方式呈現，同時測驗過程中可隨時連結回教學區，以引起學生學習動機並降低焦慮感；(13) 宜有適性測驗之設計，以達個別化教學之目的；(14) 測驗解題時，宜讓學障學童有充足練習的時間與機會；(15) 於解題過程中，宜針對伴隨衝動思考與注意力不集中現象的學障學童配合標準化提示語，如提示應用題解題的建構主義認知流程的七個標準化提示語（請參閱表 5-1）（Polloway & Patton, 1997），同時在計分方式亦可採取動態評量的計分方式（請參閱圖 5-1），以瞭解學童的思路過程或錯誤型態，或僅是單純地提示學童：「請再仔細想一下！」、「想清楚了再回答！」。

▼ 表 5-1

題目：小明到便利商店中買了一包5元的乖乖和一條7元的77巧克力，請問他共花了多少錢？

1. 簡單消極的回饋：給予兒童自我校正的機會。 　提示語：請仔細再看一次題目。
2. 問題轉譯的提示：提醒兒童注意能促進解題的已知訊息和所要回答的問題為何？ 　提示語：題目在告訴我們什麼？
3. 工作記憶的提示：加強題目中的關鍵詞，減輕其工作記憶的負擔。 　提示語：題目在問什麼？

4. 提示解題的重要關鍵：引導兒童注意可以幫助解題的關鍵敘述。

　　提示語：只有買一包乖乖比較多錢，還是買一包乖乖和77巧克力要比較多錢？

5. 提供策略知識：例如配合圖示。

　　提示語：你可以用畫圈圈的方法算算看。

6. 協助執行策略知識：引導正確地利用解題策略。

　　提示語：一個圈圈一塊錢，乖乖一包五塊錢，要畫幾個圈圈圈？……（略）

7. 示範整個解題步驟：教導兒童一步步的解題。

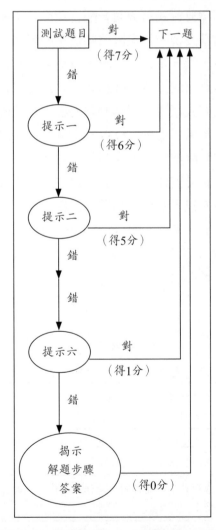

▲ 圖 5-1　動態評量的介入提示與計分流程圖

第三節 數學科補救教學教材設計範例

　　以下所示範的加減法、乘法及除法三個主題，皆已是發展完整的平面教材，且已根據平面教材發展出適合資源班所用的多媒體教材，乃為筆者主持「資源教室補救教學模式研究」期間所發展，並曾試用及修改，今限於篇幅關係，僅能每一主題舉一範例，讀者若有興趣閱讀更詳盡的資料，可自行上網至有愛無礙團隊所建置之「有愛無礙學障／情障互動網站 - 數位教材管理系統」（網址：http://lcms.dale.nhcue.edu.tw/）閱讀更詳盡的資料。該平面教材部分，新竹市民富國小的唐檻章、黃瑞欣與陳書勤老師貢獻心力良多，承蒙他們的試教與修改；多媒體的技術製作部分，則仰賴彰化師範大學資管系吳東光教授及其學生製作群甚多。

主題一

超級市場鬥陣來 —— 加加減減

一、目的

　　將教材內容分為多元類型及程度，並配合日常生活常遇到的事物舉例說明，再經由步驟分析的方式，幫助在數學加法或減法方面出現學習障礙小朋友加強基本概念，以期快樂學習。

二、適用對象

　　國小一年級以上程度且具備基本數量之合成與分解概念，並欲增強下列相關能力：

㈠記憶能力

　　1. 短期記憶：能增強學生對於才解說過的數學符號、題目、演算過程的短期記憶效果。

　　2. 長期記憶：經過時間的累積，學生會將短期記憶內容轉換為長期記憶。

　　3. 序列記憶：增強學生能正確數數的能力，並且有正確的數字概念。

㈡語言能力

　　1. 接收能力：增強學生對於數學專有名詞的瞭解，並且知道一個字或詞可能有不同的意義，一個意義可能可以用數個不同的字或詞來解釋。

　　2. 閱讀能力：能解決應用題的理解能力。

　　3. 表達能力：加強學生敘述、說明應用題的解題經過。

㈢知覺動作

　　1. 視聽能力：使學生會說出數學符號或數字……，並且能正確的指認出來。

　　2. 空間關係：加強學生方向感與左右概念，並且知道數學的數字順序、位數排列與小數點的位置。

3. 手眼協調：加強學生正確抄寫數字、畫圖形的能力，且可以在適當括號內填上適當大小的字，並配合感覺統合的訓練活動。

(四) 理解能力

1. 抽象圖形：增強學生對於數學的圖表、符號的瞭解。

2. 題意理解：加強學生將應用題中的文字，轉換為數字計算。

3. 數學符號：加強學生理解抽象的「＋」、「－」等數學符號所具備的計算意義。

(五) 推理能力

1. 問題解決：使學生能夠類推題意而找出解題方法，並且能從上下文中，找出解題策略。

2. 量的保留和轉換：使學生能夠具備量的保留概念、能比較大小及數量，並能夠從量中作數的轉換。

(六) 學習動機

使學生提高學習動機，並且具學習意願。

(七) 行為模式

1. 衝動思考：加強學生專心將整題題目看完再解題的能力，避免快速做完但有不完整或錯誤答案出現。

2. 固著行為：增強學生計算能力的轉換，例如：「連加」可以轉換為「乘」的概念。

3. 注意力缺陷：加強學生專心注意力，並能夠在時間內完成指定的工作，且將題目依照順序完成。

三、教學內容

(一) 教材

利用實物、圖片、教具實際操作與解說，並配合作業單輔助練習。

(二) 教學方式

★教學前

1. 建立基本觀念：先利用學生生活上的經驗來設計問題，利用實際物品或圖片的操作來加強基礎觀念。

★教學時

2. 問題教學：能加強學生的基本觀念，不以填鴨式教學的方式，儘量用問題提示，增加學生的思考過程；教師利用問題代替直接告知答案，採引導式序列問題的做法，由學生依照老師問題的順序將答案利用自我思考的方法想出來。

3. 個別教學：注意學生的個別需要給予不同的作業單；依照個別差異給予不同的教學目標；針對學生不同的情況利用不同的教學方法。

4. 具體至抽象的漸進式教學：教學時先以具體物品呈現，再加入半具體概念，最後慢慢轉換到抽象概念，使用漸進式教學，讓學生能從基礎開始學。

★教學後

5. 作業單練習：對於已經學習過的部分能給予反覆練習，每天給予適當的作業單，使學生回家後有複習的機會。

6. 教師與家長間的相互合作：教師可以先與家長做溝通，剛開始先由家長陪同依照學校教學的方式做練習，逐步轉變成學生能夠自行完成作業。

(三) 教學原則

1. 題型以小朋友日常生活經驗為主，採情境問題的呈現方式，加上實物、圖片、教具的實際操作，並用遊戲的方式加深小朋友的印象且加強基本概念。

2. 利用半具體的符號（例如：畫圈記數）與實物操作做連結，再依小朋友學習上的個別差異給予適當的協助，鼓勵小朋友思考與自己解決問題。

3. 根據不同數學學習障礙類型的小朋友，設計不同的作業單，經由多次練習後，期使小朋友可獨立解決與完成作業單上的問題。

(四) 教學變化

依照上述的教學方式與原則，進行二位數以上加法、減法的教學及應用問題的解題策略。

(五) 練習題目

1. 畫圖數一數：小朋友可以依據自己的方式，將題目的意思記錄（畫圖表示）下來。

2. 畫圈圈、數數看：利用畫圈圈的方式，處理合成與分解的數算行為。

3. 回答問題：依照題意將題目改寫，藉由分析與解說題意的方式，帶領學生找出解題策略。

4. 用算式填充題記下來：依照題意用算式填充題記錄，並解決二位數以上合成與分解的問題。

5. 用直式算算看：會利用直式處理合成與分解的問題。

6. 分析應用題題意：仔細閱讀應用題題目，練習分析題意後選出正確的敘述及正確的計算方式。

7. 應用問題的練習：學習自行分析題目，並找出解題策略。

四、發展

1. 一位數加一位數，不進位的加法練習。

2. 一位數加一位數，要進位的加法練習。

3. 兩位數加一位數，不進位的加法練習。

4. 兩位數加一位數，要進位的加法練習。

5. 兩位數加兩位數，不進位的加法練習。

6. 兩位數加兩位數，要進位的加法練習。

7. 一位數減一位數的減法練習。

8. 兩位數減一位數，不借位的減法練習。

9. 兩位數減一位數，要借位的減法練習。

10. 兩位數減兩位數，不借位的減法練習。

11. 兩位數減兩位數，要借位的減法練習。

12. 應用問題的題型發展。

五、單元示例（請參閱 p.341～346）

數一數　加加看

屬ㄌㄧˋ害ㄏㄞˋ高ㄍㄠ手ㄕㄡˇ的ㄉㄜ名ㄇㄧㄥ字ㄗˋ是ㄕˋ：＿＿＿＿＿

⑴ 籃ㄌㄢˊ子ㄗˇ裡ㄌㄧˇ原ㄩㄢˊ來ㄌㄞˊ有ㄧㄡˇ 5 個ㄍㄜ蘋ㄆㄧㄥˊ果ㄍㄨㄛˇ，　再ㄗㄞˋ放ㄈㄤˋ進ㄐㄧㄣˋ 3

個ㄍㄜ，　現ㄒㄧㄢˋ在ㄗㄞˋ籃ㄌㄢˊ子ㄗˇ裡ㄌㄧˇ有ㄧㄡˇ幾ㄐㄧˇ個ㄍㄜ蘋ㄆㄧㄥˊ果ㄍㄨㄛˇ？

❶ 先ㄒㄧㄢ 畫圈圈 數ㄕㄨˇ數ㄕㄨˇ看ㄎㄢˋ

❷ 用ㄩㄥˋ 算式填充題 記ㄐㄧˋ錄ㄌㄨˋ下ㄒㄧㄚˋ來ㄌㄞˊ

$$5 + 3 = (\quad\quad)$$

❸ 現ㄒㄧㄢˋ在ㄗㄞˋ籃ㄌㄢˊ子ㄗˇ裡ㄌㄧˇ有ㄧㄡˇ（　　　）個ㄍㄜ蘋ㄆㄧㄥˊ果ㄍㄨㄛˇ。

動動腦筋想一想

厲害高手的名字：＿＿＿＿＿＿

(1) 小漢有9枝鉛筆， 小云有6枝鉛筆， 兩個人共有多少枝鉛筆？

❶先 畫圈圈 數數看。

❷用 算式填充題 記錄下來。

$$9 + (\qquad) = (\qquad)$$

❸寫成 直式 算算看。

```
    9
 +  6
 ────
 ┌──┬──┐
 │  │  │
 └──┴──┘
```

> ⊙ 9 + 6 = 15
> 個位數字寫5，
> 十位數字寫1。

📖 超過10要記得進位！

❹兩人共有（　　　　）枝鉛筆。

數一數　減減看

屬害高手的名字是：＿＿＿＿＿＿＿

⑴籃子裡有 **9** 個檸檬，　拿走 **3** 個，　還剩

下幾個？

❶先 畫圈圈 數數看

（ 拿走的畫 ✕ 作記號 ）

❷用 算式填充題 記錄下來

$$9 - 3 = (\qquad)$$

❸籃子裡剩下（　　　）個檸檬。

動動腦 想一想

厲害高手的名字是：＿＿＿＿＿

⑴ １３個氣球，破了９個，還有多少個？

❶先 畫圈圈 數數看

（ 破掉的畫×作記號 ）

❷用 算式填充題 記錄下來

１３ － （ 　　　 ） ＝ （ 　　　 ）

❸寫成 直式 算算看

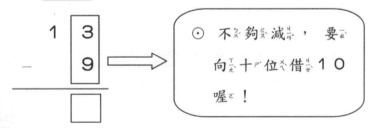

　 １ ３
－ 　 ９
_____

⊙ 不夠減，要
向十位借１０
喔！

❹還有（ 　　　 ）個氣球。

要用什麼方法呢？

厲害高手的名字是：＿＿＿＿＿＿

(1) 英英買了３７塊蛋糕，佩佩買了２５塊蛋糕，英英比佩佩多買了幾塊蛋糕？

❶用 算式填充題 記錄下來

$$3 7 - 2 5 = (\qquad)$$

❷寫成 直式 算算看

$$\begin{array}{r} 3\ 7 \\ -\ 2\ 5 \\ \hline \square\ \square \end{array}$$

❸英英比佩佩多買了（　　　）塊蛋糕。

動動腦筋想一想

厲害高手的名字：＿＿＿＿＿＿＿

(1) 小漢有2枝鉛筆，小云有6枝鉛筆，

兩個人共有多少枝鉛筆？

❶先 畫圈圈 數數看

❷用 算式填充題 記錄下來

　　2 ＋ （　　） ＝ （　　）

❸兩人共有（　　　　）枝鉛筆。

作業單編製及使用原則範例（一）

一、適用對象

1. 國小一年級以上，具基本合成、分解概念的兒童。
2. 注意力缺損之兒童。
3. 無法類推題意而找出解題策略的兒童。
4. 無法結合數字與數量概念的兒童。

二、編製原則

1. 字體的放大：容易視讀。
2. 顏色的變化：增加兒童學習的興趣。
3. 字形的變換與強調關鍵字：易於找出解題方法。
4. 實物的配合：結合數字與數量的概念。
5. 利用學習步驟分析法，讓兒童瞭解解題策略。

三、教學原則

1. 解說題目時，用不同的方式分析，之後並請學生重新解說一遍。
2. 利用圖片連結思考。
3. 按步驟，帶領兒童找出解題方式。
4. 最後回答問題時，加強數字與數量的結合。

要用什麼方法呢？

屬害高手的名字是：＿＿＿＿＿＿

(1) 哥哥吃了 **4** 支冰淇淋，弟弟吃了 **3** 支冰淇淋，哥哥比弟弟多吃了幾支冰淇淋？

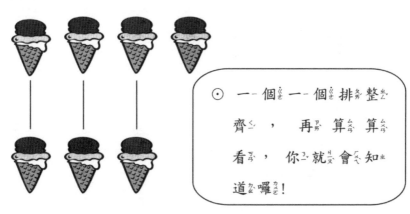

> ⊙ 一個一個排整齊，再算算看，你就會知道囉！

📖 哥哥比弟弟多吃了 1 支冰淇淋

❶用 算式填充題 記錄下來

$$4 - 3 = (\qquad)$$

要用什麼方法呢?

厲害高手的名字是：＿＿＿＿＿

⑴ 英英吃了 **18** 顆草莓， 佩佩吃了 **6** 顆草莓， 英英比佩佩多吃了幾顆草莓?

❶ 用 算式填充題 記錄下來

$$18 - 6 = (\quad)$$

❷ 寫成 直式 算算看

$$\begin{array}{r} 18 \\ -\ 6 \\ \hline \square\square \end{array}$$

❸ 英英比佩配多吃了 (　　) 顆草莓。

作業單編製及使用原則範例（二）

一、適用對象

1. 短期記憶能力不足的兒童。

2. 有衝動思考情形的兒童。

3. 缺乏學習動機的兒童。

二、編製原則

1. 題目顏色的變化：利用顏色的變化增加新鮮感，讓兒童有主動學習的意願。

2. 加註提醒語詞：對於有衝動思考情形的兒童，加註「仔細想一想」、「小心！別出錯！」……語詞於作業單旁，有助於練習時隨時提醒而減少錯誤發生。

3. 增加鼓勵語詞：利用鮮明色彩及不同字形的鼓勵語，增加兒童的信心及成就感。

三、教學原則

1. 做作業單練習時，宜考慮兒童的實際能力，以一題為單位，一題一題完成為原則，不宜過快速度，須給兒童多思考及檢查的機會。

2. 多給予正向的鼓勵，加強兒童的自信心並增強學習動機。

3. 有衝動思考的兒童，在做練習時，須隨時增加提醒語，例如：請仔細看清楚題目、老師喜歡看正確的答案、請再檢查一遍、小心！別出錯……，讓兒童真正能改變學習的態度。

數一數　加加看

厲ㄌㄧ害ㄏㄞ高ㄍㄠ手ㄕㄡ的ㄉㄜ名ㄇㄧㄥ字ㄗ：＿＿＿＿＿＿

(1) 籃ㄌㄢ子ㄗ裡ㄌㄧ原ㄩㄢ來ㄌㄞ有ㄧㄡ 12 個ㄍㄜ蘋ㄆㄧㄥ果ㄍㄨㄛ，　再ㄗㄞ放ㄈㄤ進ㄐㄧㄣ 6

個ㄍㄜ，　現ㄒㄧㄢ在ㄗㄞ籃ㄌㄢ子ㄗ裡ㄌㄧ有ㄧㄡ幾ㄐㄧ個ㄍㄜ蘋ㄆㄧㄥ果ㄍㄨㄛ？

❶原ㄩㄢ來ㄌㄞ有ㄧㄡ（　　　　）個ㄍㄜ蘋ㄆㄧㄥ果ㄍㄨㄛ

❷再ㄗㄞ放ㄈㄤ進ㄐㄧㄣ（　　　　）個ㄍㄜ蘋ㄆㄧㄥ果ㄍㄨㄛ

❸現ㄒㄧㄢ在ㄗㄞ有ㄧㄡ（　　　　）個ㄍㄜ蘋ㄆㄧㄥ果ㄍㄨㄛ

❹用ㄩㄥ 算ㄙㄨㄢ式ㄕ填ㄊㄧㄢ充ㄔㄨㄥ題ㄊㄧ 記ㄐㄧ錄ㄌㄨ下ㄒㄧㄚ來ㄌㄞ

原ㄩㄢ來ㄌㄞ有ㄧㄡ　　　　再ㄗㄞ放ㄈㄤ進ㄐㄧㄣ　　　　現ㄒㄧㄢ在ㄗㄞ有ㄧㄡ

12　　　＋　　　6　　　＝　　　（　　　　　　）

❺寫ㄒㄧㄝ成ㄔㄥ 直ㄓ式ㄕ 算ㄙㄨㄢ算ㄙㄨㄢ看ㄎㄢ

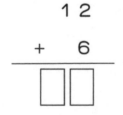

12
＋　6
▢▢

答對了!給自己拍拍手!!

主題二

整數乘法 ── 九九乘法記憶術

一、目的

乘法是加法的速算，也是除法的因數、倍數的基礎，快速處理乘法問題是解題成功的重要關鍵。以趣味性、生活性，結合記憶策略訓練學生理解乘法概念，進而熟悉乘法，減低數學恐懼。

二、適用對象

國小二年級以上程度，欲學習九九乘法的學生，或輕度認知障礙學生。

三、教學內容

(一) 教材

1. 以生活經驗為出發點，利用日常生活常見的事物和活動，讓學生在生活中瞭解連加與乘法關係、倍數問題。

2. 記憶策略輔助「圖像位置法」與「諧音法」，協助學生記憶九九乘法。

(二) 教學方式

1. 以實物具體呈現，或圖畫半具體呈現、文字及口語輔助，講解九九乘法的意義與練習。

2. 運用電腦多媒體教學：製作乘法 PPT 教學檔、用手比的九九乘法動畫檔及網路上的乘法遊戲，提供個別化學習，讓學生能反覆練習，以及遊戲式的評量活動。

(三) 教學原則

1. **2、4、6、8** 的乘法記憶策略（如圖一）：

在 2、4、6、8 的乘法中，因為尾數均相同，因此設計「圖像位置法」，協助學生記憶，減少記憶負擔。

(1)「背誦尾數 ②、4、6、8、0」就可以完成「2 的乘法背誦」：

(2)「背誦尾數 4、8、2、6、0」就可以完成「4 的乘法背誦」；

(3)「背誦尾數 6、2、8、4、0」就可以完成「6 的乘法背誦」；

(4)「背誦尾數 8、6、4、2、0」就可以完成「8 的乘法背誦」。

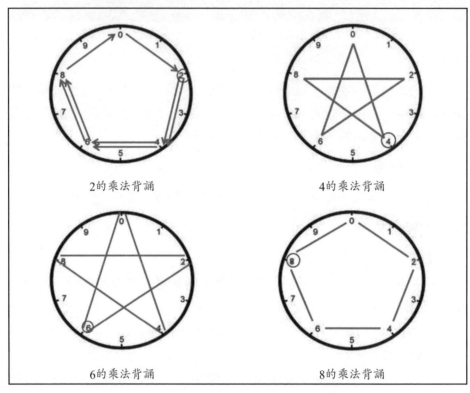

2的乘法背誦　　　　　　　　4的乘法背誦

6的乘法背誦　　　　　　　　8的乘法背誦

圖一　2、4、6、8 的乘法記憶策略——圖像位置法

2. 5 的乘法記憶策略（如圖二）

利用時鐘 5、10、15……，五個一數的方式協助記憶。

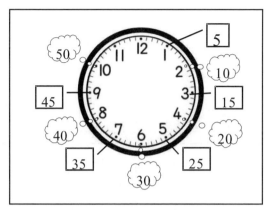

圖二　5 的乘法記憶策略

3. **9 的乘法記憶策略**

利用少一及手指協助運算。

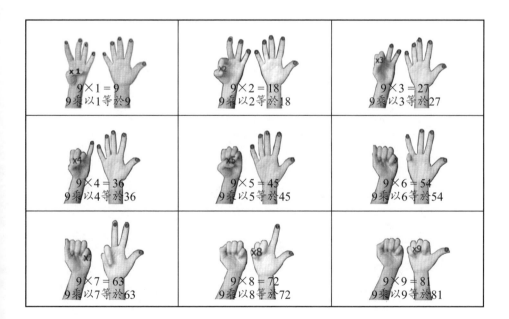

4. 乘法記憶策略「諧音法」

透過耳熟能詳的成語、諺語和諧音，來記憶較易弄混的九九乘法。例如：不管三七二十一，$3 \times 7 = 21$。

九年一貫能力指標	N-1-06	調整後之指標	2-n-08-1、2-n-08-3
單元名稱	乘法——2的乘法	活動名稱	記憶策略——神奇數字24680
課程調整	☐簡化、☐替代、■補救、☐實用、☐矯治、☐充實		

小朋友：從左右兩張圖，你發現了什麼？

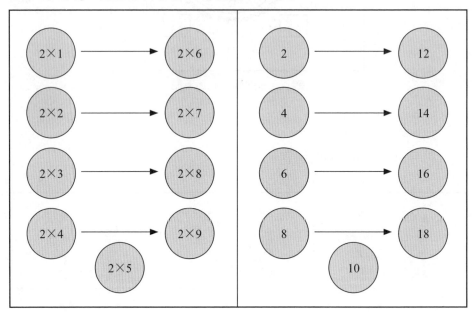

這是_____的乘法。

右圖中，箭頭左右兩邊數字的尾數都是（一樣、不一樣）的。

分別是（　　）、（　　）、（　　）、（　　）

所以我會用神奇數字（　　　　）記住　的乘法。

九年一貫 能力指標	N-1-06	調整後之指標	2-n-08-1、2-n-08-3
單元名稱	乘法——4的乘法	活動名稱	記憶策略——神奇數字48260
課程調整	□簡化、□替代、■補救、□實用、□矯治、□充實		

小朋友：從左右兩張圖，你發現了什麼？

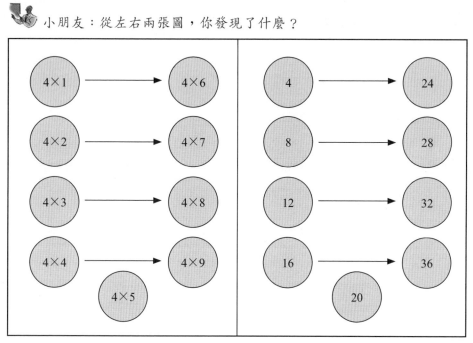

這是_____的乘法。

右圖中，箭頭左右兩邊數字的尾數都是（一樣、不一樣）的。

分別是（_____）、（_____）、（_____）、（_____）

所以我會用神奇數字（_____）記住　的乘法。

九年一貫 能力指標	N-1-06	調整後之指標	2-n-08-1、2-n-08-3
單元名稱	乘法——8的乘法	活動名稱	記憶策略——神奇數字86420
課程調整	□簡化、□替代、■補救、□實用、□矯治、□充實		

小朋友：從左右兩張圖，你發現了什麼？

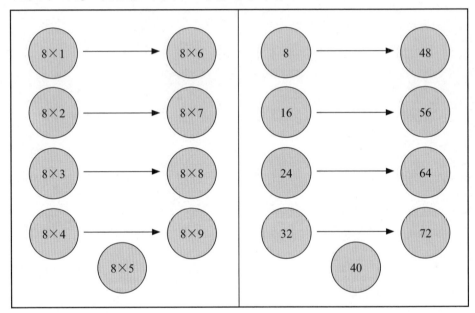

這是＿＿＿＿的乘法。

右圖中，箭頭左右兩邊數字的尾數都是（一樣、不一樣）的。

分別是 （　　）、（　　）、（　　）、（　　）

所以我會用神奇數字（　　　　　）記住　　的乘法。

九年一貫 能力指標	N-1-06	調整後之指標	2-n-08-1、2-n-08-3、2-n-12-1
單元名稱	乘法——5的乘法	活動名稱	記憶策略——神奇數字05
課程調整	□簡化、□替代、■補救、□實用、□矯治、□充實		

小朋友：請你在鐘面上填上數字，例如：1 = 5，2 = 10

這是_____的乘法。

所以我會用神奇數字（_____）記住_____的乘法。

九年一貫能力指標	N-1-06	調整後之指標	2-n-08-1、2-n-08-3
單元名稱	乘法——9的乘法	活動名稱	記憶策略——神奇數字987654321
課程調整	□簡化、□替代、■補救、□實用、□矯治、□充實		

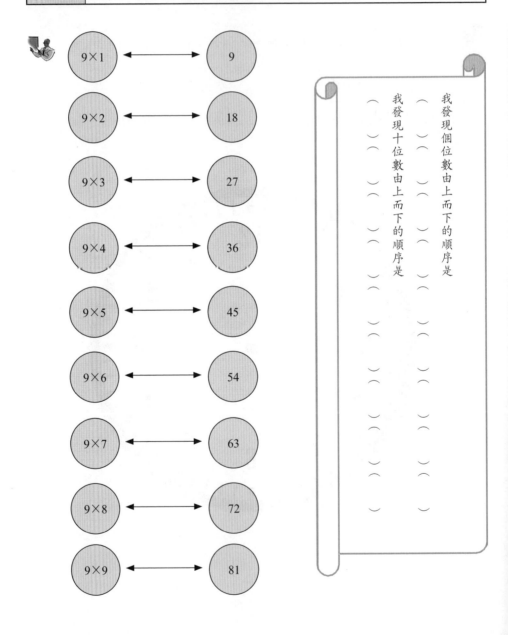

9×1 ←→ 9

9×2 ←→ 18

9×3 ←→ 27

9×4 ←→ 36

9×5 ←→ 45

9×6 ←→ 54

9×7 ←→ 63

9×8 ←→ 72

9×9 ←→ 81

我發現個位數由上而下的順序是（　）（　）（　）（　）（　）（　）（　）（　）（　）

我發現十位數由上而下的順序是（　）（　）（　）（　）（　）（　）（　）（　）（　）

請寫出 2 的乘法表

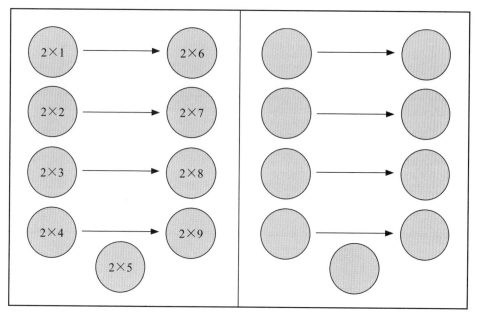

請寫出 8 的乘法表

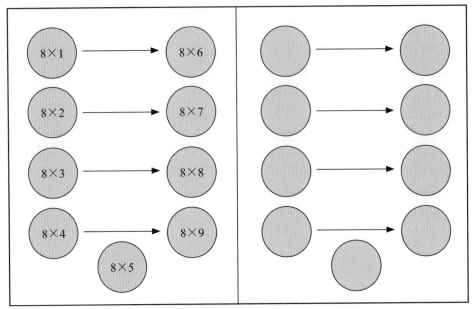

 請寫出 5 的乘法

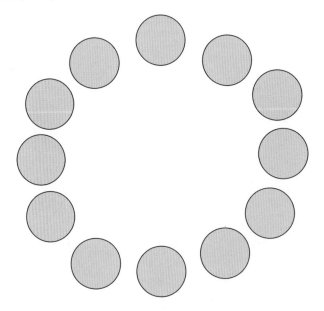

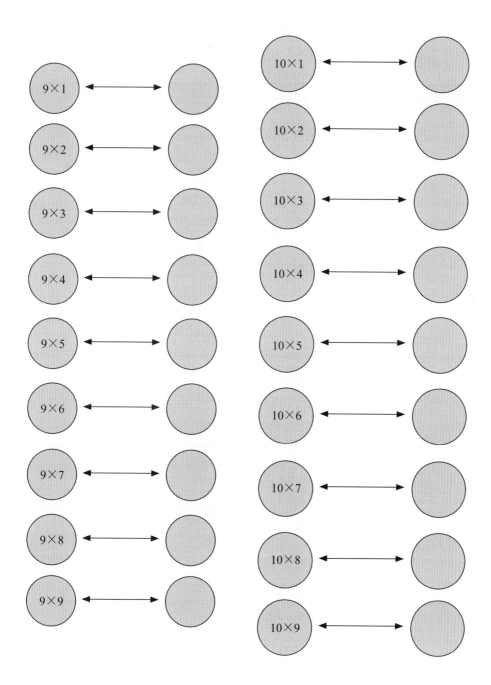

請寫出 9 和 10 的乘法表

9×1 ⟷

9×2 ⟷

9×3 ⟷

9×4 ⟷

9×5 ⟷

9×6 ⟷

9×7 ⟷

9×8 ⟷

9×9 ⟷

10×1 ⟷

10×2 ⟷

10×3 ⟷

10×4 ⟷

10×5 ⟷

10×6 ⟷

10×7 ⟷

10×8 ⟷

10×9 ⟷

九年一貫能力指標	N-1-06	調整後之指標	2-n-08-3
單元名稱	乘法	活動名稱	記憶策略——諧音法
課程調整	□簡化、□替代、■補救、□實用、□矯治、□充實		

$3 \times 7 = 21$	不管3、7、21
$3 \times 4 = 12$	34少12
$8 \times 4 = 32$	巴士三鵝
$9 \times 4 = 36$	就是三溜（就是三個溜溜球）
$2 \times 4 = 8$	餓死吧
$2 \times 9 = 18$	餓久死吧
$7 \times 7 = 49$	7749天
$7 \times 8 = 56$	78少56
$6 \times 6 = 36$	6636（有三個6）
$3 \times 3 = 9$	山山久

主題三

冬眠的熊寶寶 —— 除法練習

一、目的

　　學生能經由步驟分析法，利用具體或生活化的事物，加強除法的基本概念。

二、適用對象

　　程度已達國小三年級且具有九九乘法能力，並欲增強下列相關數學能力者：

(一) 記憶能力

　　1. 短期記憶：能增強學生對於數學符號、題目、演算過程的短期記憶效果。

　　2. 長期記憶：經由時間的累積，將短期記憶的內容轉換為長期記憶。

　　3. 序列記憶：能有正確的數字和數序概念，並有數數的能力。

(二) 語言能力

　　1. 閱讀能力：能解決應用問題的閱讀理解能力。

　　2. 表達能力：能夠敘述或說明做數學問題時的解題歷程。

(三) 知覺動作

　　1. 視聽能力：使能說出數學數字及符號的學生，也能正確的指認出來。

　　2. 空間關係：因學生本身欠缺方向感及左右概念，增強學生數學的數學順序、位數排列及小數點的位置。

　　3. 手眼協調：增強學生正確的抄寫數字、畫圖形的能力，使學生能在適當的括號中寫出適當大小的字，並增加感覺統合運動。

(四) 理解能力

　　1. 題意理解：增強學生將應用題中的文字，轉換成數字計算的能力。

　　2. 數學符號：使學生理解抽象的＋－×÷……數學符號所具備的計

算意義。

㈤ **推理能力**

1. 問題解決：使學生能夠類推題意找出解決方法，並從上下文中找出解題策略。

2. 量的保留和轉換：增加對量的保存，進而能夠比較大小及數量，並從數量中做數的轉換。

㈥ **學習動機**

增強學習動機及學習意願，並能產生自發性的學習。

㈦ **行為模式**

1. 衝動思考：增強學生專心看完題目後再進行解題的能力，避免快速但不完整或錯誤的答案呈現。

2. 固著行為：增強計算能力的轉換，如連加能夠轉變成乘的概念。

3. 注意力缺陷：增強學生的專心注意力，並能夠在時間內完成指定的工作，並將題目依照順序完成。

三、教學內容

㈠ **教材**

利用除法學習的基礎步驟自編教材，並參考中年級學習除法的課程。

㈡ **教學方式**

★教學前

1. 建立基本觀念：先利用學生生活上的經驗來設計問題，並利用實際物品或圖片的操作來加強基礎觀念。

★教學時

2. 問題教學：能加強學生的基本觀念，不以填鴨式教學的方式，儘量用問題提示，增加學生的思考過程；教師利用問題代替直接告知答案，採引導式序列問題的做法，由學生依照老師問題的順序將答案利用自我思考的方法想出來。

3. 個別教學：注意學生的個別需要給予不同的作業單；依照個別差異給予不同的教學目標；針對學生不同的情況利用不同的教學方法。

4. 具體至抽象的漸進式教學：教學時先以具體物品呈現，再加入半具體概念，最後依據學生學習情況逐漸轉換到抽象概念，使用漸進式教學，讓學生能與自我起點能力相結合並開始學。

★教學後

5. 作業單練習：對於已經學習過的部分能給予反覆練習，每天給予適當的作業單，使學生回家後有複習的機會。

6. 教師與家長間的相互合作：教師可以先與家長做溝通，剛開始先由家長陪同依照學校教學的方式做練習，逐步轉變成學生能夠自行完成作業。

(三) 教學原則

1. 運用不同的教學策略：教師對於不同的學生需有不同的練習對策，在教學中發現學生不同的問題，才能對症下藥，對不同的學生使用不同的作業單或教學方法。例如：短期記憶力不佳的學生，能使用反覆練習來加強；對於容易分心的學生，則要增加作業單或教學中的刺激，吸引學生學習的注意力，作業單的內容可以將學生的喜好放入其中，例如：學生喜愛哆啦A夢的相關物品，在作業單中可以加入哆啦A夢的相關事物或增強物。

2. 發現個別不同之起點行為：教師需要發現學生不同的起點行為，給予不同的教學提示。例如：學生並不瞭解減法或乘法的觀念，則教師在作業單內需要加入一些具體概念，使學生學除法前，先學得減法或乘法的基本算法以便於應用。因為每個學生的起點行為均不同，所以教師可能需要利用到課餘的時間幫不同的學生做個別加強。

3. 在生活中學習：教學中能夠多與生活配合，使學生不會學歸學、做歸做，兩不相關。例如：學加法時，可以讓學生去商店買買東西，兩樣東西共要多少錢，直接的實際應用能夠使學生有更深刻的印象。

4. 漸進式教學：學習應由簡入繁，由少入多，由生活上的經驗到未接觸過的事情，應多以生活上的經驗或圖片來帶動學生學習抽象的數學符號，並依循學習步驟，讓學生慢慢的學習，不需要急著一次就將所有的觀念傳達給學生。

(四) 教學變化

1. 可以採用不同生活上的圖片或物品，最好是能與學生切身相關的，依學生不同的生活經驗，加深學生的學習印象。

2. 教學中可以利用遊戲模式帶入，使學生在遊戲中學習。利用團體遊戲，如買賣遊戲、角色扮演遊戲等帶入教學，或是利用分組競賽，或個別比分數的方法，激勵學生的學習意願。

(五) 練習題目

練習題編撰前，先注意以下原則：

1. 活潑的標題：利用一些鼓勵的話來當標題，以增加學生的學習意願，例如：你最聰明了、你一定是第一名……；或是以較有吸引力的話來吸引學生，例如：天才小畫家（可以針對喜歡畫畫的學生）；也可以利用不同的字型與多變化的顏色，使標題更加具有活潑性。

2. 字形不同：在題目中的字型可以依重點的不同加以改變，轉換成不同的字型，例如：細明體、標楷體……，可以調整字型大小或將字型加粗、加上底線，也可以利用字型顏色的改變，例如：有 9 朵花，每人分 3 朵，可以分給幾個人？可以依不同的重點轉變成：

有 9 朵花，每人分 3 朵，可以分給幾個人？

有 9 **朵**花，每人分 3 **朵**，可以分給幾個人？

有 9 朵花，每人分 3 <u>朵</u>，可以分給幾個人？

所有的變化，皆依照學生不同的情況來做改變。

3. 圖片生活化：圖片的選擇可以依照學生的興趣，如學生喜歡小丸子的卡通影片，在題目中就以小丸子當主角，以小丸子卡通中相關的圖片來呈現。

4. 顏色區別：利用顏色的對比來標示重點，例如：黃色與藍色、綠色與紅色（粉紅色）……，不同題目中圖片的顏色也儘量不要太接近，而重點符號或字的下面可以加上底色，例如：÷、＝。

5. 指導語的加入：利用不同的指導語來提高學生的興趣及提醒學生該注意的地方，但用指導語時要用正面或具鼓勵性的話，例如：要學生多加練習時，要寫成「要記得再檢查喔！」，而不能寫成「你一定忘記檢查喔！」。

利用步驟分析法將練習題分階段練習，依照順序為：具體圈圈看的經驗→減法算出分配的次數→自行利用畫圖分分看（由具體轉半抽象）→利用實際操作帶入除的符號→解釋乘除互換的基本題型→由乘法的概念帶入除法的算法→自行畫圖帶入乘法解題→乘法除法互換反覆練習→橫式除法帶入直式除法→利用畫圖直接填寫直式除法→直式除法練習，共分為十一個部分：

1. 圈圈看：利用圖片實際將物品分分看後，帶入學生分的觀念，不斷給予學生具體的練習機會，無論是實務練習或紙上練習皆可，以加深實際經驗的反覆操作與練習。（作業單可對照單元示例：這要怎麼分？？）

例如：蘋果有 4 顆，每人得 2 顆，可分給多少人？

(1) 學生看完題目並分析題意，教師可以利用問題引導學生瞭解題目意義。

(2) 學生依照已瞭解之題意直接分配蘋果，如學生還無法以紙上的抽象概念練習，可先給予實際的東西分分看。

(3) 教師能夠讓學生做反覆的練習，直到熟悉為止。

2. 圈圈看並減減看：配合圖片或實際操作，利用前一步驟已學得之經驗，將減法帶入分的概念中，知道分一次要減掉一次，並以圖片配合減掉的數目，最後知道減了幾次就等於可以分幾次。（作業單可對照單元示例：我知道你最聰明了！！）

例如：有 9 個蛋糕，每個人可以分 3 個，可以分給幾個人？

(1) 先瞭解題目並圈圈看，可以藉此機會再複習前一步驟的分分看。

(2) 利用減法一次一次地扣除掉，如果學生不能在書面上作答，教師

以實物讓學生操作練習。

(3) 最後數數看，一共減了多少次？

3. 畫圖算算看：利用問題分析法將題目給予提示，能讓學生更瞭解題意，把所需要的意思畫出來，將問題解決。在畫圖中，可以讓學生自由發揮，不限定要畫什麼，給予學生自由發揮的空間，並加強學生的學習意願。（作業單可對照單元示例：天才小畫家。）

例如：6 個蘋果，每人得 2 個蘋果，可以分給幾個人？

(1) 先由學生將題目要求的總數畫出來，可以隨著題目上的主題自由發揮。

(2) 再圈出題目要分的數目，如果無法做出這一部分，必須回到分分看再做練習。

4. 想一想，填填看：已經瞭解分的概念後，先依題目的題意問相關的問題，並請學生回答，再利用提示的問題將除法的符號帶出，使學生能在實際和半抽象對照的情況下認識「÷」這個符號，並讓學生瞭解除法的算式應以何種方法呈現。（作業單可對照單元示例：動動腦時間。）

例如：鉛筆 8 枝，每個小朋友得 2 枝，可以分給幾個小朋友？

(1) 請學生按照題意自行圈圈看，教師不給予協助。

(2) 依照題目中的題意回答問題，教師可以請學生先唸一唸題目，再讓學生口頭回答問題，最後才自己寫上答案。

(3) 請學生依照提示問題，將數字填入除法算式中。

5. 乘法除法填填看：利用相同的應用題題目，將相同意義的題目換句話來說，使學生一題要以除法來解題，同樣模式的另一題卻以乘法來解題，經圖形的實際操作瞭解其基本原理，進而應用乘、除互換的原則。（作業單可對照單元示例：我變我變我變變變。）

例如：a. 有 6 個漢堡放在盒子裡，每個盒子要裝 2 個，可裝成幾盒？

b. 有 3 個盒子，每個盒子裡有 2 個漢堡，共有幾個漢堡？

(1) 學生先依題目及提示做除法分的練習（a 題）。

(2) 依提示回答乘的問題（b 題），教師可以利用實物讓學生練習。

(3) 利用除法之類似之處，利用相同數字不同位置的變化，請學生比較乘除的算法之相異處。

6. 填填看（利用乘法）：在前一步驟對於乘除互換已有實際練習的瞭解後，利用具體的圈圈看來聯想除法並應用到乘法的概念，並在題目中給予部分提示，使學生能依循著提示去尋找答案。（作業單可對照單元示例：除法乘法變變變。）

例如：6 枝冰淇淋，每個人分 2 枝，可分給幾人？

(1) 學生先實際圈圈看該如何分。

(2) 學生自行練習填寫除法算式。

(3) 利用乘法回答乘的問題，教師可以先幫學生複習九九乘法的部分。

7. 想想看，畫圖圈圈看，再用乘法想想看：利用自己畫圖的方法來解自己的除法概念，並加入乘法的應用，使學生學習除法與乘法的相互轉換，並將乘除互換帶入半抽象的階段。（作業單可對照單元示例：用你的小腦袋想一想。）

例如：$4 \div 2 =$

(1) 先將全部的數目畫出來並分分看，這次所畫的以圈圈為主，也可以以正方形、三角形代替，不過不讓學生花費太多時間在畫的工作上。

(2) 想出乘法的算式,教師能請學生先自行複習九九乘法。

(3) 藉著乘除法的變換,由乘法中找出除法的答案。

8. 用乘法想想看:利用乘法的觀念來解決除法的問題,並做反覆練習,利用反覆練習來加強熟練度,使學生能夠完全以抽象的乘法概念解決除法問題。(作業單可對照單元示例:你一定可以做得更好更快!!)

例如:8÷4 =(　）

　　　　4×(　）= 8

(1) 利用乘法找出除法的答案。

(2) 反覆做練習,前二題可以先由教師陪著練習做,並在旁協助,但是後面的練習則需由學生自行完成。

9. 算算看(利用直式):學生已經瞭解分與橫式的除法概念後,再讓學生依照提示後帶入除法觀念,瞭解如何應用於直式運算,並且使學生在橫式與直式中做一對照,使學生瞭解直式的解題步驟。(作業單可對照單元示例:聰明的你算算看。)

例如:有 8 枝筆,分給每人 4 枝,可分給多少人?

(1) 請學生先圈圈看。

(2) 填出橫式空格內的答案。

(3) 填出直式空格內的答案,及乘法的提示。填答案時須配合橫式與框框中的提示,教師能夠在一旁提醒學生答題的順序,並向學生解釋橫式與直式中個位數字位置的轉換。

10. 先畫圈,再寫成直式算算看:利用自己畫出的圈圈與橫式的基礎方法,讓學生加深直式的步驟為何,並做練習,使學生能在半具體的概念中完成直式練習。(作業單可對照單元示例:加快動作!你是第一名!!)

例如:12÷4 =(　）

(1) 先畫圖練習算算看(反覆的做基礎練習)。

(2) 寫出直式的空格(空格會逐漸增加),教師可以逐漸給學生較多的時間自行練習,並且減少給學生的提示。

11. 寫成直式算算看：直接帶入直式的抽象概念並做反覆的練習，使學生知道橫式的作法，帶入直式。（作業單可對照單元示例：聰明的人做做看？？）

例如：16÷4

(1) 先利用乘法算出橫式的答案。

(2) 請學生熟練直式的被除數與除數的位置。

(3) 知道商的位置，並由教師解釋商的意義。

(4) 將乘法的觀念用進去，讓學生瞭解除數乘以商會等於被除數，並能寫出商數與除數、商數之積的正確位置，但在教導學生時，儘量不以專有名詞解釋作法，都以數字直接解釋。

(5) 能用減法帶入最後直式的餘，因為分掉的就要扣掉，以減的方法來計算。

四、發展

此一具體、半具體、抽象的概念並加入步驟的分析，可以逐步應用到其他的除法計算中：

1. 二位數除以一位數，商為一位數的除法。
2. 二位數除以二位數的除法。
3. 三位數除以一位數，商為三位數或二位數的除法。
4. 三位數除以二位數，商為二位數或一位數的除法。
5. 三位數除以三位數的除法。
6. 四位數除以一位數，商為四位數或三位數的除法。
7. 四位數除以二位數，商為三位數或二位數的除法。
8. 四位數除以三位數，商為二位數或一位數的除法。
9. 四位數除以四位數的除法。

五、單元示例（請看 p.328～336）

這要怎麼分？？

小天才的名字是：＿＿＿＿＿＿

試著圈圈看：

(1)蘋果 8 顆，每人 2 顆，可分給幾人？

可分給（　　　　）人

(2)9 支冰淇淋，每人 3 支，可分給幾人？

可分給（　　　　）人

(3)媽媽買了 12 個蛋糕，把 4 個蛋糕裝一盒，可裝成

幾盒？

可裝成（　　　　）盒

(4)21 片餅乾，每人分 7 片，可分給幾人？

可分給（　　　　）人

(5)36 顆櫻桃，每人分 4 顆，可分給幾人？

可分給（　　　　）人

我變　我變　我變變變

我是＿＿＿＿＿＿＿

想想看該怎麼填：

(1) 8 隻烏龜，放在盒子裡，每盒放 2 隻，可以裝成多少盒？

先圈圈看：

總共有 （　　） 隻烏龜	÷	每盒裡有 （　　） 隻烏龜	＝	可以裝成 （　　） 盒

(2) 有四個盒子，每個盒子裡有 2 隻烏龜，共有多少隻烏龜？

每盒裡有 （　　） 隻烏龜	×	有 （　　） 盒	＝	總共有 （　　） 隻烏龜

所以…(1) 8 ÷ 2 ＝（　　）

(2) 2 × （　　）＝ 8

用你的小腦袋想一想

用功的人是＿＿＿＿＿＿

先畫圖圈圈看，再用乘法想想看：

(1)　8 ÷ 2 ＝ (　　　)

畫畫看：

2 ×（　　）= 8

(2)　15 ÷ 3 ＝ (　　　)

畫畫看

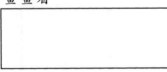

3 ×（　　）= 15

(3)　12 ÷ 4 ＝ (　　　)

畫畫看：

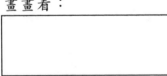

4 ×（　　）= 12

4)　24 ÷ 6 ＝ (　　　)

畫畫看：

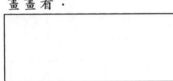

6 ×（　　）= 24

(5)　32 ÷ 8 ＝ (　　　)

畫畫看：

8 ×（　　）= 32

聰明的你算算看

我是最用功的＿＿＿＿＿＿

(1) 有 8 枝筆，分給每人 4 枝，可分給多少人？

圈圈看：

可以寫成：（　　　）÷（　　　）＝（　　　）

寫成直式變成：

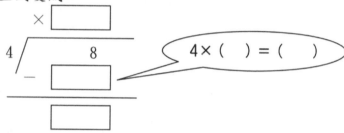

$4 \times (\quad) = (\quad)$

答：可分給（　　　）人

(2) 有 20 片葉子，把 5 片放一堆，可放成幾堆？

圈圈看：

可以寫成：（　　　）÷（　　　）＝（　　　）

寫成直式變成：

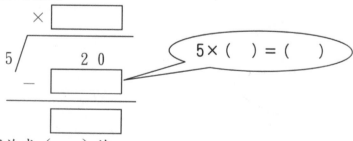

$5 \times (\quad) = (\quad)$

答：可放成（　　　）堆

(3)桌上有 28 顆蘋果，把 7 顆放一盤，可裝成幾盤？

圈圈看：

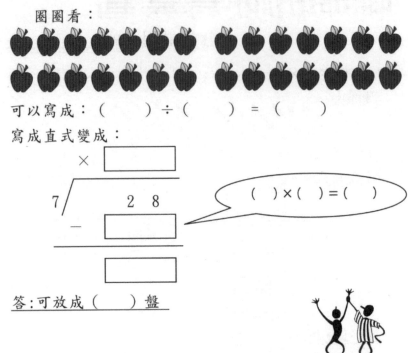

可以寫成：（　　　）÷（　　　）=（　　　）

寫成直式變成：

答：可放成（　　　）盤

你最厲害了！加油！加油！

加快動作！
你是第一名！！

我是＿＿＿＿＿＿

先畫圈，再寫成直式算算看：

(1) 16 ÷ 4＝（　　　）

先畫圈，再圈圈看

寫成直式算算看

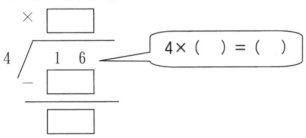

4×（　）＝（　）

⊙記得回到括號內寫答案

(2) 35 ÷ 7＝（　　　）

先畫圈，再圈圈看

寫成直式算算看

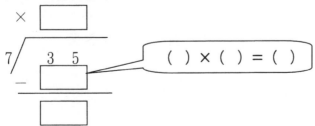

（　）×（　）＝（　）

⊙記得回到括號內寫答案

(3) 24 ÷ 8＝（　　）

先畫圈，再圈圈看

寫成直式算算看

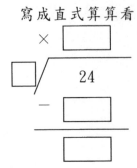

⊙記得回到括號內寫答案

(4) 27 ÷ 9＝（　　）

先畫圈，再圈圈看

寫成直式算算看

⊙記得回到括號內寫答案

聰明的人做做看？？

我是聰明的_____

寫成直式算算看：

(1) 15 ÷ 5 = (　　　)

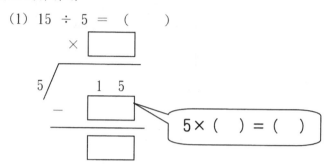

5 × (　) = (　)

(2) 36 ÷ 6 = (　　　)

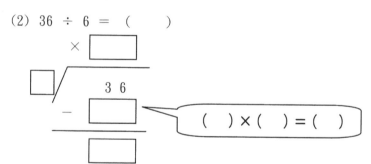

(　) × (　) = (　)

(3) 28 ÷ 4 = (　　　)

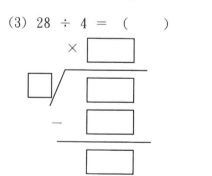

(4) 72 ÷ 8 = (　　　)

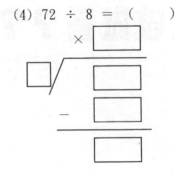

(5) 81 ÷ 9 = (　　　)

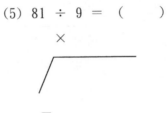

(6) 49 ÷ 7 = (　　　)

(7) 64 ÷ 8 = (　　　)

(8) 27 ÷ 3 = (　　　)

作業單使用說明（一）

一、適用對象

1. 衝動思考。
2. 缺乏學習動機。
3. 長期記憶不佳。

二、編製原則

1. 圖片的變化：每個題目都利用不同的圖片實例，以增加學習動機與興趣，並能注意每一題的題目內容及學生的興趣加以變化，如學生喜歡吃蛋糕，內容上即可加入學生感興趣的內容。

2. 指導語的增加：依照題目的變化、順序加入指導語，能吸引學生注意該注意的部分，如要再檢查一次……，並能夠在指導語的提示下，經過自發性思考依序完成解題，能將解題順序放入長期記憶中。指導語應以簡單、直接、清楚、正向、可行、易懂、易記為原則，例如：能夠用正向的句子「記得要檢查喔！！」不要用負面的「不要忘記檢查喔！！」雖然兩句話都是要求學生檢查，但是要以正向的句子來做引導；指導語最好能一句話即完成，而不要拖拖拉拉一大串，例如：簡單的寫（說）出「將這些蘋果數一數！」而不要變成了「看到這些蘋果沒？記得要一個個的數喔！記得要全部數清喔！」不要以複雜、過長的句子來提示學生，使學生均能瞭解並記得所有的指導語。

3. 鼓勵語的增加：利用鼓勵語來增加學生的學習動機，並刺激學生不斷的往下做下去，不會有中途想中斷的情形，也能加深學生的學習印象，並對自己充滿著信心，例如：學生一直希望自己的表現受到肯定，但是總是遲遲無法達到目標，教師就可以在鼓勵語中增加學生的自信心，「我知道你是最厲害的」、「我相信你一定做得到」。

三、教學原則

1. 教師在教學時，口語上也多給學生一些做題目的動力，並給予正面的鼓勵語，例如：「哇！你今天怎麼這樣厲害！」、「你今天一定會把這張作業單做完的！」、「第一題你做得很好喔！趕快往下做！」、「記得再

檢查一次喔！」、「注意看看有沒有每一題都做到了呢？」儘量說一些學生本身的缺點，但卻利用正面的說法，增加學生的自信心，並利用學生本身喜歡的事物引導，以增加學生的學習動機。

2. 做題目時以「題」為單位，當學生正確的完成一題時，可以給予一些獎勵或稍做休息，再繼續下一題，使學生能增加做題目的信心；再逐漸增加變成二題為一單位，以此類推，到最後儘量讓學生變成能夠一次完成一張以上的作業單。但對於衝動思考的學生卻不以量取勝，目標會放在學生是否能夠做到答題正確率能到 100%，或是學生是否注意到一些自己的缺點，例如：不經思考就作答、會漏掉數題未做答……。

3. 對於長期記憶力不佳的學生，教師可以在第一次練習完成之後，每隔一段時間後再拿出相關的習題，給予學生練習的機會，並測驗學生是否已將學習的方法存入長期記憶力中。第一次重複測驗時，最好利用相同題型但不同數字的題目，漸漸地才改成類似的題型、不同的數字，逐漸加深加廣直到確立學生已將此一觀念長存於記憶中，並隨時可以使用這項已學得之觀念。

4. 教師可以利用一些獎勵制度來引發學生的學習動機，但獎勵的獎品中，不一定要用實物的獎品，可以利用一些生活化的事情來當作獎勵，例如：做完這一張可以休息 5 分鐘、做完 5 張後可以玩 15 分鐘的電腦……都是除了物質外，學生也會喜歡的獎勵；儘量避免給予過多的獎勵，不使學生有為了獎品而學習的觀念，讓學生儘量能夠自動自發的學習，獎勵只是一種激勵作用。

這要怎麼分？？

小天才的名字是：_____

試著圈圈看：

(1)蘋果 8 顆，每人 2 顆，可分給幾人？

可分給（　　　）人

哇！你好棒喔！繼續做下一題

(2)9 支冰淇淋，每人 3 支，可分給幾人？

可分給（　　　）人

又完成了一題！你真了不起！

(3)媽媽買了 12 個蛋糕，把 4 個蛋糕裝一盒，可裝成幾盒？

可裝成（　　　）盒

原來你這麼厲害！再加油！

(4) 21 片餅乾，每人分 7 片，可分給幾人？

可分給（　　　　）人

我們快做完囉！只剩下一題了！！

(5) 36 顆櫻桃，每人分 4 顆，可分給幾人？

可分給（　　　　）人

做到最後一題了！你已經完成任務了！

作業單使用說明（二）

一、適用對象

1. 短期記憶不佳。
2. 無法有數量的保存和轉換。
3. 有固著行為。
4. 數學符號認知困難。

二、編製原則

1. 名詞旁加入圖：在題目上的名詞旁邊，都加上具體的物體加以解釋，讓學生對於題目更有實際概念，對於所有題目上的字，對學生而言都可以和實際的圖配合在一起，例如：題目出現「蘋果」這一個詞，則在這兩個字的中間或下面出現一顆蘋果，蘋果 。

2. 圖旁加入解釋：在圖的旁邊加上數量的解釋，或在框框的旁邊，告訴學生為何要加入這樣的一個框框，使學生知道解題方法及步驟為何，並讓學生能夠有實際數量的轉換，例如：二顆蘋果圈在一起，先有二顆蘋果數量詞的解釋，一顆蘋果，二顆蘋果，再告訴學生要將它們圈在一起。

3. 圖形和字都放大：使學生看題目一目瞭然，以便促進數量的清楚化，使學生對題目的印象更為深刻，進而增進短期記憶。

4. 數學符號特別標記：使學生對於數學符號與題目中的關係更為瞭解，並利用不同的顏色使學生更容易分辨不同的數學符號，並瞭解數學符號的轉換原則，如連減就是除的概念；在符號轉變時，可以在運算符號上加上底色，使學生對於符號更加清楚，■ ■ ■ 。

三、教學原則

1. 教師在與學生共同解題的過程中，可以與學生間做互相的溝通，如先問學生一些與題目相關的問題，先確定學生已瞭解題目的意義後，再進行練習題，使學生不會因為看不懂題目而無法往下做，使練習過程固著於題目的理解上。

2. 對於抽象字詞或數學符號與具體實物或具體操作的轉換，教師可以利用題目上的圖，也訓練學生的轉換能力，使學生除了做練習題外，更有進一步的親身經歷，更能加深學生的深刻印象。

3. 在教學完畢後，教師可以要求學生將一些名詞或數學符號解釋給老師聽，或告訴老師那是什麼意思，老師也可以利用此機會加深學生對於專有名詞的印象，並且可以利用這個機會，與學生做一些遊戲，以增加學習的樂趣。

4. 教師可以在學生已經瞭解基本的解題步驟後，再出一些練習題，讓學生能夠熟練，並對數學符號有更深的認識。

天才小畫家

小畫家是＿＿＿＿＿＿＿

畫圖算算看：

(1)圓形積木 12 塊，每人分得 3 塊，可以分給幾個人？

1. 請你先畫畫看：一共有 12 個圓形積木。

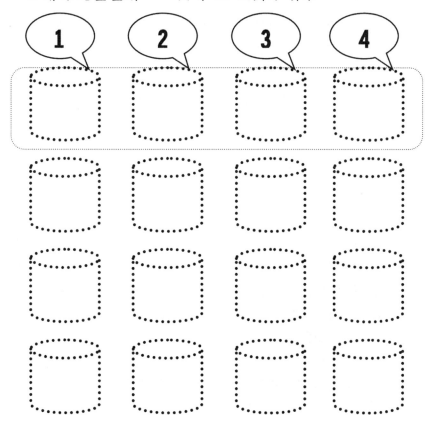

2. 請你圈一圈：每人要分到 3 塊。

　　可分給（　　　　）人

作業單使用說明（三）

一、適用對象

1. 序列記憶不佳。

2. 空間關係不良。

3. 手眼不協調。

二、編製原則

1. 增加序列數字：在圖片上增加數字的數數順序，讓學生在算的時候，能夠有一個準則，依著圖上的數字數，能夠避免錯誤的發生，也能夠加強學生數的順序及序列概念，數字可以由完整至部分呈現，先讓學生以完整且正確的數字做練習，再逐漸減少數字的出現，由學生自己將數字寫上 2。

2. 數字的大小、顏色變化：在題目中的數字，特地以不同的顏色、大小來表示，讓學生對數字有較強烈的印象，一看到數字，就能夠記憶下來，且相關的數字儘量以相同的大小、顏色呈現，讓學生知道在此二數字間是有相關性的。

3. 增加漏空數字：許多數字出現時，以漏空數字來呈現，讓學生能夠藉以練習手眼協調，且字型可以由大變小，因此圖形為配合數字的大小，可以逐漸變小，因此在第一張作業單時，學生會做比較大的數字練習，漸漸的漏空數字會愈來愈小，才能夠訓練學生更精細的動作，如 2 3 4 5。

4. 彩色筆的運用：因彩色筆可以有顏色的變化，可以增加學生的興趣，而且彩色筆能夠由粗到細，握筆處也由粗到細。可先讓學生練習較粗大的數字，再將數字變小，最後再用較細的筆讓學生練習精細動作，而握筆處也由較容易掌握的粗管開始，逐漸地變細。

三、教學原則

1. 對於手眼協調度不良的學生，如果剛開始的數字練習無法畫在漏空字內，教師可以先將作業單放大，到學生熟練後，再以原來的作業單讓學生做；或是教師能以一些較大的圖形，例如：正方形、長方形、三角形，

先讓學生在圖形內將顏色塗滿，再逐漸縮小練習的圖形。

2. 學生對於順序概念不清楚，除了在作業單上有圖及數字外，教師也可以將圖做成一塊一塊並且加上數字卡，使學生能夠直接實際操作練習後，再逐漸轉換到作業單上的練習。在練習時，教師可以加入數字卡，使學生對數字的順序及序列概念更清楚。

3. 學生在做練習時，教師可以先請學生大聲的將所數的數字唸出聲音來，甚至由老師陪著唸，逐漸讓學生自行唸出來，然後讓學生大聲唸一次、在心中再唸一次，最後，讓學生可以自行默唸出自己數的數字。

這要怎麼分？？

最聰明的人是：＿＿＿＿＿＿＿

試著寫寫看並圈圈看：

（1）冰淇淋有 8 支，每人 4 支，可分給幾人？

⊙數數看一共有（　　　）支冰淇淋。

⊙請將 4 支冰淇淋圈起來。

⊙數數看你圈了幾次？

⊙請你用彩色筆將白色的數字描一次。

可分給（　　　）人

一、適用對象

數學能力較弱的學生，例如：對數數、數列有困難；對數量、列式未能完全理解、加法概念尚未熟練⋯⋯。

二、編製原則

將文字應用題的運算具體化，並重視數學符號及數學語言的理解，強調運算過程與步驟，以強化學生的文字應用題解能力。

三、教學原則

㈠ 運算具體化

1. 決策樹（decision tree）：可用來分解數字，幫助學生認識位值（個位、十分位、百分位 ⋯⋯），有助於學生提升計算能力，協助在做應用題時計算能力有困難的學生。

例如：12 + 23 = ？

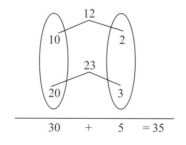

2. 線段圖

例如：巧克力一盒 30 元，牛奶糖一盒 15 元，①妹妹買一盒巧克力和一盒牛奶糖，總共多少錢？②巧克力和牛奶糖相差多少元？

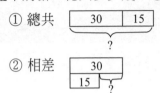

3. 畫圖或布題方式的改變

(1) 畫圖

例1：把 6 顆蘋果平均放到 3 個盤子裡，請問一個盤子可放幾顆蘋果？

例2：設男孩和女孩出生的機會相等，若某一個家庭中有三位小孩，求：

(1) 三個孩子都是男生的機率。

(2) 僅有一個女生的機率。

(3) 老大為男生且老三為女生的機率。

(4) 老大為女生或老二為男生的機率。

解答：將所有有可能的三位小孩，以樹狀圖畫出

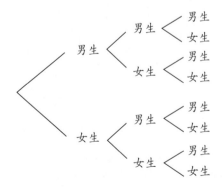

(1) 三個孩子都是男生的機率

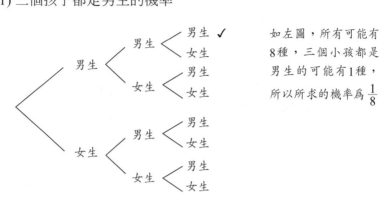

如左圖，所有可能有
8種，三個小孩都是
男生的可能有1種，
所以所求的機率為 $\frac{1}{8}$

(2) 僅有一個女生的機率

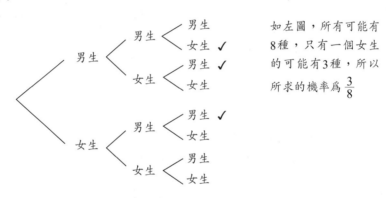

如左圖，所有可能有
8種，只有一個女生
的可能有3種，所以
所求的機率為 $\frac{3}{8}$

(3) 老大為男生且老三為女生的機率

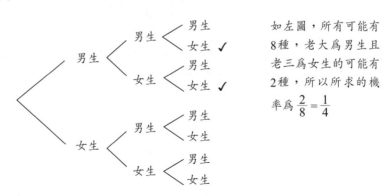

如左圖，所有可能有
8種，老大為男生且
老三為女生的可能有
2種，所以所求的機
率為 $\frac{2}{8} = \frac{1}{4}$

(4) 老大為女生或老二為男生的機率

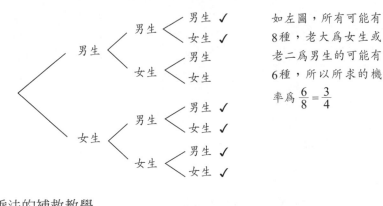

如左圖，所有可能有 8 種，老大為女生或老二為男生的可能有 6 種，所以所求的機率為 $\frac{6}{8} = \frac{3}{4}$

例 3：乘法的補救教學

學生已會加法及十進位的概念，利用畫線以及算格點數，使學生在不會乘法直式計算的情況下，可以利用此方法將答案求出，若是遇到數字 0，則提醒學生以畫虛線方式呈現，虛線碰到任何數線都是 0。此方式使用時請務必提醒學生使用直尺畫線，如此才不會因精細動作不佳，導致線段不整，在算格點數的位置對齊上會有問題。

(1) 一位數與一位數相乘

6

上圖為 3×2，計算圓形區域內共有六點，故答案為 6。

(2) 一位數與二位數相乘

6　3

上圖為 3×21，計算正方形區域內共有六點，圓形區域內共三點，故答案為 63。

(3) 二位數與二位數相乘

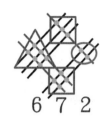

6 7 2

上圖為 32×21，計算三角形區域內共有六點，正方形區域內共七點，圓形區域內共有二點，故答案為 672。

(2) 布題方式的改變

例如：糖果盒裡有水果糖、巧克力糖和牛奶糖。水果糖有 23 粒，巧克力糖比水果糖多 15 粒，而牛奶糖則比巧克力糖少 4 粒，問牛奶糖有多少粒？

糖果盒裡有水果糖、巧克力糖和牛奶糖

水果糖有 23 粒　　水果糖：| 23 |

巧克力糖比水果糖多 15 粒

　　　　巧克力糖：| 23 | 15 |

而牛奶糖則比巧克力糖少 4 粒 | ? |　}
　　　　　　　　　　　　　　　　　4

問牛奶糖有多少粒？

（二）讓學生瞭解數學語言

訓練學生找出文字題中與解題有關的數學語言，例如：和、差、積、商、相差、總共 ……。

（三）呈現類似題充足練習機會以加強類化能力

例如：同時呈現以下兩個題目：

把 15 個蘋果平均放在 5 個盤子裡，每個盤子要放幾個？

把 15 個蘋果放在盤子裡，每盤放 5 個，要用幾個盤子？

學習重點：理解位值的意義　　　　　　　　　　　　練習一

姓名：＿＿＿＿＿＿　　日期：＿＿＿＿＿＿　　分數：

請把十位和個位還原成原來的數字：

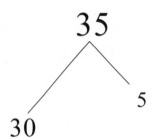

$$35 = ⑩ \ ⑩ \ ⑩ \ \underline{5}$$

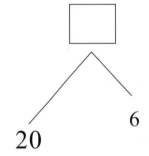

$$\Box = ⑩ \ ⑩ \ \underline{6}$$

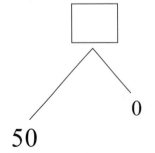

$$\Box = ⑩ \ ⑩ \ ⑩ \ ⑩ \ ⑩$$

☐自行完成　　☐協助下完成　　☐提示下完成

學習重點：理解位值的意義 　　　　　　　　　　　　　　　練習二

姓名：_____　　日期：_____　　分數：

請把十位和個位還原成原來的數字：

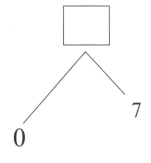

 $=$ ⌊7⌋

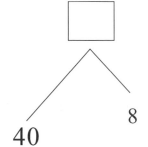

□ $=$ ⑩ ⑩ ⑩ ⑩ ⌊8⌋

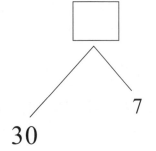

□ $=$ ⑩ ⑩ ⑩ ⌊7⌋

□自行完成　　□協助下完成　　□提示下完成

學習重點：理解位值的意義 練習四

姓名：_____ 日期：_____ 分數：

請把十位和個位還原成原來的數字：

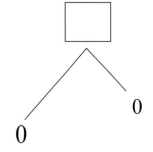

$\square = \lfloor 0 \rfloor$

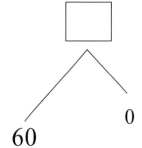

$\square$ = ⑩ ⑩ ⑩ ⑩ ⑩ ⑩

$\square$ = ⑩ ⑩ ⑩ ⑩ ⑩ $\lfloor 9 \rfloor$

□自行完成　□協助下完成　□提示下完成

學習重點：理解位值的意義　　　　　　　　　　　　　　　練習五

姓名：＿＿＿＿＿　　日期：＿＿＿＿＿　　分數：

請把十位和個位還原成原來的數字：

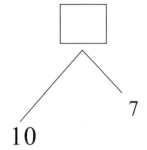

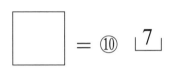

$\boxed{}$ = ⑩ $\lfloor 7 \rfloor$

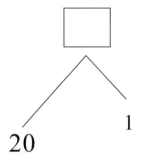

$\boxed{}$ = ⑩ ⑩ $\lfloor 1 \rfloor$

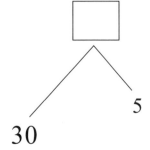

$\boxed{}$ = ⑩ ⑩ ⑩ $\lfloor 5 \rfloor$

☐自行完成　☐協助下完成　☐提示下完成

學習重點：文字應用題　　　　　　　　　　　　　　　練習一

姓名：＿＿＿＿＿　　日期：＿＿＿＿＿　　分數：

如有需要，可用畫圖或 線段圖 幫助計算：

計算：

① 姐姐有 60 元，

　她買了 3 個紅豆餅，

　而每個紅豆餅 12 元，

　她現在還有多少元？

　姐姐現在還有＿＿＿＿元。

② 水梨一個 62 元，芒果一個 43 元，

　買水梨 3 個，

　買芒果 6 個，

　總共買了多少個水果？

　總共買了＿＿＿＿個水果。

③ 汽水一罐要 20 元、柳橙汁一瓶 28 元，

　買汽水 3 罐，

　買柳橙汁 2 瓶，

　總共要多少元？

　總共要＿＿＿＿元。

計算：

④ 家裡有 6 人，

　每人每天用去 50 元公車費，

　6 人每天總共用去多少元？

　6 人每天總共用去＿＿＿＿元。

⑤ 水梨一個 62 元，

　芒果一個 43 元，

　買水梨 3 個，

　買芒果 6 個，

　總共要多少元？

　總共要＿＿＿＿元。

⑥ 蘋果每個 3 元，買 6 個；

　柳橙每個 4 元，買 8 個；

　買柳橙比買蘋果要多付幾元？

　買柳橙比買蘋果要多付＿＿＿＿元

□自行完成　□協助下完成　□提示下完成

學習重點：文字應用題　　　　　　　　　　　　　練習二

姓名：＿＿＿＿＿　　日期：＿＿＿＿＿　　分數：

如有需要，可用畫圖或 線段圖 幫助計算：

計算：

① 家裡有 4 人，

每人每天用去 200 元，

4 人每天總共用去多少元？

4 人每天總共用去＿＿＿＿元。

② 蘋果每個 52 元，

買 8 個蘋果，

問買 8 個蘋果總共要多少元？

總共要＿＿＿＿元。

③ 妹妹有 50 元，

她買了 4 條巧克力

而巧克力每條 12 元，

她現在還有多少元？

妹妹現在還有＿＿＿＿元。

＿計算：

④ 哥哥有 100 元，
　 他買了 2 本筆記本，
　 而每本筆記本 18 元，
　 問買 2 本筆記本總共多少元？
　 買 2 本筆記本總共＿＿＿＿元。

⑤ 糖果盒裡有水果軟糖、巧克力和
　 牛奶糖，
　 水果軟糖 23 顆，
　 巧克力比水果軟糖多 12 顆，
　 而牛奶糖則比巧克力少 8 顆，
　 問牛奶糖有多少顆？
　 牛奶糖有＿＿＿＿顆。

⑥ 汽水一罐要 20 元、檸檬茶一瓶 18 元，
　 買汽水 2 罐，
　 買檸檬茶 3 瓶，
　 總共要多少元？
　 總共要＿＿＿＿元。

□ 自行完成　　□ 協助下完成　　□ 提示下完成

學習重點：文字題的審題訓練　　　　　　　　審題練習一

姓名：＿＿＿＿＿　　日期：＿＿＿＿＿　　分數：

① 糖果盒裡有巧克力糖和牛奶糖。

　巧克力糖有 4 顆，

　牛奶糖有 6 顆。

　請畫出牛奶糖及其數目：

畫畫

② 媽媽買蘋果 3 個，

　柳丁 5 個，

　共買水果多少個？

　請畫出柳丁及其數目：

畫畫

③ 鉛筆盒有鉛筆 3 枝，

　尺 1 支，

　橡皮擦 2 個，

　鉛筆盒共有多少文具？

　請畫出橡皮擦及其數目：

畫畫

④ 一個人每天平均要喝 8 杯水，
   4 個人每天共喝去多少杯水呢？
   請畫出人及其數目：

> 畫畫

⑤ 哥哥有 50 元，
   他買了 3 枝鉛筆，
   而每枝鉛筆 8 元，
   他現在還有多少元？
   請畫出鉛筆及其數目：

> 畫畫

⑥ 一朵花有 5 片花瓣，
   3 朵花共有幾片花瓣？
   請畫出 2 朵花：

> 畫畫

⑦ 汽水一罐要 25 元，
   檸檬茶一瓶 18 元，
   買 4 罐汽水，
   檸檬茶 6 瓶。
   請畫出汽水及其數目：

> 畫畫

學習重點：文字題的審題訓練　　　　　審題練習二

姓名：＿＿＿＿＿　日期：＿＿＿＿＿　分數：

① 大椅子有 3 張，

　小椅子有 6 張，

　請問大椅子比小椅子多幾張？

　請畫出小椅子及其數目：

畫畫

② 玫瑰花一朵 30 元，買 3 朵；

　菊花一朵 12 元，買 6 朵；

　茉莉花一朵 26 元，買 9 朵；

　請問總共買了幾朵花？

　請畫出菊花及其數目：

畫畫

③ 一輛巴士可坐 52 人，

　一輛小巴士可坐 16 人，

　現有巴士 2 輛，小巴士 10 輛，

　請問最多可坐多少人？

　請畫出巴士及其數目：

畫畫

④ 報紙一份售價 6 元，
雜誌一本售價 10 元
靖怡買報紙一份，
雜誌兩本，
問總共要多少元？
請畫出雜誌及其數目：

畫畫

⑤ 蘋果每個 3 元，買 6 個；
柳橙每個 4 元，買 8 個；
買柳橙比買蘋果要多付幾元？
請畫出蘋果及其數目：

畫畫

⑥ 操場裡有男孩子 8 人，
女孩子 12 人，
問男孩比女孩少多少人？
請畫出女孩子及其數目：

畫畫

第6章

課堂學習之必要技巧

　　課堂學習技巧是每一位學生都需要的，尤其是對有學習困難問題的資源班學生而言，更應結合於課程教學中，同時及早開始訓練。資源班中的某些學生原本可能並非問題非常嚴重的學生，然因其缺乏課堂學習之必要技巧，久而久之便易形成課堂學習困難，造成學習上的挫折感。課堂學習之必要技巧通常包括下列幾項，例如：閱讀技巧、聽覺理解技巧、摘錄重點、抄筆記、口頭報告、圖表協助學習技巧、考試技巧、記憶策略、時間管理及行為管理等。

　　教師應如何協助學生學習上述技巧，茲分述如下：

一、 閱讀技巧

　　增進閱讀能力部分已於本書第四章中另述，此處不再贅述。這裡所謂的閱讀技巧包括瀏覽、速讀、一般讀法、細讀、背誦等。瀏覽通常在快速審視資料以獲取其浮面印象及概要輪廓。速讀則用在快速閱讀資料以求抓住重點或某些僅須短暫記憶的訊息。一般讀法則是希望讀者能確定特定細節、前後文關係，並回答問題。而細讀與背誦通常是連結在一起的，也是資源班學生在準備考試時最常用的閱讀法。細讀與背誦要求學生仔細閱讀所有細節、同時熟記並能回答相關問題，若有必要須與相關資料作比較及參考。教師為了要讓學生熟悉不同型態的閱讀方法，通常會：(1) 設計各種閱讀活動以使學生熟悉各種閱讀技巧；(2) 每次的閱讀作業皆會有清楚的目的要求，俾便學生遵循；(3) 確定學生能熟練並自由更換各種閱讀技巧；(4) 設計各種閱讀情境，以使學生能類化各種閱讀技巧。

　　除上述常見的閱讀技巧之外，近來有發展出以策略模組的形式，透過模組教師可以自行微調後套用到相同文體的文章，讓學生充分瞭解該類文體的閱讀重點與關鍵句子，有助於提升學生的閱讀理解能力。舉例說明：以桃園縣所開發的「閱讀理解策略模組」——應用文為例（此處所指的應用文為「限定接收對象（寫給特定對象）」的文章），選用課文為「麥帥為子祈禱文」，使用方式如下：

麥帥為子祈禱文

主啊！請陶冶我兒子，1. 使他成為一個堅強的人 ，能夠知道自己什麼時候是軟弱的；2. 使他成為一個勇敢的人 ，能夠在畏懼的時候認清自己，謀求補救；3. 使他在誠實的失敗之中，能夠自豪而不屈，在獲得成功之際，能夠謙遜而溫和。

請陶冶我的兒子，4. 使他不要以願望代替實際作為 ；5. 使他能夠認識主 —並且曉得自知乃是知識的基石。我祈求你，不要引導他走上安逸舒適的道路，而要6. 讓他遭受困難與挑戰的磨鍊和策勵 ；7. 讓他藉此學習在風暴之中挺立起來 ；8. 讓他藉此學習對失敗的人加以同情 。

請陶冶我的兒子，9. 使他的心地純潔，目標高超 ；在企圖駕馭他人之前，先能駕馭自己；對未來善加籌劃，但是永不忘記過去。在他把以上諸點都已做到之後，還要10. 賜給他充分的幽默感 ，使他可以永遠保持嚴肅的態度，但絕不自視非凡，過於拘執；請11. 賜給他謙遜 ，使他可以永遠記住真實偉大的樸實無華，真實智慧的虛懷若谷，和真實力量的溫和蘊藉。

然後，作為他的父親的我，才敢低聲說道：「我已不虛此生！」

1. 通用性的模組架構：

【模組一】書信的稱謂與結語：

寫的人（書寫者）	收的人（接收者）

「麥帥為子祈禱文」，從文章的標題等線索中找出書寫者與接收者的關係為「人與神」，依這層關係，推測「人對神」可能的傳達內容。

【模組二】根據書信內容的不同，而有下列不同的表格：

「人對神」可能傳達的內容不外乎祈求、請教問題等，考慮使用表 6-1 或表 6-4。再透過標題分析或解說，選擇表 6-4。

▼ 表 6-1　討論問題

書寫者	給	接收者	議題	內容
	向		請教	問題： 希望的結果：

▼ 表 6-2 傾訴心情

書寫者	給	接收者	議題	內容
	向		傾訴	A.情緒：（喜怒哀樂） B.情緒的原由：

▼ 表 6-3 告知事情

書寫者	給	接收者	議題	內容
	向		說明	A.事件的主題？ 　人／事／時／地／物 B.推測未來的發展？

▼ 表 6-4 表示期待

書寫者	給	接收者	議題	內容
	向		祈求	A.祈求的對象： 　（人／事／物？） B.訴求：文章中關於「願望」的語句。 　（請、賜、讓、使、願） a. _____ b. _____ c. _____

▼ 表 6-5 閒話家常

書寫者	給	接收者	議題	內容
	向		分享	

▼ 表 6-6 問候請安

書寫者	給	接收者	議題	內容
	向		問候	

2. 關鍵字策略：決定模組後，歸結出「麥帥向主祈求兒子的事情」，帶著這個中心概念進入課文。開始課文教學後，逐段帶領學生圈選並解釋

關鍵字詞，簡單掌握每段段意，包括第一段的四個主要特質：堅強、勇敢、自豪、謙遜，二、三段的「請／賜／讓／使／願」等字詞，找出麥帥祈求兒子行為的具體表現方式。

3. 畫記重點（劃線）：帶領學生劃記重點，節錄課文的段落大意，刪除不必要的文字敘述。

4. 結構圖：在課文的教學結束後，將教學中劃記的關鍵字、重點，以圖像及條列式的結構圖呈現，引導學生以結構圖回憶並複習整課內容。再者，引導學生製作填寫鏤空的結構圖，獨立組織課文內容。

（教材出處：桃園縣 99 年度身心障礙班語文教材）

二、 聽覺理解技巧

聽覺理解強調聽及理解兩部分，是課堂學習的重要技巧。Gearheart、Weishahn 及 Gearheart（1988）統計學生在校學習的一天中，與聽覺理解相關的活動幾乎占了 66%，然而有不少研究證實聽覺理解是可以經由教導與練習改善的（Carlisle & Felbinger, 1991; Devine, 1987）。教師可遵循下列步驟來改善學生的聽覺理解力：(1) 確定教室的氣氛適合學習（請參考本書第三章〈班級經營策略〉第一節）；(2) 減少教室中不必要的分散注意力之物，同時對於任何干擾課堂授課的行為皆能有效率的迅速處理；(3) 陳述任何重點前先予以提示或強調，若有必要，可反覆重述幾遍；(4) 於教學告一段落時，協助學生回憶重點並再強調關鍵部分；(5) 多運用視覺性教材或參與操作方式，以使學生更深刻體會講課內容；(6) 討論時，鼓勵學生以適度音量發表並能清晰表達。必要時，老師可摘要重複其重點以確定每位學生都聽得懂。

三、 摘錄重點／抄筆記技巧

這個技巧可使學生能將相關資訊摘錄重點，整理組織成有意義的型態以供學習之用。教師可採用下列活動來教導學生摘錄重點／抄筆記的技巧：(1) 教師先製作摘錄重點／抄筆記的簡單格式，例如：今天上課所學的三個生字是＿＿。這三個生字的意義：①＿＿；②＿＿；③＿＿。學生只要照著格式持續的練習即可；(2) 教導學生如何從聽講內容及課文中摘

錄重點；(3) 與學生討論摘錄重點／抄筆記的好處及可能的方法；(4) 示範各種不同的摘錄重點／抄筆記技巧；(5) 設計由簡單到複雜的各種摘錄重點／抄筆記活動，並要同學在參與活動後，互相交換作品，並聽取老師及同學意見以做改進。

四、 口頭報告

　　口頭報告是課堂討論、分組活動、辯論、訪談、課堂報告的重要技巧，尤其國內學生向來少被鼓勵在課堂中發言，使該項技巧的訓練更形重要。教師可循下列步驟來訓練學生口頭報告技巧：(1) 教師先示範及講解口頭報告技巧，並給予學生簡單的條列原則（例如：列出重點、口齒清晰、音量適中、總結）；(2) 給予學生充足時間準備並提示準備的要點；(3) 在輕鬆自然的課堂氣氛中，讓學生做口頭報告；(4) 提供各種不同情境訓練學生的口頭報告能力，並確定學生能針對各種不同目的做口頭報告。

五、 圖表協助學習技巧

　　使用表格、圖形、地圖、照片甚或模型來協助學習，可讓學生更容易瞭解複雜的概念或事物，也便於學生運用視覺學習或做心像比較，是課堂學習的必要技巧之一。教師可運用下列活動來協助學生練習圖表運用技巧：(1) 教師示範如何摘錄重點並製作圖表的技巧；(2) 讓學生自己動手學習做圖表及各種視覺性的教材，在課堂報告時予以展示並交換意見；(3) 教導學生如何由協助學習的圖表資料中找出重點；(4) 於教學過程中自然運用各種圖表資料，並給予學生充足的時間去閱讀及觀察。

六、 考試技巧

　　考試技巧泛指考前準備、完成考試、檢討考試結果等各項技巧。教師可循下列途徑來指導學生考試技巧：(1) 與學生討論考試的目的及如何完成各種不同類型的考試；(2) 與學生討論及演練各種不同類型考試的準備方法，如：選擇題、是非題、填充題及申論題考試的準備方法應各有不同；(3) 協助學生練習考試常見的各種題型及閱讀考試相關資料摘錄重點的方法；(4) 協助學生練習考試時間的控制技巧；(5) 與學生一同檢視每次考試

的所有錯誤及檢討再修正的方法。

　　每個學生都有其學習上的優弱勢，其弱勢可能是影響他考試行為的重要因素，因此不同的學生應該給予不同的方法，例如：注意力不足的學生，考試時可能答題速度較慢，會漏掉某些題目未作答，則老師可以教導一次只看一小部分，利用考卷或墊板把後面未作答的試題遮起來，以專心做某一題；或是利用直尺放在該題目下方，避免看錯行（如圖 6-1）。另外也可以教一些小技巧，像是圈出關鍵字（如圖 6-2）等。

尺或紙：【把 ▭ 尺放在題目的字下面，可以幫自己專心看題目】

題目：小華的爸爸買了一部電視機，分期付款要3年又7個月，

▭

請問一共是幾個月？

▲ 圖 6-1　利用尺或紙幫助閱讀題目

用 ✏ 筆在題目的開始和結尾打 ✓，⬭下重點

例：✓一年有⟨12⟩個月，姊姊唸大學⟨4⟩年是幾個月？✓

▲ 圖 6-2　用筆圈出題目的重點

七、 記憶策略

　　記憶策略是學習的重要技巧之一，學生的記憶技巧若不能隨著年齡的增長而日益多元化與自動化，在學習上將會產生很大的困擾（孟瑛如，1994）。最基礎的記憶法為複誦法，另有聯想法、分類法、關鍵字法、意像法、口訣法、重點摘要法、特徵記憶法、分段記憶法、比較記憶法、延時強化記憶法等。每位學生會有自己優勢的記憶技巧，教師的最主要目的乃是協助學生找出屬於自己的優勢記憶策略，同時熟悉其他技巧，教師可循下列途徑教導學生練習記憶策略：(1) 掌握學生記憶特點：可以觀

察或詢問學生如何記憶的方式來找出學生的優勢記憶技巧；(2) 生活化的指導：示範與教導不同的記憶策略，同時要求學生於生活情境中做練習；(3) 創造競爭環境：可於課堂上設計各種記憶情境，使學生於競爭的氣氛下記憶，以充分激發其潛能；(4) 循序漸進原則：記憶策略之練習應按目的、型態之不同，由簡單至複雜循序漸進練習；(5) 難度原則：於學生熟練各種記憶技巧後，可每次給予比其起點能力稍高的內容，以訓練其技巧的自動化功能。

八、 時間管理技巧

時間管理技巧牽涉到有效率的運用時間以完成責任的工作，故而包括時間的安排、環境的流程組織及時間衝突事件的安排與選擇。當學生隨著年紀增長，課業壓力愈來愈重時，時間的安排便愈形重要，有些學生並非課業上無法學習，而僅是時間的不良管理。若能善用所有零碎時間，同時按事情之重要性循序漸進，通常課業上便能大有起色。教師可循下列活動來教導學生時間管理技巧，同時應由愈年幼時開始，效果愈佳。

1. 教導學生將每日時程以流水帳的方式記錄，如此可很輕易找出每天時間大部分花在何處，或者是還有哪些零碎時間可運用。若年幼的孩子還對時間無絕對概念，可由教師及家長配合記錄，或是僅要求兒童記錄一小段重要時間的活動。例如：有家長抱怨孩子每天寫作業的時間要由放學回家後一直寫到晚上 12 點，那麼我們可要求學生及家長記錄這段寫功課時間的活動，可用另外的本子記錄，亦可直接記錄在作業本上的空白處。由小孩準備寫功課，寫下第一個字開始記錄，例如：今天作業共有生字抄寫十行，記錄如下：

4:30-5:05	放學回家換衣服，並與媽媽聊天
5:05-5:15	寫了三個字，一面玩橡皮擦
5:15-5:38	喝綠豆湯休息
5:38-6:20	爸爸進門，撒嬌及聊天
6:20-7:20	吃晚飯
7:20-7:45	餵魚、溜狗

7:45-8:10	洗澡
8:10-9:00	洗澡出來未馬上進書房寫功課，反而偷站在沙發後看電視，直到 9:00 被發現
9:00-9:18	因看電視未寫功課被爸媽責罵
9:18-9:35	寫生字至第二行
9:35-10:00	因肚子餓吃宵夜
10:00-10:20	寫第三行生字，並開始想睡覺
10:20-12:00	媽媽已做完家事，開始全程陪同其寫功課，但因雙方都很疲累，故而在打罵與哭聲中斷斷續續完成今天的十行抄寫生字作業

　　由前段記錄可很清楚看出小孩每天用在寫功課的時間並未如家長陳述的那麼長，反而是因時間的運用不良而造成。可做兩種調整，一是善用放學後的時間，將聊天、休息與吃東西同時於半小時內完成，媽媽陪寫功課，延後全家晚飯時間；或是晚飯後稍事休息即開始寫作業，將餵魚、溜狗、洗澡等活動往後移，使小孩能在精神狀況較好的情況下寫作業。若小孩需人指導，父親或母親一方請撥出時間陪伴，可將想看的電視節目錄影或延後做某些家事。

　　2. 協助學生安排每日的時間表，並教導其如何預測自己須在某項工作花多久時間，並依照事情的重要性、緊急性來區分成事情之先後順序。例如：使用時間管理表（如表 6-7）列出放學後的活動有寫作業、看卡通、吃晚餐、洗澡，再排定優先順序以增進工作效率。

▼ 表 6-7　時間管理表

日期：○○○年9月30日

優先順序	待辦事項	預估時間	實際時間	已完成
1	寫作業	1小時	1.5小時	☐
3	看卡通	30分鐘		☐
2	吃晚餐	30分鐘		☐
4	洗澡	20分鐘		☐

3. 每天可於課堂中留一些空白時間給學生，讓他們自己安排時間並完成指定工作。例如：學生可以拿這些空白時間將剛學過的內容稍加整理，學習效果比一天上完課再來複習好。

4. 課堂活動做結構式的安排，使學生能在規律生活中學會有效率地運用時間。例如：老師在課堂開始時，先將該節課的上課內容以大綱條列在黑板的一處，讓學生可以知道接下來的課程會有什麼活動，也讓學生瞭解哪部分內容是自己要花更多時間學習的。

5. 獎勵學生的專心行為，特別是在單獨工作或活動時。

6. 對於能在規定時間內完成工作既多且正確的同學給予獎勵。

九、 行為管理技巧

學生的自我行為管理訓練可使學生監控並矯正自己影響學習的生活行為，本書於第三章〈班級經營策略〉中對此有較詳盡的描述。若要教導學生行為管理技巧，除可參閱本書第三章外，亦可參考下列步驟：(1) 確定學生明瞭具體的行為要求為何；(2) 協助學生建立行為改變的進程及自我增強與懲罰的原則，同時並協助學生由具體可行的部分開始著手；(3) 周圍相關人士之緊密溝通，務使管教態度一致；(4) 與學生共同檢討階段目標無法達成的原因，並經討論再做修正。

十、 評量／出題系統

此軟體可讓學生透過遊戲來進行教學評量，依據課程本位原則，教師可利用軟體中的出題系統將各單元的題目放進軟體題庫中，當學生使用軟體時，可依據學生能力來選擇題目及設定題數。評量軟體的畫面設計採可愛風格並兼具聲光效果，能充分引起動機，學生使用軟體時不但可以評量所學，還可透過評量軟體不斷練習基本知識的題目而達到精熟效果。互動方式分為單人模式及雙人模式，雙人模式下學生們可進行搶答，增加評量的趣味性，單人模式則有設計排行榜，能記錄學生每次評量的分數。軟體的題目分成國語文、數學、英文、自然與生活科技、社會等科目，內建有題庫，教師也可透過內建的出題系統自行更改題目。軟體的人物造型活潑，共有五組角色與場景可供學生選擇。（檔案下載請至有愛無礙教材資

料庫：http://lcms.dale.nthu.edu.tw/，搜尋關鍵字為「出題系統／評量系統／評量軟體」）

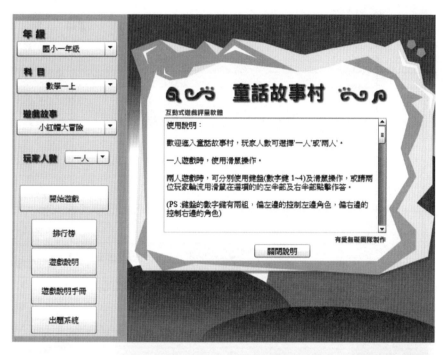

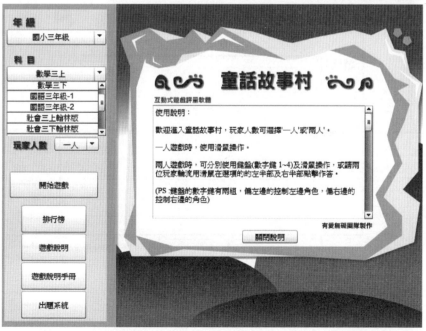

互動式遊戲評量軟體－出題系統

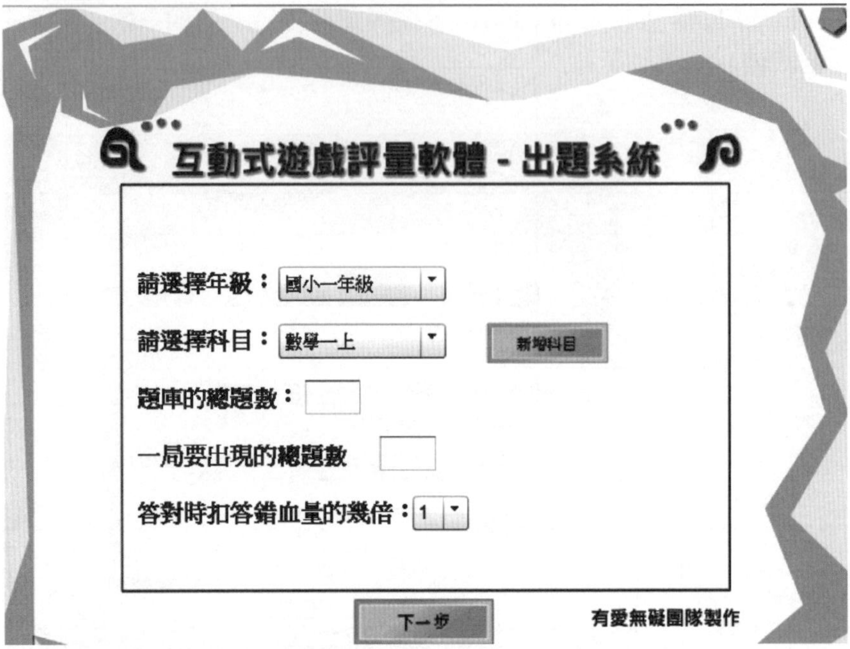

請選擇年級：國小一年級 ▾

請選擇科目：數學一上 ▾　　　新增科目

題庫的總題數：☐

一局要出現的總題數 ☐

答對時扣答錯血量的幾倍：1 ▾

下一步　　　有愛無礙團隊製作

互動式遊戲評量軟體－出題系統

Q 1

題目：

新增圖片

正確選項：

其餘選項：

上一步　　　下一步　　　有愛無礙團隊製作

▲ 圖 6-3 　評量系統與出題介面

請在下列選項中選出正確運用語詞的句子。

A. 媽媽的廚藝很厲害，每次我都吃的「牙牙學語」。

B. 王建民球路很多變，伸卡球更是「翩翩起舞」。

C. 路上大塞車，我的心情真是「陣陣速度」

D. 黃先生繪畫技巧很厲害，畫中鳥兒看來「

小白兔　　　　　　　　　　　　　艾莉絲

10可以一分成1、7和多少？

(1) 5

(2) 3

(3) 9

(4) 17

▲ 圖 6-4　評量系統遊戲畫面

綜合以上所述：若讀者還想探討國外的一些相關研究，Hoover 和 Patton（1995）對國外一些學習技巧的研究作了相當完整的整理，請參閱表 6-8。

▼ 表 6-8　學習技巧發展和合作學習

策略	工作領域	過程	描述
CAN-DO	學習課文內容	（Create）列出學習的細目 （Ask）自問列表是否完全 （Note）注意細節和主要想法 （Describe）能描述所有學習到的細節 （Overlearn）對於學習細節的主要項目過度學習	這個策略透過複誦的技巧可幫助課文內容的記憶
COPS	報告的撰寫	（Capitalization）大寫正確 （Overall）整體表現 （Punctuation）標點符號 （Spelling）拼字正確	這個策略針對要交給老師之前的文章提供校對工作
DEFENDS	表露自我	（Decide）決定特定立場 （Examine）檢驗自己這個立場的理由 （Expose）寫作時在第一句話便揭露了你的立場 （Note）注意每一個理由和相關重點 （Drive）最後引導回自己原本的定位 （Search）找出並訂正錯誤	這個策略幫助學習者去辯護自己所寫文章中的特定立場
EASY	學習內容	（Elicit）引出問題 （Ask）自問哪些訊息最簡單 （Study）先學習簡單的內容，接著學習難的內容	EASY可幫助學習者藉著對所設計的問題作反應，以辨認重要內容學習組織，並按優先順序排列訊息，來確認所要學習的重要訊息
		（First）讀第一句 （Indicate）根據第一句話的材料指出問題	這個問題的策略幫助學生積極尋求直接有關所閱讀資料的答案

策略	工作領域	過程	措述
FIST	閱讀理解	（Search）找出問題的答案 （Tie）掌握問題並透過段落一起回答	
GLP	做筆記	（Guided）引導 （Lecture）課堂講述內容 （Procedures）依程序做筆記	GLP提供學生一個在課堂中做筆記的架構，分組的活動有助於教導學生有效率地做筆記
PANORA-MA	閱讀	（Preparatory）準備階段——認清目標 （Intermediate）中間階段——檢視和閱讀 （Concluding）結論階段——記憶材料	這個策略包括三個階段的過程，有助於閱讀的理解
PARS	閱讀	（Preview）預習 （Ask）問問題 （Read）閱讀 （Summarize）摘要	PARS被建議用在較年幼的學生和學習策略經驗有限的人
PENS	寫句子	（Pick）使用慣用語 （Explore）用不同的字套上慣用語 （Note）注意單字的選擇 （Subject）要配合主詞和動詞的選擇	PENS適合於發展基礎句建構和幫助學生藉著跟隨建構句子的規準，寫不同類型的句子
PIRATES	測驗	（Prepare）準備成功 （Inspect）仔細檢查教學 （Read）閱讀整個問題，記住記憶策略並刪除不必要的選擇 （Answer）回答問題或留在後面再回答 （Turn）回到原先已放棄的題目 （Estimate）去掉絕對不是的答案和其相似的選擇，以推估可能的答案 （Survey）檢視每個題目，確定每個題目都作答	PIRATES可幫助學習者更小心並成功地完成測驗

策略	工作領域	過程	描述
PQ4R	閱讀	（Preview）預習 （Question）問問題 （Read）閱讀 （Reflection）反應 （Recite）複誦 （Review）複習	PQ4R可幫助學生成為更有辨別力的讀者
RAP	閱讀理解	（Read）閱讀段落 （Ask）自問並確認主要概念和兩個可支持的細節 （Put）用自己的話詮釋主要概念和細節	這個策略幫助學生透過段落學習資訊
RARE	閱讀	（Review）複習選擇的問題 （Answer）回答全部已知的問題 （Read）閱讀這個選擇 （Express）說出答案，留住其他問題再繼續閱讀	RARE強調為一個特定的目標閱讀，而這個目標的焦點在於得到一開始選擇的答案
RDPE	畫重點	（Read）閱讀全部的方法 （Decide）決定哪些方法是重要的 （Plan）計畫劃線只包含主要想法 （Evaluate）以只閱讀劃線部分來評量劃記部分的重點	這個策略幫助學習者透過適當的關鍵字大綱，在閱讀選擇上組織和記憶主要概念和想法
REAP	閱讀 寫作 思考	（Read）閱讀 （Encode）解碼 （Annotate）做註解 （Ponder）仔細思考	REAP幫助學生結合幾個技巧，以促進關於閱讀材料討論的方法
ReQuest	閱讀 提問題	（Reciprocal）相互討論 （Questioning）問問題	老師和學生互相以選擇題方式詢問對方，學生模仿老師問問題，當學生問出有意義的問題時，老師應給予回饋

策略	工作領域	過程	描述
RIDER	閱讀理解	（Read）閱讀句子 （Image-from mental picture）想像句子使其以心像方式呈現 （Describe）描述新的心像與先前的句子有哪裡不同 （Evaluate）評估心像以確定已包含全部所需要素 （Repeat）重複後來的句子	此視覺影像策略的線索提示學習者形成一個先前剛從句子學到的心像
SCORER	測驗	（Schedule）有效安排時間 （Clue）分辨線索字 （Omit）省略難的字 （Read）仔細閱讀 （Estimate）評估答案正確性 （Review）檢視及反應	這個做測驗的策略藉由幫助學生細心和有系統地完成多元化測驗項目和形式
SQRQCQ	數學應用題	（Survey）檢視文字的問題 （Question）確認所問的問題 （Read）更仔細的閱讀 （Question）審視整個問題流程以解決問題 （Compute）計算答案 （Question）詢問自己以確定這個答案可解決這個問題	這個策略提供一個系統架構來做數學應用題，分別為確定問題所在、計算答案、回答問題。
SQ3R	閱讀	（Survey）瀏覽 （Question）問問題 （Read）閱讀 （Recite）背誦 （Review）複習	SQ3R提供一個系統取向，以改善閱讀理解能力
SSCD	字彙發展	（Sound）聲音線索的使用 （Structure）結構線索的使用 （Content）內容線索的使用 （Dictionary）字典的使用	SSCD鼓勵學生使用聲音、結構和上下文間的線索，以找出不熟悉的單字，若有必要可使用字典

策略	工作領域	過程	描述
TOWER	寫報告	（Think）思考 （Order）想法順序 （Write）寫作 （Edit）編輯 （Rewrite）修改	TOWER提供一個完成從頭到尾寫報告的草稿架構。可以與COPS策略有效率的合用
TQLR	聽覺理解	（Tuning in）調準音 （Questioning）問問題 （Listen）聽 （Review）複習	這個策略幫助聽覺理解。學生產生問題，並且聽有關這些問題的特定陳述

第 7 章

資源班常用表格

▼ 表 7-1　桃園市國民中小學身心障礙在校生鑑定安置工作作業流程

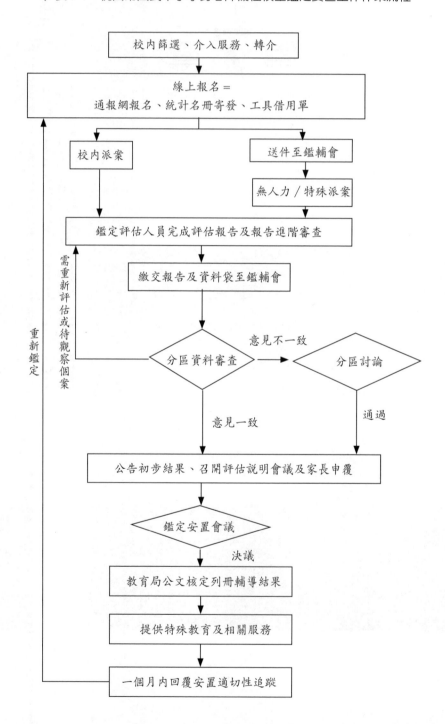

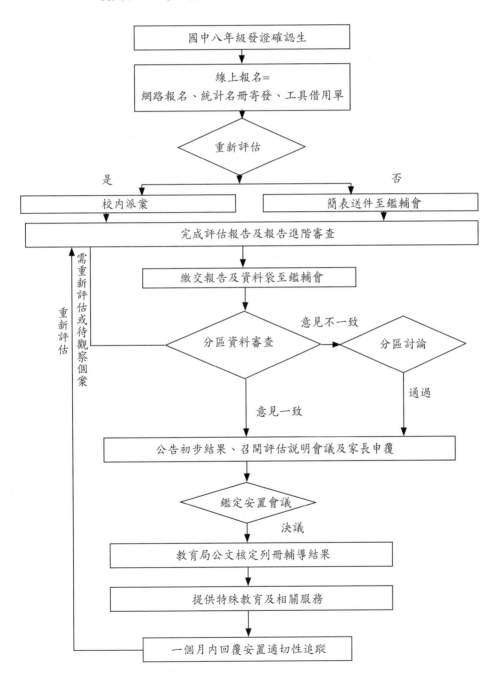

附件一

桃園市 107 學年度國中八年級確認生發證鑑定工作流程

▼ 表 7-2 桃園市國民中小學特殊教育需求學生學習障礙組鑑定安置申請資料審核表

（新申請／確認生鑑定，請粘貼於B4紙袋封面）

行政區	☐桃園區 ☐蘆竹區 ☐龜山區 ☐八德區 ☐大園區 ☐大溪區 ☐復興區 ☐觀音區 ☐中壢區 ☐平鎮區 ☐新屋區 ☐楊梅區 ☐龍潭區		提報學校		國小、國中 _____高中國中部	個案編號： 提報梯次：
學生姓名		鑑定評估 人員	姓名：		107學年度就讀年級	0 1 2 3 4 5 6 7 8 9
			服務單位：			

檢附資料	項次	資料內容	校內 檢核		鑑輔會 收件審查		備註
			有	無	有	無	
基本資料 （必附）	1	28元掛號信封2份					
	2	鑑定申請報名表（請貼妥相片）					
	3	戶口名簿（或戶籍證明文件）影本					
	4	學生輔導資料紀錄表A表或B表					
	5	學生健康檢查紀錄表影本					
	6	歷年學業成績證明正本或學籍資料卡影本					
	7	特殊教育需求學生基本資料表					
轉介篩選 （必附）	8	疑似學習障礙組篩選與轉介測驗評量成績摘要					
	9	疑似學習障礙學生轉介前介入輔導紀錄表					
	10	國小語文及非語文學習障礙檢核表（LDC）					新申請必附
		特殊需求學生轉介表—（國小5年級以上至國中階段填100R）					
		國民中小學學習行為特徵檢核表					
	11	學科評量資料					
	12	相關教學或輔導佐證資料（如：觀察記錄、考卷、作業、聯絡簿、造句寫作或作文資料……）					
其他資料 （有則必附）	14	近一年之個別化教育計畫					確認生必附
	15	原始鑑定資料（鑑定報告、相關測驗、列冊公文）					
	16	身心障礙手冊影本或身心障礙證明（含正反面）					
	17	鑑定醫療院所開立之心理衡鑑報告或診斷證明					

相關測驗	18	國小注音符號能力診斷測驗（小一必附）正本					一年內免重新施測（請根據學生能力選用適當測驗評量）
	19	中文年級認字量表正本					
		中文閱讀診斷測驗—識字量評估測驗正本					
	20	閱讀理解困難篩選測驗正本					
		國小二～六年級閱讀理解篩選測驗正本					
		中文閱讀診斷測驗—國民中學閱讀推理正本					
	21	基礎數學概念評量正本					
		國民小學（一二、三四、五六、七至九）年級數學診斷測驗正本					
	22	基本讀寫字綜合測驗（常模至小三）正本					
		國小學童書寫語言測驗（小三以上）正本					
		國民小學（一～三、四～六、七～九）年級書寫表達／寫作診斷測驗正本					
	23	情緒障礙量表正本（學生有情緒問題者選用）					
	24	問題行為篩選量表正本（學生有情緒問題者選用）					
綜合評估（必附）	25	桃園市107學年度第2次特殊需求學生鑑定資料袋					
	26	桃園市107學年度特殊需求學生鑑定評估報告					
學校承辦人核章		提報學校連絡電話及分機	傳真電話			鑑輔會收件人員核章	

**備註1. 所有繳交資料請以A4格式影印彙整，報名時請將繳交資料依「項目次序」整理排列好。
2. 請於心理評量人員繳交報告時間，一同將鑑定資料繳回至鑑輔會。
3. 若學生勾選篩選量表未達切截，可依照個案狀況加做其他相關測驗。

桃園市國民中小學特殊教育需求學生鑑定安置申請表

編號：　　　　　　　　　　　　　　填表日期：　　年　　月　　日

一、學生基本資料								
學生姓名		性別	□男　□女	出生日期	年　月　日		請貼二吋脫帽半身正面照片一張	
身分證字號		法定代理人／實際照顧者姓名						
實足年齡	歲　月	個案關係						
連絡電話	家用：　　　　　　　　　手機：							
戶籍地址	市／縣　　區／鄉鎮市　　里／村　　鄰　　街路　　段　　巷　　弄　　號							
居住地點□同上	市／縣　　區／鄉鎮市　　里／村　　鄰　　街路　　段　　巷　　弄　　號							
二、目前就學狀況								
提報學校		教育階段	□國小　　□國中					
安置環境	□普通班　□集中式特教班　□其他：＿＿＿＿＿＿＿							

| 目前特教服務 | □無 □普通班接受資源班服務 □不分類巡迴輔導 □視障巡迴輔導 □聽障巡迴輔導 □集中式特教班（啟智班／啟聰班）□在家教育 □延長修業年限 □暫緩入學 |

三、相關醫療證明文件及鑑定紀錄（具備的請在□反黑）

□身心障礙手冊	障礙類別		等級		重鑑日期	年　月　日
	多重註記		鑑定日期		核發日期	年　月　日
□身心障礙證明	障礙類別		等級		有效期限	年　月　日
	ICD診斷		鑑定日期		重鑑日期	年　月　日
□醫療診斷證明	開立單位		診斷證明內容		開立日期	年　月　日
□鑑輔會鑑定	特教類別		安置班別		鑑定文號	桃教特字第　　號

三、申請項目（特教資格類別及特教服務）

| 特教類別 | | 多重障礙包含類別 | |
| 就讀學校 | | | |

| 申請安置 | 原校 | 校名： | 非原校 | 校名： | 非原校 | 校名： |

| 特教服務類型 | 類型：
（請填寫代號） | 類型：
（請填寫代號） | 類型：
（請填寫代號） |

| 特教服務類型填寫序號 | 1.普通班接受特教服務　2.普通班接受資源班服務　3.普通班接受不分類巡迴輔導
4.集中式特教班（啟智班）　5.集中式特教班（啟聰班）　6.聽障巡迴輔導
7.視障巡迴輔導　8.在家教育　9.延長修業年限一年　10.其他： |

| 就讀非學區學校原因說明並檢附資料 | □在職證明 □在學證明 □租屋證明 □地圖距離證明 □其他：＿＿＿＿＿＿＿
原因說明：＿＿＿＿＿＿＿＿＿＿＿＿＿＿＿＿＿＿
註：1.根據特殊教育法第10條，前項第一款學前教育階段及第二款國民教育階段，特殊教育學生以就近入學為原則。但國民教育階段學區學校無適當場所提供特殊教育者，得經主管機關安置於其他適當特殊教育場所。 |

| 鑑定評量同意書 | 本人經學校說明後已充分瞭解孩子接受鑑定原因、目的及相關權利義務，已閱讀並填寫申請資料。
茲 同意敝子弟＿＿＿＿＿接受桃園市特殊教育學生鑑定及就學輔導會之鑑定及各項教育評量工作。 | 法定代理人／實際照顧者簽名 |
| | | 中華民國　年　月　日 |

提報學校核章	業務承辦人	註冊組長	聯絡電話： 分機：
	輔導主任	教務主任	校長

| 備註 | 1.轉介者請檢齊相關證件（含相關單位核章、法定代理人／實際照顧者簽名），缺件未補齊者，本會將以退件處理。
2.特殊教育學生之轉介申請，由學生現在就讀學校提出申請。
3.轉介安置完成後，請將本表及安置建議書妥存教務處、輔導室或訓導處，以作為學生日後轉介／轉銜檢附資料。 |

疑似學習障礙組篩選與轉介測驗評量成績摘要(1)

特殊需求學生轉介表100R									
表現向度	生理方面	感官動作	學業表現	學業能力	口語能力	團體生活	個人生活適應	行為與情緒適應	家庭與社區
出現題項									
測驗結果	□疑似學障（分數≧6）				□非疑似學障				
原始分數				施測者					
填表者			與個案關係				填表日期		

備註：疑似障礙	切截分數
1.學習障礙：二（<u>17</u>）、三（18,<u>19</u>,24,26,28,35,38）、四（40,44）、五（55）、六（<u>57</u>,63,67）、七（<u>79</u>）、八（<u>92</u>）（該項劃線題號應計2分）	
2.智能障礙：二、（7.<u>10</u>）、三、（18.<u>23</u>.24.25.26.27.28.<u>30</u>.35.38）四、（40.<u>41</u>.43.44）五、（<u>49</u>.55）六、（67）八、（81）	≧6
3.自閉症：二（7.14.15.）、三（25.27）、四（42.43.44.<u>46</u>）、五（52.<u>53</u>）、六（58.59.<u>60</u>.<u>61</u>）、七（<u>71</u>.<u>72</u>.77）、八（80.<u>85</u>.87.88.<u>89</u>.90.91）	
4.情緒行為障礙：三（<u>20</u>）、四（42）、五（52）、六（60.61.<u>62</u>.63.<u>65</u>.<u>66</u>）、八（80.<u>82</u>.<u>83</u>.87.91）	≧4
5.注意力缺陷過動症：三（20）、四（42.43）、六（60.61.62.63）、七（75.76）、八（80.89.）	
6.身體病弱：一、二	
7.感官障礙或動作問題：二、視覺（7.8.9.12.72.73.74.75.76）、聽覺（7.10.11.48.49.50.41.52）、動作（12.13.14.15.16）	
或	

國民中小學學習行為特徵檢核表										
一	二	三	四	五	全	一	二	三	四	五	全	切截分數

國民中小學學習行為特徵檢核表											
一	二	三	四	五	全	一	二	三	四	五	全	切截分數
						83	81	86	80	87	83	備註：（請填PR值）（任一大於切截分數，則為疑似學習障礙）如A≧切截分數，需施測問題行為篩選量表如D或E≧切截分數，需施測情緒障礙量表，如檢核表中有勾選第17.18.19.21或25項任一項目者（達4或5分者），需施測相關書寫測驗
填表者			與個案關係				填表日期				
測驗結果	□疑似學習障礙			□非疑似障礙							

國小語文及非語文學習障礙檢核表（LDC）								
分量表之原始分數				切截分數（低年級）				
注意與記憶	理解與表達	知動協調	社會適應	類別	注意與記憶	理解與表達	知動協調	社會適應

				A L L - LD	≧60	≧110	≧45	≧55
				VLD	≧60	≧110	≧45-55	≧55
				NLD	≧60	≧110-120	≧55	≧65
				切截分數（中高年級）				
				A L L - LD	≧60	≧120	≧45	≧55
				VLD	≧60	≧120	≧45-55	≧55
				NLD	≧60	≧120	≧55	≧65
施測者				填表日期				
填表者				與個案關係				
測驗結果解釋		疑似學習障礙類型：□RS　□ALL-LD　□VLD　□NLD						

疑似學習障礙組篩選與轉介測驗評量成績摘要(2)

國小注音符號能力診斷測驗			
原始分數		切截分數	
聽寫		≦31	
認讀		≦62	
施測方式	□個測、□團測	施測者	
與受試者關係		施測日期	年　月　日
測驗結果解釋	□符合拼音學習障礙	□非疑似障礙	
中文年級認字量表			
原始分數		切截分數	
		≦小一12.35.49.65.75.9　七年級106.112.122	
施測方式	□個測　□團測	施測者	
與受試者關係		施測日期	年　月　日
測驗結果解釋	□符合學習障礙	□不符合學習障礙	
識字量評估			
識字量	百分等級	≦切截分數	
		20	
施測方式	□個測　□團測	施測者	
與受試者關係		施測日期	年　月　日
測驗結果解釋	□疑似識字障礙	□非疑似障礙	
閱讀理解困難篩選測驗			
原始分數		切截分數	
		≦小二8.9.9.13.13　七年級15.16.17.	
施測方式	□個測　□團測	施測者	
受試者關係		施測日期	年　月　日
測驗結果解釋	□符合閱讀理解學習障礙	□非疑似障礙	

國民小學二～六年級閱讀理解篩選測驗				
原始分數		切截分數		
		≦A式：二10.12.13.13.14　　B式：二10.12.12.12.13		
施測方式	□個測　□團測	施測者		
受試者關係		施測日期	年　　月　　日	
測驗結果解釋	□符合閱讀理解學習障礙	□非疑似障礙		
國民中學閱讀推理測驗				
原始分數		切截分數		
		≦七年級11、八年級10、九年級18		
施測方式	□個測　□團測	施測者		
與受試者關係		施測日期	年　　月　　日	
測驗結果解釋	□疑似閱讀理解障礙	□非疑似障礙		

疑似學習障礙組篩選與轉介測驗評量成績摘要(3)

兒童書寫語言測驗				
原始分數		總分切截分數		
聽寫		≦小三：16　小四：27　小五：35		
句子		小六至九年級：44		
造句				
筆劃				
總分				
施測方式	□個測　□團測	施測者		
受試者關係		施測日期	年　　月　　日	
測驗結果解釋	□符合書寫學習障礙	□非疑似障礙		
基本讀寫字				

表現向度	原始分數	百分等級	年級分數	切截分數
聽詞選字				
看詞選字				□識字困難（百分等級＜20）□無識字困難
看字讀音				
看字造詞				
看注音寫國字				
聽寫				□寫字困難（百分等級＜20）□無寫字困難
遠端抄寫				□抄寫困難（百分等級＜20）□無抄寫困難
施測方式	□個測　□團測		施測者	
與受試者關係			施測日期	年　　月　　日
測驗結果解釋：□符合書寫障礙　□不符合學習障礙				
國民小學一至三年級書寫表達診斷測驗				

測驗結果		全測驗	分測驗						
			基本寫作能力	聽寫	看字造詞	句子結構與造句	基本寫字能力測驗	遠距抄寫	近距抄寫
□甲式	原始分數								
	量表分數								
	≦原始測驗切截數	87	51				33		
□乙式	原始分數								
	量表分數								
	≦原始測驗切截數	87	51				33		
□丙式	原始分數								
	量表分數								
	≦原始測驗切截數	87	51				33		
□丁式	原始分數								
	量表分數								
	≦原始測驗切截數	86	51						
施測方式		□個測　□團測			施測者				
受試者關係					施測日期		年　　月　　日		
測驗結果解釋		□符合書寫障礙　□不符合學習障礙							

疑似學習障礙組篩選與轉介測驗評量成績摘要(4)

國民小學四至六年級書寫表達診斷測驗									
測驗結果		全測驗	分測驗						
			基本寫作能力	聽寫	看字造詞	句子結構與造句	基本寫字能力測驗	遠距抄寫	近距抄寫
□甲式	原始分數								
	量表分數								
	≦原始測驗切截數	87	50				33		
□乙式	原始分數								
	量表分數								
	≦原始測驗切截數	87	50				33		
□丙式	原始分數								
	量表分數								
	≦原始測驗切截數	87	50				33		

□丁式	原始分數							
	量表分數							
	≦原始測驗切截數	87	50				33	

施測方式	□個測　□團測		施測者	
與受試者關係			施測日期	年　　月　　日
測驗結果解釋	□符合書寫障礙		□不符合學習障礙	

國民中學七至九年級寫作診斷測驗

測驗結果		全測驗	分項測驗			
			思想與主題	結構與組織	文句與修辭	用字與標點
□甲式	原始分數					
	≦原始測驗切截數	七55 八58 九59	七10 八10 九10	七13 八14 九14	七11 八12 九12	七11 八12 九12
□乙式	原始分數					
	≦原始測驗切截數	七47 八51 九52	七7 八8 九8	七9 八12 九12	七10 八10 九11	七19 八20 九21
□丙式	原始分數					
	≦原始測驗切截數	七51 八53 九57	七9 八9 九10	七11 八12 九12	七10 八12 九13	七20 八21 九23
□丁式	原始分數					
	≦原始測驗切截數	七51 八53 九59	七8 八10 九11	七12 八12 九14	七11 八11 九12	七21 八21 九22

施測方式	□個測　□團測		施測者	
與受試者關係			施測日期	年　　月　　日
測驗結果解釋	□符合書寫障礙		□不符合學習障礙	

疑似學習障礙組篩選與轉介測驗評量成績摘要(5)

基礎數學概念評量			
原始分數		總分切截分數	
		≦小二22.32.34.22.22、七年級26.30.34	
施測方式	□個測　□團測	施測者	
受試者關係		施測日期	年　月　日
測驗結果解釋	□符合數學學習障礙　□非疑似障礙		

國民小學一至二年級數學診斷測驗

測驗結果	全測驗	分測驗				
		計算	幾何	數量比較	圖表	應用

□甲式	原始分數					
	≦原始分數 切截數	一16 二29	一2 二8	一4 二5	一4 二5	一2 二3
						一3 二8
□乙式	原始分數					
	量表分數					
	≦原始分數 切截數	一15 二29	一2 二8	一4 二5	一4 二5	一2 二3
						一3 二7
□丙式	原始分數					
	量表分數					
	≦原始分數 切截數	一16 二29	一4 二8	一4 二5	一4 二6	一2 二2
						一3 二7
□丁式	原始分數					
	量表分數					
	≦原始分數 切截數	一15 二30	一2 二7	一4 二5	一4 二7	一2 二3
						一2 二8

施測方式	□個測　□團測		施測者	
與受試者關係			施測日期	年　月　日
測驗結果解釋	□符合數學障礙		□非疑似障礙	

國民小學三至四年級數學診斷測驗

測驗結果	全測驗	分測驗				
		計算	幾何	數量比較	圖表	應用
□甲式　原始分數						
≦原始分數 切截數	三31 四36	三7 四10	三5 四5	三6 四7	三4 四5	三9 四11
□乙式　原始分數						
≦原始分數 切截數	三29 四37	三6 四10	三4 四4	三6 四7	三4 四5	三9 四11
□丙式　原始分數						
≦原始分數 切截數	三28 四39	三7 四10	三5 四5	三7 四7	三3 四5	三8 四12
□丁式　原始分數						
≦原始分數 切截數	三28 四39	三7 四10	三4 四5	三6 四7	三4 四5	三8 四13

施測方式	□個測　□團測		施測者	
與受試者關係			施測日期	年　月　日
測驗結果解釋	□符合數學障礙		□非疑似障礙	

疑似學習障礙組篩選與轉介測驗評量成績摘要(6)

國民小學五至六年級數學診斷測驗

測驗結果		全測驗	分測驗				
			計算	幾何	數量比較	圖表	應用
□甲式	原始分數						
	≦原始分數切截數	五22 六30	五5 六7	五5 六6	五5 六5	五3 六4	五5 六8
□乙式	原始分數						
	量表分數						
	≦原始分數切截數	五22 六30	五3 六6	五5 六6	五4 六5	五3 六4	五3 六7
□丙式	原始分數						
	量表分數						
	≦原始分數切截數	五21 六29	五4 六7	五6 六7	五5 六5	五3 六4	五4 六6
□丁式	原始分數						
	量表分數						
	≦原始分數切截數	五21 六25	五3 六6	五6 六6	五6 六6	五3 六3	五3 六4

施測方式	□個測　□團測		施測者	
與受試者關係			施測日期	年　月　日
測驗結果解釋	□符合數學障礙		□非疑似障礙	

國民中學七至九年級數學診斷測驗

測驗結果		全測驗	分測驗			
			計算	幾何	統計	應用
□甲式	原始分數					
	≦原始分數切截數	七7 八8 九9	七2 八2 九3	七2 八3 九3	七3 八3 九3	*
□乙式	原始分數					
	≦原始分數切截數	七9 八10 九11	七3 八3 九4	七2 八3 九3	七2 八3 九3	七1 八1 九1
□丙式	原始分數					
	≦原始分數切截數	七10 八12 九13	七3 八4 九4	七3 八4 九4	七2 八3 九3	七1 八1 九2
□丁式	原始分數					
	≦原始分數切截數	七8 八9 九10	七3 八6 九3	七3 八4 九4	七2 八2 九3	*

施測方式	□個測　□團測	施測者	
與受試者關係		施測日期	年　　月　　日
測驗結果解釋	□符合數學障礙　□非疑似障礙		

疑似學習障礙組篩選與轉介測驗評量成績摘要(7)

情緒行為障礙評量表						
原始分數						切截分數
學習	人際關係	不當行為	不快樂沮喪	生理症狀或害怕	全量表	分量表至少一項≧14 情障商數≧120

測驗結果說明：□有情緒困擾　□無情緒困擾

填表者：　　　　　與個案關係：　　　　　填表日期：

問題行為篩選量表		
教師版		
表現向度		原始分數	切截分數

表現向度		原始分數	切截分數
第一部分	1-9不專注行為		不專注型1-9題≧6分
			過動／衝動型10-18題≧6分
	10-18過動／衝動行為		混合型1-9題≧6分且10-18題≧6分
			其他型1-18題≧7分
第二部分	1-8功能受損		≧20
第三部分	1-8對立性違抗行為		≧4分
第四部分	1-15違規行為		≧3分（國中青少年版之13、14、15需同時第五部分第1、2、3題為1分，方計1分）
第五部分	1-3（青少年版）		

填表者：　　　　　與個案關係：　　　　　填表日期：

測驗結果說明：
□疑似ADHD　□疑似ODD　□疑似CD　□非障礙學生

家長版		
表現向度	原始分數	切截分數

第一部分	1-9不專注行為		不專注型1-9題≧6分
			過動／衝動型10-18題≧6分
	10-18過動／衝動行為		混合型1-9題≧6分 且10-18題≧6分
			其他型1-18題≧7分
第二部分	1-8功能受損		≧18
第三部分	1-8對立性違抗行為		≧4分
第四部分	1-15違抗行為		≧3分（國中青少年版之13、14、15需同時第五部分第1、2、3題為1分，方計1分）
第五部分	1-3（青少年版）		

填表者：　　　　　與個案關係：　　　　　填表日期：

測驗結果說明：
☐疑似ADHD　☐疑似ODD　☐疑似CD　☐非障礙學生

桃園市疑似學習障礙學生轉介前介入輔導紀錄表

學生姓名：＿＿＿＿＿＿　班級：＿＿年＿＿班

轉介前介入輔導期間＿＿年＿＿月＿＿日～＿＿年＿＿月＿＿日，共＿＿年＿＿月

教學填表者：＿＿＿＿＿＿　聯絡電話（O）＿＿＿＿＿＿

與學生關係：☐班級導師　☐＿＿＿＿＿＿科教師　☐其他＿＿＿＿＿＿

一、轉介前介入輔導資料（根據您的觀察記錄勾選，可複選）

| 轉介前介入使用方式 | 1.☐課程、教學 ☐調整教學內容、目標或方式 ☐提供額外練習機會 ☐使用學生喜歡的增強物 ☐困難處指導學習方法或策略 ☐課堂中提醒專心注意 ☐使用表格、圖形等教具
2.☐環境、輔具 ☐調整有利其學習座位或環境 ☐上課使用輔具（如電腦、計算機、錄音筆／軟體／APP等）
3.☐作業、評量 ☐調整作業內容、分量或方式 ☐調整考試內容、分量或方式
4.☐同儕輔導 ☐安排小老師協助　　☐團體合作方式協助學習
5.☐校內資源 ☐接受特教諮詢 ☐課後照顧班 ☐補救教學 ☐攜手計畫 ☐志工課輔
6.☐建議家長給予課業指導
7.☐其他＿＿＿＿＿＿ |
| 方式教學 | 可複選　☐一對一個別教學　☐採小組教學（人數約＿＿人）
　　　　☐大班級教學　　☐其他＿＿＿＿＿＿ |

學生學習行為描述	介入輔導方式（請勾選）	教學成效
（一）注意力 ☐1.無此問題 ☐2.容易分心 ☐3.容易恍神 ☐4.常把玩東西 ☐5.注意力持續時間短 ☐6.坐立不安 ☐7.過於活潑好動 ☐8.尚未專心看完一道題目即作答 ☐9.其他＿＿＿＿＿	☐調整有利其學習座位或環境 ☐分段設立目標，讓學生能逐步達成 ☐使用眼神、聲調、手勢、教具等，引導學生專注 ☐提醒桌面保持整潔 ☐物品依固定位置存放 ☐容許工作中短暫休息 ☐建議家長帶至醫院評估 ☐使用定時器，提升專注時間 ☐其他＿＿＿＿＿	☐明顯改善 ☐略有改善 ☐未有改善 說明：

（二）記憶力 □1.無此問題 □2.記不住指令 □3.重述剛聽到的數字、字詞、語句等有困難 □4.學過的東西，雖然學會了，很快忘記 □5.記不住老師或父母交代的事 □6.經常丟三落四 □7.長期記憶差 □8.需反覆練習至少＿＿＿次才記得 □9.其他＿＿＿＿＿＿＿＿	□運用圖表、大綱、概念圖、教具、提示卡等視覺提示協助學習 □教導使用畫重點、關鍵字、口訣記憶法 □運用肢體動作增強學生印象 □運用視覺、聽覺、知動等多感官學習 □相關作業反覆練習與複習 □師長說話速度放慢 □師長重述問題或重點 □學生重述師長的指令或問題 □利用放聲思考協助記憶 □利用聯絡簿協助檢核交代事項 □其他＿＿＿＿＿＿＿＿	□明顯改善 □略有改善 □未有改善 說明：
（三）知覺或知動協調能力 □1.無此問題 □2.經常會跌倒或碰撞東西 □3.易對有方向性的字產生混淆，如：ㄇ、ㄈ、ㄩ…… □4.運動協調能力和平衡感不足 □5.空間方向辨識困難 □6.各方面反應遲鈍 □7.動作笨拙、遲緩 □8.精細動作差 □9.其他＿＿＿＿＿＿＿＿	□形象背景單純化 □輔以口語解說，學習辨識字形 □板書加大、電子書放大 □增加球類運動時間，以增進視動能力 □運用肢體動作協助學習 □運用視覺材料提示 □其他＿＿＿＿＿＿＿＿	□明顯改善 □略有改善 □未有改善 說明：
（四）理解推理能力 □1.無此問題 □2.常弄不清楚抽象或較複雜的符號或詞彙 □3.無法瞭解所閱讀文章重點或內容 □4.經常聽不懂老師說的話 □5.易誤解指令 □6.無法聽懂抽象內容 □7.學習無法類化 □8.無法理解因果關係 □9.無法理解邏輯概念	□閱讀文章中的抽象詞彙，提供生活化的舉例說明 □老師提問方式，協助學生瞭解文章重點 □運用視覺材料提示 □請學生重述師長的指令或問題 □簡化或單一化指令內容 □師長說話速度放慢 □使用聽覺口語化教學 □將邏輯或因果概念圖表圖像化等 □其他＿＿＿＿＿＿＿＿	□明顯改善 □略有改善 □未有改善 說明：

☐10.無法察覺對話內容的隱喻 ☐11.其他_____		
（五）表達能力 ☐1.無此問題 ☐2.口語表達不流暢 ☐3.答非所問，不能針對問題答覆 ☐4.構音異常 ☐5.語彙少 ☐6.說話語句短 ☐7.無法依情境表達適當言語 ☐8.其他_____	☐教導學生以「人、事、時、地」等 　原則述說表達 ☐鼓勵多發言 ☐示範正確表達方式，並請其複述 ☐提供練習機會，練習傳達話語 ☐等候學生表達並教導其複述 ☐運用視覺材料提示 ☐運用聽覺材料協助學習 ☐其他_____	☐明顯改善 ☐略有改善 ☐未有改善 說明：
（六）情緒與社會適應 ☐1.無此問題 ☐2.學習動機低落 ☐3.缺乏自信，覺得凡事都做不好 ☐4.依賴心重 ☐5.情緒不穩定 ☐6.挫折容忍度低 ☐7.常與人爭執 ☐8.很少主動與人談話 ☐9.經常打斷別人談話 ☐10.髒亂 ☐11.同學間常有糾紛 ☐12.人際關係差（缺社交技巧） ☐13.生活能力不佳 ☐14.書包抽屜凌亂不堪 ☐15.不遵守班級常規 ☐16.經常干擾上課秩序 ☐17.其他_____	☐適時給予鼓勵，提供獎勵制度，增 　強自信心 ☐由學生有興趣的事開始，引導學生 　正向成功經驗 ☐提供正向與人互動的機會，如：發 　作業 ☐運用個別輔導 ☐轉介輔導室進行小團體輔導 ☐加強社交技巧訓練 ☐訓練分類、歸類及物歸原處的習慣 ☐其他_____	☐明顯改善 ☐略有改善 ☐未有改善 說明：
（七）拼音 ☐1.無此問題 ☐2.注音符號認讀困難 ☐3.二拼困難 ☐4.三拼困難 ☐5.注音聽寫困難 ☐6.聲調辨識困難 ☐7.其他_____	☐使用放聲思考（唸出聲音）重複練 　習 ☐搭配字（圖）卡拼讀加深對注音符 　號的印象 ☐輔以遊戲、歌曲教學或多媒體教學 　等 ☐將易混淆、常錯誤注音挑出，做辨 　識練習 ☐其他_____	☐明顯改善 ☐略有改善 ☐未有改善 說明：

（八）識字 □1.無此問題 □2.識字量少 □3.難以辨識相似字形 □4.其他＿＿＿＿＿	□搭配圖卡或動作協助識字 □教導相似字，增加識字量 □增加練習機會 □其他＿＿＿＿＿	□明顯改善 □略有改善 □未有改善 說明：
（九）閱讀 □1.無此問題 □2.閱讀不流暢 □3.閱讀時會跳行（字） □4.閱讀時有替代（省略）字 □5.閱讀緩慢 □6.閱讀理解困難 □7.其他＿＿＿＿＿	□指導學生用手指或筆協助指讀 □請學生放聲朗讀 □分段閱讀後，利用問答方式提示重點 □運用標示重點、大綱架構，協助學生理解 □其他＿＿＿＿＿	□明顯改善 □略有改善 □未有改善 說明：
（十）書寫 □1.無此問題 □2.描寫困難 □3.寫字速度慢 □4.仿寫困難 □5.字體潦草 □6.筆順錯誤 □7.聽寫困難 □8.寫字時字體上下左右倒置 □9.寫字錯誤多 □10.字體會忽大忽小或歪歪扭扭寫字忽高忽低或有重疊現象 □11.無法寫出能認讀的字 □12.詞彙缺乏 □13.造詞困難 □14.造句困難 □15.寫作常文不對題 □16.作文段落不明	□給予描點、結構格子、外框字……方式協助書寫 □教導筆順 □說明組字規則、部首表義概念 □從每課生詞中挑出高頻字詞，多次練習 □提供寫作結構提示 □用聯絡簿練習心得寫作 □增加成語量 □提供多樣化作文教學，例如：看圖寫故事、接力作文、用問句來幫助學生練習寫故事…… □其他＿＿＿＿＿	□明顯改善 □略有改善 □未有改善 說明：
（十一）數學 □1.無此問題 □2.數字辨識困難 □3.缺乏數量概念 □4.分類概念差，無法區分顏色、大小、形狀……	□找出計算錯誤類型，並加以練習 □協助背誦九九乘法 □放聲思考（唸出聲音）協助運算或理解 □操作教具（例如：定位板等）或實物練習	□明顯改善 □略有改善 □未有改善 說明：

□5.心算能力差	□教導學生瞭解並圈出關鍵字	
□6.計算有困難	□利用圖示協助理解題意	
□7.單位換算困難	□運用口訣提示法	
□8.應用題解題困難	□其他＿＿＿＿＿＿	
□9.其他＿＿＿＿＿		
（十二）英文	□輔以遊戲、多媒體教學或歌曲教學	□明顯改善
□1.無此問題	□將易混淆、常錯誤的單字挑出，做	□略有改善
□2.辨認（英文字母／詞彙）有困難	辨識練習	□未有改善
□3.說出（英文字母／詞彙）有困難	□搭配圖卡、動作或記憶策略協助識字	說明：
□4.寫出（英文字母／詞彙）有困難	□從每課生字中挑出高頻字來教學	
□5.能正確拼出的單字少	□其他＿＿＿＿＿＿	
□6.無法流暢讀出完整的句子		
□7.無法理解完整的句子		
□8.無法寫出完整句子		
□9.其他＿＿＿＿＿		

二、請就上述12大項中，勾選出1～3項學生最主要的學習問題：
　　□注意力、□記憶力、□知覺或知動協調能力、□理解推理能力、□表達能力、
　　□情緒與社會適應、□拼音、□識字、□閱讀、□書寫、□數學、□英文
三、其他：上面沒有列出來的項目，但根據您的觀察，學生還有哪些需要被關心的問題？請儘量列舉：

學科評量資料

使用說明：將個案疑似學障的學科成績輸入，原則上以提報學障鑑定的前三次期中、期末評量或段考成績製成下表，每次成績請以班級排名列出（EX：個案排名／全班人數）。

範例：

個案學生：＿＿年級上學期申請鑑定學生

評量次數		國中__年級下學期第1次	國中__年級下學期第2次	國中__年級下學期第3次
評量日期				
評量方式		紙筆測驗	紙筆測驗	紙筆測驗
科目	國語	15／33	17／33	18／33
	數學	27／33	33／33	29／33
	英文	29／33	32／33	30／33

	其他			
前述分數已經資源班調整		無	無	無
備　註	倘學校因特殊情形無法提供學生資料，請於下列空白處敘明原因：			

※上表中名次為舉例說明，非真實個案之實際學業成就。

相關教學或輔導佐證資料

說明：1.請提供最近一年內未訂正且可佐證學生學習困難之相關資料，右上角標明評量
　　　　年月日，影印成A4大小，分科依序裝訂於本頁後。

　　　2.資料內容可佐證處，請以紅筆標記。

疑似學習障礙學生資料（必附）
□觀察記錄／輔導紀錄
□聯絡簿（含週記）
□練習單、作業單或其他相關作業
□造句寫作或作文資料
□經批改之未訂正平時測驗卷及答案卷
□經批改之未訂正定期評量試卷及答案卷
□有計算過程之計算題
□數學應用題之解題方式
□聽寫考試簿（國中免附）
□其他＿＿＿＿＿＿＿＿＿＿＿＿＿＿＿＿＿＿＿＿＿＿

桃園市107學年度國民中小學特殊教育需求學生基本資料表

學生姓名		性別		出生	年　月　日	法定代理人／實際照顧者	
家庭狀況	家庭成員						
	1.家長年齡：（父）＿＿＿歲（母）＿＿＿歲其他＿＿＿歲						
	2.家長國籍：（父）□本國□外籍＿＿＿（母）□本國□外籍＿＿＿□其他□本國□外籍＿＿＿						
	3.家長教育程度：（父）□不識字□國小□國中□高中（職）□專科□大學□研究所						
	（母）□不識字□國小□國中□高中（職）□專科□大學□研究所						
	（其他家人＿＿＿）□不識字□國小□國中□高中（職）□專科□大學□研究所						
	4.同住家人（家中人口）：□祖父□父□兄＿＿人□弟＿＿人 □其他：＿＿＿；□祖母□母□姊＿＿人□妹＿＿人						
	5.父母婚姻狀況：□良好□分居□離婚□其他：＿＿＿						
	6.個案主要照顧者：□父母□祖父母□保姆□兄姊□其他：＿＿＿						
	7.家人關係：□和諧□尚可□較差□其他＿＿＿						
	經濟狀況						
	1.家長職業：（父）：＿＿＿＿＿（母）＿＿＿＿＿						
	2.家庭經濟狀況：□富裕□小康□普通□清寒□其他＿＿＿						
	3.主要經濟來源：□父□母□祖父母□其他＿＿＿＿＿＿＿						

	家庭支持
	1.父母對個案管教態度： 父：□權威□放任□民主□其他：_____；母：□權威□放任□民主□其他：_____ 2.家族中特殊案例：□無□有（□智障□視障□聽障□精神疾病□糖尿病□其他：_____）與個案之關係 3.家中慣用語言：□國語□臺語□客語□其他_____ 4.住家環境：□家中有孩子活動空間□孩子有單獨房間□住家附近有幼兒遊戲場所□其他_____ 5.主要休閒活動：□看電視□聽音樂□家人聊天□拜訪親朋□上館子□郊遊□運動□看書□逛街□養寵物□其他_____ 6.家庭資源情形：□必要時很多親友能幫忙□還有一些親友能幫忙□很少親友能幫忙□幾乎沒有親友能幫忙

	1.出生時父親_____歲，母親_____歲 2.母親懷孕時是否患病？□否□是，請寫出病名：_____ 3.母親懷孕時是否服藥？□否□是，請寫出藥物名稱：_____ ①懷孕或出生問題：□無特殊問題□染色體異常□懷孕異常□早產（懷胎_____週） 　　　　　　　　　□黃疸過高□體重過輕_____公克□出生後曾急救□其他_____ ②新生兒問題：□無特殊問題□吸吮困難□其他問題_____

妊娠史
□無特殊問題　□情緒緊張　□嚴重嘔吐　□染色體異常　□服用藥物：_____藥 □X光照射　□妊娠中毒　□前置胎盤　□後期流血　□疾病感染：_____病 □其他：_____

出生史
體　　重：□2500公克以下　□2500～4000公克　□4001公克以上 生產方式：□自然分娩　□產鉗夾出　□真空吸引　□剖腹產　□其他： 出　生　時：□順產　□難產　□剖腹產　□早產　□晚產　□其他：

嬰幼兒史
1.動作發展（坐_____月；站_____月；走路_____月；其他_____月；其他_____） 2.語言發展（聽懂簡單指令_____月，叫爸媽_____月，其他_____月） 3.生活自理（用手勢表示大小便_____月），大小便會自己說_____月，其他_____ 4.一足歲前的生活情形：□非常安靜　□安靜　□正常　□不安靜　□非常不安靜

健康情形
1.血型：_____ 2.身高：_____公分，體重：_____公斤 3.視覺功能： 　裸視：左：_____，右：_____　矯正：左：_____，右：_____　配戴眼鏡：□是□否 　辨色力：□正常　□異常 4.聽力：□正常　□異常（聽力分貝/千赫：左：_____，右：_____） 5.健康情形：□甚佳□良好□普通□體弱□多病 4.自小生病情形：□經常生病□普通□不常生病□從不生病 5.發現問題的時間：_____歲_____月

活動狀況
1.體力：□舉　□扔　□推　□拉　□抓　□握 2.姿態：□彎腰　□跪蹲　□匍匐　□平衡 3.行動：□行走　□坐　□站立　□攀登　□爬行　　　□手指運轉 4.溝通：□口語□國語□臺語□客語□手語□讀唇□筆談□其他： 5.定向：□能迅速正確辨別方位　□方位辨別遲緩　□不能辨別方位 6.動作能力：□粗大動作　□精細動作　□協調動作 7.反應狀況：□反應靈敏　□反應尚可　□反應遲緩　□幾無反應 8.是否需要輔具：□否□是，輔具名稱：_____ 9.慣用手：□右手□左手□皆可 10.喜好：_____，人_____，物_____，活動_____

成長史

	病歷史
	1.領有身心障礙證明或發展遲緩證明：□尚未評估過□領有身心障礙證明□領有發展遲緩證明 　□領有評估報告書
	2.目前表現出的發展或行為問題：□無、□生理問題 　□視力：左眼_____　右眼_____）□聽力：左耳_____db　右耳_____db 　□肢體：_____　□語言：_____ 　□行為問題（□過動行為問題□情緒不穩□易分心□自我刺激行為□其他_____
	3.其他特殊事項： 　□無、□新生兒黃疸（□輕□曾照光三次以上□曾換血） 　□癲癇（最初發作年齡_____發作頻率_____發作情形_____） 　□伴隨_____病發燒（為時多久_____高燒後有無行為或其他方面的變化）_____ 　□麻疹　□中耳炎　□腦性麻痺　□腦部外傷　□腦膜炎　□氣喘　□癲癇 　□小兒麻痺　□肺炎　□心臟病　□其他_____ 　目前服藥情形：□未服藥□服藥名稱_____，服藥時間_____
教育史	**過去教育經驗**
	1.學前階段 　(1)曾接受早期療育（三歲之前）？□無□是，服務內容_____ 　(2)曾接受學前服務（三～六歲）？□無 　　　　　　　　　　　　　□是，普通幼兒園：_____ 　　　　　　　　　　　　　學前特教班：_____ 　　　　　　　　　　　　　其　　他：_____ 2.國小階段 　(1)接受普通教育（全部時間）：_____國小 　(2)接受特殊教育服務類型：_____國小，_____（班／巡迴服務／特教方案） 　(3)暫緩入學1年：□無□是 　(4)延長修業年限：□無□是 3.國中階段 　(1)接受普通教育（全部時間）：_____國中 　(2)接受特殊教育：_____國中，_____（班／巡迴服務） 　(3)延長修業年限：□無□是，_____年 4.高中／高職階段 　(1)接受普通教育（全部時間）：_____高中／高職 　(2)接受特殊教育：_____高中／高職，_____（資源教室／資源班） 5.相關專業團隊或醫療服務：□無□有： 　□物理治療□職能治療□語言治療□聽能訓練 　□心理治療□其他：_____ 　接受專業團隊或醫療服務的學校（機構、醫院）：_____ 　起訖時間：_____，服務效果：_____

▼ 表 7-3　桃園市國民中小學特殊教育需求學生情緒行為障礙組鑑定安置申請資料審核表

（新申請／確認生鑑定，請粘貼於B4紙袋封面）

行政區	□桃園區 □蘆竹區 □龜山區 □八德區 □大園區 □大溪區 □復興區 □觀音區 □中壢區 □平鎮區 □新屋區 □楊梅區 □龍潭區		提報學校		國小・ 國中 ＿＿ 高中國 中部	個案編號：
學生姓名		鑑定評估 人員	姓名： 服務單位：	107學年度 就讀年級	0 1 2 3 4 5 6 7 8 9	提報梯次：

檢附資料	項次	資料內容	校內檢核		鑑輔會收件審查		備註
			有	無	有	無	
基本資料 （必附）	1	28元掛號信封2份					
	2	鑑定申請報名表（請貼妥相片）					
	3	戶口名簿（或戶籍證明文件）影本					
	4	學生輔導資料紀錄表A表或B表					
	5	學生健康檢查紀錄表影本					
	6	歷年學業成績證明正本或學籍資料卡影本					
	7	特殊教育需求學生基本資料表					
	8	疑似情緒行為障礙組篩選與轉介測驗評量成績摘要					
轉介篩選 （必附）	9	特殊需求學生轉介表-（國小5年級以上至國中階段填100R）					新申請鑑定必附
	10	學習特徵檢核表					
	11	疑似情緒行為障礙學生轉介前介入輔導紀錄表（初級預防資料）					
	12	輔導單位／輔導人員輔導學生紀錄影本（次級輔導資料）（至少3個月以上，需含學生疑似情緒行為障礙之特徵描述、學校每月輔導內容、策略及成效……）					新申請鑑定必附
		近一年個別化教育計畫（含行為輔導）（至少1學期，需含學生疑似情緒行為障礙之特徵描述、學校每月輔導內容、策略及成效……）					確認生必附
	13	最近1年內的相關佐證資料（聯絡簿、週記等）					

其他資料（有則必附）	14	原始鑑定資料（鑑定報告、相關測驗、列冊公文）					確認生必附
	15	身心障礙手冊影本或身心障礙證明（含正反面）					
	16	鑑定醫療院所開立之心理衡鑑報告或診斷證明					
相關測驗（必附）	17	情緒行為障礙量表正本					一年內免重新施測
	18	問題行為篩選量表正本					
	19	其他相關篩檢量表資料正本					
綜合評估（必附）	20	桃園市107學年度第2次特殊需求學生鑑定資料袋					
	21	桃園市107學年度特殊需求學生鑑定評估報告					
學校承辦人核章		提報學校連絡電話及分機	傳真電話		鑑輔會收件人員核章		

**備註 1.所有繳交資料請以A4格式影印彙整，報名時請將繳交資料依「項目次序」整理排列好。

2.請於心理評量人員繳交報告時間，一同將鑑定資料繳回至鑑輔會。

3.若學生勾選篩選量表未達切截，可依照個案狀況加做其他相關測驗。

桃園市國民中小學特殊教育需求學生鑑定安置申請表

編號：　　　　　　　　　　　　　填表日期：　　　年　　　月　　　日

一、學生基本資料							
學生姓名		性別	□男　□女	出生日期	年　月　日		請貼二吋脫帽半身正面照片一張
身分證字號		法定代理人/實際照顧者姓名					
實足年齡	歲　月	個案關係					
連絡電話	家用：		手機：				
戶籍地址	市/縣　　區/鄉鎮市　　里/村　鄰　　街路　段　巷　弄　　號						
居住地點 □同上	市/縣　　區/鄉鎮市　　里/村　鄰　　街路　段　巷　弄　　號						
二、目前就學狀況							
提報學校		教育階段	□國小　　□國中				
安置環境	□普通班　□集中式特教班　□其他：_____						
目前特教服務	□無□普通班接受資源班服務□不分類巡迴輔導□視障巡迴輔導□聽障巡迴輔導 □集中式特教班（啟智班/啟聰班）□在家教育□延長修業年限 □暫緩入學						
三、相關醫療證明文件及鑑定紀錄（具備的請在□反黑）							

□身心障礙手冊	障礙類別		等級		重鑑日期	年 月 日	
	多重註記		鑑定日期		核發日期	年 月 日	
□身心障礙證明	障礙類別		等級		有效期限	年 月 日	
	ICD診斷		鑑定日期		重鑑日期	年 月 日	
□醫療診斷證明	開立單位		診斷證明內容		開立日期	年 月 日	
□鑑輔會鑑定	特教類別		安置班別		鑑定文號	桃教特字第　　號	

三、申請項目（特教資格類別及特教服務）

特教類別		多重障礙包含類別	
就讀學校			

申請安置	原校	校名：	非原校	校名：	非原校	校名：
特教服務類型		類型： （請填寫代號）		類型： （請填寫代號）		類型： （請填寫代號）

特教服務類型填寫序號
1.普通班接受特教服務　2.普通班接受資源班服務　3.普通班接受不分類巡迴輔導
4.集中式特教班（啟智班）　5.集中式特教班（啟聰班）　6.聽障巡迴輔導
7.視障巡迴輔導　8.在家教育　9.延長修業年限一年　10.其他：

就讀非學區學校原因說明並檢附資料
□在職證明 □在學證明 □租屋證明 □地圖距離證明 □其他：_____
原因說明：_____
註：1.根據「特殊教育法」第10條，前項第一款學前教育階段及第二款國民教育階段，特殊教育學生以就近入學為原則。但國民教育階段學區學校無適當場所提供特殊教育者，得經主管機關安置於其他適當特殊教育場所。

鑑定評量同意書	本人經學校說明後已充分瞭解孩子接受鑑定原因、目的及相關權利義務，已閱讀並填寫申請資料。 茲同意敝子弟_____接受桃園市特殊教育學生鑑定及就學輔導會之鑑定及各項教育評量工作。	家長（監護人）簽名
		中華民國 年 月 日

提報學校核章	業務承辦人	註冊組長	聯絡電話： 分機：
	輔導主任	教務主任	校長

備註
1.轉介者請檢齊相關證件（含相關單位核章、家長簽名），缺件未補齊者，本會將以退件處理。
2.特殊教育學生之轉介申請，由學生現在就讀學校提出申請。
3.轉介安置完成後，請將本表及安置建議書妥存教務處、輔導室或訓導處，以作為學生日後轉介／轉銜檢附資料。

桃園市107學年度國民中小學特殊教育需求學生基本資料表

學生姓名		性別		出生	年　月　日	法定代理人/實際照顧者	

<table>
<tr><td rowspan="20">家庭狀況</td><td colspan="2" align="center">家庭成員</td></tr>
<tr><td colspan="2">

1.家長年齡：（父）＿＿＿歲（母）＿＿＿歲其他＿＿＿＿＿＿歲
2.家長國籍：（父）□本國□外籍＿＿＿（母）□本國□外籍＿＿＿□其他□本國□外籍＿＿＿
3.家長教育程度：（父）□不識字□國小□國中□高中（職）□專科□大學□研究所
　　　　　　　　（母）□不識字□國小□國中□高中（職）□專科□大學□研究所
　　　　　　　　（其他家人＿＿＿）□不識字□國小□國中□高中（職）□專科□大學□研究所
4.同住家人（家中人口）：□祖父□父□兄＿＿人□弟＿＿人　□其他：＿＿＿；□祖母□母□姊＿＿人□妹＿＿人
5.父母婚姻狀況：□良好□分居□離婚□其他：＿＿＿
6.個案主要照顧者：□父母□祖父母□保姆□兄姊□其他：＿＿＿
7.家人關係：□和諧□尚可□較差□其他＿＿＿＿＿＿＿＿＿＿
</td></tr>
<tr><td colspan="2" align="center">經濟狀況</td></tr>
<tr><td colspan="2">

1.家長職業：（父）＿＿＿＿（母）＿＿＿＿
2.家庭經濟狀況：□富裕□小康□普通□清寒□其他：＿＿＿
3.主要經濟來源：□父□母□祖父母□其他＿＿＿＿＿＿＿＿
</td></tr>
<tr><td colspan="2" align="center">家庭支持</td></tr>
<tr><td colspan="2">

1.父母對個案管教態度：
　父：□權威□放任□民主□其他：＿＿＿；母：□權威□放任□民主□其他：＿＿＿
2.家族中特殊案例：□無□有（□智障□視障□聽障□精神疾病□糖尿病□其他：＿＿＿）與個案之關係
3.家中慣用語言：□國語□臺語□客語□其他＿＿＿＿＿＿＿
4.住家環境：□家中有孩子活動空間□孩子有單獨房間□住家附近有幼兒遊戲場所□其他＿＿＿＿＿
5.主要休閒活動：□看電視□聽音樂□家人聊天□拜訪親朋□上館子□郊遊□運動□看書□逛街□養寵物□其他＿＿＿
6.家庭資源情形：□必要時很多親友能幫忙□還有一些親友能幫忙□很少親友能幫忙□幾乎沒有親友能幫忙
</td></tr>
</table>

<table>
<tr><td rowspan="10">成長史</td><td colspan="2">

出生時父親＿＿＿歲，母親＿＿＿歲
母親懷孕時是否患病？□否□是，請寫出病名：＿＿＿＿＿＿＿
母親懷孕時是否服藥？□否□是，請寫出藥物名稱：＿＿＿＿＿＿＿
1.懷孕或出生問題：□無特殊問題□染色體異常□懷孕異常□早產（懷胎＿＿週）□黃疸過高□體重過輕＿＿公克□出生後曾急救□其他＿＿＿＿＿＿＿＿
2.新生兒問題：□無特殊問題□吸吮困難□其他問題＿＿＿＿＿＿
</td></tr>
<tr><td colspan="2" align="center">妊娠史</td></tr>
<tr><td colspan="2">

□無特殊問題□情緒緊張□嚴重嘔吐□染色體異常□服用藥物：＿＿＿藥
□X光照射□妊娠中毒□前置胎盤□後期流血　□疾病感染：＿＿＿病
□其他：＿＿＿
</td></tr>
<tr><td colspan="2" align="center">出生史</td></tr>
<tr><td colspan="2">

體　　重：□2500公克以下□2500～4000公克□4001公克以上
生產方式：□自然分娩□產鉗夾出□真空吸引□剖腹產□其他＿＿＿
出生時：□順產□難產□剖腹產□早產□晚產□其他：
</td></tr>
<tr><td colspan="2" align="center">嬰幼兒史</td></tr>
<tr><td colspan="2">

1.動作發展（坐＿＿月；站＿＿＿月；走路＿＿＿月；其他＿＿＿月；其他＿＿＿）
2.語言發展（聽懂簡單指令＿＿＿月，叫爸媽＿＿＿月，其他＿＿＿月）
3.生活自理（用手勢表示大小便＿＿＿月），大小便會自己說＿＿＿月，其他＿＿＿
4.一足歲前的生活情形：□非常安靜□安靜□正常□不安靜□非常不安靜
</td></tr>
</table>

	健康情形
	1.血型：＿＿＿
	2.身高：＿＿＿公分，體重：＿＿＿公斤
	3.視覺功能：
	裸視：左：＿＿＿，右：＿＿＿ 矯正：左：＿＿＿，右：＿＿＿ 配戴眼鏡：□是□否
	辨色力：□正常 □異常
	4.聽力：□正常　　　□異常（聽力分貝／千赫：左：＿＿＿，右：＿＿＿）
	5.健康情形：□甚佳□良好□普通□體弱□多病
	4.自小生病情形：□經常生病□普通□不常生病□從不生病
	5.發現問題的時間：＿＿＿歲＿＿＿＿月

	活動狀況
	1.體力：□舉 □扔 □推 □拉 □抓 □握
	2.姿態：□彎腰□跪蹲□匍匐□平衡
	3.行動：□行走□坐 □站立□攀登 □爬行 　　　□手指運轉
	4.溝通：□口語□國語□臺語□客語□手語□讀唇□筆談□其他：
	5.定向：□能迅速正確辨別方位□方位辨別遲緩□不能辨別方位
	6.動作能力：□粗大動作□精細動作□協調動作
	7.反應狀況：□反應靈敏□反應尚可□反應遲緩□幾無反應
	8.是否需要輔具：□否 □是，輔具名稱：＿＿＿＿＿＿＿
	9.慣用手：□右手□左手□皆可
	10.喜好：＿＿＿，人＿＿＿＿＿＿＿，物＿＿＿＿＿＿，活動＿＿＿＿＿

	病歷史
	1.領有身心障礙證明或發展遲緩證明：□尚未評估過□領有身心障礙證明□領有發展遲緩證明
	□領有評估報告書
	2.目前表現出的發展或行為問題：□無、□生理問題
	□視力：左眼＿＿＿右眼＿＿＿）□聽力：左耳＿＿＿db 右耳＿＿＿db
	□肢體：＿＿＿＿□語言：＿＿＿＿
	□行為問題（□過動行為問題□情緒不穩□易分心□自我刺激行為□其他＿＿＿＿
	3.其他特殊事項：
	□無、□新生兒黃疸（□輕□曾照光三次以上□曾換血）
	□癲癇（最初發作年齡＿＿＿＿＿發作頻率＿＿＿＿＿發作情形＿＿＿＿＿＿）
	□伴隨＿＿＿＿＿病發燒（為時多久＿＿＿＿＿高燒後有無行為或其他方面的變化）＿＿＿＿
	□麻疹 □中耳炎 □腦性麻痺 □腦部外傷 □腦膜炎 □氣喘 □癲癇
	□小兒麻痺 □肺炎 □心臟病 □其他＿＿＿＿＿＿＿＿
	目前服藥情形：□未服藥 □服藥名稱＿＿＿＿＿＿，服藥時間＿＿＿＿＿＿

	過去教育經驗
教育史	1.學前階段
	(1)曾接受早期療育（三歲之前）？□無□是，服務內容＿＿＿＿＿＿＿＿＿＿
	(2)曾接受學前服務（三～六歲）？□無
	□是，普通幼兒園：＿＿＿＿＿＿＿
	學前特教班：＿＿＿＿＿＿＿
	其　　他：＿＿＿＿＿＿＿
	2.國小階段
	(1)接受普通教育（全部時間）：＿＿＿＿＿＿＿國小
	(2)接受特殊教育服務類型：＿＿＿＿＿＿＿國小，＿＿＿＿＿＿＿（班／巡迴服務／特教方案）
	(3)暫緩入學1年：□無□是
	(4)延長修業年限：□無□是
	3.國中階段
	(1)接受普通教育（全部時間）：＿＿＿＿＿＿＿國中
	(2)接受特殊教育：＿＿＿＿＿＿＿＿＿＿＿＿國中，＿＿＿＿＿＿＿（班／巡迴服務）
	(3)延長修業年限：□無□是，＿＿＿＿＿＿＿年

4.高中／高職階段
　(1)接受普通教育（全部時間）：_____高中／高職
　(2)接受特殊教育：_____高中／高職，_____（資源教室／資源班）
5.相關專業團隊或醫療服務：□無 □有：
　　□物理治療 □職能治療 □語言治療 □聽能訓練
　　□心理治療 □其他：
　接受專業團隊或醫療服務的學校（機構、醫院）：_____
　起訖時間：_____，服務效果：_____

疑似情緒行為障礙組篩選與轉介測驗評量成績摘要(1)

特殊需求學生轉介表100R								
表現向度	生理方面	感官動作	學業表現	學業能力	口語能力	團體生活	個人生活適應	行為情緒與適應	家庭與社區
出現題項								

測驗結果	□疑似情緒行為障礙（分數≧4）		□非疑似情緒行為障礙	
原始分數		施測者		
填表者	與個案關係		填表日期	

備註：疑似障礙	切截分數
2.智能障礙：二、（7.<u>10</u>）、三、（18.<u>23</u>.24.25.26.27.28.<u>30</u>.35.38）四、（<u>40</u>.<u>41</u>.43.44）五、（<u>49</u>.55）六、（67）八、（81）	≧6
3.自閉症：二（7.14.15.）、三（25.27）、四（42.43.44.<u>46</u>）、五（52.<u>53</u>）、六（58.59.<u>60</u>.<u>61</u>）、七（<u>71</u>.<u>72</u>.77）、八（80.<u>85</u>.87.<u>88</u>.<u>89</u>.<u>90</u>.91）	
4.情緒行為障礙：三（20）、四（42）、五（52）、六（60.61.<u>62</u>.63.<u>65</u>.<u>66</u>）、八（80.<u>82</u>.<u>83</u>.87.91）	≧4
5.注意力缺陷過動症：三（20）、四（42.43）、六（60.61.62.63）、七（75.76）、八（80.89）	
6.身體病弱：一、二	
7.感官障礙或動作問題：二、視覺（7.8.9.12.72.73.74.75.76）、聽覺（7.10.11.48.49.50.41.52）、動作（12.13.14.15.16）	

國民中小學學習行為特徵檢核表											
一	二	三	四	五	全	一	二	三	四	五	全	切截分數
						83	81	86	80	87	83	備註：（請填PR值）（任一大於切截分數，則為疑似學習障礙）
填表者			與個案關係					填表日期			
測驗結果		□疑似學習障礙			□非疑似障礙						

疑似情緒行為障礙組篩選與轉介測驗評量成績摘要(2)

情緒行為障礙評量表						
原始分數						切截分數
學習	人際關係	不當行為	不快樂沮喪	生理症狀或害怕	全量表	分量表至少一項≧14 情障商數≧120

測驗結果說明：□有情緒困擾□無情緒困擾

填表者：　　　　與個案關係：　　　　填表日期：

問題行為篩選量表			
教師版			
表現向度		原始分數	切截分數
第一部分	1-9不專注行為		不專注型1-9題≧6分
			過動/衝動型10-18題≧6分
	10-18過動/衝動行為		混合型1-9題≧6分且10-18題≧6分
			其他型1-18題≧7分
第二部分	1-8功能受損		≧20
第三部分	1-8對立性違抗行為		≧4分
第四部分	1-15違規行為		≧3分（國中青少年版之13、14、15需同時第五部分第1、2、3題為1分，方計1分）
第五部分	1-3（青少年版）		

填表者：　　　　與個案關係：　　　　填表日期：

測驗結果說明：
□疑似ADHD □疑似ODD □疑似CD □非障礙學生

家長版			
表現向度		原始分數	切截分數
第一部分	1-9不專注行為		不專注型1-9題≧6分
			過動/衝動型10-18題≧6分
	10-18過動/衝動行為		混合型1-9題≧6分 且10-18題≧6分
			其他型1-18題≧7分
第二部分	1-8功能受損		≧18
第三部分	1-8對立性違抗行為		≧4分
第四部分	1-15違抗行為		≧3分（國中青少年版之13、14、15需同時第五部分第1、2、3題為1分，方計1分）
第五部分	1-3（青少年版）		

填表者：　　　　與個案關係：　　　　填表日期：

測驗結果說明：
□疑似ADHD □疑似ODD □疑似CD □非障礙學生

學前至九年級注意力缺陷過動症學生行為特徵篩檢量表				
教師版				
分量表	原始分數	標準分數	原始分數切截	
注意力缺陷			*學前	全124 I 109 II 122
過動和衝動			*1-2	全123 I 133 II 111
全量表			*3-4	全123 I 131 II 104
			*5-6	全123 I 128 II 102
			*7-9	全123 I 128 II 96
家長版				
注意力缺陷			學前	全123 I 107 II 123
過動和衝動			1-2	全124 I 143 II 117
全量表			3-4	全124 I 137 II 119
			5-6	全124 I 135 II 114
			7-9	全124 I 128 II 102
填表者：　　　　　與個案關係：　　　　填表日期：				
結果說明：				

桃園市疑似情緒行為障礙學生轉介前介入輔導紀錄表

學生姓名：＿＿＿＿＿＿　　班級：＿＿＿年＿＿＿班

轉介前介入輔導期間＿＿＿年＿＿＿月＿＿＿日～＿＿＿年＿＿＿月＿＿＿日，（以一個月為單位記錄）

教學填表者：＿＿＿＿＿＿＿　聯絡電話（O）＿＿＿＿＿＿＿

與學生關係：□班級導師□＿＿＿＿＿＿＿科教師□其他＿＿＿＿＿＿

初發年紀：＿＿＿＿　初發場所：＿＿＿＿＿＿就醫：□有□無　用藥：□有□無

學生情緒行為描述	情境、頻率、持續時間	介入輔導策略	方式	教學輔導成效
一、學習表現及班級常規 □發呆 □趴桌或睡覺 □東張西望 □玩弄物品 □坐立不安、扭動身體 □時常離開座位 □經常跑來跑去、爬上爬下 □無法安靜地玩遊戲、或從事活動 □注意力容易被打斷或轉移 □容易掉以輕心，出現無心的錯誤	情境 □學校 □家裡 □社區 □其他 頻率 □總是 □經常 □有時 □偶爾 □其他	1.課業輔導	□1-1提高學習動機 □1-2補救教學 □1-3提供多元學習機會 □1-4提供選擇機會，彈性學習 □1-5建立成功的學習經驗 □1-6作業切割成數個小部分完成 □1-7其他（請說明）：	□明顯改善 □略有改善 □未有改善 □更為嚴重 □其他說明：

☐常無法完成指定的功課或工作 ☐經常丟掉日常必需的東西 ☐經常忘記日常的事物 ☐口無遮攔，話閘子打開講個沒完 ☐沒有辦法等待或問題還沒聽清楚就搶先發言回答 ☐學習低成就 ☐學習態度消極 ☐學習活動參與度少 ☐對學習不感興趣 ☐經常曠課或遲到 ☐明顯的退縮及逃避的行為 ☐經常表示身體不適 ☐不切實際的目標 ☐其他（請說明）：	平均每周 ＿＿＿次 持續時間 ☐未滿 　一個月 ☐一至六個月 ☐六個月以上	2.多層次教學	☐2-1言詞提醒 ☐2-2動作提醒 ☐2-3手勢提醒 ☐2-4標記重點 ☐2-5安排有利座位 ☐2-6安排安靜適合學習的教學環境 ☐2-7頻繁、立即的回饋 ☐2-8使用有趣的教學道具、方式 ☐2-9提供成功機會給予鼓勵 ☐2-10確定四目相對後給予指令 ☐2-11轉移注意力 ☐2-12建立及提升學習自信 ☐2-13給予工作任務，給予成功經驗	
		7.親職教育	☐7-5規律的日常作息 ☐7-6規律的服藥及就醫	
		9.其他	☐說明：	

學生情緒行為描述	情境、頻率、持續時間	介入輔導策略	方式	教學輔導成效
二、情緒行為、攻擊暴力、干擾反抗行為 ☐冷漠、不理會他人 ☐沉默不語，完全不表示意見 ☐重複性的行為 ☐不自主口語 ☐不自主動作 ☐發出怪聲 ☐自言自語 ☐製造噪音 ☐尖叫 ☐哭鬧行為 ☐大發脾氣 ☐激烈憤怒 ☐一點小事便很容易憤怒 ☐一旦發脾氣就無法平靜下來 ☐身體的攻擊 ☐罵人 ☐語言挑釁 ☐虐待動物 ☐破壞物品 ☐不法行為 ☐自傷行為 ☐企圖自殺 ☐公然反抗或不聽從指示或規定 ☐和大人吵嘴 ☐故意擾亂觸怒他人 ☐把自己的過錯歸咎於別人 ☐其他（請說明）：	情境 ☐學校 ☐家裡 ☐社區 ☐其他 頻率 ☐總是 ☐經常 ☐有時 ☐偶爾 ☐其他 平均每周 ＿＿＿次 持續時間 ☐未滿 　一個月 ☐一至六個月 ☐六個月以上	3.班級經營	☐3-1友善班級經營 ☐3-2合作學習小組制約、額外加分 ☐3-3引導同儕支持 ☐3-4暫時隔離 ☐3-5建立同儕影響與支持 ☐3-6預防衝突狀況發生 ☐3-7設置個別學習區	☐明顯改善 ☐略有改善 ☐未有改善 ☐更為嚴重 ☐其他說明：
		4.行為改變技術	☐4-1對於問題行為給予提示與緩衝 ☐4-2代幣制度、增強系統 ☐4-3正向行為支持 ☐4-4自我提示訓練 ☐4-5忽視問題行為並鼓勵正向行為 ☐4-6提示規則 ☐4-7注意力訓練 ☐4-8堅持對行為的要求及獎懲 ☐4-9行為契約	
		6.心理諮商輔導	☐6-1教導放鬆方法 ☐6-2建立自我指導語 ☐6-3學習自我控制 ☐6-4指導問題解決方法 ☐6-5指導如何溝通自我負面情緒 ☐6-6申請小團體輔導 ☐6-7尋找校內資源協助（認輔老師、專業輔導教師） 請說明：	

		9.其他	□說明：	

學生情緒行為描述	情境、頻率、持續時間	介入輔導策略	方式	教學輔導成效
三、憂鬱、躁症、焦慮或恐懼行為 □憂鬱、躁症或躁鬱的情緒 □對日常生活事物失去興趣 □食慾異常地增加或減少 □失眠或是睡眠過多 □精力不足、疲憊不堪 □精力過度旺盛、煩躁不安 □出現反常的行為 □缺乏自尊自信 □精神恍惚、不能做決定 □覺得自己一無事處、毫無希望 □動作反應過度激烈或遲鈍 □湧現自殺或死亡的念頭 □出現幻覺或妄想的行為 □過度追求完美，無法接受失敗 □嚴重懼怕行為 □嚴重懼怕社交 □有嚴重分離焦慮行為 □焦慮行為 □有嚴重的強迫行為 □其他（請說明）	情境 □學校 □家裡 □社區 □其他 頻率 □總是 □經常 □有時 □偶爾 □其他 平均每週 ___次 持續時間 □未滿 　一個月 □一至六個月 □六個月以上	7.親職教育 8.專業介入	7-1建議家長對兒童行為管理 7-2提供教養策略 7-3使家長瞭解個案的問題及提供可採取的方法 7-4親師合作，管教一致 7-5培養規律的日常作息 7-6規律的服藥及就醫 7-7建議適當的飲食 □8-1建議家長尋求醫療評估 □8-2專業諮商輔導 □8-3心理治療 □8-4職能治療 □8-5團體治療	□明顯改善 □略有改善 □未有改善 □更為嚴重 □其他說明：
		9.其他	□說明：	
四、其他 □適應能力 □人際關係 □溝通表達 □其他（請說明）	情境 □學校 □家裡 □社區 □其他 頻率 □總是 □經常 □有時 □偶爾 □其他 平均每週 ____次 持續時間 □未滿 　一個月 □一至六個月 □六個月以上	5.人際關係輔導 9.其他	□5-1建立同理心 □5-2情緒轉移 □5-3建立同儕活動 □5-4教導察覺他人情緒 □5-5教導情境處理 □5-6培養以幽默方式面對問題 □說明：	□明顯改善 □略有改善 □未有改善 □更為嚴重 □其他說明：

附件：介入輔導策略（下表之介入輔導策略提供教師轉介前介入輔導使用建議）

介入輔導策略	方式
1.課業輔導	1-1提高學習動機 1-2補救教學 1-3提供多元學習機會 1-4提供選擇機會，彈性學習 1-5建立成功的學習經驗 1-6作業切割成數個小部分完成
2.多層次教學	2-1言詞提醒 2-2動作提醒 2-3手勢提醒 2-4標記重點 2-5安排有利座位 2-6安排安靜適合學習的教學環境 2-7頻繁、立即的回饋 2-8使用有趣的教學道具、方式 2-9提供成功機會給予鼓勵 2-10確定四目相對後給予指令 2-11轉移注意力 2-12建立及提升學習自信 2-13給予工作任務，給予成功經驗
3.班級經營	3-1友善班級經營 3-2合作學習小組制約、額外加分 3-3引導同儕支持 3-4暫時隔離 3-5建立同儕影響與支持 3-6預防衝突狀況發生 3-7設置個別學習區
4.行為改變技術	4-1對於問題行為給予提示與緩衝 4-2代幣制度、增強系統 4-3正向行為支持 4-4自我提示訓練 4-5忽視問題行為，鼓勵正向行為 4-6提示規則 4-7注意力訓練 4-8堅持對行為的要求及獎懲 4-9行為契約

5.人際關係輔導	5-1建立同理心
	5-2情緒轉移
	5-3建立同儕活動
	5-4教導察覺他人情緒
	5-5教導情境處理
	5-6培養以幽默方式面對問題
6.心理諮商輔導	6-1教導放鬆方法
	6-2建立自我指導語
	6-3學習自我控制
	6-4指導問題解決方法
	6-5指導如何溝通自我負面情緒
	6-6申請小團體輔導
	6-7尋找校內資源協助（認輔老師或專業輔導教師）
7.親職教育	7-1建議家長對兒童行為管理
	7-2提供教養策略
	7-3使家長瞭解個案的問題及提供可採取的方法
	7-4親師合作，管教一致
	7-5規律的日常作息
	7-6規律的服藥及就醫
	7-7建議適當的飲食
8.專業介入	8-1建議家長尋求醫療評估
	8-2專業諮商輔導
	8-3心理治療
	8-4職能治療
	8-5團體治療
9.其他	

▼ 表7-4　桃園市鑑輔會特殊需求學生鑑定安置評估報告

個案編號：　　　　鑑定評估人員：　　　施測地點：　　　填表日期：　　年　　月　　日

壹、個案資料				
一、基本資料				
學生姓名：	性別：□男□女		出生日期：　年　月　日	
法定代理人／實際照顧者：	聯絡電話： 手機：		實足年齡：　歲　個月	
戶籍地址：				
聯絡地址：				
就讀學校：	就讀班級：　年　　班		導師姓名：	

二、目前接受特殊教育情形

□無　□普通班接受特教服務　□普通班接受資源班服務
　　　□集中式特教班（啟聰班）　□集中式特教班（啟智班）
　　　□普通班接受不分類巡迴輔導班　□視障巡迴輔導　□聽障巡迴輔導
　　　□特殊學校　□在家教育　□其他：

三、所持有之證明				
□身心障礙證明／手冊 　字號：	障礙類別：	障礙等級：		多障註記： ICD診斷：
	鑑定日期：	重新鑑定日期：		
□重大傷病卡	編號：	病名：		
□醫院診斷證明	醫院名稱：	開立日期：		
	診斷結果：			
	醫師囑言：			
□鑑輔會核發證明	類別：	核准文號：		
□未經鑑定，但疑似有明顯發展遲緩或身心障礙				

四、家庭史	資訊來源
家庭結構、成員背景（如父母學經歷、職業）、使用語言、生活作息狀況、家庭環境、經濟狀況；家庭對個案的支持等資訊（如安排相關治療與訓練、主要照顧者／指導者、家庭互動關係、教養態度方式……）；對個案的規劃與期待等資訊；個人家庭生活需求、家庭在個案生活照顧與學習支持上的需求。	
五、生長發展史及醫療史	資訊來源
個案出生狀況、生長發展狀況以及目前對學習生活適應有嚴重影響之疾病診斷、治療復健情形及影響；含醫院的專業診斷和治療，伴隨症狀或疾病、服用藥物與效果、目前使用輔具情形、其他特殊狀況……。	
六、教育史	資訊來源
說明個案曾接受之早期療育、正式教育（學前教育、普通教育）及非正式教育（補習、家教等）之場域、時間、策略、方法、成效等，以及個案是否曾接受特殊教育及接受服務內容（課程、節數、持續時間），或曾改變教育安置之記錄與原因。	

貳、轉介原因說明	
1.轉介者	
2.轉介主要問題	

參、問題描述與能力現況評估		資訊來源
生理狀況 （視障、聽、肢體、生理疾病）		
認知能力		
溝通能力		
學業表現		
生活自理		
社會人際		
情緒行為		
動作行動		

肆、評估教師初判意見

一、特教資格研判

□智能障礙 □視覺障礙 □聽覺障礙 □語言障礙 □肢體障礙 □腦性麻痺 □身體病弱 □情緒行為障礙 □學習障礙 □多重障礙 □自閉症 □發展遲緩 □其他障礙	評量結果比較分析與特教資格研判理由	
	亞型與次亞型	
	學習障礙亞型：□閱讀 □書寫表達□數學 伴隨次亞型／問題 1.發展性學習障礙： 　□注意力□記憶力□思考推理□知覺動作協調□社交技巧□口語表達 2.學業性學習障礙： 　□拼音□識字□閱讀□書寫表達□數學	
	情緒行為障礙亞型： □注意力缺陷過動症□精神性疾患□情感性疾患□畏懼性疾患 □焦慮性疾患□其他持續性之情緒或行為問題者	
	合併或伴隨問題：＿＿＿＿＿＿	
□疑似＿＿＿障礙	理由	
	待釐清原因	○補做相關測驗：＿＿＿＿＿＿ ○補提供相關資料：＿＿＿＿＿ ○補提供醫療評估：＿＿＿＿＿　○診斷證明書○其他 ○補提供輔導／補救教學／轉介前介入成效 ○智力○文化／家庭因素○其他：＿＿＿＿＿
□非特教生	理由	

二、教育安置建議

安置學校協助確認	□戶籍所屬學區學校 □就讀學區學校以外學校原因。 □學區內無集中式特教班□社會局安置□隨父母就讀（在職證明） □隨兄姊就讀（在學證明）□家長更動戶籍 □該校為私立學校 □考取體育班（入學證明）□其他＿＿＿＿
建議特教服務類型	□普通班接受特教服務 □普通班接受資源班服務 □普通班接受不分類巡迴輔導□視障巡迴輔導□聽障巡迴輔導 □集中式特教班（啟智班）□集中式特教班（啟聰班） □特殊教育學校

	□暫緩入學一年（欲就讀＿＿＿＿＿＿幼兒園或＿＿＿＿＿＿機構） □延長修業年限一年，特教服務類型：＿＿＿＿＿＿ □在家教育（核定 年，個案在□在家照護；□教養院＿＿＿＿＿＿） □無需安置 □其他：
特教服務安置理由	

三、特殊教育相關服務核定

核定項目	核定次細目	需求服務
考試適當服務		□不需特殊考場服務
		□由學校於教學期間觀察，視學生需求提供服務
	□試場服務	1.調整考試時間：□提早5分鐘入場□延長作答20分鐘 2.提供無障礙試場環境：□地面樓層或設有昇降設備之試場 3.提供提醒服務：□視覺或聽覺提醒□手語翻譯或板書 4.提供特殊試場：□單獨考場或畸零考場
	□輔具服務	使用輔具：□擴視機□放大鏡□點字機 　　　　　□盲用電腦□盲用電腦及印表機 　　　　　□檯燈□特殊桌椅□其他
	□作答方式調整	□電腦輸入法作答□盲用電腦作答□放大答案卷（卡） □電腦打字代謄□口語（錄音）作答□代謄答案卡
	□試題調整服務	□重製試卷：＿＿＿＿＿＿ □現場報讀或語音報讀 □調整試題與考生之適配性 □題數或比例計分
酌減班級人數	□不需要	□不符合身心障礙學生就讀普通班減少班級人數原則 □符合評估代碼＿＿＿＿，評估結果：不減少人數
	□需要	□符合評估代碼＿＿＿＿，評估結果：減少＿＿＿＿人

四、特殊教育相關服務建議申請

項目		需求服務
申請身心障礙證明	□不需要	□請至醫療院所評估，申請＿＿＿＿類身心障礙證明
申請專業團隊	□不需要	□物理治療□職能治療□語言治療□心理治療 □其他：
申請學習輔具器材	□不需要	□視覺輔具□聽覺輔具□行動輔具□其他： （詳細輔具請洽相關之治療師評估後確定）
交通車服務	□不需要	□需要
助理員服務	□不需要	□需要
校園無障礙環境	□不需要	□教室位置＿＿＿＿□教室座位安排＿＿＿＿□其他：
生活協助	□不需要	□協助行動□協助生活自理□錄音或報讀 □代抄筆記□其他
學校支援	□不需要	□認輔□校護□申請計時教師助理員 □轉介特教輔導團提供支援□其他
家庭支援	□不需要	□轉介社會局□協助申請身障證明／手冊 □轉介適當醫療資源□其他
教學或行為輔導建議		

評估教師簽名	複審／指導初階心評教師簽名	參與分區	分區意見
		□仍須再討論，建議參與分區 □不需參與分區	

*簽名欄需親筆簽名*非心評教師評估需連同指導複審心評一併簽名

評估報告附件（評量摘要與觀察紀錄）

壹、學校篩選資料

特殊需求學生轉介表100R									
表現向度	生理方面	感官動作	學業表現	學業能力	口語能力	團體生活	個人生活適應	行為情緒與適應	家庭與社區
出現題項									

填表者：　　　　與個案關係：　　　　填表日期：

綜合描述及疑似障礙類別：

備註：疑似障礙	切截分數
1.學習障礙：二（<u>17</u>）、三（18,<u>19</u>,24,26,28,35,38）、四（40,44）、五（55）、六（<u>57</u>,63,67）、七（<u>79</u>）、八（<u>92</u>） （該項劃線題號應計2分）	
2.智能障礙：二、（7.<u>10</u>）、三、（18.<u>23</u>.24.25.26.27.28.<u>30</u>.35.38）四、（40.<u>41</u>.43.44）五、（<u>49</u>.55）六、（67）八、（81）	≧6
3.自閉症：二（7.14.15.）、三（25.27）、四（42.43.44.<u>46</u>）、五（52.<u>53</u>）、六（58.59.<u>60</u>.61）、七（<u>71</u>.<u>72</u>.77）、八（80.<u>85</u>.87.<u>88</u>.89.90.91）	
4.情緒行為障礙：三（<u>20</u>）、四（42）、五（52）、六（60.61.<u>62</u>.63.<u>65</u>.<u>66</u>）、八（80.<u>82</u>.<u>83</u>.87.91）	≧4
5.注意力缺陷過動症：三（20）、四（42.43）、六（60.61.62.63）、七（75.76）、八（80.89.）	
6.身體病弱：一、二	
7.感官障礙或動作問題：二、視覺（7.8.9.12.72.73.74.75.76）、聽覺（7.10.11.48.49.50.41.52）、動作（12.13.14.15.16）	
或	

國民中小學學習行為特徵檢核表											
一	二	三	四	五	全	一	二	三	四	五	全	切截分數
						83	81	86	80	87	83	備註：（請填PR值）（任一大於切截分數，則為疑似學習障礙）

填表者：　　　　與個案關係：　　　　填表日期：

測驗結果解釋：□疑似學習障礙 □非疑似障礙

或

國小語文及非語文學習障礙檢核表（LDC）								
分量表之原始分數				切截分數（低年級）				
注意與記憶	理解與表達	知動協調	社會適應	類別	注意與記憶	理解與表達	知動協調	社會適應
				ALL-LD	≧60	≧110	≧45	≧55
				VLD	≧60	≧110	≧45-55	≧55
				NLD	≧60	≧110-120	≧55	≧65
				切截分數（中高年級）				
				ALL-LD	≧60	≧120	≧45	≧55
				VLD	≧60	≧120	≧45-55	≧55
				NLD	≧60	≧120	≧55	≧65
填表者：		與個案關係：		填表日期：				
測驗結果解釋：□RS 疑似學習障礙類型：□ALL-LD □VLD □NLD								

學前至九年級注意力缺陷過動症學生行為特徵篩檢量表					
教師版					
分量表	原始分數	標準分數	原始分數切截		
注意力缺陷			學前	□≧109	□＜108
			一至二年級	□≧133	□＜132
			三至四年級	□≧131	□＜130
			五至六年級	□≧128	□＜127
			七至九年級	□≧128	□＜127
過動和衝動			學前	□≧122	□＜121
			一至二年級	□≧111	□＜110
			三至四年級	□≧104	□＜103
			五至六年級	□≧102	□＜101
			七至九年級	□≧96	□＜95
全量表			學前	□≧124	□＜123
			一至九年級	□≧123	□＜122
家長版					
注意力缺陷			學前	□≧107	□＜106
			一至二年級	□≧143	□＜142
			三至四年級	□≧137	□＜136
			五至六年級	□≧135	□＜134
			七至九年級	□≧128	□＜127

			學前	□≧123	□＜122
過動和衝動			一至二年級	□≧117	□＜116
			三至四年級	□≧119	□＜118
			五至六年級	□≧114	□＜113
			七至九年級	□≧102	□＜101
全量表			學前	□≧123	□＜122
			一至九年級	□≧124	□＜123

填表者： 與個案關係： 填表日期：
結果說明：

貳、基本學業篩選測驗

國小注音符號能力診斷測驗	
原始分數	切截分數
聽寫：	≦31
認讀：	≦62
□個測	□團測
施測者： 施測者與受試者關係： 施測日期： 年 月 日	
測驗結果解釋：□符合疑似學習障礙 □非疑似障礙	

中文年級認字量表	
原始分數	切截分數
	≦小一12.35.49.65.75.91 七年級106.112.122
□個測	□團測
施測者： 施測者與受試者關係： 施測日期： 年 月 日	
測驗結果解釋：□符合疑似學習障礙 □不符合學習障礙	

識字量評估		
識字量	百分等級	≦切截分數
		20
□個測		□團測
施測者： 施測者與受試者關係： 施測日期： 年 月 日		
測驗結果解釋：□符合疑似學習障礙 □非疑似障礙		

閱讀理解困難篩選測驗	
原始分數	切截分數
	≦小二8. 9. 9.13.13 七年級15.16.17.
□個測	□團測
施測者： 施測者與受試者關係： 施測日期： 年 月 日	
測驗結果解釋：□符合疑似學習障礙 □非疑似障礙	

國民小學二～六年級閱讀理解篩選測驗	
原始分數	切截分數
	≦A式：二10.12.13.13.14 、B式：二10.12.12.12.13
□個測	□團測
施測者： 施測者與受試者關係： 施測日期： 年 月 日	
測驗結果解釋：□符合疑似學習障礙 □非疑似障礙	
國民中學閱讀推理測驗	
原始分數	切截分數
	≦七年級11、八年級10、九年級13
□個測	□團測
施測者： 施測者與受試者關係： 施測日期： 年 月 日	
測驗結果解釋：□符合疑似學習障礙 □非疑似障礙	

兒童書寫語言測驗			
原始分數		總分切截分數	
聽寫：			
句子：			
國字		≦小三：16小四：27小五：35小六至九年級：44	
筆劃：			
造句：			
總分：			
□個測		□團測	
施測者： 施測者與受試者關係： 施測日期： 年 月 日			
測驗結果解釋：□符合疑似學習障礙 □非疑似障礙			
基本讀寫字			
表現向度	原始分數	百分等級	年級分數	切截分數

表現向度	原始分數	百分等級	年級分數	切截分數
聽詞選字				
看詞選字				□識字困難（百分等級＜20）□無識字困難
看字讀音				
看字造詞				
看注音寫國字				□寫字困難（百分等級＜20）□無寫字困難
聽寫				
遠端抄寫				□抄寫困難（百分等級＜20）□無抄寫困難
□個測		□團測		
施測者： 施測者與受試者關係： 施測日期： 年 月 日				
測驗結果解釋：□符合疑似學習障礙 □不符合學習障礙				

國民小學四至六年級書寫表達診斷測驗

測驗結果		全測驗	分測驗					
			基本寫作能力	聽寫	看字造詞	句子結構與造句	基本寫字能力測驗	遠距抄寫近距抄寫
甲式	原始分數							
	量表分數							
	≦原始測驗切截數	87	50				33	
乙式	原始分數							
	量表分數							
	≦原始測驗切截數	87	50				33	
丙式	原始分數							
	量表分數							
	≦原始測驗切截數	87	50				33	
丁式	原始分數							
	量表分數							
	≦原始測驗切截數	87	50				33	

□個測	□團測
施測者： 施測者與受試者關係： 施測日期： 年 月 日	
施測觀察記錄	
測驗結果解釋 □符合書寫障礙 □不符合學習障礙	

基礎數學概念評量

原始分數	總分切截分數
	≦小二22.32.34.22.22、七年級26.30.34
□個測	□團測
施測者： 施測者與受試者關係： 施測日期： 年 月 日	
測驗結果解釋：□符合疑似學習障礙 □非疑似障礙	

國民小學五至六年級數學診斷測驗

測驗結果		全測驗	分測驗				
			計算	幾何	數量比較	圖表	應用
甲式	原始分數						
	≦原始分數切截數	五22 六30	五5 六7	五5 六6	五5 六5	五3 六4	五5 六8

乙式	原始分數						
	量表分數						
	≦原始分數切截數	五18 六29	五3 六6	五5 六6	五4 六5	五3 六4	五3 六7
丙式	原始分數						
	量表分數						
	≦原始分數切截數	五21 六29	五4 六7	五6 六7	五5 六5	五3 六4	五4 六6
丁式	原始分數						
	量表分數						
	≦原始分數切截數	五21 六25	五3 六6	五6 六6	五6 六6	五3 六3	五3 六4

□個測		□團測	
施測者：	施測者與受試者關係：		施測日期： 年 月 日
施測觀察記錄			
測驗結果解釋	□符合數學障礙 □非疑似障礙		

參、情緒障礙量表

情緒行為障礙評量表							
原始分數						切截分數	
學習	人際關係	不當行為	不快樂沮喪	生理症狀或害怕	全量表	分量表至少一項≧14 情障商數≧120	
測驗結果說明： □有情緒困擾 □無情緒困擾							
填表者：	與個案關係：		填表日期：				

問題行為篩選量表				
教師版				
表現向度		原始分數	切截分數	
第一部分	1-9不專注行為		不專注型1-9題≧6分	
			過動／衝動型10-18題≧6分	
	10-18過動／衝動行為		混合型1-9題≧6分且10-18題≧6分	
			其他型1-18題≧7分	
第二部分	1-8功能受損		≧20	
第三部分	1-8對立性違抗行為		≧4分	
第四部分	1-15違規行為		≧3分（國中青少年版之13、14、15需同時第五部分第1、2、3題為1分，方計1分）	
第五部分	1-3（青少年版）			
填表者：	與個案關係：		填表日期：	

測驗結果說明：
☐疑似ADHD ☐疑似ODD ☐疑似CD ☐非障礙學生

家長版			
第一部分	1-9不專注行為		不專注型1-9題≧6分
			過動／衝動型10-18題≧6分
	10-18過動／衝動行為		混合型1-9題≧6分 且 10-18題≧6分
			其他型1-18題≧7分
第二部分	1-8功能受損		≧18
第三部分	1-8對立性違抗行為		≧4分
第四部分	1-15違抗行為		≧3分（國中青少年版之13、14、15需同時第五部分第1、2、3題為1分，方計1分）
第五部分	1-3（青少年版）		

填表者： 與個案關係： 填表日期：

測驗結果說明：
☐疑似ADHD ☐疑似ODD ☐疑似CD ☐非障礙學生

學生行為評量表

	行為量尺（PR）							測驗結果分析
	過動衝動	攻擊破壞	違規問題	憂鬱退縮	焦慮	人際適應	學業適應	教師版：
教師版								
家長版								

	疾患量尺（PR）				家長版：
	自閉症	焦慮	憂鬱	精神疾病	
教師版					
家長版					

學生適應調查表

	測驗結果（PR）					測驗結果分析
	學業適應（AC）	人際適應（PR）	活動適應（RC）	溝通能力（CM）	團體適應（GR）	教師版： 家長版：
教師版						
家長版						

注意力缺陷／過動障礙測驗					
測驗結果				測驗結果分析	
過動性	衝動性	不專注	標準分數6-13爲疑似 標準分數14以上爲ADHD		
電腦化注意力診斷					
全測驗			因素		
	兩因素總分	三因素總分	圖畫記憶力	推理記憶力	語文注意力
原始分數					
百分等級					
CADA商數					
商數切截分數	76	119	學前32 低年級56 中高年級67 國中72	學前89 低年級146 中高年級167 國中72	學前（無） 低年級17 中高年級25 國中32

肆、認知能力評量結果

魏氏兒童智力量表第四版												
量表分數												
圖形設計	類同	記憶廣度	圖畫概念	符號替代	詞彙	數‧字序列	矩陣推理	理解	符號尋找	圖畫補充	刪除動物	常識	算術

全量表（FSIQ）		語文理解（VCI）		知覺推理（PRI）		工作記憶（WMI）		處理速度（PSI）	
量表總分		量表總分		量表總分		量表總分		量表總分	
組合分數		組合分數		組合分數		組合分數		組合分數	
百分等級		百分等級		百分等級		百分等級		百分等級	

施測觀察紀錄：

測驗結果解釋：

施測者：　　施測者與受試者關係：　　施測日期：　　年　　月　　日

伍、適應量表

		一般常模		智能障礙常模	
領域	原始分數	百分等級	標準九	標準九	百分等級
自我照顧					
動作					
溝通					
社會情緒					
學科學習					
總量表					
填表者		施測日期	年　　月　　日		
施測結果說明					

社會適應表現檢核表

陸、其他測驗資料

	測驗名稱	測驗結果	測驗結果分析	施測日期	施測者
其他相關測驗資料					

其他測驗資料

柒、晤談及觀察紀錄

情緒行為障礙晤談表（法定代理人／實際照顧者及教師各一張）

個案編號		學生姓名		就讀學校		就讀班級	
受訪家長（教師）	受訪者：　　　　關係：　　　　受訪時間：						
問題行為	行為	（孩子目前最令你困擾的是什麼行為？）					
	定義	（請你描述一下這個行為的整個過程、強度）					
	頻率	（這個行為多久發生一次？）					

	歷史	（這個行為從什麼時候就開始出現？）
	前因	（通常在什麼情況下會出現這個行為）
	後果	（你用什麼方法解決孩子的這個問題）
	策略成效	（這個方法有效嗎？你還用過哪些方法？誰比較能夠有效的解決這個行為？）
	不發生	（這個行為什麼時候不會發生？在哪裡不會發生？在誰面前不會發生？）
	影響程度	（這個行為影響到孩子的學習或家庭生活嗎？）
學業方面	學業表現	（孩子的課業表現如何？優弱勢學科？各科表現差不多或是差異很大？）
	回家作業	（孩子回家作業通常在哪裡完成？由誰協助？完成度如何？）
	課業問題	（孩子如何描述在學校的課業表現？對課業方面有什麼困擾？）
同儕關係	社交情形	（孩子有沒有好朋友？通常如何與同儕相處？）
	同儕相處	（孩子如何與同儕互動？會不會經常與同儕發生爭執、常聽到他或他人告狀？）
家庭關係	家人關係	（孩子和哪個家人的關係最好？最不好？平常在家與家人、手足相處情形？）
	管教態度	（誰是主要教養者？教養的態度和觀念如何？家人管教是否一致？在管教方面曾經出現什麼衝突或困難？）
其他	（孩子有沒有服藥？從什麼時候開始服藥？成效如何？平常的情緒表現如何？最喜歡的物品、活動？）	
綜合訪談結果	（孩子主要情緒與行為問題、強度、嚴重程度）	

入班觀察表（情緒行為障礙組）							
（個案 編號		學生 姓名		就讀 學校		就讀 班級	
問題行為 項目		（綜合各項書面紀錄、訪談資料，設定入班觀察重點行為） □注意力問題 □人際關係問題 □情緒問題（焦慮、易怒） □干擾行為 □攻擊行為 □過動／衝動行為 □對立反抗行為 □自傷行為 □其他					
時間		年 月 日 點 分～ 點 分，共 分鐘 班級座位：□前排□中間□後排□單獨					
服藥		□未服藥 □服藥（藥物名稱／分量 ；服藥時間 ）					
情境		課程： 任課教師： □大班上課 □分組活動 □自習活動					
上課時段	班級主要 活動內容	行為記錄（畫記次數或註明持續時間）				任課老師 處理方式	學生反應
		不適當口語		不適當動作			
第 一 個10分鐘		不斷發言	同學聊天	發呆	離座	□口頭提醒 □動作提醒 □獎勵好行為 □處罰□忽視 □其他：	□停止行為 □不理會 □違抗反應 □其他：
		打斷發言	尖叫大叫	東張西望	製造噪音		
		發出怪聲	哭	觸碰他人	趴在桌上		
		自言自語	罵人	攻擊他人	破壞		
		其他：		玩弄物品			
第 二 個10分鐘		不斷發言	同學聊天	發呆	離座	□口頭提醒 □動作提醒 □獎勵好行為 □處罰□忽視 □其他：	□停止行為 □不理會 □違抗反應 □其他：
		打斷發言	尖叫大叫	東張西望	製造噪音		
		發出怪聲	哭	觸碰他人	趴在桌上		
		自言自語	罵人	攻擊他人	破壞		
		其他：		玩弄物品			
第 三 個10分鐘		不斷發言	同學聊天	發呆	離座	□口頭提醒 □動作提醒 □獎勵好行為 □處罰□忽視 □其他：	□停止行為 □不理會 □違抗反應 □其他：
		打斷發言	尖叫大叫	東張西望	製造噪音		
		發出怪聲	哭	觸碰他人	趴在桌上		
		自言自語	罵人	攻擊他人	破壞		
		其他：		玩弄物品			
第 四 個10分鐘		不斷發言	同學聊天	發呆	離座	□口頭提醒 □動作提醒 □獎勵好行為 □處罰□忽視 □其他：	□停止行為 □不理會 □違抗反應 □其他：
		打斷發言	尖叫大叫	東張西望	製造噪音		
		發出怪聲	哭	觸碰他人	趴在桌上		
		自言自語	罵人	攻擊他人	破壞		
		其他：		玩弄物品			

	主問題行為	(請描述所觀察到之上、下課主要問題行為)
綜合觀察結果	情緒表現	☐情緒穩定 ☐焦慮 ☐煩躁 ☐暴躁 ☐悶悶不樂 ☐其他：
	問題行為出現率	☐大部分時間能夠表現適當學習行為（☐專心聽講 ☐完成練習 ☐回答問題） ☐一半以上的時間出現不適當表現（請描述主要問題行為：_____） ☐幾乎整節課都出現不適當表現（請描述主要問題行為：_____）
	問題行為影響程度	影響學生本身學習：☐幾乎無法學習 ☐有時候無法學習 ☐不影響學習 影響老師授課 ：☐嚴重干擾授課 ☐時常干擾授課 ☐不影響授課 影響同學上課 ：☐嚴重干擾上課 ☐時常干擾上課 ☐不影響上課

▼ 表7-5　　○○國中／小特殊教育學生個別化教育計畫

學生姓名：○○○

學年度	年班	導師	個管教師	
	○○	○○○	○○○	

本表格提供各校參考，請各校依需求調整。

壹、學生、家庭現況與需求評估

一、基本資料

入班日期：

姓名		性別		出生日期		身分證字號			
住址						聯絡電話			
父親		□存 □歿	國籍		年次		教育程度		職業	
母親		□存 □歿							
身心障礙證明		□有 □無	核發日期			後續鑑定日期			
類別／程度		□輕度　　□中度　　□重度　　□極重度							
鑑輔會鑑定文號		年　　月　　日府教特字第　　　號							
特教類別／類型／程度		□輕度　　□中度　　□重度　　□極重度							
身心障礙證明影本正反面									
影本正面 （有者請交與學校影印留存，無者免貼）					影本背面 （有者請交與學校影印留存，無者免貼）				

	稱謂	姓名	年次	教育程度	服務單位	身心障礙	電話／行動
家庭成員	監護人（法定代理人）					□是 □否	
						□是 □否	
						□是 □否	
						□是 □否	
						□是 □否	
						□是 □否	

家庭狀況	經濟狀況	□富裕 □小康 □普通 □清寒 □低收入戶（檢附證明）	是否為原住民 是否為新住民	□是 □否 □是 □否	_____族 _____國

家庭狀況

1.主要教養人員 □雙親 □單親 □隔代 □依親：_____ □其他：_____

2.簡述孩子平日、假日的作息與從事的主要活動（例如：平時白天上學，放學到安親班，晚上8點後回家，洗澡後10點睡覺。假日早上10點起床後開始看電視，下午打電動……）

家庭生態圖

符號	意義	符號	意義
□	男性	——	關係連結
○	女性	══	關係緊密
■●	服務對象	--------	關係疏離
△	懷孕胎兒	....	關係很疏離
□——○	婚姻關係	＼	關係中斷
□……○	同居	/WWW	衝突
□—‖—○	離婚（或X）	-WWW-	關係衝突
□—/—○	分居	—→	資源流向
□ ○（育有二子女符號）	育有二子女	←→	資源互動
□ ○（收養子女符號）	收養子女	◨◪	雙胞胎異卵
□ ○（非婚生子女符號）	非婚生子女	◸◹	雙胞胎同卵

二、身心狀況

<table>
<tr><td rowspan="3">出生史</td><td colspan="5">◎出生時父親____歲，母親____歲</td></tr>
<tr><td colspan="5">◎母親懷孕時是否患病？□否 □是（請寫出病名：_____病）</td></tr>
<tr><td colspan="5">◎母親懷孕時是否服藥？□否 □是（請寫出藥物名稱：_____）</td></tr>
<tr><td rowspan="4">病歷史</td><td colspan="5">□新生兒黃疸</td></tr>
<tr><td colspan="5">□伴隨_____病發燒（為時_____（日），高燒後有無行為或其他方面的變化：_____）</td></tr>
<tr><td colspan="5">□麻疹 □日本腦炎 □腦部外傷 □腦膜炎 □癲癇 □氣喘 □心臟病 □過動</td></tr>
<tr><td colspan="5">□其他_____</td></tr>
<tr><td rowspan="11">健康史</td><td colspan="5">◎身高／體重／視力：</td></tr>
<tr><td colspan="5">

年級	身高（公分）	體重（公斤）	視力	
			裸視：左：____	右：____
			矯正：左：____	右：____
			裸視：左：____	右：____
			矯正：左：____	右：____
			裸視：左：____	右：____
			矯正：左：____	右：____
			裸視：左：____	右：____
			矯正：左：____	右：____

</td></tr>
<tr><td colspan="5">◎色盲：□無 □有</td></tr>
<tr><td colspan="5">◎聽力：□正常 □異常（矯正前：左：_____ 右：_____，矯正後：
左：_____ 右：_____）</td></tr>
<tr><td colspan="5">◎健康情形：□良好 □普通 □體弱 □多病</td></tr>
<tr><td colspan="5">◎醫療紀錄</td></tr>
<tr><td colspan="5">看診紀錄：□否 □是</td></tr>
<tr><td colspan="5">

時間	病名	醫院名稱	科別	主治醫師

</td></tr>
<tr><td colspan="5">追蹤：□否 □是</td></tr>
<tr><td colspan="5">

項目

</td></tr>
</table>

用藥：□否　□是				
藥名	用法	服藥後出現之副作用	服用起記日期	備註

◎尋求學校外的專家或機構協助過？□否　□是

機構／專家名稱	類型	名稱	起記時間

（以下表格請依學生主障礙填寫，非主障礙部分務必刪除）

	視覺障礙
障礙狀況	◎障礙程度 　□輕度：□優眼在0.1（含）～0.2（含） 　　　　　□優眼自動視野平均缺損大於25DB（不含） 　　　　　□單眼全盲且另眼在0.2（含）～0.4（不含） 　□中度：□優眼在0.01（含）～0.1（不含） 　　　　　□優眼自動視野平均缺損大於40DB（不含） 　　　　　□單眼全盲且另眼在0.2（不含）以下 　□重度：□優眼在0.01（不含）以下
	◎障礙類型：□弱視　□全盲　□斜視　□近視　□散光　□遠視 　　　　　　□其他_____
	◎視覺能力：左眼，矯正視力：_____；視野：_____度；光覺：□無　□有 　　　　　　右眼，矯正視力：_____；視野：_____度；光覺：□無　□有
	◎佩戴眼鏡：□無　□有（自_____歲開始佩戴）
	◎障礙原因：□屈光異常　□角膜疾患　□網膜疾患　□視神經疾患 　　　　　　□其他_____
	◎閱讀方式：□使用放大輔具　□點字版　□有聲圖書　□盲用電腦 　　　　　　□提供報讀　□其他_____
	◎定向能力：□正常　□無法正確辨別方位　□方位辨認速度緩慢　□其他_____
	◎輔具需求：□點字機　□盲用電腦　□大字課本　□點字課本　□放大輔具 　　　　　　□手杖　　□導盲犬　□其他_____

<table>
<tr><td rowspan="9">障礙狀況</td><td>聽覺障礙</td></tr>
<tr><td>◎障礙程度：左　右　　　　　　　　　　　左　右
□　□輕度：25～39分貝　　□　□中度：40～59分貝
□　□重度：60～89分貝　　□　□全聾</td></tr>
<tr><td>◎障礙類型：□傳音性障礙　□感音性障礙　□混合性障礙　□心因性障礙
□其他______</td></tr>
<tr><td>◎障礙原因：□外傷　□中耳炎　□腦膜炎　□遺傳　□腮腺炎　□發高燒
□其他______
・先天原因：□遺傳　□小耳症　□外聽道閉鎖　□外聽道狹窄　□核黃疸症
□唐氏症　□母體罹患德國麻疹　□母體罹患巨細胞病毒
□胎兒出生時缺氧　□其他______
・後天原因：□外耳炎　□耳膜穿孔　□中耳炎　□外聽道阻塞　□中耳積水
□耳硬化　□藥物中毒　□腦血管病變　□腦炎　□頭部外傷
□噪音　□聽神經瘤　□腦膜炎　□腮腺炎　□麻疹
□其他______
・聽覺器官受損：□聽小骨斷裂　□歐氏管阻塞　□耳蝸發育不全
□毛細胞病變　□其他______</td></tr>
<tr><td>◎助聽器配用狀況：□未配用　□尚須重新配用　□無法配用　□配用適當
□需要保養維修　□建議調整助聽器　□建議更換助聽器
□建議使用調頻系統　□建議檢視／調整人工電子耳電流圖
□其他______</td></tr>
<tr><td>◎目前使用輔具：□助聽器　□助聽器+調頻系統　□人工電子耳
□人工電子耳＋調頻系統　□其他______</td></tr>
<tr><td>◎聽能輔具資料：</td></tr>
<tr><td><table><tr><th>聽能輔具</th><th>品牌</th><th>型號</th><th>配製日期</th></tr><tr><td></td><td></td><td></td><td></td></tr></table></td></tr>
</table>

<table>
<tr><td rowspan="5">障礙狀況</td><td>肢體障礙／腦性麻痺</td></tr>
<tr><td>◎障礙部位：□左上肢　□左下肢　□右上肢　□右下肢　□脊椎
□其他______</td></tr>
<tr><td>◎障礙原因：□腦性麻痺　□骨關節疾病　□肌無力　□先天性畸形　□截肢
□脊椎損傷　□腦部損傷　□外傷　□其他______</td></tr>
<tr><td>◎醫療狀況：□已復健治療　□尚需復健治療　□無須復健治療　□須專業評估
□其他______</td></tr>
<tr><td>◎移位動作：□能自行走動　□靠輔助器具移動　□完全無法行動
□其他______</td></tr>
</table>

	◎生活自理：□完全獨立　□靠輔具可獨立　□部分依賴別人　□完全依賴別人 　　　　　　□其他＿＿＿＿＿＿＿＿
	◎輔具使用：□不需要　□需要（□義肢　□助行器　□輪椅　□特殊課桌椅 　　　　　　□站立架　□矯正鞋　□背架　□其他＿＿＿＿＿＿＿＿＿＿）

	身體病弱
障礙狀況	◎障礙類型：□心臟循環系統　□肝臟功能　□吞嚥機能　□骨全切除 　　　　　　□短腸症　□呼吸器官　□腎臟功能　□膀胱功能　□造血機能 　　　　　　□永久性人工肛門　□其他＿＿＿＿＿＿
	◎醫療狀況：□需住院　□已復健治療　□尚需復健治療　□無需復健治療 　　　　　　□需專業評估症狀　□其他＿＿＿＿＿＿
	◎生活自理：□完全獨立　□靠輔具可獨立　□部分依賴別人　□完全依賴別人 　　　　　　□其他＿＿＿＿＿＿

	語言障礙
障礙狀況	◎口部功能：□唇顎裂　□牙齒咬合影響發音　□偶爾會流口水　□經常流口水 　　　　　　□其他＿＿＿＿＿＿
	◎主要溝通方式：□口語　□手語　□筆談　□圖卡　□溝通板 　　　　　　　　□大量手勢動作　□其他＿＿＿＿＿＿
	◎語言障礙類型： 　□構音異常：□省略　□替代　□添加　□歪曲　□聲調錯誤　□含糊不清 　□聲音異常：□音質異常　□音調異常　□音量異常　□共鳴異常 　　　　　　　□聲音與年齡不相稱 　□語暢異常：□說話節律異常　□重複　□延長　□中斷　□首語難發 　　　　　　　□急促不清 　□語言發展遲緩：□語形異常　□語意異常　□語彙異常　□語法異常 　　　　　　　　　□語用異常
	◎語言理解情形：□只聽得懂日常生活用語　□聽得懂抽象詞彙 　　　　　　　　　□只聽得懂短句　□只聽得懂詞彙或單字表達 　　　　　　　　　□只聽得懂簡單指令 　　　　　　　　　□大部分的話語須配合大量的手勢或動作才瞭解 　　　　　　　　　□完全聽不懂別人說的話　□其他＿＿＿＿＿＿
	◎語言表達情形：□只會用簡單的句子表達　□只會用詞彙或單字表達 　　　　　　　　　□只會仿說　□無口語但會用手勢動作表達 　　　　　　　　　□完全無表達能力　□其他＿＿＿＿＿＿

	學習障礙
障礙狀況	◎學習障礙類型：☐注意力問題　☐記憶力問題　☐理解力問題　☐思考力問題 　　　　　　　☐拼音問題　☐書寫問題　☐識字問題　☐閱讀理解問題 　　　　　　　☐寫作問題　☐數學問題　☐社交技巧 　　　　　　　☐知動協調問題（☐聽知覺問題　☐視知覺問題 　　　　　　　　　　　　　　☐知覺動作問題） ◎學習策略需求：☐識字教學技巧　☐閱讀技巧　☐寫作技巧　☐考試技巧 　　　　　　　☐時間管理技巧　☐記憶技巧　☐數學運算技巧 　　　　　　　☐數學解題技巧　☐其他＿＿＿＿＿＿＿ ◎寫作業主要的方式：☐手寫　☐口述　☐電腦輸入　☐其他＿＿＿＿＿ ◎主要能學習的教材：☐文字　☐符號　☐圖片　☐實物　☐其他＿＿＿＿＿ ◎學習上需要的協助：☐報讀　☐代抄筆記　☐分段完成　☐其他＿＿＿＿＿

	智能障礙
障礙狀況	◎程度：☐輕度　☐中度　☐重度　☐極重度 ◎自我照顧能力： 　・如廁：☐獨力完成　☐大便完，不會自己處理　☐小便完，不會自己處理 　　　　　☐會表示但無法自行前往　☐不會表示要上廁所　☐需要包尿布 　・穿脫衣物：☐獨力完成　☐穿脫鞋有困難　☐穿脫襪有困難 　　　　　　　☐穿脫套頭衣有困難　☐穿脫褲有困難　☐使用拉鍊有困難 　　　　　　　☐扣解鈕釦有困難　☐其他＿＿＿＿＿＿ 　・清洗：☐獨力完成　☐開關水龍頭有困難　☐洗手有困難　☐扭毛巾有困難 　　　　　☐能在協助下刷牙　☐不喜歡刷牙　☐其他＿＿＿＿＿＿ 　・進食種類：☐獨力完成　☐固體食物（如餅乾）　☐柔軟食物（如麵包） 　　　　　　　☐半流質食物（如稀飯）　☐流質食物　☐其他＿＿＿＿＿＿ 　・吃：☐用筷子吃　☐用湯匙吃　☐用手抓食　☐需要他人餵食 　　　　☐吞嚥有困難　☐其他＿＿＿＿＿＿ 　・喝：☐用杯子喝　☐用吸管喝　☐其他＿＿＿＿＿＿ ◎動作發展： 　・坐：☐能獨自坐　☐需有靠背坐著　☐坐姿不良　☐其他＿＿＿＿＿ 　・站：☐能獨立站　☐需要扶著站　☐無法站立　☐其他＿＿＿＿＿ 　・行動：☐沒問題　☐走路速度常無法跟上同學　☐上下樓梯有困難 　　　　　☐行走時常會跌倒　☐不會獨自行走　☐不會翻身　☐不會爬 　　　　　☐其他＿＿＿＿＿＿ 　・手部活動：☐沒問題　☐雙手協調有困難　☐手的力氣不夠　☐手不靈巧 　　　　　　　☐無法抓握東西

◎寫作業主要的方式：□手寫　□口述　□電腦輸入　□其他＿＿＿＿＿＿
◎主要能學習的教材：□文字　□符號　□圖片　□實物　□其他＿＿＿＿＿＿
◎學習上需要的協助：□報讀　□代抄筆記　□分段完成記　□其他＿＿＿＿＿＿

<table>
<tr><td rowspan="4">障礙狀況</td><td colspan="2" align="center">自閉症</td></tr>
<tr><td colspan="2">□智能減損　□語言減損</td></tr>
<tr><td colspan="2">◎行為特徵：</td></tr>
<tr><td colspan="2">
<table>
<tr><td align="center">項目</td><td align="center">細目</td></tr>
<tr><td></td><td></td></tr>
<tr><td></td><td></td></tr>
<tr><td></td><td></td></tr>
</table>
</td></tr>
</table>

<table>
<tr><td rowspan="7">障礙狀況</td><td colspan="2" align="center">情緒行為障礙</td></tr>
<tr><td colspan="2">◎障礙症狀：</td></tr>
<tr><td colspan="2">
<table>
<tr><td align="center">項目</td><td align="center">細目</td></tr>
<tr><td></td><td></td></tr>
<tr><td></td><td></td></tr>
<tr><td></td><td></td></tr>
</table>
</td></tr>
<tr><td colspan="2">◎適應困難項目：□學業　□社會　□人際　□生活　□工作　□其他＿＿＿＿＿</td></tr>
<tr><td colspan="2">◎行為特徵：

□會以哭泣或表現其他行為問題，以逃避閱讀或做作業能力

□出現做白日夢或神經質的行為反應　□容易暴怒　□自我控制能力差

□容易有挫折感，易於放棄　□會顯現焦慮的情緒　□顯得害羞退縮

□自我信心低落，覺得自己凡事都做不好

□情緒或行為表現會造成班級混亂的現象

□難與同儕建立或維持友誼　□對同儕有身體或語言攻擊行為

□會表現某些行為已引起別人注意　□粗魯無理，忽略他人的感受

□書包抽屜凌亂不堪

□面對新環境會有不當的行為表現　□很少參與團體活動　□其他＿＿＿＿＿＿</td></tr>
</table>

441

三、家庭生活環境調查表

<table>
<tr><td rowspan="18" style="writing-mode:vertical">家長晤談紀錄</td><td colspan="2" align="center">家庭生活</td></tr>
<tr><td colspan="2">◎家人關係：□親密　□和諧　□尚可　□冷漠　□其他_____</td></tr>
<tr><td colspan="2">◎經濟狀況：□富有　□小康　□普通　□清寒　□其他_____</td></tr>
<tr><td colspan="2">◎主要經濟來源：□祖父母　□父　□母　□其他_____</td></tr>
<tr><td colspan="2">◎主要照顧者：□祖父母　□父　□母　□外籍看護者　□機構　□其他_____</td></tr>
<tr><td colspan="2">◎與家人溝通方式：□國語　□臺語　□客語　□手語　□其他_____</td></tr>
<tr><td colspan="2">◎做功課的場所：□有自己的書房　□有自己的書桌　□和兄弟姊妹共用書桌
　　　　　　　　□餐桌，無固定　　　　　□其他_____</td></tr>
<tr><td colspan="2">◎誰指導做功課：□父　□母　□兄姊　□親戚　□家庭教師　□補習班
　　　　　　　　□無人指導　□其他_____</td></tr>
<tr><td colspan="2">◎主要休閒活動：□看電視　□玩電腦　□聽音樂　□聊天　□看書　□唱歌
　　　　　　　　□畫畫　□下棋　□種花　□養寵物　□招待親友　□運動
　　　　　　　　□其他_____</td></tr>
<tr><td colspan="2">◎家庭環境：□安靜　□吵雜　□其他_____</td></tr>
<tr><td colspan="2">◎放學後到睡覺前，時間的安排：
　做功課：_____小時，幫忙家務：_____小時，休閒活動：_____小時
　其他（_____）：_____小時</td></tr>
<tr><td colspan="2">◎最喜歡的家人：□祖父　□祖母　□父　□母　□兄　□弟　□姐　□妹
　　　　　　　　□其他_____</td></tr>
<tr><td colspan="2">◎會做的家事：□無　□擦桌子　□倒垃圾　□整理報紙　□收拾衣物
　　　　　　　□收拾玩具　□收拾碗筷　□洗碗　□掃地　□拖地
　　　　　　　□其他_____</td></tr>
<tr><td colspan="2">◎您何時覺得您的孩子與別人不一樣：
　當孩子_____歲（_____年級）時，誰最先發現的：_____</td></tr>
<tr><td colspan="2">◎您的孩子行為優點為何：
　□幫忙家事　□友愛手足　□生活規律　□遵守校規　□樂於助人
　□能作理性溝通　□認真負責　□個性敦厚　□人緣佳　□樂觀開朗
　□乖巧可愛　□其他_____</td></tr>
<tr><td colspan="2">◎您的孩子主要學習困難為何：
　□拼音困難　□認字困難　□寫字困難　□閱讀理解　□寫作困難
　□數字概念困難　□計算困難　□推理困難　□空間方向感差
　□視動協調能力差　□聽覺理解困難（聽話能力差）　□語言表達能力差
　□記憶力差　□專注力差　□其他_____</td></tr>
</table>

◎您的孩子學習習慣最大優點爲何：

☐主動寫作業　☐自己整理書包　☐樂於報告在校學習情形　☐學習態度良好
☐上學守時　☐其他＿＿＿＿＿＿＿

◎您的孩子最主要的行爲問題有哪些：

☐人際關係問題（說明：＿＿＿＿＿＿＿＿＿＿＿＿＿＿＿＿＿＿＿）

☐行爲規範問題（說明：＿＿＿＿＿＿＿＿＿＿＿＿＿＿＿＿＿＿＿＿）

☐憂鬱／過動等情緒問題（說明：＿＿＿＿＿＿＿＿＿＿＿＿＿＿＿）

☐特異習慣（說明：＿＿＿＿＿＿＿＿＿＿＿＿＿＿＿＿＿＿＿＿＿）

☐其他（說明：＿＿＿＿＿＿＿＿＿＿＿＿＿＿＿＿＿＿＿＿＿＿＿）

◎您的小孩最喜歡何種增強物：

☐打球　☐看電視　☐聽音樂　☐幫忙做家事　☐貼紙　☐食物
☐玩電腦遊戲　　☐社會性增強　　　　☐其他＿＿＿＿＿＿＿

◎您的孩子最需要學校哪方面的協助：

☐協助鑑定　☐接納孩子的特殊性　☐提供適當的補救教學
☐提供適當的行爲改變／班級經營技巧　☐提供親職教育（說明：＿＿＿＿）
☐其他＿＿＿＿＿＿＿

◎您的孩子最困擾家人的問題及其處理方式：

・問題：☐長時間看電視或打電動玩具，無法停止　☐喜歡亂發脾氣
　　　　☐喜歡亂丟東西　☐說謊　☐偷竊　☐晚上不回家　☐其他：

・處理方式：☐勸誡，說明理由　☐將線路拆除，或沒收玩具
　　　　　　☐將孩子關在家中　☐打罵　☐不理他，隨孩子的意
　　　　　　☐扭送警局　☐其他＿＿＿＿＿＿

◎家人對孩子的期望爲何：

☐平安長大就好　☐國中畢業即可　☐對學業成就有所要求
☐能學習到一些實用技能　☐其他＿＿＿＿＿＿＿

◎您對學校教育的期望爲何：

☐能培養孩子良好的生活習慣　☐能增加孩子的生活適應能力
☐能試探出孩子未來的職業發展方向　☐能培養孩子的職業技能
☐其他＿＿＿＿＿＿＿＿

四、學校生活適應情形

最聽誰的話	☐校長　☐主任　☐導師　☐任課老師：＿＿＿＿　☐同學：＿＿＿＿ ☐其他：＿＿＿＿＿＿
和師長的關係	☐親密　☐和諧　☐依賴　☐普通　☐冷漠　☐緊張
和同學的關係	☐親密　☐和諧　☐依賴　☐普通　☐冷漠　☐緊張
最喜歡的活動	☐打電腦　☐畫畫　☐體育活動　☐玩遊戲　☐唱歌　☐跳舞 ☐玩陶土　☐剪貼　☐玩拼圖　☐聽音樂　☐玩撲克牌　☐看書 ☐校外教學　☐其他＿＿＿＿＿＿
最不喜歡的活動	☐打電腦　☐畫畫　☐體育活動　☐玩遊戲　☐唱歌　☐跳舞 ☐玩陶土　☐剪貼　☐玩拼圖　☐聽音樂　☐玩撲克牌　☐看書 ☐校外教學　☐其他＿＿＿＿＿＿
學習動機	☐主動　☐被動　☐低落　☐有選擇性
最喜歡上的課	☐語文　☐數學　☐社會　☐自然與生活科技　☐藝術與人文 ☐健康與體育　☐綜合活動　☐生活　☐其他＿＿＿＿＿＿
最不喜歡上的課	☐語文　☐數學　☐社會　☐自然與生活科技　☐藝術與人文 ☐健康與體育　☐綜合活動　☐生活　☐其他＿＿＿＿＿＿
增強物	休閒活動☐打電腦遊戲　☐看電視　☐自由活動　☐畫畫　☐唱歌 　　　　☐聽音樂　☐看書　☐打球　☐跑步　☐騎腳踏車　☐積木 　　　　☐拼圖　☐撲克牌　☐玩偶　☐跳棋　☐大富翁　☐玩具琴 食物：＿＿＿＿＿＿＿＿＿＿ 社會性增強：☐擁抱　☐握手　☐拍肩　☐語言稱讚 　　　　　　☐其他＿＿＿＿＿＿
最喜歡去的場所	☐教室　☐電腦教室　☐操場　☐遊樂器材區　☐體能活動室 ☐視聽教室　☐合作社　☐圖書館　☐健康中心　☐辦公室 ☐其他＿＿＿＿＿＿
上下學方式	☐自行走路上學　☐坐公車　☐坐交通車　☐家長接送 ☐機構或安親班接送　☐其他＿＿＿＿＿＿

五、社區生活適應情形

社區環境	□住宅區　□商業區　□工業區　□混合區　□宿舍區 □其他＿＿＿＿＿＿＿
和鄰居相處	□和諧　□普通　□尚可　□冷漠　□不睦 原因／詳細情形：＿＿＿＿＿＿＿
和親友相處	□和諧　□普通　□尚可　□冷漠　□不睦 原因／詳細情形：＿＿＿＿＿＿＿
放學後常做的活動	□直接回家　□安親班　□回機構 □至同伴家玩（回家時間：＿＿＿＿＿） □到處遊玩（常去場所：＿＿＿＿＿，回家時間：＿＿＿＿＿）
常去的商家	□便利商店　□速食店　□網咖　□書局 □其他＿＿＿＿＿＿＿
常去的休閒場所	□公園　□超級市場（大賣場）　□百貨公司　□親友家 □動物園　□圖書館　□博物館　□電影院　□遊樂中心 □其他＿＿＿＿＿＿＿
常做的休閒活動	□打電腦　□騎腳踏車　□散步　□打球　□溜冰　□游泳 □看電影　□看書　□逛街　□拜訪親友　□其他＿＿＿＿＿＿＿
最喜歡去的場所	□便利商店　□速食店　□電影院　□公園　□百貨公司 □遊樂中心　□動物園　□學校　□圖書館　□博物館 □親友家　□鄰居家　□超級市場（大賣場） □其他＿＿＿＿＿＿＿
最不喜歡去的場所	□便利商店　□速食店　□電影院　□公園　□百貨公司 □遊樂中心　□動物園　□學校　□圖書館　□博物館 □親友家　□鄰居家　□超級市場（大賣場） □其他＿＿＿＿＿＿＿

六、測驗與評量

➤測驗：個別或團體智力測驗、各類能力診斷測驗、性向／興趣測驗等各
　式常模參照或標準參照測驗。

➤檢核量表：適應行為量表、各類障礙特質檢核表或相關量表等各式常模
　參照或標準參照量表。

➤其他：觀察（包括家長、學生、導師、任課教師、行政人員）、晤談、
　學業表現（段考成績或平均）、相關專業治療記錄（職能、物理、語言
　治療之評估結果及成效摘要）、前次個別化教育計畫檢討紀錄摘要（依
　據前次會議紀錄或新生轉銜資料）等。

項目	評量工具		施測者	日期	得分結果	切截數	解釋摘要
篩選測驗	非語文	瑞文氏矩陣推理測驗			PR		五等第：（　）
	LDC國小語文及非語文學習障礙檢核表	注意與記憶				≧60	□正常 □ALL-LD學習障礙 □VLD語文障礙 □NLD非語文障礙
		理解與表達			低年級	≧110 ≧120 120＞≧110	
					中高年級	≧120	
		知動協調				≧45 55＞≧45 ≧55	
		社會適應				≧55 ≧65	
	LCC學習行為特徵檢核表	注意與記憶			PR	≧83	共有（　）項≧切截數 □正常 □疑似學習障礙 □疑似情緒行為障礙
		理解與表達			PR	≧81	
		知動協調			PR	≧86	
		社會適應			PR	≧80	
		情緒表現			PR	≧87	
		全量表			PR	≧83	
	識字診斷測驗	全測驗					□正常 □識字困難
		聽音辨字					
		字形義辨別					
		字形辨識					
	閱讀理解困難篩選測驗						□正常 □閱讀理解困難
	書寫表達診斷測驗	基本寫作能力					□正常 □書寫表達困難
		基本寫字能力					
	數學診斷測驗	計算					□正常 □數學困難
		幾何					
		數量比較					
		圖表					
		應用					
		總分					
	兒童口語理解測驗						□正常 □疑似口語理解困難
	情緒障礙量表						□正常 □疑似情緒障礙
	問題行為篩選量表						□正常 □疑似ADHD

		學生適應調查表					☐ 正常 ☐ 疑似情障或自閉症
		自閉症兒童行為檢核表					☐ 非自閉症 ☐ 有可能自閉症 ☐ 極有可能自閉症
		高功能自閉症／亞斯伯格症 行為檢核表					☐ 非高功能自閉症／亞斯伯格症 ☐ 疑似高功能自閉症／亞斯伯格症
智力 測驗	魏氏幼兒 智力量表 WPPSI-IV	全量表				PR	☐ 正常 ☐ 智能障礙 質性描述：＿＿＿＿
		語文量表				PR	
		操作量表				PR	
	魏氏兒童 智力量表 WISC-IV	全量表				PR	☐ 正常 ☐ 智能障礙 質性描述：＿＿＿＿
		語文理解				PR	
		知覺組織				PR	
		工作記憶				PR	
		處理速度				PR	
適應 行為	修訂中華適應 行為量表 （幼兒園版）	A1生活自理					☐優良☐中上☐中等☐中下☐遲緩 ☐極為遲緩
		A2家事技能					☐優良☐中上☐中等☐中下☐遲緩 ☐極為遲緩
		B1溝通能力					☐優良☐中上☐中等☐中下☐遲緩 ☐極為遲緩
		B2實用知識					☐優良☐中上☐中等☐中下☐遲緩 ☐極為遲緩
		B3獨立自主					☐優良☐中上☐中等☐中下☐遲緩 ☐極為遲緩
		B4安全衛生					☐優良☐中上☐中等☐中下☐遲緩 ☐極為遲緩
		C1社區活動					☐優良☐中上☐中等☐中下☐遲緩 ☐極為遲緩
		C2消費技能					☐優良☐中上☐中等☐中下☐遲緩 ☐極為遲緩
		C3社會技能					☐優良☐中上☐中等☐中下☐遲緩 ☐極為遲緩
		C4休閒活動					☐優良☐中上☐中等☐中下☐遲緩 ☐極為遲緩
		D1動作發展					☐優良☐中上☐中等☐中下☐遲緩 ☐極為遲緩
		D2工作活動					☐優良☐中上☐中等☐中下☐遲緩 ☐極為遲緩
		D3工作社會					☐優良☐中上☐中等☐中下☐遲緩 ☐極為遲緩

		A1生活自理				□優良□中上□中等□中下□遲緩 □極為遲緩
		A2家事技能				□優良□中上□中等□中下□遲緩 □極為遲緩
		B1溝通能力				□優良□中上□中等□中下□遲緩 □極為遲緩
		B2實用知識				□優良□中上□中等□中下□遲緩 □極為遲緩
		B3獨立自主				□優良□中上□中等□中下□遲緩 □極為遲緩
		B4安全衛生				□優良□中上□中等□中下□遲緩 □極為遲緩
修訂中華適應 行為量表 （中小學版）		C1社區活動				□優良□中上□中等□中下□遲緩 □極為遲緩
		C2消費技能				□優良□中上□中等□中下□遲緩 □極為遲緩
		C3社會技能				□優良□中上□中等□中下□遲緩 □極為遲緩
		C4休閒活動				□優良□中上□中等□中下□遲緩 □極為遲緩
		D1動作發展				□優良□中上□中等□中下□遲緩 □極為遲緩
		D2工作活動				□優良□中上□中等□中下□遲緩 □極為遲緩
		D3工作社會				□優良□中上□中等□中下□遲緩 □極為遲緩
其他 評量 資料						

七、＿＿＿＿學年度＿＿＿＿學期能力現況描述

➤應根據測驗評量紀錄結果，分析整合敘述。

項目		能力現況	
		優勢（與一般同儕相較）	弱勢
認知	注意	☐差不多 ☐更好	☐注意力缺乏　☐難獨立完成工作　☐易受背景聲音干擾而分心 ☐複述能力弱 ☐有注意力固執現象（從事某些行為或活動很難被打斷） ☐經常遺失或活動必備的物品　☐自我監控能力較弱 ☐其他_____
	記憶	☐差不多 ☐更好	☐長期記憶缺陷　☐短期記憶缺陷　☐工作記憶缺陷 ☐重述剛聽到或看到的數字或字詞有困難 ☐不易記憶學過的東西（例如：今天學會明天就忘了） ☐其他_____
	理解	☐差不多 ☐更好	☐聽覺理解困難　☐視覺理解困難　☐文字理解困難 ☐幾何圖形理解困難　☐其他_____
	思考推理	☐差不多 ☐更好	☐概念思考力弱　☐邏輯及抽象思考能力弱　☐思考過於僵化 ☐運思過程僵化　☐其他_____
學業能力	語文成績	☐差不多 ☐更好	☐中下，全班3/5-4/5　☐加強，全班最後1/5 ☐其他_____
	注音拼讀	☐差不多 ☐更好	☐認讀注音符號困難　☐單拼困難　☐雙拼困難　☐聲調錯誤 ☐結合韻拼讀困難　☐其他_____
	識字	☐差不多 ☐更好	☐認讀文字困難☐能認讀但不知字義☐相似字易混淆 ☐其他_____
	文字書寫	☐差不多 ☐更好	☐握筆姿勢有問題　☐寫字超出格子　☐字體大小不一 ☐字體結構有問題　☐寫字速度慢 ☐常用注音替代國字　☐書寫時，沒有筆劃筆順的概念 ☐字的形體左右顛倒字　☐只會寫簡單筆劃的字　☐只會仿寫字 ☐只會描字　☐只會畫線或簡單形狀　☐只會隨意塗鴉 ☐其他_____
	文句書寫	☐差不多 ☐更好	☐作文或造句用有限的辭彙或很短的句子 ☐作文或造句會漏字或寫錯字　☐其他_____

	閱讀	☐差不多 ☐更好	☐無法讀懂該年齡層的書籍內容　☐分辨符號有困難 ☐不識字但能看懂圖片意思　☐讀的速度很慢 ☐會讀字句但不懂意思　☐讀時會跳行跳字　☐詞彙理解力差 ☐無法瞭解文章的主題或重點　☐其他＿＿＿＿＿
	口語 表達	☐差不多 ☐更好	☐容易誤解指示　☐說話不流暢　☐表達內容不清楚 ☐詞語運用貧乏　☐無法理解問題　☐需重述說話內容 ☐其他＿＿＿＿＿
	數學 成績	差不多 ☐更好	☐中下，全班3/5-4/5　☐加強，全班最後1/5 ☐其他＿＿＿＿＿
	計算	☐差不多 ☐更好	☐不會數數　☐只會10以下的數　☐加減困難需用手指 ☐會加減但不會乘除　☐四則符號辨識困難 ☐分數、小數運算困難　☐會計算但不會應用題 ☐其他＿＿＿＿＿
	應用	☐差不多 ☐更好	☐關鍵字理解困難　☐題意理解困難　☐幾何推理困難 ☐圖表理解困難　☐應用題列式困難　☐單位換算困難 ☐複合題型解題困難　☐工具使用困難，如尺、規、量角器等 ☐其他＿＿＿＿＿
	其他	☐差不多 ☐更好	☐九九乘法背誦錯誤　☐解題速度極為緩慢　☐其他＿＿＿＿＿
學習 習慣		☐差不多 ☐更好	☐敷衍　☐上課喜歡說話　☐複習環境差　☐方法不當 ☐缺乏動機　☐草率易分心　☐坐立不安　☐被動，須多鼓勵 ☐不容易專心　☐配合度不高　☐拖欠作業　☐其他
溝通 能力		☐差不多 ☐更好	☐語詞貧乏　☐喜歡發表　☐部分口齒不清　☐怯於表達 ☐缺乏溝通能力　☐構音困難　☐其他＿＿＿＿＿
行動 能力		☐差不多 ☐更好	☐動作遲緩　☐大肌肉動作不協調　☐小肌肉運用欠靈活 ☐精細動作不佳　☐其他＿＿＿＿＿
情緒		☐差不多 ☐更好	☐易受外在環境影響　☐常低落　☐挫折忍耐度低　☐愛哭鬧 ☐易亢奮　☐固執　☐情緒起伏落差大　☐依賴心重 ☐經常性憂鬱　☐容易焦慮　☐其他＿＿＿＿＿
人際 關係		☐差不多 ☐更好	☐樂於助人　☐能與同學和睦相處　☐喜歡和同學一起玩 ☐父母不關心　☐孤僻　☐不合群　☐受到同學的排斥 ☐偶而與同學起爭執　☐喜歡罵人　☐喜歡自己一個人玩 ☐缺乏溝通能力　☐愛惡作劇、捉弄人　☐喜歡打人 ☐其他
生活 自理		☐差不多 ☐更好	☐需全部協助　☐需口頭提醒　☐需部分協助　☐衛生習慣差 ☐髒亂　☐懶惰　☐其他＿＿＿＿＿

其他能力	□差不多 □更好	□支持系統資源　□個人疾病認識能力　□尋求資源能力 □解決問題及處理能力

八、_____學年度_____學期整體需求分析

向　度	内　容	
學習內容 （提供十二年國教各領綱課程與特殊需求領域之內容調整，說明採用簡化／減量／分解／替代／重整／加深／加廣等策略，以原班調整或外加／抽離方式提供課程）	□領域學習課程 　□國語課程抽離／外 　　加（每週　　節） 　　簡化／減量／分解 　　／替代／重整／加 　　深／加廣 　□英語課程抽離／外 　　加（每週　　節） 　　簡化／減量／分解 　　／替代／重整／加 　　深／加廣 　□數學課程抽離／外加 　　（每週　　節） 　　簡化／減量／分解 　　／替代／重整／加 　　深／加廣	□特殊需求領域 　□生活管理課程外加／融入（每週　　節） 　□社會技巧課程外加／融入（每週　　節） 　□學習策略課程外加／融入（每週　　節） 　□職業教育課程外加／融入（每週　　節） 　□溝通訓練課程外加／融入（每週　　節） 　□點字課程外加／融入（每週　　節） 　□定向行動課程外加／融入（每週　　節） 　□功能性動作課程外加／融入（每週　　節） 　□輔助科技應用課程外加／融入（每週　　節）
學習歷程 （適合的學習方式／管道、原班與資源班上課所需之教學法與教具調整等）	□多元學習方式管道 　□聽覺／口語提示 　□黑板視覺提示 　□操作練習 　□動作提示 　□其他：	□作業調整 　□獨立完成原班作業 　□協助完成原班作業 　□與原班作業相同，但調整作業進度 　□調整爲資源班自編作業
學習環境 有助於學習之物理、社會、心理等環境調整【校園、教學（實習）環境、設施、輔具、座位安排、教師及同儕協助】	□校園環境調整 　□調整教室樓層 　□調整教室距離無障礙廁所／電梯較近 　□其他：	□班級環境調整 　□普通班座位調整 　□黑板提供視覺提示 　□安排小老師同儕協助 　□課堂或下課時個別指導 　□課後留校時指導

學習評量	☐評量方式調整	☐試卷調整
適合學生學習特性之評量（如評量標準、評量方式、評量內容、時間調整、評量地點、提供相關輔具或必要提示、作業等）	☐普通班多元評量 ☐資源班教室應考 ☐提供口語報讀 ☐使用電腦作答 ☐延長考試時間 ☐提供考試提示語	☐無調整 ☐放大試卷 ☐標示試題關鍵字 ☐資源班重製試卷 ☐資源班另出試卷 （原班試卷　　%＋資源班　　%）

貳、特殊教育、相關服務及支持策略

一、＿＿＿＿學年度第＿＿＿＿學期接受特教服務方式

學習領域名稱		排課方式			負責教師	上課地點	成績計算	起訖日期
		節／週						
		原班	抽離	外加				
領域學習課程	語文／國語							
	語文／英語							
	數學							
	（生活）							
	社會							
	自然科學							
	藝術							
	綜合活動							
	健康與體育							
	科技							
彈性學習課程	統整性主題／專題／議題探究課程							
	社團活動與技藝課程							
	特殊需求領域課程							
	其他類課程							

註：「原班」係指在普通班由特殊教育教師入班進行合作教學；或在集中式特殊教育班
　　與原班同學一起上課。

　　「抽離」係指抽離式課程，學生在原班該領域／科目節數教學時，到資源班／教室
　　／方案上課。

　　「外加」係指外加式課程，可適用於資源班或集中式特殊教育班，包括學習節數需
　　超過十二年國民基本教育課綱原領域／科目或原班排定的節數及經專業評估後，需
　　提供的特殊需求領域課程節數。

合計：_____節／週

二、_____學年度第_____學期學生課表

節次	星期一	星期二	星期三	星期四	星期五
晨光時間					
1					
2					
3					
4					
午休					
5					
6					
7					
8					

註：1.集中式特教班請並列任課教師與科目名稱；集中式特教班學生如入普通班上課之
　　融合課程，以網底呈現。

　　2.資源班或巡迴班請並列任課教師、科目名稱及原班課程。

三、考試服務　　□無需求　□有需求（續填下表）

```
□試場服務
　□調整考試時間
　　□延長作答時間（休息時間相對減少）　□提早5分鐘入場
　□提供無障礙試場環境
　　□無障礙環境　□設有昇降設備之試場　□地面樓層
　□提供提醒服務
　　□視覺提醒作答　□聽覺提醒作答　□手語翻譯　□板書注意事項說明
　□提供特殊試場
　　□少數人試場　□單人試場　□設有空調設備試場
□輔具服務
　□擴視機　□放大鏡　□點字機　□盲用算盤　□盲用電腦及印表機
　□檯燈　□特殊桌椅　□其他相關輔具：＿＿＿＿＿＿＿＿
□試題（卷）調整服務
　□有聲試題　□放大試卷　□調整試題與考生之適配性　□題數或比例計分
　□點字試卷　□觸摸圖形試題　□電子試題　□提供試卷並報讀
□作答方式調整服務
　□電腦輸入法作答（需使用的中文輸入軟體：＿＿＿＿＿）
　□盲用電腦作答　□放大答案卡（卷）　□電腦打字代謄　□口語（錄音）作答
　□代謄答案卡
□其他必要之服務：＿＿＿＿＿＿＿＿＿＿＿
```

四、行政支援及相關支持服務

相關專業團隊	□語言治療：＿＿月＿＿次，共＿＿時
	□物理治療：＿＿月＿＿次，共＿＿時
	□職能治療：＿＿月＿＿次，共＿＿時
	□心理諮商：＿＿月＿＿次，共＿＿時
	□社工輔導：＿＿月＿＿次，共＿＿時
	□其他（＿＿＿）：＿＿月＿＿次，共＿＿時
人力資源與協助	□教師助理員／學生助理員　□酌減班級人數＿人　□其他＿＿＿
家庭支持服務	□家庭諮詢　□特殊教育相關研習及資訊 □協助家長申請相關機關（構）或團體之服務　□其他＿＿＿
校園無障礙環境	
教育輔助器材	

行政支援	□優先編班　□安排適性導師　□安排顯著友伴　□區塊排課 □出缺勤管理　□重新評估　□平行轉銜／跨階段轉銜 □減少班級人數　□認輔諮商　□申請相關輔具　□申報協尋 □申請獎、助學金　□特殊個案通報　□問題行為處理 □學生管教相關事宜　□申請無障礙設施　□其他＿＿＿＿＿
其他	□交通服務　□健康照顧　□轉介醫療　□適性教材 □行為功能介入方案　□班級經營策略　□其他＿＿＿＿＿

參、＿＿＿＿＿學年＿＿＿＿＿學期教育目標

學生姓名	授課領域／科目		每週節數	教學設計者

學年 目標	

學期 目標	

教材選用版本	□南一版　　　□康軒版　　　□翰林版 □部編版　　　□自編教材　　□其他	＿＿＿年級

分組模式	□抽離□外加□能力分組□年級 分組	課程調 整方式	□簡化□減量□分解□替代□重整□加深 □加廣

評量方式	A：紙筆測驗 B：口頭測驗 C：指認 D：觀察評量 E：實作評量 F：其他（請註明）
支持策略	G：獨立完成 H：口頭提示 I：手勢提示 J：動作協助 K：圖片提示 L：使用輔具 M：團體合作
評量標準／ 評量結果	0：無法達成　1：達成10%　2：達成20%　3：達成30%　4：達成40%　5：達成50% 6：達成60%　7：達成70%　8：達成80%　9：達成90%　10：達成100%
教學決定	○：通過　△：原目標繼續　※：放棄

學期目標 代碼	教學目標	起訖 日期	評量 方式	評量標準／ 支持策略	形成性 評量日期	教學 決定	備註
					評量結果／ 支持策略		

意見及分析	1.目標達成率： 2.教學決定為「△」或「※」之處理方式： 3.回歸依據：

肆、具情緒與行為問題學生所需之行為功能介入方案與行政支援

一、情緒或問題行為描述

	項目／說明
情緒行為軸向與行為特徵描述	（一）外向性行為（□有　□無） 　□逃學　□逃家　□反抗權威　□不守規矩　□濫發脾氣　□撒謊 　□偷竊　□衝動　□暴力行為　□粗言辱罵　□倔強　□欺負弱小 　□長期缺席　□破壞公物　□誣衊師長　□擾亂上課秩序 　□常遲到或請假　□其他＿＿＿＿＿＿ （二）內向性行為（□有　□無） 　□自殺傾向　□過分依賴　□作白日夢　□焦慮緊張 　□畏縮、羞怯、孤僻　□自虐　□自卑　□敵意情緒提升 　□不敢表達意見　□其他＿＿＿＿＿＿ （三）學業適應問題（□有　□無） 　□不做作業　□過度懶散　□學科偏食　□成績不穩　□容易分心 　□上課睡覺　□低成就　□交友過多影響課業　□外務過多影響課業 　□其他＿＿＿＿＿＿ （四）焦慮症候（□有　□無） 　□強迫性思考　□強迫性動作　□遭遇困難時易情緒失控、反應激烈 　□遇到困難時會坐立難安、發抖、情緒緊張、言語困難、表情呆滯 　□由焦慮引發嘔吐、肚痛、頭昏、心胸不適、全身無力等 　□其他＿＿＿＿＿＿ （五）特殊習慣（□有　□無） 　□咬指甲　□肌肉抽搐　□口吃　□沉迷電玩　□偏食　□酗酒 　□吸食毒品　□有菸癮　□性早熟　□性別不安　□愛做異性打扮

□沉迷黃色書刊、影片　□愛戀妄想……　□忌妒妄想……
□被害妄想……　□其他＿＿＿＿＿＿＿

（六）根據上述，最需迫切解決的目標行為：

（六）目標行為的頻率與強度（請將個案基本資料的情緒行為特徵，以主要發生的時間、地點、情境、頻率、持續時間等進行具體的描述）：

　　時間：□上午　□中午　□下午　□晚上　□其他：
　　地點：□學校教室　□學校戶外　□家庭　□社區　□其他：
　　情境：□室內課　□戶外課　□寫作業　□自習　□下課　□吃飯
　　　　　□午休／睡覺　□盥洗　□遊戲　□看電視　□獨處
　　　　　□其他＿＿＿＿＿＿＿
　　頻率：□每小時　□每天　□每週　□每月　□其他＿＿＿＿＿＿＿
　　　　　大約出現＿＿次，每次持續＿＿秒／分
　　持續：自＿＿年＿＿月起　□未滿一個月　□一至六個月　□六個月以上
　　　　　□其他＿＿＿＿＿＿＿

（七）行為影響與程度

　　影響：□學習成就　□生活適應　□人際關係　□師生關係　□親子關係
　　　　　□受到忽視　□遭到排擠　□言語霸凌　□肢體霸凌
　　　　　□其他：＿＿＿＿＿＿＿
　　程度：□嚴重　□中等　□輕微　□其他：＿＿＿＿＿＿＿

二、行為功能分析與介入策略

項目／說明	
目標行為功能分析	根據附件一「行為動機評量表」之結果，其行為功能為： □感官刺激　□逃避　□引人注意　□明確物品要求
介入策略	參考附件二「行為／情緒問題處理策略檢核單」，並詳述策略內容 （一）調整教室環境 （二）調整教材教法 （三）調整學習單與作業單 （四）調整考試方式 （五）正向／支持的班級經營 （六）使用行為改變技術導正問題行為 （七）教導壓力管理的方法 （八）增進社會能力

	（九）增進自我管理能力 （十）增進問題解決能力 （十一）親師合作 （十二）其他＿＿＿＿＿＿＿＿＿＿
其他協助 參與人員	□家長／稱謂： □教師（□導師　□資源班老師　□輔導教師　□科任：　　　） □行政（□校長　□主任　□組長　□幹事　□工友　□助理員 　　　　□替代役） □相關專業團隊人員（□醫師　□物理　□職能　□語言　□心理 　　　　　　　　　　□社工　□觀護人） □其他＿＿＿＿＿＿＿＿＿＿
行政支援 相關資源	□人力　□課務　□環境空間　□輔導經費　□警政／社福　□親職教育 □醫療　□其他＿＿＿＿＿＿＿＿＿＿
持續時間	自　　年　　　月起　□未滿一個月　□一至六個月　□六個月以上
介入效果	□更為嚴重　□未有明顯改善　□明顯改善　□無此行為 □其他＿＿＿＿＿＿＿＿＿＿

三、行為介入效果追蹤

項目／說明	
追蹤時間	自　　年　　月起，每隔　　（日／月），開始追蹤輔導效果
介入效果	請針對介入策略實施後，除勾選個案情緒行為的變化程度並具體描述改變的內容（成績、評量分數、次數、頻率或持續時間等，例如：正向行為增加：比較能夠遵守班級常規；減少負向行為：警告次數由每學期四、五次，下降至只有一次）。 一、外向性行為 □更為嚴重　□未有明顯改善　□明顯改善　□無此行為　□其他＿＿＿＿＿＿ 具體描述（增減那些正向行為、增減那些負向行為）： 二、內向性行為 □更為嚴重　□未有明顯改善　□明顯改善　□無此行為　□其他＿＿＿＿＿＿ 具體描述（增減那些正向行為、增減那些負向行為）：

	三、學業適應問題
	□更爲嚴重　□未有明顯改善　□明顯改善　□無此行爲　□其他_____
	具體描述：
	四、焦慮症候
	□更爲嚴重　□未有明顯改善　□明顯改善　□無此行爲　□其他_____
	具體描述（增減那些正向行爲、增減那些負向行爲）：
	五、特殊習慣
	□更爲嚴重　□未有明顯改善　□明顯改善　□無此行爲　□其他_____
	具體描述（增減那些正向行爲、增減那些負向行爲）：
評估建議	□可自　　年　　月結案　□持續進行　□繼續追蹤
	□增加相關專業／資源介入
	□補充說明：

苗栗縣　　國中／小情緒行為障礙學生正向行為支持計畫表

學生姓名：　　　擬定日期：　　　擬定：　　　執行：

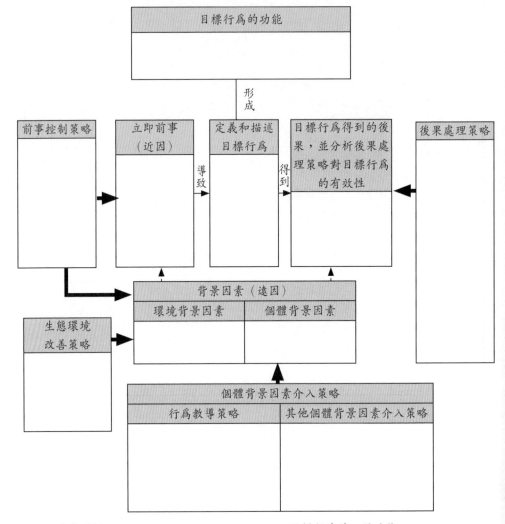

外顯關係
內隱之影響歷程
處理策略介入之歷程

目標行為的四種功能

一、感官刺激（咬、摳、搓、摸、搖晃、甩等自我刺激）

二、逃避（責任、處罰或熱、悶等不舒服的外在刺激）

三、引人注意（注意力、關心、稱讚等）

四、要求明確的東西（物品、權力、控制權等）

伍、轉銜輔導及服務

評估項目		服務內容	執行期程	執行日期／成果	執行者
□升學輔導	校內轉銜 　□是　□否 校外平行轉銜 　□是　□否 年段轉銜 　□是　□否 跨階段轉銜 　□是　□否 繼續升學 　□是　□否 清楚升學方向或安置型態 　□是　□否 具備交通能力 　□是　□否	□安排適性導師 □優先編班 □安排顯著友伴 □認識新學校環境 □設計生涯探索課程 □設計職業介紹課程 □評估職業興趣及性向 □提供升學／安置資訊 □提供考試資訊 □提供家長安置型態相關資訊 □熟悉新學校上學的路線 □其他_____			
□生活輔導	具備自我保護的基本能力 　□是　□否 能獨立安排休閒活動 　□是　□否 具有社區活動之應對進退能力 　□是　□否 具有使用社區設施之能力 　□是　□否 能順利適應新學習環境 　□是　□否	□設計自我保護能力課程 □設計基本法律常識課程 □設計培養休閒興趣之課程 □安排社會技巧課程 □規劃使用社區設施之活動 □設計搭乘交通工具課程 □規劃認識新安置單位環境之活動 □其他_____			

□就業輔導	畢業後即就業 　□是　□否 有能力決定自己想從事的工作 　□是　□否 具備就業後交通能力 　□是　□否	□設計認識職場安全之課程 □設計自身權益之課程 □設計搭乘交通工具課程 □其他＿＿＿＿		
□心理輔導	接納自身障礙身分 　□是　□否 具有自信等特質 　□是　□否 具有良好人際關係 　□是　□否 具有規劃未來的能力 　□是　□否	□安排自我覺知訓練 □給予獲得成功經驗之機會 □提供社會技巧課程 □自我決策能力訓練 □其他＿＿＿＿		
□福利服務	家庭經濟狀況良好 　□是　□否 具有使用金錢的正確態度 　□是　□否 需要使用輔具 　□是　□否 具有尋求資源之能力 　□是　□否	□協助申請教育補助費 □協助申請學雜費減免補助 □協助申請獎助學金 □規劃理財相關課程 □協助申請生活及復健輔助器材 □教育輔具移撥 □規劃問題解決策略之訓練 □政府相關福利的認識與使用 □其他＿＿＿＿		
□其他相關專業服務	有相關專業服務之需求 　□是　□否	□相關專業團隊服務 □醫療訊息與資源提供 □其他＿＿＿＿		

轉銜原因			
□年段轉銜：小_____升小_____ □校內平行轉銜：_____班轉_____班			
□校外平行轉銜：轉安置_____國小／中_____班			
□跨階段轉銜，就讀國／高中職_____班／科			
□未升學，已與勞政（或社政）單位於_____年_____月_____日召開轉銜會議			
轉銜追蹤輔導紀錄			
追蹤日期	追蹤輔導紀錄摘要	紀錄者	後續支援情形

※本表格參考臺中市立新國中轉銜輔導及服務需求評估表

附件一 普通班（疑似）特殊需求學生行為動機評量表
（教師／家長平時使用）

受評者：_____ 性別：□男 □女 年齡：_____歲（或_____年級）

評量者：_____ （與受評者關係：_____）評量日期：_____年_____月_____日

目標行為（選一項）：□過動 □分心 □干擾 □發怒 □反抗 □攻擊 □破壞 □違規
□偷竊 □搶奪 □害羞 □退縮 □焦慮 □恐懼 □離群 □憂鬱 □冷漠 □過度敏感 □其他

此目標行為問題持續多久：□一個月內 □三個月內 □半年以內 □半年以上

題　　項	1 從不如此	2 很少如此	3 半數如此	4 經常如此	5 總是如此
1. 當他一個人獨處時，他會出現這個行為。	□	□	□	□	□
2. 當有人要求他做事時，他會出現這個行為。	□	□	□	□	□
3. 當您轉移注意和別人說話時，他會出現這個行為。	□	□	□	□	□
4. 當他得不到他想要的事物時，他會出現這個行為。	□	□	□	□	□
5. 他常一再地表現這個行為。	□	□	□	□	□
6. 當他遇到困難（或較須花時間）的工作時，他會出現這個行為。	□	□	□	□	□
7. 當您不注意他時，他會出現這個行為。	□	□	□	□	□
8. 當他心愛的事物被移走時，他會出現這個行為。	□	□	□	□	□
9. 即使周圍沒人在，他也會出現這個行為。	□	□	□	□	□
10. 當您要求他時，他會出現這個行為，引起您注意或生氣以反抗您的要求。	□	□	□	□	□

11.當您停止注意他時，他會出現這個行為來讓您生氣。	☐	☐	☐	☐	☐
12.當您給他想要的事物，或滿足他的需求時，他會停止出現這個行為。	☐	☐	☐	☐	☐
13.當他出現這個行為時，常不顧他人的存在。	☐	☐	☐	☐	☐
14.當您停止要求他時，他會停止出現這個行為。	☐	☐	☐	☐	☐
15.他似乎會以這個行為來引起您注意，並花一點時間與他在一起。	☐	☐	☐	☐	☐
16.當您不讓他做他有興趣的活動時，他比較會出現這個行為。	☐	☐	☐	☐	☐

行為功能	感官刺激		逃避		引人注意		明確物品要求	
	題號	分數	題號	分數	題號	分數	題號	分數
題號與得分	1.		2.		3.		4.	
	5.		6.		7.		8.	
	9.		10.		11.		12.	
	13.		14.		15.		16.	
總分 （得分總和）								
平均 （總分÷4）								
等級 （平均數排序）								

註：得分以1至5分計，總分／平均愈高者，表示頻率愈高，問題行為的目的愈接近該項行為功能所測得的結果，例如：哭鬧的行為在引人注意，此時輔導的策略就需防止或削弱此功能的發生。

資料來源：修改自鈕文英（2009）。《身心障礙者的正向行為支持》（頁196）。臺北：心理。

附件二 行為／情緒問題處理策略檢核單 *

學生：　　學校：　　年級：　　檢核人：　　檢核日期：　　年　　月　　日

編號	處理策略	開始時間（年／月／日）	結束時間（年／月／日）	結　果
一	調整教室環境			
1	讓學生的座位靠近老師			
2	讓學生坐在一個小老師的旁邊			
3	給學生指示或呈現教材時，站得靠近學生一些			
4	避免會分散注意力的刺激（例如：冷氣機的聲音、交通噪音）			
5	提供結構化的教室環境			
6	將學生在校生活的時間結構化			
7	其他：（請說明）			
二	調整教材教法			
1	每節課盡可能包含多種活動，以提高學習興趣			
2	鼓勵學生發展優勢能力			
3	在教室中採取合作學習模式，而非競爭學習模式			
4	透過合作學習增強學生肯定自己和他人的優點，並且認識別人的需要			
5	將學生兩兩配對，以便隨時相互提醒			
6	提供同儕輔導（指定小老師）			
7	提供一位〈不限同年級的〉同儕輔導員			
8	請同學協助做筆記或借筆記給特教生			
9	提供視覺輔助、字體放大、影片教材			
10	將重要訊息（或授課內容的關鍵字彙）寫在黑板上			
11	提供上課大綱，並且容許學生錄音			
12	利用多感官模式教學 —— 視覺、聽覺、動覺、嗅覺			
13	利用電腦輔助教學			
14	老師在黑板或紙上書寫時，搭配口語解說			
15	每上完一個段落就要求學生口述重點			
16	確定學生聽懂老師的指令			

編號	處理策略	開始時間（年／月／日）	結束時間（年／月／日）	結　果
17	給全班同學指令後要再重複對特教學生說一次，然後要求他向老師複述及解釋指令內容			
18	幫助學生瞭解教材潛在的涵義、重點及線索			
19	將冗長的教材切割成數個較短的段落			
20	容許工作中間短暫的休息			
21	工作時以非語言的提示提醒學生專注			
22	教導學生默唸或小聲唸，以增進記憶			
23	提供閱讀技巧和學習策略訓練			
24	提供相關輔具，如按摩球、重力背心等			
25	其他：（請說明）			
三	調整學習單與作業單			
1	降低作業的語文難度			
2	避免冗長的測驗			
3	縮短作業長度：盡可能切分成短篇的作業			
4	減少作業量			
5	不要要求學生閱讀冗長的課外讀物			
6	交代家庭作業時要簡明扼要			
7	容許學生以錄音記下老師交代的作業			
8	將複雜的指令簡化			
9	一次只給學生一張作業單			
10	給學生額外的時間完成作業			
11	容許（協助）學生以電腦打字交作業，或是學生口述，別人代為記錄的作業			
12	容許學生以口頭報告完成作業			
13	利用計時器協助完成工作			
14	找幾位志願的同學協助完成作業			
15	降低得分的標準			
16	不以書寫能力、字的美醜評定成績			
17	對於筆劃錯誤或數字倒置予以更正，但不扣分			
18	鼓勵並稱許學生在班上的討論或發表意見			
19	特別標示出學生正確的答案，而非錯誤的答案			

編號	處理策略	開始時間（年／月／日）	結束時間（年／月／日）	結　果
20	在筆記、作業、考題等書寫資料上，提供學生結構化、可重複練習的模式			
21	使用自我監測策略			
22	建立每日工作檢核表，並要求學生做記錄			
23	對於缺交的功課要持續追蹤			
24	為在校學習及在家作業訂立有系統的增強方式			
25	其他：（請說明）			
四	調整考試方式			
1	多出客觀的題目，少出申論題			
2	事先告訴學生測驗的項目			
3	老師以口語報讀題目			
4	讓學生將考卷帶回家寫			
5	容許學生以錄音方式或口語現場作答			
6	容許學生看書作答			
7	可以經常小考，但不要一次考很久			
8	考試時多給一些額外的作答時間			
9	避免讓學生有時間限制或全部做完的壓力			
10	即使真正學習成就並非很好，但仍稱許學生的進步			
11	其他：（請說明）			
五	正向／支持的班級經營			
1	維持簡單明瞭，且一致的班規			
2	不要讓班上同學覺得特教學生因工作做不好或行為較差，而必須被趕離團體。有必要時，可以調整全班的工作			
3	找數位同學組成義工團，有計畫的協助特教生			
4	事先清楚地告知學生何時要做什麼、如何完成作業			
5	提供特教學生一位良好行為模範，並且將名單公布，時時予以鼓勵			
6	多賦予學生任務，讓他有機會合法地離開座位			
7	忽略不適當行為，不強烈限制教室外的活動			

編號	處理策略	開始時間（年／月／日）	結束時間（年／月／日）	結　果
8	容許學生合理的活動			
9	不要求學生在同學面前做他有困難的工作（例如：寫黑板或請同學為他的表現打分數）			
10	和學生約定一個只有老師和他看得懂的手勢，以提醒他表現好的行為			
11	使用自我偵察策略			
12	盡可能使用獎勵增強好的行為，罰則的使用要非常小心謹慎			
13	讚美學生特殊優良的行為			
14	給予特殊的權利和增強物			
15	為學生和同學的良好互動行為提供私下的獎勵			
16	其他：（請說明）			
六	使用行為改變技術導正問題行為			
1	區分增強、削弱			
2	隔離			
3	反應代價			
4	過度矯正			
5	口頭申誡			
6	身體制服			
7	其他：（請說明）			
七	教導壓力管理的方法			
1	呼吸練習			
2	放鬆訓練			
3	運動			
4	冥想			
5	情緒管理訓練			
6	其他：（請說明）			
八	增進社會能力			
1	教室生存技巧			
2	合作行為			
3	社會主動行為			
4	自我肯定行為			

編號	處理策略	開始時間（年／月／日）	結束時間（年／月／日）	結　果
5	同儕增強行為			
6	溝通技巧			
7	增進社會個人效能			
8	教導替代行為			
9	教導因應技能			
10	利用各種教材和學生討論人與人之間的關係			
11	個人心理諮商及輔導			
12	教導有關社會規範			
13	教導有關法律			
14	其他：（請說明）			
九	增進自我管理能力			
1	自我教導訓練			
2	自我監督訓練			
3	其他：（請說明）			
十	增進問題解決能力			
1	問題解決前的技巧訓練			
2	問題解決技巧			
3	其他：（請說明）			
十一	親師合作			
1	提升父母效能（包括親職教養觀念及技巧）			
2	提升家庭結構及功能			
3	提升社會福利及資源連結			
4	讓學生在家另備一套書、簿子或文具			
5	定時向家長報告學生進步的狀況			
6	提供學生特殊的聯絡簿，註明交作業的日期和所需要的支援			
7	定時追蹤學生的生活作息			
8	其他：（請說明）			

＊本檢核表由高雄啟智學校鄭寶惠老師提供，其中重要內容係整理自廖芳玫老師（臺北市東區特教資源中心）翻譯、改編的「融合教室調整檢核表」；該表件是美國Iowa City Community School District針對有特殊需求學生在一般的教室環境之中，普通教師可以使用的各種調整策略，可至下列網站瀏覽（感謝援中國小郭增佑老師提供資訊）http://www.terc.tp.edu.tw/

▼ 表 7-6　○○國民小（中）學學生個別化教育計畫期初會議紀錄

學生姓名：		班級：
開會日期／時間：		開會地點：
會議主持人：		記錄：
出席人員	如簽到表	
請假人員	如簽到表	

一、本學期提供之特教服務

項次	服務項目	服務內容		
（一）	課程調整	學習內容	領域／科目／學習節數：_____	☐外加　☐抽離 ☐原班課程調整
				☐簡化　☐減量　☐分解 ☐替代　☐重整
			領域／科目／學習節數：_____	☐外加　☐抽離 ☐原班課程調整
				☐簡化　☐減量　☐分解 ☐替代　☐重整
			領域／科目／學習節數：_____	☐外加　☐抽離 ☐原班課程調整
				☐簡化　☐減量　☐分解 ☐替代　☐重整
		學習歷程（學習策略）	☐畫重點　☐關鍵字　☐閱讀指引　☐心智圖 ☐其他：_____	
		學習環境	☐座位調整　☐學習區　☐無障礙動線規劃　☐人力協助 ☐其他：_____	
		學習評量	☐動態評量　☐檔案評量　☐生態評量　☐實作評量 ☐課程本位評量　　☐其他：_____	
（二）	無障礙評量	☐試場服務	☐調整考試時間　☐提供無障礙試場環境 ☐提供提醒服務　☐提供特殊試場 ☐其他：_____	
		☐輔具服務	☐放大鏡　☐檯燈　☐特殊桌椅　☐其他：_____	

		□試題（卷）調整服務	□調整試題與考生之適配性　□放大試卷　□有聲試題 □點字試卷　□其他：＿＿＿＿＿
		□作答方式調整服務	□放大答案卡（卷）　□電腦打字代謄 □口語（錄音）作答　□代謄打案卡 □電腦輸入法作答　□其他：＿＿＿＿＿
		□其他必要之服務：	
(三)	成績給予	科目：＿＿	□平時成績：原班＿＿％；資源班＿＿％。 □定期評量：原班＿＿％；資源班＿＿％。
		科目：＿＿	□平時成績：原班＿＿％；資源班＿＿％。 □定期評量：原班＿＿％；資源班＿＿％。
		科目：＿＿	□平時成績：原班＿＿％；資源班＿＿％。 □定期評量：原班＿＿％；資源班＿＿％。
(四)	相關專業團隊	□醫師　□物理治療師　□職能治療師　□語言治療師 □諮商／臨床心理師　□社工　□其他：＿＿＿＿＿＿＿	
		建議及融入之課程：	
(五)	行為介入	□學業適應	□調整教室環境　□調整教材教法 □調整學習單與作業單　□調整考試方式 □其他：＿＿＿＿＿＿
		□情緒／行為表現	□正向／支持的班級經營　□行為改變技術 □壓力管理　□增進社會能力 □增進自我管理能力　□增進問題解決能力 □親師合作　□其他：＿＿＿＿
		□生活適應	□正向／支持的班級經營　□行為改變技術 □壓力管理　□增進社會能力 □增進自我管理能力　□增進問題解決能力 □親師合作　□其他：＿＿＿＿

二、轉銜服務討論

　　（一）校內轉銜

　　（二）校外轉銜

　　（三）跨階段轉銜

三、其他

四、會議決議事項

五、臨時動議

六、散會

○○國民小（中）學學生個別化教育計畫期初會議簽到表

學生姓名：		班級：	
開會日期／時間：		開會地點：	
會議主持人：		記錄：	
職稱	姓名	簽到	備註
家長			
學生			

▼ 表 7-7　○○國民小（中）學學生個別化教育計畫檢討會議紀錄

學生姓名：		班級：
開會日期／時間：		開會地點：
會議主持人：		記錄：
出席人員	如簽到表	
請假人員	如簽到表	

一、本學期學生能力進步情形（以量化具體說明）

（一）學業適應

（二）情緒／行為表現

（三）生活適應

二、檢討本學期未通過或下學期應繼續之學期目標

（一）本學期未通過或下學期應繼續之學期目標項目

（二）能否提供有效帶動學習的教學活動

（三）能否提供有效偵測學習狀況的評量方式

（四）能否配有合宜的執行起訖時間

三、本學期提供相關專業團隊服務之情形

四、會議決議事項

五、臨時動議

六、散會

○○國民小（中）學學生個別化教育計畫檢討會議簽到表

學生姓名：		班級：	
開會日期／時間：		開會地點：	
會議主持人：		記錄：	
職稱	姓名	簽到	備註
法定代理人／實際照顧者			
學生			
特教相關人員			
特殊教育相關專業人員			
教師助理員			
特教學生助理人員			
其他人員			

▼ 表 7-8　一般領域／服務群專業與實習課程教學設計格式

特殊教育教學活動設計

領域／科目	□語文領域（□國語文□英語文□本土語文／新住民語文） □數學領域 □自然科學領域 □社會領域 □其他：＿＿＿＿＿＿			
形式	□單科　□融入＿＿＿＿　領域／學科			
實施型態	□普通班　□分散式資源班　□集中式特教班　□巡迴輔導班			
單元名稱		版本		
學習階段／年級	第（　）階段／ （　）年級	教學設計者		
學習功能	□無缺損　□輕微缺損　□嚴重缺損			
教學時間	共（　）節／本節為第 （　）節	教學地點		
特殊需求	□生活管理 □社會技巧 □學習策略 □溝通訓練 □輔助科技應用 □點字課程 □定向行動 □功能性動作訓練 □職業教育			
議題融入	□性別平等教育 □人權教育 □環境教育 □海洋教育 □品德教育 □生涯規劃教育 □法治教育 □科技教育 □資訊教育 □能源教育 □多元文化教育 □防災教育 □安全教育 □家庭教育 □閱讀素養 □原住民族教育 □戶外教育 □生命教育 □國際教育 □其他：			
設計理念				
學生能力描述				
學生	障礙類別	一般現況能力	領域能力表現	課程調整
設計依據				
核心素養 具體內涵	學科領域			
	特殊需求領域			
學習重點				
	學習表現		調整後學習表現	
學科 領域				

475

特殊 需求 領域		
	學習內容	調整後學習內容
學科 領域		
特殊 需求 領域		

學習調整		
調整方式		調整策略
內容		☐簡化　　☐分解　　☐重整 ☐減量　　☐替代　　☐_____
歷程		☐提示線索　　☐多元感官 ☐工作分析　　☐多層次教學 ☐合作學習　　☐_____
環境		☐座位調整　　☐教室布置／學習區 ☐動線規劃　　☐無障礙空間 ☐助理人員　　☐_____
評量		☐試場／時間／提醒 ☐輔具：____ ☐試題調整　　　　☐作答方式調整 ☐其他：_____
教學 準備		

學習目標	
單元學習目標	調整後單元學習目標

教學活動設計			
目標 代號	教學活動	教學時間	課程調整 內容／歷程／環境 ／評量

附錄：課堂講義、相關學習單、學習檢核表等

▼ 表 7-9　學習特徵檢核表

班級：＿＿＿＿＿＿＿
學生姓名：＿＿＿＿＿＿
填表者：＿＿＿＿＿＿

一、生理發展

A.視知覺方面

☐閱讀或書寫時出現字形顛倒等區分視覺形狀困難情形。

☐對有方向性特徵的字母或字形易混淆，如「ㄅ」寫成「ㄉ」，「未」寫成「末」。

☐知覺形象背景困難，例如：難以尋找圖像中隱藏的圖樣或圖形。

☐無法顛倒或倒反圖像，以至於一次只能回憶單一元素。

☐空間判斷困難，以至於視聽覺協調困難，例如：常因空間感不良而產生舉止笨拙或跌
　跌撞撞的情形。

☐靠視覺記憶順序、形狀困難。

☐方向感差。

☐在拼圖或完成未完成的圖形等工作表現困難，在視覺想像能力差。

☐難以回憶瞬間出現的字母、字或圖形，在保留視覺意象上有困難，如抄寫課文時需要
　一看再看才能落筆。

☐不喜歡參與視覺性的學習活動或遊戲。

☐閱讀時，課本太靠近或遠離眼睛。

☐閱讀或抄寫黑板有困難。

☐寫字很難成一直線。

☐經常揉眼睛或斜視。

☐經常抱怨昏眩或頭痛。

☐無法辨認出顏色的種類。

☐選擇怪異的顏色組合。

☐其他。（請說明：＿＿＿＿＿＿＿＿＿＿＿＿＿＿＿＿＿＿＿。）

B.聽知覺方面

☐對於聲音的分析，如正確的找出音節或詞的界線，表現的比一般的學生差。

☐對於再認聲音，如區別熟悉和不熟悉的字聲，或找出熟悉的字中所缺少的音方面的困
　難。

☐無法像一般的學生將聲音作適當的組合，或以聲音組合為記憶單位等有效的方式來記
　憶。

☐不注意別人說話。

☐經常要求別人重述問題，或重複說明。

☐不願意參與班級討論。

☐對問題表現出不相關或不適當的反應（即答非所問）。

□說話聲音粗啞難以辨認。

□欠缺視聽統合的能力，如聽寫能力差。

□其他。（請說明：＿＿＿＿＿＿＿＿＿＿＿＿＿＿＿＿＿＿。）

C.知覺動作能力方面

□不會仿畫幾何圖形。

□有形象背景障礙。

□寫字上下顛倒。

□寫字左右相反。

□無法用觸覺去辨別熟悉的物體，亦即實體感覺喪失症。

□運動協調能力、方向感、空間定向能力和平衡感不足。

□難以辨識不同形狀的字詞，致使在國語科的錯別字更正能力極差。

□八歲後，字或數字依然顛倒閱讀或書寫。

□對空間方向辨識有困難，例如：經常在找專用教室時迷路）。

□吃飯時，殘渣菜餚掉滿地。

□其他。（請說明：＿＿＿＿＿＿＿＿＿＿＿＿＿＿＿＿＿＿。）

D.注意力方面

□無法集中注意力。

□無法篩選環境的刺激，經常被外界不相干的刺激所吸引而分心。

□讀書時，容易被背景噪音或其他的聲音、走廊的人聲干擾而分心。

□容易因無關的過多視覺心像而分心（如一張考卷上如果有多個題目時，就有作答的困擾；但如果只有一個問題時，就會作答了）。

□過度警覺或敏感，例如：常反應過當或易受驚嚇。

□過度易怒。

□注意力廣度不足，很少傾聽、不專心。

□每當教師要他注意某一特定的複雜學習活動，或他害怕的活動時，他就顯現白日夢式的「心智暫時阻塞現象」。

□做作業的速度比同學慢，或需花很長的時間才能完成作業。

□比同學需要更多的學習時間。

□會有注意力固執現象，如在從事某些行為或活動時很難被打斷。

□難以獨立完成工作，需教師在旁督導。

□衝動型的思考現象，如考試題目尚未看完即作答。

□其他。（請說明：＿＿＿＿＿＿＿＿＿＿＿＿＿＿＿＿＿＿。）

E.記憶力方面

□在視覺、聽覺或其他的學習管道上，有同化、儲存和檢索資訊的困難，諸如：視覺記憶力、聽覺記憶力、或觸覺記憶力不足。

□因聽覺記憶力不足而在複誦（或重述）剛聽到的數字、字詞、語句或童謠等時有困難。

☐因視覺記憶力不足而無視覺再生能力，因此無法辨認或表達字詞或圖形符號等。

☐無法記憶學過的東西，或今天學會了，明天就忘記了。

☐在學習過程中，常有記憶策略使用困難的現象，例如：不知用分類、複誦、聯想、關鍵字、或意象法等去協助自己記憶學習內容。

☐經常忘記攜帶文具或其他必要物品上學或回家。

☐經常把作業放錯地方。

☐其他。（請說明：＿＿＿＿＿＿＿＿＿＿＿＿＿＿＿＿＿＿＿＿＿。）

F.空間或時間定向能力不足

☐缺乏對時間意義的瞭解，總是遲到或搞混。

☐少有時間概念，有浪費時間的傾向，常常遲到。

☐空間定向混淆，無法在班級教室、學校、運動場或鄰近的地方四處走動。

☐經常在熟悉的環境裡迷路。

☐有大小、遠近、輕重等關係的判斷困難現象。

☐不能區分方向，如左右、東西、南北；或有時呈現方向的混淆。

☐其他。（請說明：＿＿＿＿＿＿＿＿＿＿＿＿＿＿＿＿＿＿＿＿＿。）

二、學習發展

A.學習態度

☐學習意願很低落，甚至缺乏學習動機。

☐在從事學習活動時，如寫作業、考試等，會有不願意書寫或是只求快速交卷的情況發生。

☐很容易出現無法專心注意的學習現象。

☐其他。（請說明：＿＿＿＿＿＿＿＿＿＿＿＿＿＿＿＿＿＿＿＿＿。）

B.語文方面

a.「閱讀習慣」

☐因為動作緊張，閱讀時易皺眉、慌張、咬唇。

☐因為不安定，以至於拒絕閱讀，以哭泣或其他問題行為逃避。

☐因為迷失位置，常不知閱讀的起點在哪裡。

☐經常側頭閱讀或頭部抽搐。

☐閱讀時，常與書本的距離過近或過遠。

☐只喜歡閱讀大量圖像配合少數文字的書本，例如：漫畫書或是圖畫故事書。

☐其他。（請說明：＿＿＿＿＿＿＿＿＿＿＿＿＿＿＿＿＿＿＿＿＿。）

b.「朗讀」

☐會省略句中的某一字。

☐會有跳行的現象發生。

☐閱讀時會任意在句中加入插字。

☐任意將句中的字用其他的字來替換。

□很容易念錯字。

□對某一生字或字詞停頓超過五秒還無法發聲或因認字（詞）困難而朗讀時，經常產生中斷現象。

□閱讀速度很緩慢。

□其他。（請說明：＿＿＿＿＿＿＿＿＿＿＿＿＿＿＿＿＿＿。）

c.「閱讀理解」

□無法回答文章中有關基本事實的問題，如課文中的小貓叫什麼名字。

□無法說出或瞭解所閱讀文章的主題或重點。

□無法說出或瞭解所閱讀文章內容的前後關係。

□其他。（請說明：＿＿＿＿＿＿＿＿＿＿＿＿＿＿＿＿＿＿。）

d.「表達方式」

□閱讀不流暢，一字一字閱讀。

□閱讀時聲音尖銳。

□在不適當的地方斷詞或斷句。

□說話時聲音常有過大或過小的情形。

□會有替代音出現，通常會以較易發的語音取代較難發的語音，如「公公」說成「咚咚」，以ㄉ代替ㄍ。

□會有歪曲音出現，其發出的聲音是語音系統中不存在的音。

□會有省略音出現，聲符或韻符被省略，如鞋子說成「ㄧㄝˊ」子。

□會有添加音出現，正確的語音內加入不該加的音，如吃飯說成ㄔㄨ飯。

□聲調錯誤的現象，即國語的四聲運用錯誤。

□會有語暢異常的現象發生，如口吃。

□對於字意、語詞、句子之間的關係和比喻性語言的理解與表達有困難，無法知道一詞有多義的情形，故常會誤聽或誤解。

□無法找到適當的字詞，以正確的指稱人、事、物。

□語形有異常現象，會有字形辨認不清或混淆的現象出現，如「莫名其妙」看成「莫名其『沙』」；「中央」看成「中『共』」。

□語法有缺陷，即說話的句型、結構有顛倒、混淆或省略等不合語法的現象。

□語用有缺陷，以至於說話不合溝通的情境或措辭不當，常造成溝通方面的誤會。

□其他。（請說明：＿＿＿＿＿＿＿＿＿＿＿＿＿＿＿＿＿＿。）

e.「書寫能力」

□寫字速度緩慢。

□書寫時只能使用有限的詞彙和很短的句子。

□經常出現技術性的錯誤，如大小寫、標點符號或拼音等錯誤。

□書寫時會有疊字的現象發生。

□寫出的字常會左右顛倒。

□寫出的字常會上下相反。

☐寫字時沒有筆劃概念。

☐寫字時字體忽大忽小或歪歪扭扭。

☐寫字時經常少掉或多筆劃。

☐握筆姿勢不當

☐其他。（請說明：＿＿＿＿＿＿＿＿＿＿＿＿＿＿＿＿＿＿。）

C.數學方面

☐理解數學概念有困難。

☐使用不正確或不適當的解題策略。

☐對基本運算的規則與順序不熟悉。

☐計算速度慢。

☐運算效率差。

☐運作記憶較差，無法處理較複雜的問題，如應用題。

☐對學習數學有焦慮感。

☐缺乏建立一對一配對的觀念。如：每個小朋友可以分到2個糖果，若全班有12位小朋
友，老師共要準備幾顆糖果。

☐能依序選出數目字，但沒有數字概念，或不懂得數目字之間的關係。

☐會用口語數數，但無法辨讀數目字。

☐缺乏認識與使用四則運算符號的能力。

☐難以閱讀圖表或地圖。

☐其他。（請說明：＿＿＿＿＿＿＿＿＿＿＿＿＿＿＿＿＿＿。）

三、情緒與適應

A.因學習障礙引起的情緒失常

☐經常出現做白日夢、緊張與神經質的行為反應。

☐難以集中或維持注意力。

☐容易暴怒。

☐自我控制能力不足。

☐經常造成班級的混亂。

☐容易有挫折感和易於放棄。

☐情緒難以意料或控制，喜怒無常。

☐常常顯現焦慮的情緒。

☐自信心不足。

☐自我信心低落，總覺得自己凡事都做不好。

☐其他。（請說明：＿＿＿＿＿＿＿＿＿＿＿＿＿＿＿＿＿＿。）

B.社會適應問題

☐過分依賴家長、教師。

☐很難與同儕建立或維持友誼。

☐顯得害羞或退縮。

☐對同儕有身體或語言的攻擊。

☐在班級常無法控制自己的行為，引起別人注目的眼光。

☐缺乏組織能力，學習或生活態度馬虎不精確，如書包、抽屜、房間經常凌亂不堪。

☐面對新環境時容易感到不安，缺乏自我控制，非常容易有激動的行為表現。

☐很少參與團體活動。

☐即使經過教師輔導，也不完成或很少完成指定作業。

☐常常粗魯無理，忽略他人的感受。

☐其他。（請說明：＿＿＿＿＿＿＿＿＿＿＿＿＿＿＿＿＿＿。）

四、家庭背景或成長情形觀察

☐在孩子的成長過程中，親情欠缺或不足。

☐在孩子的成長過程中，所提供給孩子的刺激（如社會的、教育的、感官的），或是心理健康等的品質與機會不足或不當。

☐嬰兒期敏感、愛哭、黏人很緊。

☐孩子在三歲時，仍無法接球。

☐孩子在三歲時，仍無法單腳或雙腳一起跳。

☐孩子在三歲時，仍然無法玩用手操作的玩具。

☐孩子在四歲時，仍無法使用言語溝通，或者只能表達有限的詞彙，且不易被他人瞭解。

☐孩子在五歲時，仍無法從一數到十。

☐孩子在五歲時，尚無法玩拼圖遊戲

☐孩子在五歲時，仍無法辨認出顏色的名稱。

☐孩子在五歲時，仍過於好動而不能專注於一些學習行為。

☐入學前幼兒期不喜歡旋轉式遊樂器。

☐至國小階段衣服仍會穿相反。

☐入了小學仍會流口水。

☐其他。（請說明：＿＿＿＿＿＿＿＿＿＿＿＿＿＿＿＿＿＿。）

▼ 表 7-10　出班會議表

老師： 　　　您好！ 　　　貴班學生　　　　　成績已有明顯進步，將可回到原班級上課，故擬於 　年　　月　　日（星期　）下午　　點，於資源班教室召開會議，敬請撥 冗參加。   　　　　　敬祝 鈞安 　　　　　　　　　　　　　　　　　　　　　　資源教室啓 　　　　　　　　　　　　　中華民國　　年　　月　　日

▼ 表 7-11　出班通知書

親愛的家長：

您好！

貴子弟　　　　在資源班老師的加強輔導後，課業上已有明顯進步，經與級任老師開會，商討評估後，認為已可回到原班級上課，特予通知。

另希望家長能多抽空督促，隨時關懷，讓貴子弟能穩定的成長與進步，養成獨立學習的好習慣。若有疑問，可與級任老師聯繫或電oooooooo，資源班的老師樂意為您服務。請您將回條填妥後，託貴子弟攜回學校，交還資源班，謝謝您的合作。

民富國小資源班啟

中　華　民　國　　　　年　　　　月　　　　日

回　條　單

年　　班學生　　　於民國　年　月　日自資源班出班，請級任老師繼續輔導、督促，家長願全力配合，養成孩子學習的好習慣。

家長意見：

家長簽章：

中　華　民　國　　　　年　　　　月　　　　日

▼ 表7-12 國語科錯誤型態分析表

姓名：

班級：

1. ☐ 注音鏡映字。
2. ☐ 注音字型結構不完整。
3. ☐ 未標示注音符號的聲母或韻母。
4. ☐ 未正確標示注音符號的聲母或韻母。
5. ☐ 未標示注音符號的四聲。
6. ☐ 未正確標示注音符號的四聲。
7. ☐ 四聲未標在正確的位置。
8. ☐ 寫出相似音或字型相似的注音符號。
9. ☐ 國字字型左右相反或上下顛倒。
10. ☐ 國字筆順不正確。
11. ☐ 字邊寫錯。
12. ☐ 多寫、少寫一點、一劃。
13. ☐ 國字同音別字。
14. ☐ 增、漏字。
15. ☐ 不適當的用字遣詞。
16. ☐ 寫不完整的句子。
17. ☐ 未切題回答，答非所問。
18. ☐ 文句凌亂，陳述無條理。
19. ☐ 未標示標點符號。
20. ☐ 未正確標示標點符號。
21. ☐ 閱讀測驗未依文章內容回答問題。
22. ☐ 部分寫對，部分寫錯。
23. ☐ 寫一半，未寫完。
24. ☐ 答案前後不一致，答案填錯或寫錯。
25. ☐ 未填答，未畫任何記號。
26. ☐ 只寫上姓名，未寫其他任何字。

27. 可能造成錯誤的作答情形：

   (1) ☐ 自以為是，以自己的意思回答，卻忽略文意。

   (2) ☐ 懂字詞義，卻仍不確定文句。

   (3) ☐ 有生字詞影響閱讀順利感和完整性。

   (4) ☐ 不熟悉句型影響其句意的理解。

   (5) ☐ 未注意問題所問何在。

   (6) ☐ 記憶力欠佳，看前忘後，看後忘前。

   (7) ☐ 只記課文重要字，未先有整體感，故知道答案卻不知問題為何。

   (8) ☐ 填錯答案，心想東，寫成西。

   (9) ☐ 為某一題耽擱太久時間。

  (10) ☐ 答題速度慢。

28. 其他＿＿＿＿＿＿＿＿＿＿＿＿＿＿＿＿＿。

▼ 表 7-13　數學科錯誤型態分析表

姓名：
班級：

1. □ 未寫單位。
2. □ 單位寫錯。
3. □ 答案前後不一致，答案填錯或寫錯。
4. □ 寫一半、未寫完。
5. 計算錯誤。
　　(1) □ 常忘記進位、借位。
　　(2) □ 數字未對位。
　　(3) □ 加、減過程常出錯。
　　(4) □ 無法熟記九九乘法。
6. □ 數字抄寫錯誤。
7. □ 未正確列出算式。
8. □ 解題步驟不完全。
9. □ 未運用合適的公式解題。
10. □ 未找到解題方法。
11. □ 缺少相關概念知識。
12. □ 未能理解題意。
13. □ 答題速度緩慢。
14. □ 無法閱讀題目。
15. □ 容易僵在一題不會的題目中。
16. □ 看到題目未思考就選答案。
17. □ 畏懼作答，看到題目就說我不會。
18. □ 只寫上姓名，未寫其他任何字。
19. 其他_____。

▼ 表 7-14　資源班語言治療紀錄表

語言治療師：	時間：
學生姓名：	地點：

治療重點：

治療方法：

建議：

▼ 表 7-15　資源班每週個案研討會紀錄表

時間：　　　　　　　　　　　　出席人員： 地點：		
討論事項：		
討論決議：		
其他：		

▼ 表 7-16　學生學習行為紀錄表

編號：

姓名		日期	
班級		記錄者	
學習 單元			
學習反應及分析處理			
行為表現			
處理建議			

▼ 表 7-17　資源班學習輔導紀錄表

編號：_____

學生姓名：_____　　　　班別：_____
填表教師姓名：_____
學習紀錄（老師記錄）

時間		學習內容	學習情形					備註
月	日		優	良	可	欠佳	不佳	

▼ 表 7-18　資源班、普通班教師晤談紀錄表

編號：

資源班老師姓名：＿＿＿＿＿＿

普通班老師姓名：＿＿＿＿＿＿

時間：　　年　　月　　日
晤談主題：
晤談內容：
結論與建議：

▼ 表 7-19　資源班親師談話紀錄表

編號：＿＿＿＿＿＿

學生姓名：＿＿＿＿＿＿＿＿＿＿＿　　性別：□男□女

學生住址：＿＿＿＿＿＿＿＿＿＿　　　電話：＿＿＿＿＿＿＿＿＿＿＿

班　　級：＿＿＿年＿＿＿班　　　　　導師姓名：＿＿＿＿＿＿＿＿＿

訪談對象：＿＿＿＿＿	與該生關係：＿＿＿＿＿	訪談日期：＿＿＿＿＿
訪談者姓名：＿＿＿＿	訪談方式：□電話　□晤談　□家訪　□信件	

訪談內容：

建議事項：

▼ 表 7-20　資源班親師座談會

班級：	姓名：
家長：	教師：
關係：	

晤談紀錄：

建議方法
家長：

教師：

其他：

參考文獻

中文部分

方金雅（1996）。國小學生一般字彙知識、認字能力與國語文學業成就之相關研究。國立高雄師範大學教育學系碩士論文，未出版。

毛連塭（1989）。學習障礙兒童的成長與教育。心理。

毛連塭（1992）。臺灣地區未來六年（八十年至八十五學年度）國小特殊教育師資供需情形之推估研究。教育部。

毛連塭（1994）。學習障礙兒童的成長與教育。心理。

毛連塭（1999）。特殊兒童教學法。心理。

王三幸（1992）。影響國小高年級學生數學學業成就的相關因素研究。國立臺灣師範大學教育研究所論文，未出版。

王天苗（1983）。臺灣省實施資源教室的現況及展望。特殊教育季刊，*10*，14-24。

王天苗（1983）。國中小資源教室實施狀況之調查研究。特殊教育季刊，*10*，14-25。

王天苗主編（2003）。特殊教育相關專業服務作業手冊。教育部。

王振德（1983）。臺灣省國民中小學資源班實施現況與改進策略之研究。國立臺灣師範大學。

王振德（1987）。我國資源教室方案實施現況及其成效評鑑。臺北市立師範學校。

王振德（1987）。國民中小學資源班經營參考手冊。國立臺灣師範大學特殊教育學系。

王振德（1988）。資源利用與公共關係——資源教室經營的兩個要項。特殊教育季刊，*69*，32-38。

王振德（1989）。資源教室方案。心理。

王振德（1992）。資源教室理論與實務。國教之聲，*25*(4)，12-21。

王振德（1999）。資源教室方案。心理。

王詩妮、吳東光、孟瑛如（2014）。多媒體註解輔助低閱讀能力學生線上閱讀理解之成效研究。國立臺灣科技大學人文社會學報，*10*(4)，333-352。

王真麗（2005）。生活課程理論與實務。高等教育。

王禎慧、孟瑛如（2014）。概念構圖與自我調整策略發展模式對國小高功能自閉症兒童記敘文寫作表現之成效。特教論壇，*17*，94-108。

王國禎、陳志名（1997）。Hypermedia Courseware Design and Evaluation of Digital Systems in an Intelligent Distant Cooperative Learning Environment，第六屆國際電腦輔助教學研討會（*1997 ICCAI*）論文集，23-29。

王瓊珠（1992）。國小六年級閱讀障礙兒童與普通兒童閱讀認知能力之比較研究。國立臺灣師範大學特殊教育研究所碩士論文，未出版，臺北。

司琦（1991）。兒童常用詞彙研究 —— 五百個兒童常用詞彙。華文世界，*60*，52-56。

臺北市政府教育局（1992）。臺北市國民中小學資源班實施要點。教育局。

臺灣大學（2004）。資源教室 *Resource Room*。臺北：臺灣大學。2004 年 10 月 27 日，取自 http://ms.ntu.edu.tw/~rer/home_index.htm。

臺灣省國民學校教師研習會（1994）。國民小學數學實驗課程教師手冊。臺灣省國民學校教師研習會。

田耐青（譯）（2002）。統整多元智慧與學習風格（Harvey F. Silver, Richard W. Strong, & Matthew J. Perini 著）。臺北：遠流。有愛無礙網站。http://dale.nthu.edu.tw/。

朱經明（1995）。閱讀障礙與電腦輔助教學。特殊教育與復健學報，*4*，153-161。

何佩菁（2000）。淺談資源教室的學校行政資源服務。特教園丁季刊，*16*(2)。1-6。

何華國（1992）。特殊兒童心理與教育。五南。

吳宜貞（1997）。國小五年級學童認字概況及其相關變項之探討。國立臺南師範學院國民教育研究所碩士論文，未出版。

吳東光、孟瑛如（2001）。LDAP-based 學習障礙學生電腦化 IEP 系統之研究與實作。特殊教育季刊，*79*，1-10。

吳東光、孟瑛如（2004）。資源班教師對 IEP 電腦化之接受度與應用現況探析，特殊教育研究學刊，*26*，61-87。

吳東光、孟瑛如（2004）。資源班教師對 IEP 電腦化之接受度與應用現況探析。特殊教育研究學刊（*Bulletin of Special Education*），*26*，61-87。

吳東光、孟瑛如（2004）。資源班教師對 IEP 電腦化之接受度與應用現況探析。特殊教育研究學刊，*26*，61-87。

吳東光、孟瑛如、葉育光（2002）。兩岸四地第 *2002* 特殊教育研討會。北京：師大。

吳東光、孟瑛如、魏光民、簡吟文（2000）。*LDAP-based* 學習障礙學生個案管理暨電腦化 *IEP* 系統之研究與實作，2000 年度師範學院教育學術論文研討會論文集（2000 年 11 月）。

吳侑達、孟瑛如譯（2017）。給過動兒父母的八把金鑰（*8 Keys to Parenting Children with ADHD*)，原著作者／辛蒂・戈德里奇（Cindy Goldrich），2015。心理。

吳武典、蔡崇建、胡致芬、王振德、林幸台及郭靜姿修訂（1996）。托尼非語文智力測驗（L. Brown, R. J. Sherbenou & S. K. Johnsen 原著）。心理。

吳武典編（1994）。管教孩子的十六高招 ──「行為改變技術」實用手冊。臺北：心理。

吳敏而（1995）。國民小學兒童常用字詞彙資料庫之建立與初步分析前期報告。行政院國家科學委員會專題研究計畫前期報告（NSC83-0301-H081b-001）。

呂偉白（1998）。認識學習障礙 ── 從理論到實務。國立屏東師範學院特殊教育，*32*，199-217。國立屏東師範學院特教中心印行。

李文忠（1995）。國小學童數學焦慮之探討。南投文教，*8*，86-92。

李忻雯（1992）。中國兒童認字策略之發展。輔仁大學語言學研究所碩士論文。

李建興、湯振鶴、林寶貴（1991）。我國各縣市特殊教育學生鑑定及就學輔導委員會運作績效評估研究報告。教育部教育研究委員會。

李素卿（譯）（2003）。當代教育心理學（Thomas L. Good, & Jere Brophy 著）。五南。

李慧娥（2002）。拼音困難兒童注音符號教學之行動研究 ─ 多元智能取向。國立臺北師範學院國民教育研究所特殊教育教學碩士班論文。

周台傑（1993）。學習障礙。輯於特殊教育通論（119-158 頁）。臺北：五南。

周台傑（1994）。國民小學國語文成就測驗。精華。

周台傑、范金玉（1996）。國民小學數學能力發展測驗。精華。

周台傑、陳麗玲（1995）。數學學習障礙學生計算錯誤類型分析之研究。特殊教育學報，*10*，125-172。

周台傑修訂（1996）。簡明知覺動作測驗（M. Mutti, H. M. Sterling & N. V.

Spalding 原著）。心理。

周泰立（1993）。中文字彙、詞彙的觸接歷程與頻率效果分析。國立臺灣大學心理研究所碩士論文，未出版。

孟瑛如（1994）。*Metamemory and Memory: A Comparison of Students with Learning Disabilities and Non-disabled Classmates*. University of Pittsburgh, Unpublished Doctoral Dissertation.

孟瑛如（1997）。他不是壞，他只是靜不下來 —— 如何與教室中的過動兒互動。新幼教，*15*，25-27。

孟瑛如（1998）。資源教室補救教學模式研究。教育部。

孟瑛如（2004）。國民中小學學生社交技巧篩選表（小一至國三，含家長版、教師版及同儕版）。心理。

孟瑛如（2004）。國民中小學學生時間管理概念篩選表（小一至國三，含家長版、教師版及學生自評版）。心理。

孟瑛如（2004）。國民中小學學生考試技巧篩選表（小一至國三，含家長版、教師版及學生自評版）。心理。

孟瑛如（2004）。國民中小學學生記憶策略篩選表（小一至國三，含家長版、教師版及學生自評版）。心理。

孟瑛如（2010）。不要比較，只要教我／親職教育貼心手冊。心理。

孟瑛如（2012）。情緒行為障礙學生之行為問題與處理策略手冊。教育部。

孟瑛如（2013）。看見特殊，看見潛能／特殊生教師家長貼心手冊（二版）。心理。

孟瑛如主編（2014b）。桃園縣情緒行為障礙學生輔導手冊／認識準備篇／教師版。桃園縣政府。

孟瑛如主編（2018）。桃園市情緒行為障礙學生輔導手冊／特教輔導策略篇／教師版。桃園市政府。

孟瑛如（2025）。學習障礙與補救教學 —— 教師及家長實用手冊（五版）。五南。

孟瑛如、吳東光（1997）。遠距診斷與教學系統在特殊教育上之應用。特殊教育季刊，*65*，29-33。

孟瑛如、陳麗如（2001）。國民中小學學習特徵檢核表。心理。

孟瑛如、謝瓊慧（2012）。國小 ADHD 出現率、鑑定、藥物治療與教養措施之調查研究。特殊教育與輔助科技學報，*5*，1-36。

孟瑛如、吳東光、陳麗如（1999）。遠距診斷與教學系統在特殊教育上應用的

可行性與接受度評估。新竹師院學報，*12*，95-140。

孟瑛如、吳東光、陳虹君（2013）。國小資源班及普通班教師針對閱讀困難學生使用多媒體閱讀理解網路教材之現況。國立臺灣科技大學人文社會學報，*9(2)*，127-156。

孟瑛如、吳東光、陳虹君（2016）。依據新修訂特教法規與課綱建置高中職以下教育階段 web-IGP 可行性之探究。特教論壇，*21*，66-82。

孟瑛如、吳東光、陳虹君（2014）。RTI 理念融入多媒體閱讀理解教材以提升一般生及閱讀低成就學生在閱讀及識字成效之教學研究。臺中教育大學學報：教育類，*28(1)*，1-23。

孟瑛如、吳東光、陳虹君、謝瓊慧（2014）。因應新修正特教法施行細則高中職以下教育階段電腦化 IEP 之建置。國立臺灣科技大學人文社會學報，*10(4)*，281-306。

孟瑛如、吳侑達、簡吟文譯（2018）。應用行為分析入門手冊（*Understanding Applied Behavior Analysis*, 2eds.），Albert J. Kearney 原著，2015。心理。

孟瑛如、彭文松、陳志平、賈士萱（2021）（譯）。社會與情緒行動學習方案：正向支持體驗活動（Social and Emotional Learning in Action: Experiential Activities to Positively Impact School Climate by Tara Flippo, 2016）。心理。

孟瑛如、簡吟文、陳明終、呂秋蓮（2015）。一般教師對注意力缺陷過動症學生在教學困擾與因應策略模式之探討：以北部地區國小為例。特教論壇，*19*，116-130。

孟瑛如、簡吟文（2016）。孩子可以比你想得更專心／談注意力訓練（二版）。心理。

孟瑛如、簡吟文（2020）。孩子可以比你想得更專心／我的注意力遊戲書（三版）。心理。

孟瑛如、林欣達、陳玉齡、陳志平、陳秋燕、黃慧禎、張雅媖、劉晴雯、簡吟文（2015）。學習障礙學生教育實務與輔導案例手冊。教育部。

孟瑛如、陳志平、彭文松、陳明終、呂秋蓮（2015）。運用次層次分析探討國小普通班教師面對 ADHD 學生運用因應策略與實施成效之研究。特教論壇，*19*，102-115。

孟瑛如、陳志平、張淑蘋、范姜雅菁（2015）。國民小學 4-6 年級學童識字診斷測驗編製與探究，特教論壇，*19*，69-84。

孟瑛如、陳志平、陳虹君、周文聿、謝協君、楊佩蓁、李翠玲、黃國晏、江源泉、簡吟文、田仲閔、黃姿慎、陳國龍、黃澤洋（2016）。特殊教育概論：現況與趨勢。心理。

孟瑛如、陳雅萍、田仲閔、黃姿慎、簡吟文、彭文松、周文聿、郭虹伶（2019）。學前幼兒發展篩選量表（Developmental Scales for Preschoolers, DSP）。心理。

孟瑛如、陳雅萍、田仲閔、黃姿慎、簡吟文、彭文松、周文聿、郭虹伶（2019）。學前幼兒認知發展診斷測驗（Cognition Development Diagnostic Assessment for Preschoolers, CDDAP）。心理。

孟瑛如、簡吟文、陳虹君（2016）。學前至九年級注意力缺陷過動症學生行為特徵篩選量表 / 家長版 / 教師版（K-9 students with attention deficit - hyperactivity disorders behavioral characteristic scales / Parent Edition / Teacher Edition)(K-9 ADHD-S）。心理。

孟瑛如、簡吟文、陳虹君（2016）。K-9 注意力缺陷過動症學生行為特徵篩選量表之心理計量特性。特教論壇，*21*，27-45。

孟瑛如、陳志平、盧玉真（2016）。國民小學 7-9 年級學童識字診斷測驗編製與探究。測驗學刊，*63*(3)，203-226。

孟瑛如、張淑蘋、范姜雅菁、楊佩蓁、周文聿（2015）。國民小學 *1-3* 年級中文識字診斷測驗（Elementary School Chinese Literacy Diagnostic Assessment/ Grades 1-3, CLDA/ Grades 1-3）。心理。

孟瑛如、張淑蘋、范姜雅菁、陳虹君、周文聿（2015）。國民小學 *4-6* 年級中文識字診斷測驗（Elementary School Chinese Literacy Diagnostic Assessment/ Grades 4-6, CLDA/ Grades 4-6）。心理。

孟瑛如、田仲閔、魏銘志、周文聿（2015）。國民小學 *1-3* 年級閱讀理解診斷測驗（Elementary School Reading Comprehension Diagnostic Assessment/ Grades 1-3, RCDA/ Grades 1-3）。心理。

孟瑛如、田仲閔、魏銘志、周文聿（2015）。國民小學 *4-6* 年級閱讀理解診斷測驗（Elementary School Reading Comprehension Diagnostic Assessment/ Grades 4-6, RCDA/ Grades 4-6）。心理。

孟瑛如、黃姿慎、鍾曉芬、楊佩蓁、周文聿（2015）。國民小學 *1-3* 年級書寫表達診斷測驗（Elementary School Written Expression Diagnostic Assessment/ Grades 1-3, WEDA/ Grades 1-3）。心理。

孟瑛如、黃姿慎、鍾曉芬、楊佩蓁、周文聿（2015）。國民小學 4-6 年級書寫表達診斷測驗（Elementary School Written Expression Diagnostic Assessment/ Grades 1-3, WEDA/ Grades 1-3）。心理。

孟瑛如、簡吟文、邱佳寧、周文聿、陳虹君（2015）。國民小學 1-2 年級數學診斷測驗（Elementary School Mathematics Diagnostic Assessment / Grades 1-2, MDA/ Grades 1-2）。心理。

孟瑛如、簡吟文、邱佳寧、周文聿、陳虹君（2015）。國民小學 3-4 年級數學診斷測驗（Elementary School Mathematics Diagnostic Assessment / Grades 3-4, MDA/ Grades 3-4）。心理。

孟瑛如、簡吟文、邱佳寧、周文聿、陳虹君（2015）。國民小學 5-6 年級數學診斷測驗（Elementary School Mathematics Diagnostic Assessment / Grades 5-6, MDA/ Grades 5-6）。心理。

孟瑛如、盧玉真、陳志平、謝瓊慧、周文聿（2015）。國民中學 7-9 年級中文識字診斷測驗（Junior High School Chinese Literacy Diagnostic Assessment/ Grades 7-9, CLDA/ Grades 7-9）。心理。

孟瑛如、周嘉慧、江素鳳、周文聿（2015）。國民中學 7-9 年級閱讀理解診斷測驗（Junior High School Reading Comprehension Diagnostic Assessment/ Grades 7-9, RCDA/ Grades 7-9）。心理。

孟瑛如、周嘉慧、江素鳳、楊佩蓁、周文聿（2015）。國民中學 7-9 年級書寫表達診斷測驗（Junior High School Written Expression Diagnostic Assessment/ Grades 7-9, WEDA/ Grades 7-9）。心理。

孟瑛如、周嘉慧、江素鳳、楊佩蓁、周文聿（2015）。國民中學 7-9 年級寫作診斷測驗（Junior High School Chinese Literacy Writing Diagnostic Assessment/ Grades 7-9, WDA/ Grades 7-9）。心理。

孟瑛如、簡吟文、陳虹君、周文聿（2015）。國民中學 7-9 年級數學診斷測驗（Junior High School Mathematics Diagnostic Assessment/ Grades 7-9, MDA/ Grades 7-9）。心理。

孟瑛如、簡吟文、陳虹君、張品穎、周文聿（2014）。電腦化注意力診斷測驗（Computerized Attention Diagnostic Assessment, CADA）。心理。

孟瑛如、朱志清、黃澤洋、謝瓊慧（2014）。國小語文及非語文學習障礙檢核表。

心理。

林文濱、張明順、潘裕豐（1997）。電腦輔助視覺記憶、記憶策略對中度智能障礙學生短期記憶訓練成效之影響。1997 海峽兩岸特殊教育學術研討會，國立臺灣師範大學。

林月盛（1998）。資源教室方案的現況與改進。特殊教育季刊，67，27-29。

林正文（1996）。兒童行為觀察與輔導。五南。

林仲川（2002）。花蓮地區國民中小學資源教室經營現況及其相關問題之研究。國立花蓮師範學院特殊教育教學碩士論文，未出版。

林和姻（2003）。高中職階段身心障礙學生升學轉銜服務之研究。彰化師範大學特殊教育研究所碩士論文，未出版。

林坤燦（1999）。資源教室經營。花蓮：國立花蓮教育大學特殊教育中心。

林宜眞（1997）。識字困難學生之教學策略。特教園丁，13(1)，36-39。

林幸台、林寶貴、洪儷瑜、盧臺華、楊瑛、陳紅錦（1994）。我國實施特殊兒童個別化教育方案現況調查研究。特殊教育研究學刊，10，1-42。

林清山譯（1997）。教育心理學 —— 認知取向。遠流。

林清山譯（1992）。教育心理學 —— 認知取向。遠流。

林淑玲（2003）。高雄市國小資源班實施現況調查研究。國立臺東大學教育研究所碩士論文，未出版。

林菁、盧明（1997）。電腦輔助教學在輕度智能不足兒童學習活動中教學策略初探。載於第六屆國際電腦輔助教學研討會（1997 ICCAI）論文集，370-376。

林麗華（1998）。高中（職）身心障礙學生的輔導。高中教育，1，45-47。

林寶山（1990）。教學論 —— 理論與方法。五南。

林寶山（1994）。特殊教育導論。五南。

林寶貴（1994）。語言障礙與矯治。五南。

林寶貴、楊瑛、楊中琳主編（1997）。大專院校資源教室輔導手冊 —— 邁向公元2001 年。國立臺灣師範大學特殊教育中心編印。師大特殊教育中心。

邱上眞（2002）。特殊教育導論 —— 帶好班上每位學生。心理。

邱上眞（2004）。特殊教育導論 —— 帶好班上每位學生（第二版）。心理。

邱上眞、詹士宜、王惠川、吳健志（1995）。解題歷程導向對國小數學科低成就學生解題表現之成效研究。特殊教育與復健學報，4，75-108。

侯禎塘（2003）。特殊兒童行為問題處理之個案研究 —— 以自閉症兒童的攻擊行為為例。屏東師院學報，*18*，155-192。

施顯烇（1995）。嚴重行為問題的處理。五南。

施顯烇（1997）。嚴重行為問題的處理。五南。

柯華葳（1986）。由兒童會錯意的字分析探討兒童認字方法。華文世界，*39*，25-32。

柯華葳（1986）。國內華語教學在教材教法及學生基本語文能力面的研究簡介。華文世界，*40*，37-40。

柳賢、陳英娥（1994）。臺灣地區國一學生數學焦慮及其相關因素之研究。高雄師大學報，*5*，295-316。

洪啓文（1995）。建構主義取向的電腦輔助合作學習設計之研究。國立交通大學傳播研究所碩士論文，未出版。

洪榮照（1997）。「資源班的經營方向」座談會記錄。特教新知通訊，*2*，1-5。

洪儷瑜（1999）。社會技巧訓練課程實例彙編。師大。

洪儷瑜（1994）。我國國中資源教室方案實施之我見。輯於中華民國特殊教育學會主編：我國特殊教育問題的探討。

洪儷瑜（1995）。學習障礙者教育。心理。

洪儷瑜（1997）。大專資源教室的角色與任務。載於林寶貴、楊瑛、楊中琳主編，大專院校資源教室輔導手冊 —— 邁向公元 *2001* 年（87-101）。國立臺灣師範大學特殊教育中心。

洪儷瑜（1999）。*ADHD* 學生的教育與輔導。心理。

胡永崇（1995）。後設認知策略教學對國小閱讀障礙學童閱讀理解成效之研究。國立彰化師範大學特殊教育研究所博士論文，未出版。

胡永崇（2000）。國民小學身心障礙資源班實施現況及改進之研究：以高雄縣為例。屏東師院學報，*13*，75-110。

胡永崇（2002）。啓智班 IEP 實施狀況及啓智班教師對 IEP 態度之研究。屏東師院學報，*16*，135-174。

胡永崇（2001）。國小一年級閱讀障礙學生注音符號學習的相關因素及意義化注音符號教學成效之研究。國立屏東師院學報，*15* 期，101-140。

胡永崇譯（1988）。輕度障礙學生之研究 —— 以學習障礙者及輕度智能不足者為主要對象。國立屏東師範學院。

高玉蓉（1993）。由視知覺歷程探討閱讀障礙學生的學習困難。特殊教育，*47*，21-24。

高豫（1995）。電腦科技在特殊兒童的應用。教學教技與媒體，*24*，16-24。

常雅珍（1998）。國語注音符號「精緻化教學法」與傳統「綜合教學法」之比較研究。國立嘉義師範學院國民教育研究所碩士論文。

張文英（2003）。大專校院資源教室輔導人員工作滿意度之研究。國立彰化師範大學特殊教育研究所碩士論文，未出版。

張乃云、孟瑛如（2015）。國小特教教師對 Web-IEP 系統使用現況及需求調查研究。特教論壇，*19*，1-23。

張世忠（2000）。建構教學 —— 理論與應用。五南。

張正芬（2000）。自閉症兒童問題行為功能之探討。特殊教育季刊，*17*，127～150。

張春興，邱維城（1972）。國小中高年級兒童作文常用字彙研究。國立臺灣師範大學教育研究所集刊，*14*，15-17。

張英鵬（1993）。增強策略在電腦輔助教學方案中對國小學習障礙兒童加法學習之影響。特殊教育與復健學報，*3*，39-68。

張英鵬（1995）。國立臺北師範學院輔導區國小特殊班使用個別化教育方案電腦軟體之成效及其相關研究。臺北師院學報，*8*，413-450。

張郁樺（2004）。桃園縣國民中小學資源班實施現況之調查研究。私立中原大學教育研究所碩士論文，未出版。

張素貞（1994）。臺北縣國民小學辦理資源班之問題與需求研究。臺北縣長安國小。

張新仁（2003）。學習與教學新趨勢。心理。

張蓓莉（1991）。國民中學資源班實施手冊。國立臺灣師範大學特殊教育中心。

張蓓莉（1992）。臺灣地區未來六年（八十至八十五學年度）國小特殊教育師資供需情形之推估研究。教育部。

張蓓莉（1998）。資源教室方案應提供的支援服務。特殊教育季刊，*67*，1-5。

教育部（2002）。國小學童常用字詞調查報告書。教育部。

教育部（2011）。國民教育階段身心障礙資源班實施原則。教育部。

教育部（2014）。特殊教育法。臺北：教育部。

教育部（2015）。教育部重編國語辭典修訂本教育部。

教育部（2019a）。十二年國基本教育特殊教育課程實施規範。教育部。

教育部（2019b）。十二年國基本教育特殊教育身心障礙相關之特殊需求領域課程綱要。教育部。

教育部（2023a）。特殊教育法。教育部。

教育部（2023b）。特殊教育法施行細則。教育部。

教育部（２０23c）。教育部主管之高級中等以下學校身心障礙學生就讀普通班之教學原則及輔導辦法。教育部。

教育部（2023d）。身心障礙學生考試服務辦法。教育部。

教育部（2023e）。教育部主管之高級中等以下學校特殊教育推行委員會設置辦法。教育部。

教育部（2023f）。特殊教育行政支持網絡聯繫及運作辦法。教育部。

教育部（2023g）。高級中等以下學校特殊教育課程教材教法及評量實施辦法。教育部。

教育部（2023h）。高級中等以下學校身心障礙學生就讀普通班減少班級人數或提供人力資源與協助辦法。教育部。

教育部（2023i）。特殊教育學生調整入學年齡及修業年限實施辦法。教育部。

教育部（2024a）。特殊教育學生及幼兒鑑定辦法。教育部。

教育部（2024b）。身心障礙學生升學輔導辦法。教育部。

教育部（2024c）。特殊教育學生及幼兒支持服務辦法。教育部。

教育部（2024d）。高級中等以下學校及幼兒園特殊教育評鑑辦法。教育部。

教育部（2024e）。高級中等以下學校及幼兒園特殊教育班班級與專責單位設置及人員進用辦法。教育部。

梁瓏常（2001）。漫談修辭學。中國語文，*88*(5)，61-67。

許天威（1992）。學習障礙者之教育。五南。

許育健（2005）。遇見閱讀：閱讀技巧、閱讀方法與閱讀策略對讀者及閱讀指導者的啟示（上）（下）。http://sun-ideas.com.tw/blog

許淑娟（1995）。臺南市低年級學童錯別字之分析。國語文教育通訊，*10*，61-83。

郭俊賢、陳淑惠（譯）（1999）。多元智慧的教與學（Linda Campbell, Bruce Campbell, & Dee Dickin 著）。遠流。

郭為藩（1994）。特殊兒童心理與教育。文景。

陳小娟（2003）。啓智學校高職部網路個別化教育計畫推廣實施現況調查之研究。國立彰化師範大學特殊教育學系特殊教育教學碩士班碩士論文，未出版。

陳正香（1997）。我的注音符號系統教學法。全美中文學校聯合總會聯會會刊，*2(2)*。http://www.ncacls.org/materials/phonetic-system.txt/

陳玉英（1994）。國小學習障礙兒童國語科錯別字出現率及學習行爲調查分析。國小特殊教育，*16*，29-35。

陳年興（1997）。全球資訊網整合式學習環境。載於第三屆臺灣區網際網路研討會（*TANET '97*）演講集，96-110。

陳秀芬（1999）。中文一般字彙知識教學法在增進國小識字困難學生識字學習成效之探討。特殊教育研究學刊，*17*，225-251。

陳金明（1995）。識字教學與兒童認知發展。載於臺東師院主編，第一屆小學語文課程教材教法國際學術研討會論文集，363-373。

陳浙雲、吳財順、潘文忠（2003）。邁向協同教學之路。遠流。

陳須姬（1995）。教學理論系列 —— 英語教學法的沿革。*CET*，*4*，5-8。

陳雍容（2002）。國民小學身心障礙資源班行政支援需求之研究。臺中師範學院國民教育研究所碩士論文，未出版。

陳榮華（1986）。行爲改變技術。五南。

陳榮華（1998）。WISC-Ⅲ中文版主要內容提示。載於魏氏兒童智力量表研討會會議手冊。中國行爲科學社。

陳榮華編譯（1997）。魏氏兒童智力量表第三版（中文版）指導手冊。中國行爲科學社。

陳德懷（1995）。智慧型電腦輔助學習系統的研究與發展。科學發展，*5*，456-468。

陳靜子（1996）。國語低成就學童之生字學習：部首歸類與聲旁歸類教學效果之比較。國立彰化師範大學特殊教育研究所碩士論文，未出版。

陳麗如、孟瑛如（2019）。聽讀寫學習能力量表（青年版）。中國行爲科學社。

陳龍安修訂（1996）。智能結構學習能力測驗（R. Meeker & M. Meeker 原著）。心理。

傅振華、鄭鈞文、鍾克雄（1997）。分散式 CAI 在 WWW 應用之研究。載於第六屆國際電腦輔助教學研討會（*1997 ICCAI*）論文集，281-289。

游惠美、孟瑛如（1997）。電腦輔助教學應用方式對國小低成就兒童注音符號補救教學成效之探討。論文發表於第六屆國際電腦輔助教學研究會（臺北，3月14-16日）。

鈕文英（2003）。啓智教育課程與教學設計。心理。

黃正鵠（1991）。行為治療的基本理論與技術。天馬文化。

黃秀霜（1998）。中文年級認字量表之編製及國語文低成就兒童認字困難之診斷（I）。國科會專題研究計畫成果報告（NSC86-2413-H-024-009）。

黃秀霜（1998）。中文年級認字量表之編製及國語文低成就兒童認字困難之診斷（II）。國科會專題研究計畫成果報告（NSC87-2413-H-024-010-F6）。

黃惠美（1993）。國小學生對漢字「一般字彙知識」的習得。國立臺灣大學心理學研究所碩士論文，未出版。

黃瑞珍（1993）。資源教室的經營與管理。心理。

黃慶萱（1992）。修辭學。三民。

新竹市政府（2012）。新竹市辦理身心障礙特殊教育資源班實施要點。http://administration2.hccg.gov.tw/LawSearch/LawDetail.asp?lid=117&page=2

楊坤堂（1995）。學習障礙兒童。五南。

楊坤堂、林美玉、黃貞子、沈易達（1995）。學習障礙兒童。五南。

楊芳欣（2009）。繪本導向句型教學對國小寫作困難學生之句型寫作成效分析。國立臺南大學特殊教育學系碩士論文。

楊鏸容（2003）。雲林縣國小身心障礙資源班實施現況之研究。南華大學教育社會學研究所碩士論文，未出版。

萬雲英（1991）。兒童學習中文字的心理特點與教學。載於楊中芳、高尚仁主編，中國人、中國心：發展與教學篇。遠流。

萬雲英（1991）。兒童學習漢字的心理特點與教學。載於楊中芳、高尚仁主編，中國人、中國心：發展與教學篇，404-448。遠流。

葉秀香（2003）。高雄縣國小身心障礙資源班運作現況之調查研究。國立臺東大學教育研究所碩士論文，未出版。

葉德明（1987）。漢字書寫錯誤之分析與教學。華文世界，43，56-66。

詹文宏（1995）。後設認知閱讀策略對國小閱讀障礙兒童閱讀理解能力之研究。國立彰化師範大學特殊教育研究所碩士論文，未出版。

劉俊榮（2002）。識字教學研究之成效統整分析。中學教育學報，9，121-152。

劉玲吟（1994）。後設認知閱讀策略的教學對國中低閱讀能力學生閱讀效果之研究。國立彰化師範大學特殊教育研究所碩士論文，未出版。

劉秋木（1998）。國小數學科教學研究。五南。

劉英茂（1975）。常用中文詞的出現次數。六國。

劉鉅棟（2001）。高雄市國民中學資源班實施現況之調查研究。國立高雄師範大學教育學習碩士論文，未出版。

蔡文煉（1995）。多媒體電腦輔助數學學習障礙學生減法成效之研究。彰化師大特研所碩士論文，未出版。

衛生福利部（2021）。身心障礙權益保護法。衛生福利部。

蔡秉樺、蘇俊鴻（2003）。特殊教育網路個別化教育計畫系統之規劃與發展。特殊教育季刊，89，17-24。

蔡金涼（1992）。國小易誤字之研究。國教月刊，39(3,4)，25-29。

蔡瑞美（2000）。普通高中職提供身心障礙學生資源服務之現況調查研究。國立臺灣師範大學特殊教育研究所碩士論文。

鄭昭明（1993）。認知心理學 —— 理論與實踐。桂冠圖書股份有限公司。

鄭昭明（1981）。漢字認知的歷程。中華心理學刊，23(2)，137-153。

鄭麗玉（1993）。認知心理學 —— 理論與實務。五南。

賴惠鈴、黃秀霜（1999）。不同識字教學模式對國小學生國字學習成效研究。國立臺南師範學院初等教育學報，12期，1-26。

賴慧玲（譯）（2002）。教學模式（Mary A. G.,Thomas H. E., & Jan Schwab 著）。五南。

戴汝潛（1999）。漢字教與學。國立中正大學心理學系。http://psyultra.psy.ccu.edu.tw/learning/ChineseLearning.html。

謝佳男（2000）。臺北市普通高中資源班之實施。特殊教育季刊，75。15-20。

謝娜敏（1982）。中文「字」與「詞」的閱讀語音轉錄。國立臺灣大學心理學研究所碩士論文未出版。

鍾思嘉、林青青、蔣治邦（1991）。國小學童焦慮之形成與原因。教育心理與研究，14，99-139。

鍾樹橡、何素華、林菁（1995）。不同教學策略之電腦輔助學習在輕度智障兒童加減概念學習上之研究。嘉義師院學報，9，223-296。

簡吟文、孟瑛如、黃姿慎（2011）。行為介入方案融入情緒行為障礙學生個別

化教育計畫之可行性評估與發展。*2011 年中華民國特殊教育學會年刊*，361-383。

簡吟文、謝佳燕、孟瑛如（2014）。學習障礙學生在魏氏兒童智力量表第四版（WISC- Ⅳ）表現之研究。課程與教學季刊，*17*(4)，229-256。

藍慧君（1991）。學習障礙兒童與普通兒童閱讀不同結構文章之閱讀理解與理解策略的比較研究。特殊教育研究學刊，*8*，175-202。

魏金財（1998）。字詞彙的教與學。載於語文教學漫談──親師系列。臺灣省國民學校教師研習會，國語課程研究小組。

魏銘志、孟瑛如、簡吟文（2012）。教學多媒體運用對國小普通班學生社交技巧反應之試探性研究。特教論壇，*13*，12-29。

羅秋昭（1996）。國小語文科教材教法。五南。

羅宇眞、孟瑛如（2018）。高頻字優先教學於閱讀障礙學生識字教學之應用。特教論壇，*24*，19-41。

蘇宜芬（1991）。後設認知訓練課程對國小低閱讀能力學生的閱讀理解能力與後設認知能力之影響。國立臺灣師範大學教育心理與輔導研究所碩士論文，未出版。

蘇琇敏（1992）。國民小學國語科低年級教科書用字研究。臺北：世界華文教育協進會。

蘇雅芬（2004）。宜蘭縣國小資源班實施現況調查研究。國立臺東大學教育研究所碩士論文，未出版。

英文部分

Ackerman, P., Peters, J. & Dykman, R. (1971). Children with Specific Learning Disability: WISC Profiles. *Journal of Learning Disabilities, 4*, 150-166.

American Psychiatric Association (2000). *Diagnostic and statistical manual of mental disorders* (4th, revised, ed.). Washington, DC: American Psychiatric Association.

American Psychiatric Association (2013). *Diagnostic and Statistical manual of mental disorders-5* (5th ed). Washington, DC: Book Promotion & Service LTD.

Anderson, M., Kaufman, A., & Kaufman, N. (1976). Use of WISC-R with LD

Population: Some Diagnostic Implications. *Psychology in the Schools, 13*, 381-386.

Barkley, R. A. (1998). *Attention-Deficit Hyperactivity A Handbook for Diagnosis and Treatment* (2nd ed.). New York, NY: The Guilford Press.

Barnes, D. (1985). *From communication to curriculum.* New York, NY: Penguin.

Bateman, B. D., & Linden, M. A. (2006). *Better IEPs* (4th ed). Werona, WI: Attainment Co.

Bauwens, J., & Hourcade, J. J. (1995). *Cooperative teaching: Rebuilding the schoolhouse for all students.* Austin, TX: Pro-Ed.

Bishop, A. J. & de Abrue, G. (1991). Children's use of outside-school knowledge to solve mathematics problems in school. *Proceedings of the Fifteenth International Conference of the Psychology of Mathematics Education.* Published by the Program Committee of the 15th PBE conference, Italy.

Cambell, B. and Darnell, R. (1997). *Teach Yourself Dynamic HTML in a Week*, Sams. net Publishing.

Carlisle, J. F., & Felbinger, L. (1991). Profiles of listening and reading comprehension. *Journal of Educational Research, 84,* 345-354.

Cazden, C. B. (1988). *Classroom courses: The language of teaching and learning.* Portsmouth, NH: Heinemann.

Cegelka, P. T. (1995). *Effective instruction for students with learning difficulties.* Boston: Allyn and Bacon.

Cohen, R. (1983). Self-generated questions as an aid to reading comprehension. *The Reading Teacher, 36,* 770-775.

Devine, T. G. (1987). *Teaching study skills: A guide for teachers* (2nd ed.). Boston: Allyn & Bacon.

Dudley-Maerling, C. (1981). WISC and WISC-R Profiles of LD Children: A Review. *Learning Disability Quarterly, 4*(3), 307-319.

De La Paz, S., Owen, B., Harris, K. & Graham, S. (2000). Riding Elvis' Motorcycle: Using self-regulated strategy development to PLAN and WRITE for a state writing exam. *Learning Disabilities Research & Practice, 15,* 101-109

Fayyad, Piatetsky-Shapiro, Smyth, "From Data Mining to Knowledge Discovery: An Overview", in Fayyad, Piatetsky-Shapiro, Smyth, Uthurusamy, *Advances in Knowledge Discovery and Data Mining,* AAAI Press/The MIT Press, Menlo Park, CA, 1996, 1-34.

Fleishner, J. E, & Marzola, E. S. (1998). Arighmetic In K. A. Kauale, S. R. Forness, & M. B. Bender (Eds.), *Handbook of learnning disabilities (Vol.II): Methods and interventions*, 89-110.

Fleishner, J. E., Garnett, K., Shepherd, M. J. (1983). *Proficiency focus on learning problems in mathematics, 4,* 1-23.

Friend, M., & Cook, L. (1996). *Interactions: Collaboration skills for school professionals* (2nd ed.). New York: Longman.

Friend, M., & McNutt, G. (1984). Resource room program: Where are we now? *Exceptional Children, 51*(2), 150-155.

Gartland, D. (1994). Content area reading: Lessons from the specialists. *LD Forum, 19*(3), 19-22.

Gearheart, B. R., Weishahn, M. W., & Gearheart, D. (1988). *The exceptional student in the regular classroom* (4th ed.). Upper Saddle River, NJ: Merrill, an imprint of Prentice Hall.

Geller, E. S. (1991). If only more would actively care. *Journal of Applied Behavior Analyses, 24,* 607-612.

Geller, E. S. (1994b). Ten principles for achieving a total safety culture. *Professional Safety, 39*(9), 18-24.

Geller, E. S. (1994a). The human element in integrated environmental management. In J. Cairns, T. V. Crawford, & H. Salwasser (Eds.), *Implementing integrated environmental management* (pp.5-26). Blacksburg. VA: Virginia Tech.

Glaser, M. L. J.(1994). A Study of the Relationships between Preferred Learning Styles and Verbal Ability of Learning Disabled Students and General Education Students: Implications for the Regular Education Initiative. Unpublished. Doctoral Dissertation.

Guilford, J. P. (1959). Three faces of intellect. *American Psychologist, 14*, 459-

479.

Hallahan, D. P., Lloyd, J. W., Kauffman, J. M., Weiss, M. & Martinez, E. A. (2005). *Learning disabilities: Foundations, characteristics, and effective teaching* (3rd ed.). Boston, MA: Pearson Education.

Harris, K. R., & Graham, S. (1992). *Helping young writers master the craft: Strategy instruction and self-regulation in the writing process.* Cambridge, Ma: Brookline Books.

Harris, W. J. & Mahar, C. (1975). Problems in implementing resource programs in rural schools. *Exceptional Children, 42*, 95-99.

Hasselbring, T. S. (1982). Remediating spelling problem of learning handicapped students through the use of microcomputers. *Educational Technology, 21* (4), 21-35.

Hooper, E. (1996). *The Usefulness of the Wechsler Intelligence Scalier for Children-Third Edition and the Wisconsin Card Sorting Test in the Diagnosis of Attention-Deficit Hyperactivity Disorder.* Unpublished. Doctoral Dissertation.

Hoover, J. J., & Patton, J. R. (1995). *Teaching students with learning problems to use study skills: A teacher's guide.* Austin, TX: PRO-ED.

IDEA (2004). http://www.vesid.nysed.gov/specialed/idea/, Retrieved Dec. 20th, 2004.

John R. Slate (1995). Discrepancies between IQ and Index Scores for a Clinical Sample of Students: Useful Diagnostic Indicators. *Psychology in the Schools, 32*, 103-108.

Kaluger, G., & Kolson, G. J. (1978). *Reading and learning disabilities* (2nd ed.). Columbus, Ohio: Charles E. Merrill.

Kerr, M. M. & Nelson, C. M. (1998). *Strategies for managing behavior problems in the classroom* (3rd Ed.), Merrill/Prentice Hall, NJ/OH.

Kieras, D. and Just, M. (1984). *New methods in reading comprehension research, Hillsdale.* NJ: Erlbaum.

Kirk, S. A., & Elkin, J. (1975). Characteristics of children enrolled in Child Service Demonstration Centers. *Journal of Learning Disabilities, 8*, 630-637.

Kirk,S. A.、Gallagher,J. J.、Anastasiow, N. J.& Coleman, M. R. (2006). *Educating exceptional children* (3rd ed.). Boston, MA: Houghton Mifflin Co.

Kulik, Chen-Lin C., Kulik, James A. (1992). Effectiveness of Computer-based Education in College, *AEDS Journal, 19*(2-3), 81-108.

Lerner, J. (1995). *Learning disabilities: Theories, diagnosis, and teaching strategies* (6th ed.). Boston, MA: Houghton Mifflin Co.

Lerner, J. (1997). *Learning disabilities: Theories, diagnose, and teaching strategies* (7th ed.). Boston, M. A.: Houngton Mifflin.

Lerner, J. (2003). *Learning disabilities: Theories, diagnosis, and teaching strategies* (9th ed.). Boston, M. A.: Houngton Mifflin.

Lipson, M. Y., & Wixson, K. K. (1985). Reading disability research: An Interactionist Perspective. *Paper present at the annual meeting of the American Educational Research Association*. Missouri: The C. V. Mosby, b, 1-21.

Majsterek, D. J. & Wilson, R. (1989). Computer-assisted instruction for students with learning disabled students. *Learning Disabilities Focus, 5,* 18-27.

Marchionini, G. & Crane, G. (1995). Evaluating hypermedia and learning: Methods and results from the Perseus project, *ACM Transactions on Information System, 12*(1), 5-34.

Margolis, H. & Free, J. (2001), "Computerized IEP Programs: A Guide for Educational Consultants", *Journal of Educational and Psychological Consultation, 12*(2), 2001, 171-178.

McLoughlin, J. A. & Kelly, D. (1982). Issues facing the resource teacher. *Learning Disability Quarterly, 5*(1), 18-64.

McNinch, G. H. (1981). A method for teaching sight words to disabled readers. *The Reading Teacher, 34*, 269-272.

McTighe, J., & Lyman, F. G., Jr. (1988). Cueing thinking in the classroom: The promise of theory-embedded tools. *Educational Leadership, 47*(7), 18-24.

Meng, Ying-ru; Chien, Yin-wen; Chen, Hung-chun (2014, Apr.). Attention is time: Establish a Computerize Attention Diagnostic Assessment. 2014 International Symposium on Education Psychology (ISEP 2014). Nagoya University, Japan.

Meng, Ying-Ru & Yeh, Chia-Chi(2022). Exploring the social interaction of autistic students of Elementary and Junior High School students through the teaching of social skills and learning process in virtual reality. SN Computer Science, 3: 55. https://doi.org/10.1007/s42979-021-00914-z

Mercer, C. D., & Mercer, A. R. (1993). *Teaching students with learning problems* (3rd ed.). Upper Saddle River, NJ: Merrill, Prentice Hall.

Mercer, C. D. (1987). *Students with learning disabilities* (3rd ed.). Columbus, OH: Merrill.

Merrill, P. F. & Hammons, K. et al. (1996). *Computer in education* (3rd ed.) NY: Simon & Schuster Company.

Montague, M. (1987). Using microcomputers to teach verbal mathematical problem solving to learning disabled students. *Computers in The Schools, 4,* 121-130.

Nicholson, C. L. & Alcorn, C. A. (1993). *Interpretation of The WISC-III and It's Subtest.* Presentation at NASP Convention Washington, April 17, 1993.

Oberlin, L. (1982). How to teach children to hate mathematics. *School Science & Mathematics, 82,* 261.

Pagach, M. C., & Johnson, L. J. (1995). *Collaborative practitioners, Collaborative schools.* Denver, Co: Love.

Pasanella, A. L. & Volkmor, C. B. (1977). *Coming back...or never leaving.* Columbus, Ohio: Charles E. Merrill.

Polloway, E. A., Smith, J. P., Patton, J. R., & Smith, T. E. C. (1996). Historic changes in mental retardation and developmental disabilities. *Education and Training in Mental Retardation and Developmental disabilities, 31,* 3-12.

Polloway, E. A. & Patton, J. R. (1997). *Strategies for Teaching Learners with Special Needs* (6th ed.). OH: N. J.: Merrill. Promoting interaction with regular educators. *Teacher Education and Special Education,13*(3-4), 160-166.

Rayner, K. and Pollatsek, A.(1989). *The psychology of reading.* New Jersey, Englewood Cliffs, Prentice Hall.

Rooney, K. (1988). *Learning Strategies.* Richmond, VA: Learning Resource Center.

Rooney, K. (1989). *Independent strategies for effective study*. Richmond, VA: Educational Enterprises.

Schewel, R. H., & Waddell, J. G. (1986). Metacognitive skills: Practical strategies. *Academic Therapy, 22*, 19-25.

Silbert, J., Carnine, D., & Stein, M. (1990). *Direct instruction mathematics* (2nd ed.). Upper Saddle River, NJ: Merrill, Prentice Hall.

Silver, P. G. (1979). *Teaching reading to children with special education resource teachers in Montana.* Dissertation, University of Montana.

Simons P. R. J. (1993). Constructive Learning: The role of the learners, In T. M. Duffy, J. Lowyck, & D. H. Jonassen (Eds.), *Designing environments for constructive learning,* pp. 291-313, NY: Springier-Verlag.

Smith, Stephen W. & Kortering, Larry J. (1996). Using Computers to Generate IEPs: Rethinking the Process, *Journal of Special Technology*, Fall, 1996, pp. 81-90.

Sosniak, L. A., & Ethington, C. A. (1994). When teaching problem solving proceeds successfully in U.S. eighth-grade classrooms. In I. Westbury, C. A. Ethington, L. A. Sosniak, & D. P. Baker (Eds.). *In search of more effective mathematics education*, 33-60, Norwood, NJ: Ablex.

Sexton, M., Harris, K. R., & Graham, S. (1998). Self-regulated development and the writing processs: Effects on essay writing and attributeions. Exceptional Children, 64, 295-311.

Stevens, D. D., & Englert, C. S. (1993). Making writing strategies work. *Teaching Exceptional Children, 26*(1), 34-39.

VanJura, W. J. (1982). The role of questioning in developing reading comprehension in the social studies. *Journal of Reading, 26*, 214-216.

Vaughn, S., & Kilingner, J. K. (1998). Students' perceptions of resource room settings. *Journal of Special Education, 32*(2), 79-88.

Voltz, D. L., & Elliott, R. N. (1990). Resource room teacher roles in premoting interaction with regular educators. *Teacher Education and Special Education*, 13(3-4), 160-166.

Voltz, D. L., Elliott, R. N., & Harris, W. B. (1995). Promising practices in facilitating collaboration between resources room teachers and general education teachers. *Journal of Learning Disabilities, 10*(2), 129-136.

Vygotsky L. S. (1978). *Mind in society: the development of higher mental processes, Cambridge*. MA: Harvard University Press.

Ward, S. B., Ward, Jr. T. J., Hatt, C. V., Young, D. L. & Mollner, N. R. (1995). The Incidence and Utility of the ACID, ACIDS, and SCAD Profiles in a Referred Population. *Psychology in the schools, 32*, 267-276.

Watkins, M. W. & Webb, C. (1981). Computer assisted instruction with learning disabled students. *Educational Computer Magazine, 1*(3), 24-27.

Watkins, M. W. (1996). Diagnostic Utility of the WISC-III Developmental Index as a Predictor of Learning Disabilities. *Journal of Learning Disability, 29*(3), 305-312.

Wechsler, D. (1981). *Manual for the Wechsler Adult Intelligence Scale-Revised*. San Antoniq, TX: The Psychological Corporation.

Wechsler, D. (1991). *Manmal for Wechsler Adult Intelligence Scale-Third Edition*. San Antonio, TX: The Psychological Corporation.

Wilson, C. R. (1983). Teaching reading comprehension by connecting the known to the new. *The Reading Teacher, 36*, 382-390.

Wilson, L. Gloria, Craig A. Michaels and Howard Margolis (2005), "Form versus Function: Using Technology to Develop Individualized Education Programs for Students with Disabilities", *Journal of Special Education Technology, 20*(2), Spring, 2005, 37-46.

Wu, Tung-Kuang; Huang, Shian-Chang and Meng, Ying-Ru (2006): "Effects of Feature Selection on the Identification of Students with Learning Disabilities using ANN", *Lecture Notes in Computer Science, 4221*, 565-574.

Wu, Tung-Kuang; Huang, Shian-Chang and Meng, Ying-Ru (2006): "Identifying and Diagnosing Students with Learning Disabilities using ANN and SVM", *Proceedings of the 2006 IEEE International Joint Conference on Neural Networks*, 8820-8827.

Wu, Tung-Kuang; Huang, Shian-Chang and Meng, Ying-Ru (2008). "Evaluation of ANN and SVM Classifiers as Predictors to the Diagnosis of Students with Learning Disabilities", *Expert Systems with Applications*, *34*(3), pp. 1846-1856, April 2008.

Wu, Tung-Kuang; Huang, Shian-Chang; Meng, Ying-Ru and Lin, Yu-Chi (July, 2009), "Improving Rules Quality Generated by Rough Set Theory for the Diagnosis of Students with LDs through Mixed Samples Clustering", *Proceedings of the 4th International Conference on Rough Sets and Knowledge Technology* (RSKT 2009), July 14-16, 2009, Gold Coast, Australia. (Lecture Notes in Artificial Intelligence, Vol. 5589, Springer-Verlag, Berlin/Heidelberg, pp. 94-101, 2009.)

Wu, Tung-Kuang; Huang, Shian-Chang; Meng, Ying-Ru; Liang, Wen-Yau; Lin, Yu-Chi (2011). Rough Sets as a Knowledge Discovery and Classification Tool for the Diagnosis of Students with Learning Disabilities, *International Journal of Computational Intelligence Systems*, *4*(1), 29-42.

Yeh, Chia-Chi & Meng, Ying-Ru (2019). Preliminary Study on the Application of Virtual Reality Social Skills Course to Improve the Abilities of Social Skills for Elementary and Junior High School Students with High Functional Autism. Communications in Computer and Information Science (CCIS-IC3), *1190*, 892-901.

Yeh, Chia-Chi & Meng, Ying-Ru (2024). Facilitating the Participation of Students with Autism in the Process of Virtual Reality Courses and Brainwave Activities: A Case Study of Elementary School Students in Taiwan. International Conference on Special Needs Education, Teaching and Different Approaches (ICSNETDA - 24). Melbourne, Australia.

Yeh, Chia-Chi & Meng, Ying-Ru (2024). Social Skills Learning in Virtual Reality: Comparing Outcomes for Students with Autism and General Students with Social Difficulties (*Best Conference Paper Award*). 2024 IEEE 7th Eurasian Conference on Educational Innovation (IEEE ECEI 2024). Bangkok, Thailand.

Yeh, Chia-Chi & Meng, Ying-Ru (2023). The Effect of Situational Task Differences in Virtual Reality on the Social Skills Learning Behavior and Effectiveness of Autistic Students. The Asian Conference on Arts & Humanities (ACAH2023)., Aichi, Japan.

Yeh, Chia-Chi & Meng, Ying-Ru (2023). Social skills learning for students with autism—comparing the differences in outcomes of courses in basic and unexpected situations. The Asian Conference on Education & International Development (ACEID2023)., Tokyo, Japan.

附　錄

　　將國小學童常用字詞調查報告書（教育部，2002）字頻總表，依照國民小學之國語文教學整理之，包含注音符號各聲符字頻最高前十字、字頻高的前兩百字以及以部首筆劃為序的高頻字。（附錄一～三）

 附錄一

注音符號各聲符字頻最高前十字

ㄅ		ㄆ	
ㄅ	不、ㄅㄨˋ	ㄆ	平、ㄆㄧㄥˊ
	把、ㄅㄚˇ		朋、ㄆㄥˊ
	本、ㄅㄣˇ		品、ㄆㄧㄣˇ
	部、ㄅㄨˋ		片、ㄆㄧㄢˋ
	表、ㄅㄧㄠˇ		皮、ㄆㄧˊ
	比、ㄅㄧˇ		婆、ㄆㄛˊ
	邊、ㄅㄧㄢ		盤、ㄆㄢˊ
	白、ㄅㄞˊ		旁、ㄆㄤˊ
	並、ㄅㄧㄥˋ		爬、ㄆㄚˊ
	變、ㄅㄧㄢˋ		漂、ㄆㄧㄠˋ
ㄇ	們、ㄇㄣˊ˙	ㄈ	分、ㄈㄣ
	麼、ㄇㄛ˙		方、ㄈㄤ
	面、ㄇㄧㄢˋ		發、ㄈㄚ
	沒、ㄇㄟˊ		法、ㄈㄚˇ
	媽、ㄇㄚ		風、ㄈㄥ
	明、ㄇㄧㄥˊ		放、ㄈㄤˋ
	美、ㄇㄟˇ		飛、ㄈㄟ
	名、ㄇㄧㄥˊ		非、ㄈㄟ
	民、ㄇㄧㄣˊ		父、ㄈㄨˋ
	嗎、ㄇㄚ˙		服、ㄈㄨˊ

ㄅ	的、ㄉㄜ˙ 大、ㄉㄚˋ 到、ㄉㄠˋ 地、ㄉㄧˋ 得、ㄉㄜ˙ 多、ㄉㄨㄛ 都、ㄉㄡ 動、ㄉㄨㄥˋ 對、ㄉㄨㄟˋ 道、ㄉㄠˋ	ㄊ	他、ㄊㄚ 天、ㄊㄧㄢ 同、ㄊㄨㄥˊ 頭、ㄊㄡˊ 體、ㄊㄧˇ 太、ㄊㄞˋ 題、ㄊㄧˊ 她、ㄊㄚ 聽、ㄊㄧㄥ 它、ㄊㄚ
ㄋ	你、ㄋㄧˇ 年、ㄋㄧㄢˊ 能、ㄋㄥˊ 那、ㄋㄚˋ 呢、ㄋㄜ˙ 哪、ㄋㄚˇ 女、ㄋㄩˇ 您、ㄋㄧㄣˊ 內、ㄋㄟˋ 南、ㄋㄢˊ	ㄌ	了、ㄌㄜ˙ 來、ㄌㄞˊ 裡、ㄌㄧˇ 老、ㄌㄠˇ 兩、ㄌㄧㄤˇ 樂、ㄌㄜˋ 力、ㄌㄧˋ 六、ㄌㄧㄡˋ 龍、ㄌㄨㄥˊ 類、ㄌㄟˋ
ㄍ	個、ㄍㄜ˙ 國、ㄍㄨㄛˊ 過、ㄍㄨㄛˋ 公、ㄍㄨㄥ 高、ㄍㄠ 果、ㄍㄨㄛˇ 各、ㄍㄜˋ 給、ㄍㄟˇ 光、ㄍㄨㄤ 工、ㄍㄨㄥ	ㄎ	可、ㄎㄜˇ 看、ㄎㄢˋ 開、ㄎㄞ 快、ㄎㄨㄞˋ 課、ㄎㄜˋ 空、ㄎㄨㄥ 口、ㄎㄡˇ 科、ㄎㄜ 苦、ㄎㄨˇ 考、ㄎㄠˇ

ㄏ		ㄐ	
	好、ㄏㄠˇ		就、ㄐㄧㄡˋ
	和、ㄏㄜˊ		家、ㄐㄧㄚ
	會、ㄏㄨㄟˋ		經、ㄐㄧㄥ
	後、ㄏㄡˋ		教、ㄐㄧㄠ
	很、ㄏㄣˇ		進、ㄐㄧㄣˋ
	還、ㄏㄞˊ		間、ㄐㄧㄢ
	回、ㄏㄨㄟˊ		見、ㄐㄧㄢˋ
	花、ㄏㄨㄚ		將、ㄐㄧㄤ
	活、ㄏㄨㄛˊ		幾、ㄐㄧˇ
	話、ㄏㄨㄚˋ		加、ㄐㄧㄚ
ㄑ		ㄒ	
	去、ㄑㄩˋ		小、ㄒㄧㄠˇ
	起、ㄑㄧˇ		下、ㄒㄧㄚˋ
	氣、ㄑㄧˋ		學、ㄒㄩㄝˊ
	前、ㄑㄧㄢˊ		心、ㄒㄧㄣ
	請、ㄑㄧㄥˇ		想、ㄒㄧㄤˇ
	情、ㄑㄧㄥˊ		現、ㄒㄧㄢˋ
	親、ㄑㄧㄣ		些、ㄒㄧㄝ
	全、ㄑㄩㄢˊ		寫、ㄒㄧㄝˇ
	其、ㄑㄧˊ		行、ㄒㄧㄥˊ
	球、ㄑㄧㄡˊ		形、ㄒㄧㄥˊ
ㄓ		ㄔ	
	這、ㄓㄜˋ		出、ㄔㄨ
	中、ㄓㄨㄥ		成、ㄔㄥˊ
	著、ㄓㄜ˙		常、ㄔㄤˊ
	長、ㄓㄤˇ		吃、ㄔ
	種、ㄓㄨㄥˋ		處、ㄔㄨˋ
	知、ㄓ		車、ㄔㄜ
	之、ㄓ		傳、ㄔㄨㄢˊ
	只、ㄓˇ		稱、ㄔㄥ
	眞、ㄓㄣ		場、ㄔㄤˇ
	主、ㄓㄨˇ		除、ㄔㄨˊ

ㄕ	是、ㄕˋ	ㄖ	人、ㄖㄣˊ
	上、ㄕㄤˋ		然、ㄖㄢˊ
	生、ㄕㄥ		如、ㄖㄨˊ
	說、ㄕㄨㄛ		日、ㄖˋ
	時、ㄕˊ		讓、ㄖㄤˋ
	水、ㄕㄨㄟˇ		入、ㄖㄨˋ
	什、ㄕㄜˊ		容、ㄖㄨㄥˊ
	十、ㄕˊ		認、ㄖㄣˋ
	事、ㄕˋ		熱、ㄖㄜˋ
	師、ㄕ		肉、ㄖㄡˋ
ㄗ	在、ㄗㄞˋ	ㄘ	從、ㄘㄨㄥˊ
	子、ㄗ˙		才、ㄘㄞˊ
	作、ㄗㄨㄛˋ		次、ㄘˋ
	自、ㄗˋ		此、ㄘˇ
	做、ㄗㄨㄛˋ		詞、ㄘˊ
	最、ㄗㄨㄟˋ		草、ㄘㄠˇ
	再、ㄗㄞˋ		參、ㄘㄢ
	字、ㄗˋ		錯、ㄘㄨㄛˋ
	走、ㄗㄡˇ		層、ㄘㄥˊ
	怎、ㄗㄣˇ		曾、ㄘㄥˊ
ㄙ	所、ㄙㄨㄛˇ	ㄙ	斯、ㄙ
	三、ㄙㄢ		思、ㄙ
	四、ㄙˋ		死、ㄙˇ
	色、ㄙㄜˋ		雖、ㄙㄨㄟ
	算、ㄙㄨㄢˋ		送、ㄙㄨㄥˋ

附錄二

字頻高的前兩百字

序號	字	部首	出現百分比	序號	字	部首	出現百分比
1	的	白	4.05616677	26	要	襾	0.44690164
2	一	一	1.65131564	27	說	言	0.44483035
3	是	日	1.26299010	28	中	丨	0.44234480
4	了	亅	1.05909226	29	天	大	0.44052206
5	不	一	1.01078977	30	和	口	0.43024846
6	我	戈	0.98750846	31	時	日	0.42386889
7	有	月	0.96008457	32	可	口	0.41367814
8	在	土	0.84177246	33	麼	麻	0.40299028
9	人	人	0.75999791	34	看	目	0.39652785
10	來	人	0.68327731	35	會	曰	0.39569934
11	大	大	0.65974745	36	地	土	0.39545078
12	上	一	0.58534670	37	家	宀	0.38998258
13	這	辵	0.57283610	38	下	一	0.38691707
14	到	刀	0.56753360	39	出	凵	0.38434867
15	們	人	0.55237175	40	學	子	0.37034674
16	個	人	0.53257021	41	著	艸	0.36438143
17	小	小	0.51260297	42	國	囗	0.34673403
18	你	人	0.51044883	43	得	彳	0.34383422
19	子	子	0.51028313	44	也	乙	0.33753750
20	他	人	0.50365500	45	用	用	0.33414058
21	以	人	0.49785539	46	多	夕	0.32983230
22	好	女	0.46007505	47	成	戈	0.31583038
23	為	火	0.45742380	48	年	干	0.30481111
24	就	尢	0.45700954	49	裡	衣	0.30124849
25	生	生	0.45104422	50	過	辵	0.28277258

序號	字	部首	出現百分比	序號	字	部首	出現百分比
51	去	厶	0.28210977	81	對	寸	0.20514061
52	能	肉	0.28136410	82	沒	水	0.19975526
53	後	彳	0.28045273	83	還	辵	0.19751826
54	長	長	0.27954137	84	同	口	0.19304428
55	都	邑	0.27920996	85	高	高	0.18989591
56	分	刀	0.27241613	86	道	辵	0.18948166
57	很	彳	0.26752788	87	師	巾	0.18865314
58	老	老	0.25510014	88	氣	气	0.18857029
59	動	力	0.25327740	89	種	禾	0.18790747
60	起	走	0.25236604	90	而	而	0.18757607
61	物	牛	0.25170322	91	回	口	0.18741036
62	公	八	0.25112326	92	二	二	0.18732751
63	水	水	0.24184388	93	開	門	0.18625044
64	什	人	0.24176103	94	於	方	0.18542193
65	心	心	0.23745274	95	頭	頁	0.18509052
66	把	手	0.23546430	96	現	玉	0.18235642
67	面	面	0.23513290	97	做	人	0.18086509
68	作	人	0.23480149	98	文	文	0.18036798
69	方	方	0.23314446	99	媽	女	0.17523118
70	那	邑	0.22825621	100	體	骨	0.17390555
71	十	十	0.22601922	101	些	二	0.17315989
72	想	心	0.22328512	102	最	冂	0.17084004
73	樣	木	0.21922539	103	寫	宀	0.17075719
74	自	自	0.21847972	104	又	又	0.16926586
75	所	戶	0.21433714	105	因	口	0.16760883
76	然	火	0.21417144	106	前	刀	0.16702887
77	如	女	0.21243155	107	從	彳	0.16562039
78	三	一	0.21069167	108	法	水	0.16553754
79	發	癶	0.20895179	109	明	日	0.16280343
80	事	亅	0.20729475	110	行	行	0.16172636

序號	字	部首	出現百分比	序號	字	部首	出現百分比
111	問	口	0.15907511	141	只	口	0.13496529
112	意	心	0.15824659	142	力	力	0.13471673
113	花	艸	0.15750093	143	色	色	0.13463388
114	日	日	0.15650671	144	外	夕	0.13455103
115	形	彡	0.15642386	145	眞	目	0.13430248
116	知	矢	0.15551249	146	各	口	0.13413677
117	四	口	0.15302694	147	山	山	0.13397107
118	快	心	0.15277839	148	題	頁	0.13339111
119	之	丿	0.15178417	149	表	衣	0.13231404
120	常	巾	0.15153561	150	請	言	0.13189978
121	經	糸	0.15070710	151	課	言	0.13107126
122	教	攴	0.14855296	152	月	月	0.13098841
123	活	水	0.14772444	153	呢	口	0.13057415
124	太	大	0.14739303	154	第	竹	0.13057415
125	兩	入	0.14664737	155	位	人	0.12999419
126	果	木	0.14540459	156	定	宀	0.12966279
127	本	木	0.14490748	157	比	比	0.12941423
128	兒	儿	0.14490748	158	與	臼	0.12908282
129	點	黑	0.14457608	159	字	子	0.12866857
130	當	田	0.14407897	160	身	身	0.12792290
131	美	羊	0.14333330	161	相	目	0.12717724
132	校	木	0.14059920	162	間	門	0.12659728
133	進	辵	0.14010209	163	手	手	0.12593446
134	等	竹	0.13952213	164	王	玉	0.12560306
135	但	人	0.13935643	165	主	丶	0.12494024
136	樂	木	0.13927357	166	西	西	0.12394602
137	部	邑	0.13778224	167	電	雨	0.12311751
138	再	冂	0.13678802	168	五	二	0.12162618
139	數	攴	0.13662232	169	話	言	0.12146048
140	像	人	0.13554525	170	見	見	0.12129477

序號	字	部首	出現百分比	序號	字	部首	出現百分比
171	才	手	0.12096337	186	並	一	0.11383813
172	使	人	0.12096337	187	加	力	0.11367242
173	名	口	0.12071481	188	怎	心	0.11367242
174	走	走	0.12038340	189	少	小	0.11358957
175	打	手	0.11938918	190	新	斤	0.11350672
176	聲	耳	0.11914063	191	吃	口	0.11334102
177	邊	辵	0.11839497	192	習	羽	0.11334102
178	將	寸	0.11822926	193	她	女	0.11317531
179	海	水	0.11756645	194	變	言	0.11242965
180	給	糸	0.11756645	195	被	衣	0.11226395
181	白	白	0.11657223	196	光	儿	0.11209824
182	正	止	0.11632367	197	情	心	0.11184969
183	幾	幺	0.11557801	198	重	里	0.11168398
184	愛	心	0.11466664	199	或	戈	0.11126973
185	音	音	0.11408668	200	由	田	0.11085547

附錄三

以部首為序的高頻字對照表

部首筆劃	部首	字	筆劃	出現百分比	部首筆劃	部首	字	筆劃	出現百分比
一畫	一	一	01	1.65131564			久	03	0.04763968
		不	04	1.01078977			乎	05	0.02104431
		上	03	0.5853467			乘	10	0.01665318
		下	03	0.38691707			乃	02	0.00579961
		三	03	0.21069167			乖	08	0.00563391
		並	08	0.11383813			乏	05	0.00347977
		世	05	0.079289			乍	05	0.00140848
		七	02	0.07108669			乒	06	0.00041426
		且	05	0.05725047			乓	06	0.00041426
		丁	02	0.01905587			么	03	0.00024855
		丟	06	0.0102736			尹	04	0.00024855
		丈	03	0.00853372		乙	也	03	0.3375375
		丙	05	0.00671098			九	02	0.05807899
		丘	05	0.00538536			乾	11	0.02460693
		丐	04	0.00231985			乙	01	0.02145857
		丞	06	0.00149133			亂	13	0.01880732
		丑	04	0.00091137			乳	08	0.0126763
		右	04	0.0001657			乞	03	0.00289981
		丕	05	0.0001657			乜	02	0.00008285
	丨	中	04	0.4423448			乩	06	0.00008285
		串	07	0.00505395		亅	了	02	1.05909226
		丫	03	0.00182274			事	08	0.20729475
		半	04	0.00024855			予	04	0.00488825
	丶	主	05	0.12494024	二畫	二	二	02	0.18732751
		丹	04	0.01085356			些	08	0.17315989
		凡	03	0.00869942			五	04	0.12162618
		丸	03	0.00190559			亞	08	0.03678612
	丿	之	04	0.15178417			互	04	0.01930443

527

部首筆劃	部首	字	筆劃	出現百分比	部首筆劃	部首	字	筆劃	出現百分比
		井	04	0.00737379			便	09	0.08028322
		于	03	0.00588247			例	08	0.07630634
		互	06	0.00099422			今	04	0.06843544
		云	04	0.00049711			傳	13	0.06735837
		亓	04	0.0001657			信	09	0.06503852
		亟	09	0.00008285			保	09	0.05517918
	亠	亮	09	0.06247012			何	07	0.05459922
		交	06	0.05302504			任	06	0.04797109
		享	08	0.0130077			件	06	0.04382851
		亡	03	0.00994219			假	11	0.04018304
		京	08	0.0078709			倒	10	0.03885741
		亦	06	0.00563391			備	12	0.03860886
		亨	07	0.00289981			伯	07	0.03463198
		亭	09	0.0027341			依	08	0.03430057
		亥	06	0.00082852			停	11	0.03396916
		亢	04	0.00066281			令	05	0.03380346
		兗	09	0.00008285			似	07	0.03330635
	人	人	02	0.75999791			傷	13	0.03115221
		來	08	0.68327731			低	07	0.02833525
		們	10	0.55237175			健	11	0.02758959
		個	10	0.53257021			仙	05	0.02717533
		你	07	0.51044883			優	17	0.02700963
		他	05	0.503655			供	08	0.02651252
		以	05	0.49785539			修	10	0.02626396
		什	04	0.24176103			休	06	0.02352986
		作	07	0.23480149			倍	10	0.02328131
		做	11	0.18086509			仍	04	0.02212138
		但	07	0.13935643			係	09	0.02154142
		像	14	0.13554525			倫	10	0.01955298
		位	07	0.12999419			偷	11	0.01897302
		使	08	0.12096337			偉	11	0.01889017
		候	10	0.10116183			份	06	0.01864161
		代	05	0.08616569			仔	05	0.01855876
		住	07	0.08492291			介	04	0.01773025

部首筆劃	部首	字	筆劃	出現百分比	部首筆劃	部首	字	筆劃	出現百分比
		伸	07	0.0176474			儘	16	0.00555106
		值	10	0.01665318			伍	06	0.00538536
		價	15	0.01574181			傾	13	0.0049711
		俗	09	0.01565896			伐	06	0.00472254
		佛	07	0.0154104			仇	04	0.00422543
		偶	11	0.01532755			佑	07	0.00389403
		儀	15	0.01483044			佔	07	0.00389403
		伴	07	0.01474759			儲	17	0.00372832
		傑	12	0.01259345			企	06	0.00356262
		僅	13	0.01234489			傍	12	0.00339692
		付	05	0.01201348			仗	05	0.00331406
		億	15	0.01193063			傢	12	0.00323121
		佳	08	0.01159923			偕	11	0.00289981
		借	10	0.01093641			俠	09	0.00281696
		側	11	0.01093641			僕	14	0.00281696
		仁	04	0.0104393			仲	06	0.0027341
		仿	06	0.00927938			併	08	0.0027341
		偏	11	0.00911368			傀	12	0.00265125
		佩	08	0.00903083			儡	17	0.00265125
		佈	07	0.00836801			儒	16	0.00248555
		侍	08	0.00712524			侏	08	0.00223699
		伙	06	0.00704239			俄	09	0.00223699
		伊	06	0.00695954			俯	10	0.00215414
		侵	09	0.00695954			倉	10	0.00215414
		傻	13	0.00695954			催	13	0.00215414
		倆	10	0.00671098			估	07	0.00207129
		促	09	0.00654528			倦	10	0.00207129
		偵	11	0.00646243			傭	13	0.00198844
		俊	09	0.00637957			僞	11	0.00190559
		仰	06	0.00629672			僧	14	0.00190559
		伏	06	0.00613102			傅	12	0.00165703
		傘	12	0.00596532			儂	15	0.00157418
		傲	13	0.00596532			余	07	0.00149133
		侯	09	0.00563391			倘	10	0.00140848

部首筆劃	部首	字	筆劃	出現百分比
		儉	15	0.00140848
		倩	10	0.00124277
		俱	10	0.00124277
		償	17	0.00124277
		伺	07	0.00115992
		倡	10	0.00115992
		債	13	0.00115992
		僻	15	0.00115992
		伶	07	0.00107707
		侮	09	0.00107707
		偎	11	0.00099422
		仕	05	0.00091137
		俏	09	0.00091137
		伕	06	0.00082852
		侶	09	0.00082852
		倚	10	0.00082852
		僑	14	0.00082852
		佗	07	0.00074566
		俐	09	0.00074566
		儸	21	0.00074566
		佐	07	0.00066281
		僵	15	0.00066281
		俘	09	0.00057996
		佇	07	0.00049711
		佰	08	0.00049711
		侈	08	0.00049711
		侷	09	0.00049711
		倖	10	0.00049711
		倭	10	0.00049711
		僥	14	0.00049711
		催	14	0.00049711
		伽	07	0.00041426
		佣	07	0.00041426
		俺	10	0.00041426

部首筆劃	部首	字	筆劃	出現百分比
		僚	14	0.00041426
		侑	08	0.00033141
		俊	08	0.00033141
		俞	09	0.00033141
		伎	06	0.00024855
		体	07	0.00024855
		命	08	0.00024855
		倪	10	0.00024855
		俾	10	0.00024855
		傜	12	0.00024855
		僮	14	0.00024855
		儼	22	0.00024855
		仆	04	0.0001657
		佬	08	0.0001657
		佻	08	0.0001657
		侄	08	0.0001657
		俑	09	0.0001657
		倌	10	0.0001657
		倔	10	0.0001657
		偌	11	0.0001657
		催	12	0.0001657
		僬	16	0.0001657
		仃	04	0.00008285
		佃	07	0.00008285
		佯	08	0.00008285
		侃	08	0.00008285
		侎	09	0.00008285
		倣	10	0.00008285
		俸	10	0.00008285
		倨	10	0.00008285
		偓	11	0.00008285
		倏	11	0.00008285
		偲	11	0.00008285
		僉	13	0.00008285

部首筆劃	部首	字	筆劃	出現百分比	部首筆劃	部首	字	筆劃	出現百分比
		僖	14	0.00008285			再	06	0.13678802
		儆	15	0.00008285			冒	09	0.01209634
	儿	兒	08	0.14490748			冊	05	0.00637957
		光	06	0.11209824			冕	11	0.00082852
		先	06	0.10033331			冉	05	0.00066281
		元	04	0.09668784			冑	09	0.00033141
		克	07	0.040763		冖	冠	09	0.01110212
		充	05	0.02916377			冤	10	0.00124277
		兔	08	0.02029865			冥	10	0.00107707
		免	07	0.01897302			冢	10	0.00008285
		兄	05	0.01615607			冪	16	0.00008285
		兜	06	0.00372832		冫	冷	07	0.03140076
		兢	14	0.0027341			冬	05	0.02154142
		允	04	0.00215414			冰	06	0.01466474
		兆	06	0.00140848			凍	10	0.0053025
		兜	11	0.00082852			凝	16	0.00521965
		兀	03	0.00057996			准	10	0.00298266
		兌	07	0.00041426			冶	07	0.00248555
	入	兩	08	0.14664737			凌	10	0.00248555
		全	06	0.10919844			凋	10	0.0024027
		內	04	0.08591713			凜	15	0.00140848
		入	02	0.0767206			冽	08	0.00082852
	八	公	04	0.25112326			冼	08	0.00008285
		其	08	0.10671289		几	凱	12	0.00604817
		六	04	0.09527936			凰	11	0.00140848
		八	02	0.06984392			凳	14	0.00091137
		共	06	0.05145086			几	02	0.00066281
		具	08	0.0458998		凵	出	05	0.38434867
		兵	07	0.02328131			凸	05	0.00405973
		典	08	0.01565896			凶	04	0.00389403
		兼	10	0.00372832			凹	05	0.00223699
		兮	04	0.00182274			函	08	0.00190559
		冀	16	0.00033141		刀	到	08	0.5675336
	冂	最	12	0.17084004			分	04	0.27241613

部首筆劃	部首	字	筆劃	出現百分比	部首筆劃	部首	字	筆劃	出現百分比
		前	09	0.16702887			剔	10	0.00091137
		別	07	0.10381308			刃	03	0.00066281
		利	07	0.07895759			劇	13	0.00057996
		列	06	0.05062234			剃	09	0.00049711
		則	09	0.04689402			剁	08	0.00041426
		刻	08	0.04217147			剌	09	0.00041426
		剛	10	0.03264354			刁	02	0.00033141
		切	04	0.02966088			剋	09	0.0001657
		創	12	0.02709248			刎	06	0.00008285
		劇	15	0.02468978			刨	07	0.00008285
		制	08	0.02195568			剄	09	0.00008285
		劉	15	0.01847591			劊	15	0.00008285
		刀	02	0.01756454		力	動	11	0.2532774
		剝	08	0.01425048			力	02	0.13471673
		剪	11	0.01251059			加	05	0.11367242
		剩	12	0.01217919			功	05	0.05053949
		判	07	0.00927938			助	07	0.03471483
		副	11	0.00861657			務	11	0.02767244
		劍	15	0.00737379			勞	12	0.01971869
		刷	08	0.00695954			努	07	0.01864161
		劃	14	0.00687668			勢	13	0.01532755
		刊	05	0.00588247			勇	09	0.01507899
		割	12	0.0049711			勝	12	0.01458189
		剃	16	0.00447399			勤	13	0.01350481
		划	06	0.00414258			勵	17	0.01002505
		劈	15	0.00265125			勒	11	0.00704239
		刑	06	0.0025684			勸	20	0.00637957
		剮	10	0.00223699			勉	09	0.00571676
		刮	08	0.00207129			勁	09	0.00555106
		削	09	0.00207129			勃	09	0.00248555
		剝	10	0.00207129			劣	06	0.0024027
		刪	07	0.00165703			劭	07	0.0024027
		剎	09	0.00157418			募	13	0.00190559
		券	08	0.00140848			劫	07	0.00173988

部首筆劃	部首	字	筆劃	出現百分比	部首筆劃	部首	字	筆劃	出現百分比
		勘	11	0.00049711			卉	05	0.00115992
		勳	16	0.00033141			卒	08	0.00066281
	匕	化	04	0.10836992			卅	04	0.00041426
		北	05	0.07663775			仟	05	0.00033141
		匙	11	0.00356262		卜	卡	05	0.0308208
		匕	02	0.00066281			占	05	0.00695954
	勹	包	05	0.053605			卜	02	0.00091137
		匃	05	0.00472254			卞	04	0.00066281
		匈	06	0.00298266			卦	08	0.00057996
		勾	04	0.00132563		厂	原	10	0.10281886
		勿	04	0.00132563			厚	09	0.0126763
		匀	04	0.00099422			屬	15	0.00604817
		匍	09	0.00041426			厭	14	0.0051368
		匐	11	0.00041426			厘	09	0.00091137
		勺	03	0.00024855			厄	04	0.00057996
	匚	匠	06	0.00604817			厥	12	0.00057996
		匯	13	0.00182274			厝	10	0.00049711
		匪	10	0.00091137			厲	19	0.00008285
		匡	06	0.00033141		卩	卻	09	0.06636415
		匣	07	0.00033141			即	07	0.03123506
		區	11	0.05749902			印	06	0.02427552
		匹	04	0.00903083			危	06	0.01375337
		匾	11	0.00041426			卵	07	0.0101079
		匿	11	0.00033141			卷	08	0.00356262
	十	十	02	0.22601922			卿	10	0.00265125
		南	09	0.06992677			卸	08	0.00107707
		千	03	0.04755683		又	又	02	0.16926586
		半	05	0.04291714			及	04	0.09743351
		午	04	0.02908092			友	04	0.09072252
		升	04	0.02866666			受	08	0.06280153
		博	12	0.02154142			反	04	0.04266858
		協	08	0.01201348			取	08	0.03247784
		卓	08	0.00356262			叔	08	0.0181445
		卑	08	0.0024027			叢	18	0.00795376

部首筆劃	部首	字	筆劃	出現百分比	部首筆劃	部首	字	筆劃	出現百分比
		曼	11	0.00422543			哥	10	0.04573409
		叉	03	0.00356262			呀	07	0.04391136
		叛	09	0.00165703			台	05	0.04059729
		叟	10	0.00066281			唱	11	0.03910596
		叡	16	0.00033141			史	05	0.03778034
	厶	去	05	0.28210977			啦	11	0.03720038
		參	11	0.04672831			員	10	0.03678612
三畫	口	和	08	0.43024846			周	08	0.03454913
		可	05	0.41367814			吸	07	0.03421772
		同	06	0.19304428			右	05	0.03380346
		問	11	0.15907511			另	05	0.02833525
		只	05	0.13496529			呼	08	0.0280867
		各	06	0.13413677			喔	12	0.02667822
		呢	08	0.13057415			含	07	0.025684
		名	06	0.12071481			嘴	16	0.02394412
		吃	06	0.11334102			喝	12	0.02344701
		向	06	0.1073757			商	11	0.02236994
		嗎	13	0.10663004			哇	09	0.02203853
		口	03	0.10049902			哭	10	0.0203815
		哪	10	0.0995048			吹	07	0.0202158
		合	06	0.09784776			否	07	0.01756454
		叫	05	0.09097108			吉	06	0.01665318
		喜	12	0.08359728			嚴	20	0.01640462
		吧	07	0.07092099			哦	10	0.01590751
		句	05	0.06760692			唐	10	0.01549325
		品	09	0.06189016			嚇	17	0.01466474
		啊	11	0.05841039			吳	07	0.01416763
		器	16	0.05509633			司	05	0.01317341
		味	08	0.05459922			后	06	0.01317341
		單	12	0.05435066			喊	12	0.01151638
		命	08	0.05385355			咪	09	0.01135067
		告	07	0.05335644			呈	07	0.01068786
		古	05	0.05153371			嘛	14	0.01068786
		哈	09	0.04788824			君	07	0.01060501

部首筆劃	部首	字	筆劃	出現百分比
		嗯	13	0.00952794
		嘉	14	0.00861657
		嘆	14	0.00845087
		噴	15	0.00845087
		囉	22	0.00845087
		哲	10	0.00811946
		吐	06	0.00803661
		咬	09	0.00762235
		哺	10	0.00737379
		吵	07	0.00720809
		叮	05	0.00704239
		呵	08	0.00704239
		呆	07	0.00687668
		唉	10	0.00671098
		吞	07	0.00654528
		哩	10	0.00637957
		咦	09	0.00621387
		喻	12	0.00596532
		嘿	15	0.00596532
		喲	12	0.00579961
		嘗	14	0.00579961
		嘻	15	0.00571676
		咚	08	0.00563391
		嗨	13	0.00555106
		喪	12	0.00546821
		鳴	13	0.00546821
		呂	07	0.0053025
		喂	12	0.0049711
		喬	12	0.00480539
		哀	09	0.00463969
		啄	11	0.00455684
		唯	11	0.00447399
		召	05	0.00439114
		哎	09	0.00414258

部首筆劃	部首	字	筆劃	出現百分比
		吊	06	0.00405973
		咐	08	0.00405973
		唷	10	0.00405973
		嘩	15	0.00397688
		喃	12	0.00381117
		嘰	15	0.00372832
		叭	05	0.00356262
		吩	07	0.00347977
		哼	10	0.00347977
		喚	12	0.00347977
		囊	22	0.00347977
		嚷	20	0.00339692
		噹	16	0.00331406
		吱	07	0.00298266
		啼	12	0.00298266
		喇	12	0.00298266
		唸	11	0.00281696
		喉	12	0.00281696
		吼	07	0.0027341
		嘍	14	0.0027341
		噢	16	0.0027341
		吻	07	0.00265125
		叩	05	0.0025684
		咒	08	0.0025684
		嘲	15	0.0025684
		吟	07	0.00248555
		喘	12	0.00248555
		嚼	20	0.00248555
		哄	09	0.0024027
		啪	11	0.0024027
		售	11	0.0024027
		嗡	13	0.0024027
		嚕	18	0.0024027
		唔	10	0.00231985

部首筆劃	部首	字	筆劃	出現百分比	部首筆劃	部首	字	筆劃	出現百分比
		噪	16	0.00231985			咿	09	0.00107707
		嗅	13	0.00223699			囑	24	0.00107707
		咱	09	0.00215414			呦	08	0.00099422
		喀	12	0.00207129			嘟	14	0.00099422
		噸	16	0.00207129			嘹	15	0.00099422
		嚀	17	0.00198844			嚙	13	0.00091137
		咕	08	0.00190559			嚥	19	0.00091137
		嗜	16	0.00190559			嚨	19	0.00091137
		咽	09	0.00182274			叨	05	0.00082852
		哨	10	0.00182274			吶	07	0.00082852
		吝	07	0.00173988			吠	07	0.00082852
		喳	12	0.00165703			哞	09	0.00082852
		吏	06	0.00157418			唇	10	0.00082852
		咩	09	0.00157418			唷	11	0.00082852
		嚼	18	0.00157418			喵	12	0.00082852
		吾	07	0.00149133			嘈	14	0.00082852
		咀	08	0.00149133			嚎	17	0.00082852
		咳	09	0.00149133			呻	08	0.00074566
		啥	11	0.00149133			咯	09	0.00074566
		喙	12	0.00149133			哽	10	0.00074566
		嘘	15	0.00149133			嗓	13	0.00074566
		吒	06	0.00140848			嗽	14	0.00074566
		呱	08	0.00140848			嘯	15	0.00074566
		咸	09	0.00140848			吭	07	0.00066281
		啞	11	0.00132563			咧	09	0.00066281
		喧	12	0.00132563			唧	10	0.00066281
		嘎	14	0.00132563			嗜	13	0.00066281
		吁	06	0.00124277			吋	06	0.00057996
		咖	08	0.00115992			嘔	14	0.00057996
		啡	11	0.00115992			噴	14	0.00057996
		唾	12	0.00115992			嚓	17	0.00057996
		嘶	15	0.00115992			咆	08	0.00049711
		呎	07	0.00107707			哞	10	0.00049711
		咻	09	0.00107707			嗝	13	0.00049711

部首筆劃	部首	字	筆劃	出現百分比	部首筆劃	部首	字	筆劃	出現百分比
		嗶	14	0.00049711			喫	12	0.0001657
		嗰	14	0.00049711			嗆	13	0.0001657
		噎	15	0.00049711			噘	15	0.0001657
		噬	16	0.00049711			噶	16	0.0001657
		呃	07	0.00041426			嚅	17	0.0001657
		哉	09	0.00041426			囁	21	0.0001657
		哆	09	0.00041426			叱	05	0.00008285
		噗	15	0.00041426			吮	07	0.00008285
		噁	15	0.00041426			咋	08	0.00008285
		嚏	17	0.00041426			呷	08	0.00008285
		囓	24	0.00041426			咫	09	0.00008285
		吆	06	0.00033141			哧	10	0.00008285
		呸	08	0.00033141			唧	11	0.00008285
		咎	08	0.00033141			啻	12	0.00008285
		咨	09	0.00033141			喏	12	0.00008285
		陶	11	0.00033141			嗣	13	0.00008285
		唬	11	0.00033141			嗦	13	0.00008285
		嗦	13	0.00033141			塸	13	0.00008285
		嗒	13	0.00033141			嗜	13	0.00008285
		嘮	15	0.00033141			嗔	13	0.00008285
		噩	16	0.00033141			噢	15	0.00008285
		噯	16	0.00033141			噤	16	0.00008285
		囂	21	0.00033141			嚙	18	0.00008285
		叼	05	0.00024855			囈	22	0.00008285
		吽	07	0.00024855			囌	23	0.00008285
		唰	11	0.00024855			國	11	0.34673403
		嗩	13	0.00024855			回	06	0.18741036
		嘀	14	0.00024855			因	06	0.16760883
		囍	19	0.00024855			四	05	0.15302694
		吷	08	0.0001657			圖	14	0.0919653
		呼	08	0.0001657			園	13	0.05658766
		唆	10	0.0001657			團	14	0.03512909
		啤	11	0.0001657			圓	13	0.03256069
		啜	11	0.0001657			圍	12	0.02261849

部首筆劃	部首	字	筆劃	出現百分比	部首筆劃	部首	字	筆劃	出現百分比
		圜	11	0.01673603			塔	13	0.00936223
		困	07	0.01408478			塑	13	0.00903083
		固	08	0.01350481			埋	10	0.00836801
		囚	05	0.00107707			塞	13	0.00820231
		圃	10	0.00107707			埃	10	0.00745665
		囡	07	0.00041426			墓	14	0.00737379
		囟	06	0.0001657			壞	20	0.00720809
		囤	07	0.0001657			塵	14	0.00646243
		圍	16	0.00008285			塗	13	0.00629672
	土	在	06	0.84177246			培	11	0.00596532
		地	06	0.39545078			坦	08	0.00521965
		填	13	0.06495567			圾	07	0.00455684
		場	12	0.05882465			垃	08	0.00455684
		土	03	0.05227937			執	11	0.00439114
		城	09	0.05053949			堪	12	0.00414258
		報	12	0.05004238			塘	13	0.00414258
		坐	07	0.0383603			墳	15	0.00389403
		型	09	0.03604045			墊	14	0.00298266
		塊	13	0.03554335			壘	16	0.00289981
		基	11	0.03239498			坊	07	0.0024027
		境	14	0.03222928			塌	13	0.00231985
		增	15	0.02518689			埔	10	0.00223699
		壤	19	0.02187283			坑	07	0.00215414
		壁	16	0.0202158			堊	11	0.00190559
		壓	17	0.01913872			墜	15	0.00165703
		堅	11	0.01731599			坪	08	0.00149133
		堡	12	0.01681888			堵	11	0.00149133
		堂	11	0.01673603			堯	12	0.00149133
		堆	11	0.01582466			壇	16	0.00140848
		均	07	0.01251059			墨	18	0.00140848
		域	11	0.01143352			壩	24	0.00140848
		垂	09	0.0104393			堤	12	0.00132563
		坡	08	0.00969364			垢	09	0.00124277
		址	07	0.00961079			坤	08	0.00115992

部首筆劃	部首	字	筆劃	出現百分比	部首筆劃	部首	字	筆劃	出現百分比
		墊	14	0.00107707			壹	12	0.00306551
		墅	14	0.00099422			壺	13	0.00149133
		坎	07	0.00091137			壬	04	0.00033141
		垣	09	0.00082852		夂	夏	10	0.02170712
		垮	09	0.00074566			夔	21	0.0001657
		坍	07	0.00041426			夋	08	0.00008285
		埂	10	0.00041426		夕	多	06	0.3298323
		埠	11	0.00041426			外	05	0.13455103
		壚	15	0.00041426			夜	08	0.04275144
		墼	17	0.00041426			夠	11	0.03703467
		堰	19	0.00041426			夢	14	0.01690173
		埰	09	0.00033141			夕	03	0.00778805
		墮	15	0.00033141			夥	14	0.00472254
		墩	15	0.00033141			夙	06	0.00024855
		圭	06	0.00024855		大	大	03	0.65974745
		圮	06	0.00024855			天	04	0.44052206
		坷	08	0.00024855			太	04	0.14739303
		圳	06	0.0001657			奇	08	0.0510366
		垠	09	0.0001657			夫	04	0.04415991
		埤	11	0.0001657			失	05	0.03446627
		塢	13	0.0001657			奏	09	0.02154142
		圻	07	0.00008285			奮	16	0.0155761
		坌	07	0.00008285			套	10	0.01209634
		埕	10	0.00008285			奧	13	0.01093641
		堰	12	0.00008285			奔	08	0.00886512
		塚	13	0.00008285			奉	08	0.00878227
		墀	15	0.00008285			央	05	0.00853372
		壅	16	0.00008285			奪	14	0.00654528
		壕	17	0.00008285			夾	07	0.00596532
		壨	19	0.00008285			奈	08	0.0027341
	士	士	03	0.04531984			契	09	0.00207129
		壯	07	0.01549325			奕	09	0.00149133
		壺	12	0.00836801			奠	12	0.00124277
		壽	14	0.00629672			奢	11	0.00099422

部首筆劃	部首	字	筆劃	出現百分比	部首筆劃	部首	字	筆劃	出現百分比
		夸	06	0.00066281			姿	09	0.00637957
		奄	08	0.00049711			娥	10	0.00596532
		夭	04	0.00033141			姜	09	0.00588247
		夷	06	0.00033141			媒	12	0.00563391
		奎	09	0.0001657			嬸	14	0.00538536
		奂	09	0.0001657			娜	10	0.00505395
		奚	10	0.0001657			姨	09	0.00422543
		奘	10	0.00008285			奴	05	0.00414258
	女	好	06	0.46007505			婿	12	0.00381117
		如	06	0.21243155			婷	12	0.00372832
		媽	13	0.17523118			嫩	14	0.00356262
		她	06	0.11317531			妨	07	0.00339692
		女	03	0.0945337			嬰	17	0.00339692
		始	08	0.04797109			嬌	15	0.00331406
		娘	10	0.04051444			娶	11	0.00314836
		妹	08	0.03778034			嬸	18	0.00306551
		奶	05	0.0357919			姪	09	0.00298266
		妳	08	0.03421772			嫌	13	0.00289981
		婆	11	0.03388631			妥	07	0.00281696
		姊	08	0.02725818			嫂	13	0.00281696
		姑	08	0.02468978			媚	12	0.00265125
		姐	08	0.01565896			娟	10	0.0024027
		妙	07	0.01499614			姍	08	0.00207129
		婚	11	0.01433333			姻	09	0.00207129
		威	09	0.01400192			娛	10	0.00198844
		姓	08	0.01367052			妝	07	0.00190559
		姆	08	0.01333911			妒	07	0.00190559
		妻	08	0.01325626			媳	13	0.00190559
		婦	11	0.01226204			婉	11	0.00173988
		娃	09	0.0104393			嬉	15	0.00173988
		妮	08	0.00803661			妃	06	0.00157418
		妖	07	0.00762235			嫉	13	0.00157418
		嫁	13	0.00729094			奸	06	0.00140848
		委	08	0.00704239			媛	12	0.00124277

部首筆劃	部首	字	筆劃	出現百分比
		姒	08	0.00107707
		妾	08	0.00082852
		妍	07	0.00066281
		妄	06	0.00057996
		姚	09	0.00057996
		姦	09	0.00049711
		娓	10	0.00049711
		婢	11	0.00049711
		媧	12	0.00049711
		奸	07	0.00041426
		妻	11	0.00041426
		嫻	15	0.00041426
		嬴	16	0.00041426
		嫵	15	0.00033141
		姵	09	0.00024855
		姬	10	0.00024855
		嬪	17	0.00024855
		妞	07	0.0001657
		娩	10	0.0001657
		媿	13	0.0001657
		嬋	15	0.0001657
		妓	07	0.00008285
		妏	07	0.00008285
		姣	09	0.00008285
		姮	09	0.00008285
		娉	10	0.00008285
		娳	10	0.00008285
		婪	11	0.00008285
		婕	11	0.00008285
		嫗	14	0.00008285
		嫣	14	0.00008285
		嬰	15	0.00008285
		嫻	15	0.00008285
		嬷	19	0.00008285

部首筆劃	部首	字	筆劃	出現百分比
	子	子	03	0.51028313
		學	16	0.37034674
		字	06	0.12866857
		孩	09	0.06396145
		孔	04	0.02941233
		存	06	0.027921
		孫	10	0.02261849
		季	08	0.01880732
		孝	07	0.01375337
		孟	08	0.00795376
		孤	08	0.00579961
		孵	14	0.00372832
		孕	05	0.00231985
		孢	08	0.00082852
		孜	07	0.00041426
		孳	12	0.0001657
		孚	07	0.00008285
		孰	11	0.00008285
		孺	17	0.00008285
		孽	20	0.00008285
		孿	22	0.00008285
	宀	家	10	0.38998258
		寫	15	0.17075719
		定	08	0.12966279
		實	14	0.10663004
		它	05	0.09892483
		安	06	0.09287667
		完	07	0.08003467
		容	10	0.06826974
		寶	20	0.05020808
		室	09	0.0409287
		察	14	0.03479768
		害	10	0.03222928
		客	09	0.02858381

部首筆劃	部首	字	筆劃	出現百分比	部首筆劃	部首	字	筆劃	出現百分比
		富	12	0.0280867			宕	08	0.00024855
		官	08	0.02634682			宥	09	0.00024855
		密	11	0.02493834			寅	11	0.00024855
		寒	12	0.02419267			寥	14	0.00024855
		宮	10	0.02178998			寰	16	0.00024855
		守	06	0.02121001			寔	12	0.0001657
		寬	15	0.01507899	寸		對	14	0.20514061
		宜	08	0.01325626			將	11	0.11822926
		寄	11	0.01292485			導	16	0.05327359
		宇	06	0.01201348			專	11	0.02444123
		宗	08	0.01110212			射	10	0.02352986
		宙	08	0.01002505			尋	12	0.01739884
		宋	07	0.00878227			封	09	0.01383622
		寧	14	0.00795376			尊	12	0.0130077
		宣	09	0.00588247			寺	06	0.00695954
		宏	07	0.00480539			寸	03	0.00223699
		宴	10	0.00405973			尉	11	0.00041426
		寂	11	0.00389403	小		小	03	0.51260297
		宅	06	0.00372832			少	04	0.11358957
		審	15	0.00372832			尚	08	0.01101927
		宵	10	0.00347977			尖	06	0.01052216
		寵	19	0.00339692	尢		就	12	0.45700954
		宿	11	0.00331406			尤	04	0.01416763
		寓	12	0.00306551			尬	07	0.00066281
		宰	10	0.00289981			尷	07	0.0001657
		寞	14	0.0024027			尷	17	0.0001657
		宛	08	0.00190559	尸		展	10	0.06926395
		寇	11	0.00165703			尺	04	0.03537764
		寢	14	0.00140848			層	15	0.03512909
		寮	15	0.00132563			居	08	0.03156647
		寨	14	0.00099422			屬	21	0.0255183
		宦	09	0.00082852			屋	09	0.02394412
		寒	14	0.00066281			局	07	0.02112716
		寐	12	0.00033141			尾	07	0.0202158

部首筆劃	部首	字	筆劃	出現百分比		部首筆劃	部首	字	筆劃	出現百分比
		尼	05	0.01681888				巒	22	0.00140848
		居	08	0.00878227				崎	11	0.00115992
		屏	09	0.00588247				嵌	12	0.00115992
		屍	09	0.00571676				崁	10	0.00091137
		屁	07	0.00521965				屹	06	0.00082852
		屈	08	0.0049711				峨	10	0.00082852
		尿	07	0.00430828				崔	11	0.00074566
		屑	10	0.00165703				嶇	14	0.00066281
		屠	11	0.00082852				峪	10	0.00057996
		屆	11	0.00074566				岔	07	0.00041426
		屢	14	0.00074566				峙	09	0.00041426
		屎	09	0.00049711				巔	22	0.00041426
		履	15	0.00041426				岐	07	0.00033141
		尸	03	0.00024855				炭	07	0.00033141
		屌	09	0.00008285				岱	08	0.00033141
	屮	屯	04	0.0024027				嶽	17	0.00033141
	山	山	03	0.13397107				巖	23	0.00033141
		岩	08	0.02493834				崧	11	0.0001657
		岸	08	0.01955298				嵋	12	0.0001657
		島	10	0.01864161				巍	21	0.0001657
		峽	10	0.00596532				岬	08	0.00008285
		崇	11	0.00588247				峒	09	0.00008285
		峰	10	0.0051368				崛	11	0.00008285
		岳	08	0.0049711				崢	11	0.00008285
		嶼	17	0.00472254				崚	11	0.00008285
		嶺	17	0.00331406				崌	11	0.00008285
		崖	11	0.00306551				嵐	12	0.00008285
		岡	08	0.00298266				嵩	13	0.00008285
		崩	11	0.0024027				嶄	14	0.00008285
		峻	10	0.00182274				嶙	15	0.00008285
		崑	11	0.00182274				嶸	17	0.00008285
		喬	11	0.00173988			巛	州	06	0.01383622
		峭	10	0.00165703				巢	11	0.00969364
		崗	11	0.00157418				川	03	0.00853372

部首筆劃	部首	字	筆劃	出現百分比	部首筆劃	部首	字	筆劃	出現百分比
	工	工	03	0.09851058			帘	08	0.0001657
		左	05	0.03570905			帚	08	0.0001657
		差	10	0.02029865			幀	12	0.0001657
		巨	05	0.01855876			幄	12	0.00008285
		巧	05	0.01516185			幌	13	0.00008285
		巫	07	0.00422543			幛	14	0.00008285
	己	巳	03	0.09643929			幗	14	0.00008285
		己	03	0.09461655		干	年	06	0.30481111
		巴	04	0.04647976			平	05	0.09917339
		巷	09	0.00298266			幸	08	0.02212138
	巾	師	10	0.18865314			幹	13	0.0154104
		常	11	0.15153561			干	03	0.00439114
		帶	11	0.09271096			并	06	0.0001657
		希	07	0.0717495		幺	幾	12	0.11557801
		市	05	0.05923891			幼	05	0.01938728
		布	05	0.05095375			幽	09	0.00720809
		幫	17	0.04913101			幻	04	0.00654528
		帝	09	0.02833525		广	度	09	0.09958765
		幣	14	0.01168208			底	08	0.04490558
		帽	12	0.00803661			座	10	0.03546049
		幅	12	0.00704239			康	11	0.03214643
		幕	14	0.00687668			廣	15	0.02725818
		席	10	0.00613102			府	08	0.0178131
		帥	09	0.00596532			庭	10	0.01773025
		帳	11	0.00472254			店	08	0.01665318
		帆	06	0.00455684			床	07	0.01599036
		巾	03	0.00414258			序	07	0.01565896
		帕	08	0.00364547			廳	25	0.01193063
		幟	15	0.00124277			廠	15	0.00861657
		幢	15	0.00107707			廟	15	0.00853372
		帖	08	0.00074566			廢	15	0.00803661
		慢	14	0.00057996			庫	10	0.00795376
		帛	08	0.00049711			廚	15	0.00646243
		帷	11	0.00041426			龐	19	0.00430828

部首筆劃	部首	字	筆劃	出現百分比	部首筆劃	部首	字	筆劃	出現百分比
		廉	13	0.00356262			弗	05	0.00455684
		廖	14	0.00298266			弓	03	0.00439114
		廊	12	0.00281696			弧	08	0.00298266
		廁	12	0.0024027			彌	17	0.00215414
		廈	13	0.00149133			弦	08	0.00207129
		庸	11	0.00115992			弘	05	0.00074566
		廂	12	0.00091137			弛	06	0.00024855
		庶	11	0.00082852			弩	08	0.00024855
		廓	14	0.00066281			弔	04	0.0001657
		廬	19	0.00066281			弼	12	0.0001657
		庄	06	0.00049711			彀	13	0.00008285
		庇	07	0.00049711		彐	彗	11	0.00248555
		庚	08	0.00033141			彘	12	0.00033141
		庵	11	0.00033141			彙	13	0.0001657
		廝	15	0.00024855		彡	形	07	0.15642386
		廄	12	0.0001657			影	15	0.05741617
		廧	16	0.0001657			彩	11	0.02700963
	廴	建	09	0.05716762			彥	09	0.00281696
		延	08	0.00936223			彰	14	0.00223699
		廷	07	0.0049711			彭	12	0.00157418
	廾	弄	07	0.01275915			彬	11	0.00107707
		弊	14	0.00173988			彫	11	0.00041426
		廿	04	0.00124277			彧	10	0.00024855
		弇	09	0.00049711			彤	07	0.0001657
		弇	05	0.00008285		彳	得	11	0.34383422
	弋	式	06	0.07456646			後	09	0.28045273
		弒	13	0.00033141			很	09	0.26752788
	弓	張	11	0.08500576			從	11	0.16562039
		弟	07	0.07746626			往	08	0.05592484
		強	11	0.04755683			德	15	0.03156647
		引	04	0.0330578			待	09	0.02634682
		彈	15	0.01748169			復	12	0.02170712
		彎	22	0.01466474			微	13	0.01947013
		弱	10	0.01135067			徵	15	0.0152447

部首筆劃	部首	字	筆劃	出現百分比	部首筆劃	部首	字	筆劃	出現百分比
		徒	10	0.01168208			怕	08	0.04184007
		徑	10	0.0101079			忙	06	0.04117726
		律	09	0.00994219			怪	08	0.04001733
		彼	08	0.00853372			恐	10	0.03570905
		徐	10	0.00836801			必	05	0.03388631
		循	12	0.00654528			息	10	0.03206358
		徹	14	0.0049711			慢	14	0.03057225
		役	07	0.00488825			急	09	0.02899807
		征	08	0.00331406			態	14	0.027921
		彷	07	0.00298266			忘	07	0.02286705
		佛	08	0.0027341			忽	08	0.02170712
		御	11	0.00190559			愈	13	0.01963583
		徊	09	0.00140848			懷	19	0.01938728
		徘	11	0.00140848			志	07	0.01690173
		徜	11	0.00140848			忍	07	0.01607321
		徵	17	0.00132563			悄	10	0.01607321
		祥	09	0.00124277			懂	17	0.01483044
		徙	11	0.00107707			惡	12	0.01425048
		徨	12	0.00024855			悟	10	0.01342196
		徬	13	0.00024855			惜	11	0.01333911
		律	12	0.00008285			慶	15	0.01333911
四畫	心	心	04	0.23745274			慧	15	0.01101927
		想	13	0.22328512			恩	10	0.01052216
		意	13	0.15824659			悲	12	0.01019075
		快	07	0.15277839			憶	16	0.01019075
		愛	13	0.11466664			恭	10	0.00936223
		怎	09	0.11367242			愉	12	0.00927938
		情	11	0.11184969			慈	13	0.00927938
		感	13	0.09246241			憐	15	0.00845087
		您	11	0.08898264			惠	12	0.00778805
		應	17	0.08508861			恆	09	0.0077052
		性	08	0.06636415			慌	13	0.0075395
		念	08	0.06023313			忠	08	0.00745665
		思	09	0.06015028			懶	19	0.00737379

部首筆劃	部首	字	筆劃	出現百分比
		怒	09	0.00662813
		慮	15	0.00662813
		憑	16	0.00629672
		恨	09	0.00621387
		慣	14	0.00621387
		恥	10	0.00604817
		悶	12	0.00579961
		恰	09	0.00555106
		患	11	0.00546821
		恢	09	0.0053025
		悅	11	0.0051368
		慕	15	0.0051368
		愚	13	0.0049711
		懸	20	0.00480539
		慰	15	0.00463969
		憲	16	0.00463969
		惱	12	0.00455684
		慘	14	0.00447399
		愁	13	0.00430828
		悉	11	0.00422543
		怡	08	0.00397688
		悠	11	0.00397688
		怨	09	0.00389403
		悔	10	0.00381117
		憂	15	0.00381117
		惰	12	0.00372832
		憤	15	0.00339692
		忌	07	0.00323121
		慎	13	0.00323121
		怖	08	0.00306551
		愧	13	0.00281696
		慨	12	0.0027341
		惑	12	0.0025684
		懼	21	0.0025684

部首筆劃	部首	字	筆劃	出現百分比
		懈	16	0.0024027
		戀	23	0.00223699
		恕	10	0.00207129
		惹	13	0.00198844
		惟	11	0.00182274
		懇	17	0.00182274
		憾	16	0.00165703
		怠	09	0.00149133
		慚	14	0.00140848
		悽	11	0.00132563
		愣	12	0.00132563
		惶	12	0.00132563
		慫	15	0.00132563
		懿	22	0.00132563
		怯	08	0.00124277
		恍	09	0.00115992
		懊	16	0.00107707
		懲	19	0.00107707
		慷	14	0.00099422
		忱	07	0.00091137
		愴	13	0.00082852
		惋	11	0.00074566
		恆	09	0.00066281
		憫	15	0.00066281
		愕	12	0.00057996
		憩	16	0.00057996
		恬	09	0.00049711
		悍	10	0.00049711
		悴	11	0.00049711
		惕	11	0.00049711
		懦	13	0.00049711
		悵	11	0.00041426
		憔	15	0.00041426
		戇	28	0.00041426

部首筆劃	部首	字	筆劃	出現百分比	部首筆劃	部首	字	筆劃	出現百分比
		忡	07	0.00033141			悖	10	0.00008285
		悚	10	0.00033141			愿	11	0.00008285
		惦	11	0.00033141			惇	11	0.00008285
		悼	11	0.00033141			愜	12	0.00008285
		悸	11	0.00033141			惻	12	0.00008285
		惚	11	0.00033141			愎	12	0.00008285
		德	16	0.00033141			愷	13	0.00008285
		懦	17	0.00033141			懋	15	0.00008285
		忪	07	0.00024855			慫	15	0.00008285
		念	08	0.00024855			憎	15	0.00008285
		怜	08	0.00024855			懣	18	0.00008285
		恤	09	0.00024855		戈	我	07	0.98750846
		惺	12	0.00024855			成	06	0.31583038
		愔	12	0.00024855			或	08	0.11126973
		慵	14	0.00024855			戲	17	0.03695182
		憧	15	0.00024855			戰	16	0.03189787
		憬	15	0.00024855			戴	17	0.00952794
		懍	16	0.00024855			戒	07	0.00422543
		憨	16	0.00024855			截	14	0.00389403
		懋	17	0.00024855			戚	11	0.00231985
		懃	16	0.00024855			戈	04	0.00182274
		懺	20	0.00024855			戊	05	0.00115992
		忤	07	0.0001657			戌	06	0.00074566
		怵	08	0.0001657			戢	14	0.00033141
		恃	09	0.0001657			戮	15	0.00033141
		恣	10	0.0001657			戍	06	0.00024855
		悻	11	0.0001657			戳	18	0.00024855
		惆	11	0.0001657			戎	06	0.0001657
		慄	13	0.0001657			戕	08	0.00008285
		愿	14	0.0001657		戶	所	08	0.21433714
		懨	17	0.0001657			房	08	0.03711753
		懾	21	0.0001657			戶	04	0.01416763
		恪	09	0.00008285			扁	10	0.00845087
		恂	09	0.00008285			扁	09	0.00646243

部首筆劃	部首	字	筆劃	出現百分比	部首筆劃	部首	字	筆劃	出現百分比
		扈	11	0.00041426			抱	08	0.01441618
		扉	12	0.00024855			抓	07	0.01433333
		戾	08	0.0001657			描	12	0.01425048
		扃	09	0.00008285			掃	11	0.01350481
	手	把	07	0.2354643			掛	11	0.01333911
		手	04	0.12593446			播	15	0.01333911
		才	03	0.12096337			捕	10	0.012842
		打	05	0.11938918			抽	08	0.01275915
		找	07	0.07630634			摸	14	0.01234489
		接	11	0.0739865			折	07	0.01209634
		指	09	0.07332368			招	08	0.01193063
		提	12	0.0585761			擺	18	0.01101927
		拿	10	0.05244508			掌	12	0.01093641
		拉	08	0.05194797			抬	08	0.01077071
		排	11	0.03885741			揚	12	0.01077071
		掉	11	0.03272639			挑	09	0.01068786
		推	11	0.03164932			擦	17	0.01035645
		持	09	0.02866666			捉	10	0.01002505
		據	16	0.02709248			搬	13	0.00961079
		拜	09	0.02543545			抗	07	0.00936223
		摩	15	0.02427552			插	12	0.00936223
		技	07	0.02377841			拔	08	0.00886512
		搖	13	0.02261849			捨	11	0.00878227
		投	07	0.02162427			握	12	0.00869942
		探	11	0.02162427			承	08	0.00845087
		換	12	0.01963583			托	06	0.00836801
		擔	16	0.01905587			挖	09	0.00820231
		拍	08	0.0178131			擠	17	0.00820231
		按	09	0.0176474			攝	21	0.00803661
		揮	12	0.01748169			擇	16	0.00778805
		擊	17	0.01731599			搭	13	0.00762235
		採	11	0.01607321			損	13	0.00745665
		操	16	0.01574181			擁	16	0.00745665
		括	09	0.0152447			撞	15	0.00729094

部首筆劃	部首	字	筆劃	出現百分比	部首筆劃	部首	字	筆劃	出現百分比
		捲	11	0.00695954			扣	06	0.00331406
		搶	13	0.00687668			捽	14	0.00323121
		撇	15	0.00687668			掘	11	0.00314836
		授	11	0.00662813			扔	05	0.00306551
		拖	08	0.00629672			捷	11	0.00306551
		振	10	0.00629672			揭	12	0.00298266
		拼	09	0.00604817			拋	08	0.00289981
		擴	18	0.00596532			捧	11	0.00289981
		拾	09	0.00571676			搞	13	0.00289981
		撲	15	0.00571676			撫	15	0.00281696
		搜	13	0.00555106			披	08	0.0027341
		抵	08	0.00546821			擋	16	0.0027341
		援	18	0.00546821			拆	08	0.00265125
		扶	07	0.00538536			挫	10	0.00265125
		扮	07	0.00538536			掩	11	0.00265125
		撿	16	0.00538536			揆	12	0.00265125
		撥	15	0.0051368			攜	21	0.00265125
		拇	08	0.00505395			拒	08	0.0025684
		捐	10	0.00505395			撈	15	0.0025684
		摘	14	0.00488825			撕	15	0.0025684
		批	07	0.00472254			掠	11	0.0024027
		抹	08	0.00463969			摺	14	0.0024027
		控	11	0.00447399			擲	18	0.0024027
		撐	15	0.00422543			攀	19	0.0024027
		抖	07	0.00397688			抄	07	0.00231985
		拓	08	0.00389403			拳	10	0.00215414
		挺	10	0.00389403			扎	04	0.00207129
		押	08	0.00372832			拘	08	0.00207129
		挨	10	0.00372832			揉	12	0.00207129
		扯	07	0.00364547			拌	08	0.00190559
		措	11	0.00356262			攬	23	0.00182274
		擬	17	0.00347977			拯	09	0.00173988
		掰	12	0.00339692			挽	10	0.00173988
		擅	16	0.00339692			扭	07	0.00165703

部首筆劃	部首	字	筆劃	出現百分比	部首筆劃	部首	字	筆劃	出現百分比
		搞	13	0.00165703			擄	16	0.00074566
		掙	11	0.00157418			扒	05	0.00066281
		撤	14	0.00157418			扛	06	0.00066281
		攔	20	0.00157418			掀	11	0.00066281
		拭	09	0.00149133			掂	11	0.00066281
		挾	10	0.00149133			揣	12	0.00066281
		捆	10	0.00140848			搏	13	0.00066281
		擎	17	0.00140848			撼	16	0.00066281
		攤	22	0.00140848			攏	19	0.00066281
		拂	08	0.00132563			扼	07	0.00057996
		揍	12	0.00132563			拐	08	0.00049711
		搓	13	0.00132563			拴	09	0.00049711
		搗	13	0.00132563			挪	10	0.00049711
		抑	07	0.00124277			揪	12	0.00049711
		拱	09	0.00124277			搔	13	0.00049711
		揀	12	0.00124277			橈	15	0.00049711
		撮	15	0.00124277			攬	24	0.00049711
		抒	07	0.00115992			拎	08	0.00041426
		搞	13	0.00115992			披	11	0.00041426
		摟	14	0.00115992			擂	16	0.00041426
		捏	10	0.00107707			攪	20	0.00041426
		掏	11	0.00099422			拷	09	0.00033141
		擱	17	0.00099422			掬	11	0.00033141
		拙	08	0.00091137			掐	11	0.00033141
		捺	11	0.00091137			搾	13	0.00033141
		摧	14	0.00091137			搞	13	0.00033141
		扳	07	0.00082852			揌	13	0.00033141
		拼	08	0.00082852			撩	15	0.00033141
		撇	14	0.00082852			擒	16	0.00033141
		摹	15	0.00082852			攫	23	0.00033141
		撰	15	0.00082852			抉	07	0.00024855
		攘	20	0.00082852			拄	08	0.00024855
		揭	13	0.00074566			捎	10	0.00024855
		摯	15	0.00074566			揆	12	0.00024855

部首筆劃	部首	字	筆劃	出現百分比	部首筆劃	部首	字	筆劃	出現百分比
		摁	13	0.00024855			收	06	0.06205586
		摻	14	0.00024855			故	09	0.05973602
		擷	18	0.00024855			改	07	0.04979382
		攣	23	0.00024855			整	16	0.04656261
		拗	08	0.0001657			政	09	0.03405202
		拽	09	0.0001657			救	11	0.02452408
		挐	09	0.0001657			敬	13	0.02261849
		捍	10	0.0001657			敢	12	0.01806165
		掣	12	0.0001657			散	12	0.0179788
		揖	12	0.0001657			敵	15	0.01358767
		擘	17	0.0001657			效	10	0.01342196
		技	06	0.00008285			敗	11	0.01193063
		扱	06	0.00008285			攻	07	0.01176493
		抿	08	0.00008285			啟	11	0.0102736
		挈	10	0.00008285			敘	11	0.00911368
		捅	10	0.00008285			敲	14	0.00720809
		捱	11	0.00008285			敝	11	0.00596532
		捫	11	0.00008285			敏	11	0.00555106
		掖	11	0.00008285			敦	12	0.00546821
		揩	12	0.00008285			敕	11	0.00140848
		搣	12	0.00008285			數	15	0.00107707
		揹	12	0.00008285			敔	12	0.00091137
		搆	13	0.00008285			斃	17	0.00066281
		摑	14	0.00008285			斂	17	0.00041426
		摺	14	0.00008285			敎	11	0.00024855
		撚	15	0.00008285			攸	07	0.00008285
		摯	15	0.00008285		文	文	04	0.18036798
		擤	18	0.00008285			斑	12	0.00646243
		攢	22	0.00008285			斌	12	0.00041426
		攘	23	0.00008285			斕	21	0.00041426
	支	支	04	0.02195568			斐	12	0.00024855
	攴	教	11	0.14855296		斗	料	10	0.03993448
		數	15	0.13662232			斜	11	0.01101927
		放	08	0.08740846			斗	04	0.00679383

部首筆劃	部首	字	筆劃	出現百分比
		斜	11	0.00033141
		斟	13	0.00024855
		斡	14	0.00024855
	斤	新	13	0.11350672
		斯	12	0.06122735
		斷	18	0.03628901
		斤	04	0.01864161
		斧	08	0.00397688
		斥	05	0.00190559
		斬	11	0.00132563
	方	方	04	0.23314446
		於	08	0.18542193
		族	11	0.04034874
		旅	10	0.02576685
		旁	10	0.02319845
		施	09	0.01880732
		旋	11	0.01002505
		旗	14	0.00671098
		旒	12	0.0001657
		旎	11	0.00008285
		旖	14	0.00008285
	无	既	09	0.01333911
	日	是	09	1.2629901
		時	10	0.42386889
		明	08	0.16280343
		日	04	0.15650671
		星	09	0.1020732
		早	06	0.05675336
		晚	11	0.04797109
		春	09	0.04772253
		易	08	0.03430057
		景	12	0.03363776
		昨	09	0.01955298
		暖	13	0.01715029

部首筆劃	部首	字	筆劃	出現百分比
		暗	13	0.01657032
		暴	15	0.01507899
		智	12	0.01466474
		普	12	0.01342196
		昆	08	0.01135067
		昏	08	0.00977649
		晨	11	0.00927938
		暑	12	0.00911368
		曉	16	0.00811946
		晶	12	0.00803661
		曆	16	0.00795376
		晴	12	0.00687668
		晃	10	0.00596532
		映	09	0.00579961
		旦	05	0.0051368
		暢	14	0.00414258
		暫	15	0.00405973
		旨	06	0.00389403
		昌	08	0.00339692
		昭	09	0.00331406
		晏	10	0.00306551
		晒	10	0.00298266
		昇	08	0.00281696
		昂	08	0.0025684
		晉	10	0.0025684
		暈	13	0.0024027
		旱	07	0.00198844
		旺	08	0.00190559
		旬	06	0.00173988
		暨	14	0.00165703
		暮	15	0.00165703
		暉	13	0.00149133
		晝	11	0.00140848
		曬	23	0.00132563

部首筆劃	部首	字	筆劃	出現百分比	部首筆劃	部首	字	筆劃	出現百分比
		晰	12	0.00115992			曾	12	0.0304894
		昔	08	0.00107707			替	12	0.01698458
		暇	13	0.00099422			曹	11	0.00952794
		昧	09	0.00091137			曰	04	0.00140848
		曠	19	0.00074566			曳	06	0.00082852
		曦	20	0.00057996		月	有	06	0.96008457
		旭	06	0.00049711			月	04	0.13098841
		晁	10	0.00049711			望	11	0.10439304
		晷	12	0.00049711			期	12	0.07779767
		曜	18	0.00049711			朋	08	0.07489786
		昱	09	0.00041426			服	08	0.05501348
		晌	10	0.00033141			朝	12	0.03885741
		晟	10	0.00033141			朗	10	0.00886512
		曝	19	0.00033141			朦	18	0.00066281
		昶	09	0.00024855			朧	20	0.00066281
		曇	16	0.00024855			朔	10	0.00041426
		昕	08	0.0001657			朕	10	0.0001657
		旻	08	0.0001657		木	樣	15	0.21922539
		晤	11	0.0001657			果	08	0.14540459
		暄	13	0.0001657			本	05	0.14490748
		曖	15	0.0001657			校	10	0.1405992
		昀	08	0.00008285			樂	15	0.13927357
		昊	08	0.00008285			東	08	0.09942194
		晦	11	0.00008285			樹	16	0.09088823
		晢	11	0.00008285			機	16	0.08243736
		暘	13	0.00008285			業	13	0.0765549
		暐	13	0.00008285			條	11	0.07108669
		暝	14	0.00008285			木	04	0.0662813
		曙	17	0.00008285			林	08	0.06205586
		曨	20	0.00008285			格	10	0.04904816
	曰	會	13	0.39569934			根	10	0.04672831
		書	10	0.09105393			植	12	0.04001733
		更	07	0.08376299			板	08	0.03778034
		曲	06	0.05484777			李	07	0.03662042

部首筆劃	部首	字	筆劃	出現百分比		部首筆劃	部首	字	筆劃	出現百分比
		查	09	0.03247784				檢	17	0.01019075
		極	13	0.03173217				柔	09	0.00961079
		標	15	0.02609826				裸	12	0.00952794
		案	10	0.02593256				析	08	0.00886512
		材	07	0.02543545				梯	11	0.00886512
		枝	08	0.02518689				柴	10	0.00836801
		村	07	0.02452408				椅	12	0.00820231
		未	05	0.02386127				橡	16	0.00803661
		模	15	0.02386127				樓	12	0.0075395
		朵	06	0.02236994				柳	09	0.00712524
		構	14	0.02104431				欄	21	0.00704239
		榮	14	0.01938728				朱	06	0.00671098
		梅	11	0.01913872				棄	11	0.00646243
		楚	13	0.01822736				榕	14	0.00637957
		桃	10	0.0179788				槍	14	0.00637957
		樓	15	0.01789595				杜	07	0.00621387
		森	12	0.01748169				枯	09	0.00596532
		桌	10	0.01690173				柏	09	0.00596532
		杯	08	0.01673603				棋	12	0.00555106
		某	09	0.01516185				橘	16	0.00555106
		橫	16	0.01483044				桶	11	0.00546821
		架	09	0.01449903				梨	11	0.0051368
		染	09	0.01400192				械	11	0.00505395
		橋	16	0.01383622				棚	12	0.00505395
		棒	12	0.01350481				桂	10	0.0049711
		權	22	0.0126763				梁	11	0.00463969
		楊	13	0.01201348				桿	11	0.00463969
		核	10	0.01159923				柯	09	0.00389403
		松	08	0.01077071				櫃	18	0.00389403
		末	05	0.01060501				札	05	0.00364547
		束	07	0.01052216				棧	12	0.00364547
		概	13	0.0104393				株	10	0.00356262
		柱	09	0.0102736				椎	12	0.00339692
		棉	12	0.0102736				枚	08	0.00331406

部首筆劃	部首	字	筆劃	出現百分比	部首筆劃	部首	字	筆劃	出現百分比
		枕	08	0.00323121			楓	13	0.00132563
		榜	14	0.00323121			樟	15	0.00132563
		樸	16	0.00298266			欖	25	0.00132563
		梳	10	0.00289981			杰	08	0.00124277
		梭	11	0.0027341			桐	10	0.00124277
		栽	10	0.00265125			椿	15	0.00124277
		柄	09	0.00248555			杏	07	0.00115992
		棟	12	0.00248555			梧	11	0.00115992
		桑	10	0.0024027			槽	15	0.00115992
		棍	12	0.0024027			橄	16	0.00115992
		框	10	0.00231985			楣	13	0.00107707
		杉	07	0.00223699			樁	13	0.00107707
		棘	12	0.00215414			橇	16	0.00107707
		梢	11	0.00207129			檬	18	0.00107707
		樑	15	0.00207129			欒	23	0.00107707
		檔	17	0.00207129			枉	08	0.00099422
		杖	07	0.00198844			樺	16	0.00099422
		槓	14	0.00198844			檸	18	0.00091137
		櫻	21	0.00198844			梗	11	0.00082852
		栗	10	0.00190559			棗	12	0.00082852
		棺	12	0.00190559			柿	09	0.00074566
		槌	14	0.00190559			枸	09	0.00074566
		杞	07	0.00182274			梵	11	0.00074566
		椰	13	0.00173988			椒	12	0.00074566
		樞	15	0.00173988			柵	09	0.00066281
		橙	16	0.00165703			楞	13	0.00066281
		樵	16	0.00165703			楂	13	0.00066281
		朽	06	0.00149133			櫛	17	0.00066281
		槳	15	0.00149133			柑	09	0.00057996
		櫥	19	0.00149133			桅	10	0.00057996
		杆	07	0.00140848			梓	11	0.00057996
		棕	12	0.00140848			檀	17	0.00057996
		橢	16	0.00140848			柩	09	0.00049711
		栩	10	0.00132563			桓	10	0.00049711

部首筆劃	部首	字	筆劃	出現百分比	部首筆劃	部首	字	筆劃	出現百分比
		栖	10	0.00049711			榨	14	0.0001657
		楷	13	0.00049711			榛	14	0.0001657
		槓	13	0.00049711			橺	14	0.0001657
		樊	15	0.00049711			槃	14	0.0001657
		檯	18	0.00049711			榧	14	0.0001657
		櫊	19	0.00049711			楝	15	0.0001657
		櫓	19	0.00049711			櫱	19	0.0001657
		杵	08	0.00041426			櫧	21	0.0001657
		枂	09	0.00041426			欉	22	0.0001657
		棣	12	0.00041426			朴	06	0.00008285
		椏	12	0.00041426			杓	07	0.00008285
		槵	13	0.00041426			枋	08	0.00008285
		楸	13	0.00041426			杳	08	0.00008285
		榭	14	0.00041426			杼	08	0.00008285
		橈	16	0.00041426			枒	08	0.00008285
		檜	17	0.00041426			柚	09	0.00008285
		檣	17	0.00041426			柒	09	0.00008285
		椹	13	0.00033141			桎	10	0.00008285
		榴	14	0.00033141			桴	11	0.00008285
		槐	14	0.00033141			桔	11	0.00008285
		檳	18	0.00033141			棹	12	0.00008285
		杭	08	0.00024855			棻	12	0.00008285
		栓	10	0.00024855			榷	14	0.00008285
		柢	09	0.0001657			榖	14	0.00008285
		枴	09	0.0001657			槿	15	0.00008285
		桔	10	0.0001657			槲	15	0.00008285
		梱	11	0.0001657			檻	18	0.00008285
		棠	12	0.0001657			櫡	19	0.00008285
		椋	12	0.0001657			欅	21	0.00008285
		楠	13	0.0001657			欞	28	0.00008285
		楔	13	0.0001657		欠	次	06	0.10074757
		楹	13	0.0001657			歡	22	0.08152599
		榆	13	0.0001657			歌	14	0.05145086
		橡	13	0.0001657			歐	15	0.01938728

部首筆劃	部首	字	筆劃	出現百分比	部首筆劃	部首	字	筆劃	出現百分比
		欣	08	0.01507899			殆	09	0.00024855
		款	12	0.00555106			殯	18	0.00024855
		欲	11	0.0049711			殲	21	0.0001657
		歉	14	0.00430828			殂	09	0.00008285
		欺	12	0.00422543			殮	17	0.00008285
		欠	04	0.00223699			殖	17	0.00008285
		歇	13	0.00207129		毋	每	07	0.10613293
		欽	12	0.00099422			母	05	0.09602503
		歎	15	0.00057996			毒	08	0.01607321
		欤	11	0.00024855			毋	04	0.00066281
	止	正	05	0.11632367			毓	13	0.00024855
		此	06	0.09768206		比	比	04	0.12941423
		步	07	0.04763968			毖	09	0.00008285
		歲	13	0.03073795		毛	毛	04	0.02593256
		歷	16	0.02982658			毫	11	0.00952794
		武	08	0.02452408			毯	12	0.0025684
		止	04	0.02162427			毽	13	0.00074566
		歸	18	0.0101079			毬	11	0.00041426
		歪	09	0.00298266			氈	17	0.00024855
		歧	08	0.00057996		氏	民	05	0.10936414
	殳	段	09	0.05534488			氏	04	0.00836801
		殺	11	0.02079576			氓	08	0.0001657
		殼	12	0.01681888			氐	05	0.00008285
		殿	13	0.00596532		气	氣	10	0.18857029
		毅	15	0.00248555			氧	10	0.01416763
		毀	13	0.00223699			氛	08	0.00298266
		般	10	0.00190559			氫	11	0.00165703
		毆	15	0.00041426			氮	12	0.00124277
	歹	死	06	0.05534488			氦	10	0.00082852
		殊	10	0.0104393			氯	12	0.00074566
		殖	12	0.00745665			氨	10	0.00041426
		殘	12	0.00613102			氟	09	0.00033141
		歹	04	0.00314836			氤	11	0.0001657
		殃	09	0.00033141			氖	06	0.00008285

部首筆劃	部首	字	筆劃	出現百分比		部首筆劃	部首	字	筆劃	出現百分比
		氫	12	0.00008285				江	06	0.01947013
	水	水	04	0.24184388				游	12	0.01922158
		沒	07	0.19975526				派	09	0.01913872
		法	08	0.16553754				減	12	0.01864161
		活	09	0.14772444				洗	09	0.01806165
		海	10	0.11756645				滑	13	0.01599036
		流	09	0.07804623				沉	07	0.01574181
		河	08	0.06843544				泥	08	0.01466474
		清	11	0.06528708				濟	17	0.01466474
		滿	14	0.05733332				泡	08	0.01458189
		注	08	0.05592484				激	16	0.01449903
		灣	25	0.0510366				況	08	0.01441618
		求	07	0.05053949				浪	10	0.01408478
		深	11	0.04962812				溪	13	0.01375337
		溫	13	0.04755683				淡	11	0.01358767
		演	14	0.04399421				淚	11	0.01317341
		消	10	0.0359576				滴	14	0.0130077
		油	08	0.03496338				淨	11	0.01275915
		準	13	0.03471483				汽	07	0.01242774
		決	07	0.03463198				池	06	0.01217919
		漸	14	0.03164932				滾	14	0.01143352
		沙	07	0.03040654				洛	09	0.01135067
		洲	09	0.02949518				溶	13	0.01135067
		源	13	0.02932947				滅	13	0.01126782
		洋	09	0.02775529				湯	12	0.01118497
		永	05	0.02642967				潔	15	0.01110212
		測	12	0.02609826				沿	08	0.01101927
		治	08	0.02460693				潮	15	0.01077071
		波	08	0.02452408				濃	16	0.0102736
		湖	12	0.02336416				涼	11	0.00977649
		洞	09	0.02303275				混	11	0.00977649
		液	11	0.02104431				港	12	0.00977649
		漢	14	0.02063005				浮	10	0.00969364
		漂	14	0.01963583				汗	06	0.00952794

部首筆劃	部首	字	筆劃	出現百分比	部首筆劃	部首	字	筆劃	出現百分比
		漁	14	0.00919653			灑	22	0.00364547
		漫	14	0.00778805			渴	12	0.00356262
		灌	21	0.0077052			汪	07	0.00347977
		沖	07	0.00729094			泣	08	0.00339692
		汁	05	0.00654528			泰	10	0.00331406
		渡	12	0.00646243			浩	10	0.00331406
		泉	09	0.00613102			滋	12	0.00331406
		湮	13	0.00613102			漏	14	0.00331406
		洪	09	0.00604817			漲	14	0.00331406
		渾	12	0.00596532			浴	10	0.00323121
		汙	06	0.00588247			潤	15	0.00323121
		淺	11	0.00588247			濫	17	0.00323121
		澂	15	0.00588247			涉	10	0.00306551
		泳	08	0.00579961			潭	15	0.00306551
		澤	16	0.00571676			沸	08	0.00298266
		澳	16	0.00571676			涵	11	0.00289981
		漿	15	0.00546821			淘	11	0.00289981
		灘	22	0.00546821			沼	08	0.00281696
		淑	11	0.00538536			溉	12	0.00281696
		漆	14	0.00538536			濕	17	0.00281696
		澆	15	0.00521965			浸	10	0.0027341
		泊	08	0.00505395			滲	14	0.0025684
		溜	13	0.0049711			瀑	18	0.0025684
		添	11	0.00480539			汗	06	0.00248555
		潛	15	0.00472254			津	09	0.00248555
		漠	14	0.00463969			澄	15	0.00248555
		泌	08	0.00455684			澡	16	0.00248555
		滔	13	0.00455684			濱	17	0.00248555
		澎	15	0.00422543			沃	07	0.00231985
		溝	13	0.00414258			沾	08	0.00223699
		澱	16	0.00405973			洽	09	0.00223699
		湧	12	0.00397688			沈	07	0.00215414
		淋	11	0.00389403			湊	12	0.00207129
		泛	08	0.00372832			溢	13	0.00207129

部首筆劃	部首	字	筆劃	出現百分比	部首筆劃	部首	字	筆劃	出現百分比
		濁	16	0.00207129			浅	09	0.00091137
		淒	11	0.00198844			淇	11	0.00091137
		瀝	19	0.00198844			淮	11	0.00091137
		淵	11	0.00190559			瀕	19	0.00091137
		渦	12	0.00190559			渣	12	0.00082852
		澗	15	0.00182274			渝	12	0.00082852
		潘	15	0.00182274			漳	14	0.00082852
		涓	10	0.00173988			漱	14	0.00082852
		激	14	0.00173988			滌	14	0.00082852
		涯	11	0.00165703			淪	11	0.00074566
		浞	10	0.00157418			湍	12	0.00074566
		淹	11	0.00157418			瀛	18	0.00074566
		浙	11	0.00149133			瀚	19	0.00074566
		汀	05	0.00132563			渺	12	0.00066281
		沛	07	0.00132563			滷	14	0.00066281
		沫	08	0.00132563			汐	06	0.00057996
		濾	18	0.00132563			浙	10	0.00057996
		泄	08	0.00124277			滄	13	0.00057996
		湘	12	0.00124277			漓	14	0.00057996
		溺	13	0.00124277			漬	14	0.00057996
		濤	17	0.00124277			瀏	18	0.00057996
		淳	11	0.00115992			沌	07	0.00049711
		溯	13	0.00115992			涕	10	0.00049711
		潰	15	0.00115992			淙	11	0.00049711
		瀉	18	0.00115992			淫	11	0.00049711
		瀰	20	0.00115992			淆	11	0.00049711
		氾	05	0.00107707			渲	12	0.00049711
		濛	17	0.00107707			湛	12	0.00049711
		沐	07	0.00099422			瀘	14	0.00049711
		淘	09	0.00099422			潺	15	0.00049711
		浣	10	0.00099422			瀟	19	0.00049711
		漩	14	0.00099422			汲	07	0.00041426
		滯	14	0.00099422			沟	07	0.00041426
		潦	15	0.00099422			淤	11	0.00041426

部首筆劃	部首	字	筆劃	出現百分比	部首筆劃	部首	字	筆劃	出現百分比
		涸	11	0.00041426			湝	12	0.0001657
		汝	06	0.00033141			瀛	19	0.0001657
		沂	07	0.00033141			瀾	20	0.0001657
		沽	08	0.00033141			汎	06	0.00008285
		沮	08	0.00033141			沅	07	0.00008285
		汞	09	0.00033141			汨	07	0.00008285
		洒	09	0.00033141			沱	08	0.00008285
		涎	11	0.00033141			泓	08	0.00008285
		渠	12	0.00033141			泗	08	0.00008285
		渤	12	0.00033141			泅	08	0.00008285
		湃	12	0.00033141			泯	08	0.00008285
		澇	15	0.00033141			泠	08	0.00008285
		澀	17	0.00033141			泂	08	0.00008285
		汞	07	0.00024855			洌	09	0.00008285
		汨	07	0.00024855			洱	09	0.00008285
		汶	07	0.00024855			洵	09	0.00008285
		洮	09	0.00024855			浹	09	0.00008285
		浦	10	0.00024855			洄	09	0.00008285
		涂	10	0.00024855			涅	10	0.00008285
		滂	13	0.00024855			埃	10	0.00008285
		滬	14	0.00024855			淌	11	0.00008285
		漚	14	0.00024855			淄	11	0.00008285
		濘	17	0.00024855			淀	11	0.00008285
		瀆	18	0.00024855			淩	11	0.00008285
		瀧	19	0.00024855			淖	11	0.00008285
		汕	06	0.0001657			渥	12	0.00008285
		沁	07	0.0001657			渭	12	0.00008285
		汰	07	0.0001657			淼	12	0.00008285
		汧	07	0.0001657			湄	12	0.00008285
		涇	10	0.0001657			滇	13	0.00008285
		浹	10	0.0001657			漠	13	0.00008285
		涅	10	0.0001657			漾	14	0.00008285
		浥	10	0.0001657			滸	14	0.00008285
		添	11	0.0001657			潼	15	0.00008285

部首筆劃	部首	字	筆劃	出現百分比	部首筆劃	部首	字	筆劃	出現百分比
		滕	15	0.00008285			炎	08	0.00828516
		潁	15	0.00008285			爆	19	0.00629672
		潢	15	0.00008285			煤	13	0.00613102
		澔	15	0.00008285			煮	12	0.00588247
		濠	17	0.00008285			爐	20	0.00579961
		濬	17	0.00008285			焦	12	0.00555106
		濰	17	0.00008285			炸	09	0.00455684
		濾	16	0.00008285			烤	10	0.00356262
		瀋	18	0.00008285			燦	17	0.00314836
		瀅	18	0.00008285			燥	17	0.00314836
		瀘	19	0.00008285			熔	14	0.00281696
		灞	24	0.00008285			熄	14	0.00281696
	火	爲	09	0.4574238			炒	08	0.00265125
		然	12	0.21417144			煉	13	0.00248555
		無	12	0.09867628			焰	12	0.0024027
		照	13	0.07514642			炭	09	0.00190559
		火	04	0.06512137			焚	12	0.00190559
		熱	15	0.06205586			烘	10	0.00182274
		燈	16	0.03537764			烽	11	0.00182274
		燒	16	0.02046435			煌	13	0.00173988
		灰	06	0.01748169			爍	19	0.00165703
		營	17	0.01739884			煎	13	0.00157418
		烈	10	0.01665318			燙	16	0.00149133
		熟	15	0.01582466			煞	13	0.00115992
		災	07	0.01499614			熬	15	0.00115992
		烏	10	0.01367052			炙	08	0.00099422
		煩	13	0.012842			灸	07	0.00091137
		爛	21	0.0102736			焉	11	0.00091137
		煙	13	0.0101079			烹	11	0.00082852
		燃	16	0.01002505			灼	07	0.00074566
		燕	16	0.00919653			煥	13	0.00074566
		燭	17	0.00911368			灶	07	0.00066281
		炮	09	0.00878227			炯	09	0.00057996
		熊	14	0.00853372			煦	13	0.00057996

部首筆劃	部首	字	筆劃	出現百分比	部首筆劃	部首	字	筆劃	出現百分比
		熙	14	0.00057996			爽	11	0.00447399
		熒	14	0.00049711		爿	牆	17	0.01367052
		熾	16	0.00049711		片	片	04	0.05990172
		燻	18	0.00049711			版	08	0.01159923
		炫	09	0.00041426			牌	12	0.00704239
		烯	11	0.00041426		牙	牙	04	0.0304894
		炬	09	0.00033141		牛	物	08	0.25170322
		煒	13	0.00033141			特	10	0.09569362
		熨	15	0.00033141			牠	07	0.0611445
		炳	09	0.00024855			牛	04	0.03960307
		烊	10	0.00024855			牧	08	0.00704239
		燉	16	0.00024855			牽	11	0.00571676
		燄	16	0.00024855			牢	07	0.00546821
		爐	18	0.00024855			牲	09	0.00430828
		炊	08	0.0001657			牡	07	0.00331406
		煽	14	0.0001657			犧	20	0.00298266
		燬	17	0.0001657			犢	19	0.00082852
		燠	17	0.0001657			犄	12	0.00057996
		炔	08	0.00008285			犀	12	0.00049711
		焊	11	0.00008285			犁	11	0.00033141
		烷	11	0.00008285			牟	06	0.00024855
		焙	12	0.00008285			牴	09	0.00008285
		煜	13	0.00008285			犒	14	0.00008285
		煮	18	0.00008285			犛	15	0.00008285
		燿	18	0.00008285		犬	狀	08	0.03753178
	爪	爬	08	0.02154142			狗	08	0.03173217
		爭	08	0.01706743			獲	17	0.02236994
		爵	17	0.00729094			獨	16	0.02079576
		爪	04	0.0053025			獎	15	0.01640462
	父	爸	08	0.10986125			猴	12	0.01615607
		父	04	0.06329864			猜	11	0.01358767
		爺	13	0.02966088			獵	18	0.01325626
		爹	10	0.00405973			狼	10	0.01234489
	爻	爾	14	0.04962812			獅	13	0.01184778

部首筆劃	部首	字	筆劃	出現百分比	部首筆劃	部首	字	筆劃	出現百分比
		獻	20	0.01143352			痛	12	0.02005009
		犯	05	0.01068786			疾	10	0.0053025
		獸	19	0.00961079			疼	10	0.00521965
		猩	12	0.00803661			療	17	0.0051368
		猛	11	0.00745665			瘦	15	0.00480539
		狐	08	0.00596532			疲	10	0.00439114
		狸	10	0.0053025			痕	11	0.00422543
		狂	07	0.00488825			瘋	14	0.00314836
		狼	09	0.00480539			症	10	0.00289981
		犬	04	0.00463969			痴	13	0.00124277
		猶	12	0.00455684			瘤	15	0.00124277
		猿	13	0.00405973			疫	09	0.00115992
		獄	14	0.00389403			癮	22	0.00115992
		狹	10	0.00223699			癌	17	0.00107707
		狄	07	0.00107707			瘍	20	0.00107707
		狩	09	0.00099422			癱	19	0.00099422
		狡	09	0.00074566			瘡	15	0.00082852
		猾	13	0.00057996			癒	18	0.00082852
		獷	18	0.00041426			痘	12	0.00074566
		狙	10	0.00033141			疹	10	0.00066281
		獲	21	0.00033141			瘠	19	0.00066281
		猝	11	0.00024855			痣	12	0.00049711
		獰	17	0.00024855			痰	12	0.00049711
		狒	08	0.0001657			疙	08	0.00041426
		狷	10	0.0001657			疚	08	0.00041426
		猖	11	0.0001657			痰	13	0.00041426
		獗	15	0.0001657			痺	13	0.00041426
		獒	15	0.0001657			瘓	14	0.00041426
		獼	20	0.0001657			瘩	15	0.00041426
		猙	11	0.00008285			痊	11	0.00033141
		獺	19	0.00008285			瘩	15	0.00033141
五畫	玄	率	11	0.01507899			瘟	15	0.00033141
		玄	05	0.00364547			癲	21	0.00033141
	疒	病	10	0.0381946			癱	24	0.00033141

部首筆劃	部首	字	筆劃	出現百分比	部首筆劃	部首	字	筆劃	出現百分比
		癲	24	0.00033141			玲	09	0.00414258
		疤	09	0.00024855			璧	18	0.00397688
		瘍	14	0.00024855			瑜	13	0.00389403
		瘴	16	0.00024855			玫	08	0.00356262
		瘸	16	0.00024855			瑰	14	0.00339692
		癖	18	0.00024855			瑚	13	0.00306551
		疵	11	0.0001657			瑩	15	0.00223699
		瘂	12	0.0001657			琪	12	0.00198844
		痒	13	0.0001657			琢	12	0.00149133
		疣	09	0.00008285			琅	11	0.00132563
		痢	12	0.00008285			琉	10	0.00124277
		瘀	13	0.00008285			琵	12	0.00107707
		痳	13	0.00008285			瑋	13	0.00099422
		癆	17	0.00008285			瓊	19	0.00099422
		癇	18	0.00008285			瑤	14	0.00091137
		癬	18	0.00008285			珮	10	0.00082852
	玉	現	11	0.18235642			璀	15	0.00082852
		王	04	0.12560306			璇	15	0.00082852
		球	11	0.0945337			璨	17	0.00082852
		理	11	0.08931405			玟	08	0.00074566
		玩	08	0.06818688			瓏	20	0.00074566
		班	10	0.06164161			琍	11	0.00066281
		環	17	0.04001733			瑠	13	0.00066281
		琴	12	0.0306551			瑛	13	0.00066281
		玉	05	0.02750674			玖	07	0.00057996
		珍	09	0.01963583			瑯	13	0.00057996
		珠	10	0.01474759			瑾	15	0.00057996
		璃	15	0.01035645			瑄	13	0.00049711
		玻	09	0.01019075			琺	12	0.00041426
		瑪	14	0.00977649			琇	11	0.00033141
		珊	09	0.00894797			琶	12	0.00033141
		瑞	13	0.00687668			璋	15	0.00033141
		瑟	13	0.0051368			璽	19	0.00033141
		琳	12	0.0049711			珀	09	0.00024855

部首筆劃	部首	字	筆劃	出現百分比	部首筆劃	部首	字	筆劃	出現百分比
		玭	09	0.00024855			皇	09	0.02228709
		琥	12	0.00024855			皆	09	0.00555106
		琛	12	0.00024855			皀	07	0.00248555
		琦	12	0.00024855			皎	11	0.00091137
		琮	12	0.00024855			皓	12	0.00066281
		瑕	13	0.00024855			皚	15	0.00033141
		瑁	13	0.00024855			皤	17	0.0001657
		璣	16	0.00024855			皋	10	0.00008285
		璟	16	0.00024855		皮	皮	05	0.04316569
		璦	17	0.00024855			皺	15	0.00314836
		璿	18	0.00024855			皴	12	0.00041426
		玷	09	0.0001657			鞄	14	0.0001657
		珈	09	0.0001657		瓜	瓜	05	0.01275915
		珩	10	0.0001657			瓣	19	0.0025684
		琨	12	0.0001657			瓢	16	0.00091137
		琿	13	0.0001657			瓞	10	0.0001657
		璜	16	0.0001657			瓠	11	0.0001657
		璐	17	0.0001657		瓦	瓶	11	0.01483044
		玕	07	0.00008285			瓦	05	0.0077052
		玠	08	0.00008285			瓷	11	0.0053025
		珞	10	0.00008285			甄	14	0.00149133
		珥	10	0.00008285			甕	18	0.00057996
		珣	10	0.00008285		甘	甚	09	0.0179788
		玥	11	0.00008285			甘	05	0.01019075
		琬	12	0.00008285			甜	11	0.00762235
		瑗	13	0.00008285		生	生	05	0.45104422
		瑱	14	0.00008285			產	11	0.05335644
		瑢	14	0.00008285			甥	12	0.00091137
		璉	15	0.00008285			甦	12	0.00066281
		瓚	23	0.00008285		用	用	05	0.33414058
			07	0.00008285			甩	05	0.00066281
	白	的	08	4.05616677			甫	07	0.00041426
		白	05	0.11657223			甬	07	0.00008285
		百	06	0.07597494			甯	09	0.00008285

部首筆劃	部首	字	筆劃	出現百分比	部首筆劃	部首	字	筆劃	出現百分比
		甯	12	0.00008285			盜	12	0.00555106
	田	當	13	0.14407897			盆	09	0.0049711
		由	05	0.11085547			盈	09	0.00439114
		畫	12	0.1024046			盧	16	0.00397688
		留	10	0.05493062			盪	17	0.00356262
		界	09	0.05426781			盞	13	0.00215414
		畢	11	0.03645471			盟	13	0.00190559
		甲	05	0.03272639			盃	11	0.00132563
		田	05	0.02642967			皿	05	0.00107707
		男	07	0.02626396			盍	10	0.00091137
		異	11	0.01665318			盂	08	0.0001657
		略	11	0.00869942			蠱	09	0.00008285
		番	12	0.00836801			盬	16	0.00008285
		疊	22	0.00646243		目	看	09	0.39652785
		申	05	0.0049711			眞	10	0.13430248
		畜	10	0.00339692			相	09	0.12717724
		畏	09	0.00265125			眼	11	0.07638919
		畦	11	0.00182274			直	08	0.07522927
		畝	10	0.00165703			目	05	0.07390365
		疆	19	0.00149133			睡	14	0.03015799
		畔	10	0.00124277			眾	11	0.02502119
		畚	10	0.00107707			睛	13	0.02502119
		甸	07	0.00066281			省	09	0.02444123
		疇	19	0.00033141			瞧	17	0.00878227
		町	07	0.0001657			眉	09	0.0053025
	疋	疑	14	0.00985934			盼	09	0.00488825
		疏	11	0.00712524			瞪	17	0.00455684
		疋	05	0.00033141			睜	13	0.00430828
	皿	盡	14	0.02725818			眠	10	0.00422543
		盤	15	0.02468978			督	13	0.00372832
		盛	11	0.01698458			瞭	17	0.00331406
		盒	11	0.01333911			盾	09	0.0025684
		益	10	0.0101079			眨	10	0.0025684
		監	14	0.0075395			瞬	17	0.00207129

部首筆劃	部首	字	筆劃	出現百分比	部首筆劃	部首	字	筆劃	出現百分比
		盲	08	0.00190559			睚	13	0.00008285
		眶	11	0.00190559			睿	14	0.00008285
		眺	11	0.00149133			瞅	14	0.00008285
		瞎	15	0.00140848			瞍	15	0.00008285
		盯	07	0.00124277			瞟	16	0.00008285
		睹	13	0.00124277			瞽	18	0.00008285
		瞇	15	0.00124277			瞼	18	0.00008285
		瞞	16	0.00124277			矓	21	0.00008285
		瞿	18	0.00124277		矛	矛	05	0.00157418
		眩	10	0.00107707		矢	知	08	0.15551249
		瞄	14	0.00107707			短	12	0.02866666
		瞰	17	0.00091137			矮	13	0.00762235
		眤	12	0.00082852			矩	10	0.00207129
		瞌	15	0.00074566			矯	17	0.00074566
		矚	26	0.00066281			矢	05	0.00049711
		瞳	17	0.00049711			矣	07	0.00049711
		眈	09	0.00041426		石	石	05	0.09842772
		眷	11	0.00041426			研	09	0.0255183
		眸	11	0.00041426			確	15	0.02460693
		睞	13	0.00041426			破	10	0.02029865
		矗	24	0.00041426			硬	12	0.01333911
		睦	13	0.00033141			磁	14	0.01118497
		睬	13	0.00033141			碼	15	0.01101927
		睫	13	0.00024855			砍	09	0.00969364
		瞥	16	0.00024855			碎	13	0.00944508
		眊	09	0.0001657			磨	16	0.00903083
		睇	12	0.0001657			碰	13	0.00878227
		瞻	18	0.0001657			礦	20	0.00878227
		矇	19	0.0001657			碳	14	0.00571676
		眄	09	0.00008285			碗	13	0.00505395
		眭	11	0.00008285			礎	18	0.00505395
		眥	11	0.00008285			礙	19	0.00488825
		睪	13	0.00008285			碧	14	0.00455684
		睨	13	0.00008285			砂	09	0.00381117

部首筆劃	部首	字	筆劃	出現百分比	部首筆劃	部首	字	筆劃	出現百分比
		硅	10	0.00323121			礁	14	0.00008285
		碌	13	0.00323121		示	神	10	0.07290943
		礫	20	0.00265125			示	05	0.05534488
		磚	16	0.0025684			祝	10	0.05070519
		碑	13	0.00248555			福	14	0.04913101
		礁	17	0.00223699			禮	18	0.03927167
		硫	11	0.00198844			社	08	0.03090365
		碟	14	0.00190559			祖	10	0.01773025
		碘	13	0.00182274			票	11	0.01565896
		磷	17	0.00182274			禁	13	0.01251059
		砰	10	0.00149133			祥	11	0.01035645
		碩	14	0.00149133			祭	11	0.0077052
		礦	17	0.00149133			祈	09	0.00472254
		砌	09	0.00140848			祕	10	0.00455684
		砲	10	0.00132563			禍	14	0.00314836
		砸	10	0.00115992			禱	19	0.00306551
		磯	17	0.00091137			禧	17	0.0027341
		磊	15	0.00082852			禦	16	0.00182274
		磅	15	0.00066281			祀	08	0.00173988
		硼	13	0.00057996			禪	17	0.00149133
		矽	08	0.00049711			祇	09	0.00091137
		硅	11	0.00049711			祿	13	0.00091137
		磋	15	0.00049711			祟	10	0.00082852
		砥	10	0.00041426			祠	10	0.00074566
		硝	12	0.00041426			禎	14	0.00074566
		磕	15	0.00041426			祂	08	0.00049711
		礪	20	0.00041426			祺	13	0.00049711
		硯	12	0.00033141			祁	08	0.00033141
		礴	22	0.00033141			祐	10	0.00024855
		碾	15	0.0001657			祛	10	0.0001657
		砣	10	0.00008285			襪	22	0.0001657
		砱	10	0.00008285			祉	09	0.00008285
		硃	11	0.00008285		禾	種	14	0.18790747
		碇	13	0.00008285			稱	14	0.0611445

部首筆劃	部首	字	筆劃	出現百分比	部首筆劃	部首	字	筆劃	出現百分比
		科	09	0.05534488			穢	18	0.00033141
		積	16	0.04722542			稔	13	0.00024855
		程	12	0.04134296			秣	10	0.0001657
		秋	09	0.01739884			稼	15	0.0001657
		移	11	0.01731599			稷	15	0.0001657
		秦	10	0.01607321			穆	16	0.0001657
		秀	07	0.01441618			稞	13	0.00008285
		稻	15	0.01093641			穡	19	0.00008285
		秒	09	0.00903083		穴	空	08	0.10836992
		穫	19	0.00820231			穿	09	0.03024084
		私	07	0.00654528			突	09	0.02941233
		稀	12	0.00596532			究	07	0.02700963
		稍	12	0.00571676			窗	12	0.01872447
		穩	19	0.00555106			窮	15	0.01275915
		稚	13	0.0053025			穴	05	0.00836801
		穀	15	0.00521965			窩	14	0.00463969
		秘	10	0.00472254			窯	15	0.0027341
		稿	15	0.00306551			窄	10	0.00231985
		秤	10	0.00281696			窟	13	0.00215414
		秧	10	0.0024027			竊	23	0.00198844
		租	10	0.00223699			窪	14	0.00132563
		穎	16	0.00165703			竇	20	0.00107707
		禾	05	0.00157418			竄	18	0.00091137
		禿	07	0.00157418			窺	16	0.00082852
		秩	10	0.00157418			穹	08	0.00049711
		穌	16	0.00157418			窘	13	0.00041426
		稅	12	0.00149133			窠	16	0.00041426
		穗	17	0.00149133			竅	18	0.00041426
		秉	08	0.00140848			窖	12	0.00033141
		稜	13	0.00132563			窒	11	0.00024855
		稠	13	0.00124277			窨	12	0.00024855
		稈	12	0.00099422			窈	10	0.00008285
		稽	15	0.00099422			窕	11	0.00008285
		稟	13	0.00082852		立	立	05	0.08409439

部首筆劃	部首	字	筆劃	出現百分比	部首筆劃	部首	字	筆劃	出現百分比
		站	10	0.05410211			簿	19	0.00621387
		童	12	0.04200577			竿	09	0.00613102
		端	14	0.0227842			笨	11	0.00571676
		競	20	0.00579961			笛	11	0.00521965
		竭	14	0.00182274			籍	20	0.00505395
		竣	12	0.00115992			箏	14	0.00480539
	癶	發	12	0.20895179			簧	18	0.00472254
		登	12	0.012842			筷	13	0.00439114
		癸	09	0.0001657			籌	20	0.00389403
	禸	萬	13	0.06570133			簽	19	0.00323121
		禽	13	0.00281696			笠	11	0.00207129
		禹	09	0.00124277			筑	12	0.00207129
		禺	09	0.0001657			廉	19	0.00207129
六畫	竹	等	12	0.13952213			籬	25	0.00182274
		第	11	0.13057415			篩	16	0.00173988
		答	12	0.09975335			篷	17	0.00173988
		算	14	0.07796337			籤	23	0.00173988
		節	13	0.07448361			籲	32	0.00149133
		笑	10	0.05749902			笙	11	0.00140848
		管	14	0.0565048			箕	14	0.00140848
		筆	12	0.04217147			筍	12	0.00132563
		竹	06	0.03198073			筏	12	0.00115992
		簡	18	0.02286705			簫	18	0.00115992
		範	15	0.02087861			竺	08	0.00099422
		築	16	0.0202158			筱	13	0.00099422
		符	11	0.0178131			筠	13	0.00091137
		箱	15	0.01590751			簇	17	0.00091137
		篇	15	0.01400192			籤	19	0.00091137
		箭	15	0.01383622			簷	19	0.00091137
		籃	20	0.00944508			籟	22	0.00091137
		筋	12	0.00919653			竽	09	0.00066281
		筒	12	0.00778805			簍	17	0.00066281
		策	12	0.0075395			箍	14	0.00057996
		籠	22	0.00679383			箔	14	0.00049711

部首筆劃	部首	字	筆劃	出現百分比	部首筆劃	部首	字	筆劃	出現百分比
		篤	16	0.00049711			粽	14	0.00538536
		苞	10	0.00041426			糟	17	0.0049711
		箸	14	0.00041426			糧	18	0.00455684
		箬	15	0.00041426			糊	15	0.00414258
		簪	18	0.00041426			糞	17	0.0024027
		笊	10	0.00033141			糰	20	0.00124277
		篆	15	0.00033141			糜	17	0.00107707
		蔦	16	0.00033141			糯	20	0.00107707
		簒	16	0.00033141			籽	09	0.00074566
		籬	25	0.00033141			梁	13	0.00057996
		范	11	0.00024855			糙	17	0.00041426
		筳	14	0.00024855			粘	11	0.00033141
		籐	21	0.00024855			粟	12	0.00033141
		筐	12	0.0001657			粲	13	0.00033141
		笏	14	0.0001657			粹	14	0.00033141
		簔	16	0.0001657			粥	12	0.00024855
		篦	16	0.0001657			粕	11	0.0001657
		籔	17	0.0001657			粧	12	0.0001657
		簣	18	0.0001657			糢	16	0.0001657
		籧	22	0.0001657			籼	09	0.00008285
		笈	10	0.00008285			粵	13	0.00008285
		笞	11	0.00008285			粿	14	0.00008285
		笮	11	0.00008285			糠	17	0.00008285
		筌	13	0.00008285			糲	19	0.00008285
		箋	14	0.00008285			糴	22	0.00008285
		箴	15	0.00008285			糶	25	0.00008285
		篠	17	0.00008285		糸	經	13	0.1507071
	米	精	14	0.04573409			給	12	0.11756645
		米	06	0.02841811			結	12	0.06951251
		粉	10	0.01905587			線	15	0.06023313
		糖	16	0.01234489			網	14	0.05899035
		粗	11	0.01159923			紅	09	0.05501348
		粒	11	0.01101927			練	15	0.05294219
		糕	16	0.01002505			約	09	0.04987668

部首筆劃	部首	字	筆劃	出現百分比	部首筆劃	部首	字	筆劃	出現百分比
		細	11	0.04896531			紫	12	0.00803661
		統	11	0.04639691			綱	14	0.00729094
		總	17	0.04614835			緩	15	0.00720809
		組	11	0.0433314			縱	17	0.00646243
		級	10	0.04275144			綿	14	0.00629672
		縣	16	0.04175722			絡	12	0.00588247
		紀	09	0.03918882			純	10	0.0053025
		紙	10	0.03778034			繡	18	0.00472254
		終	11	0.03537764			綁	13	0.00405973
		緊	14	0.03521194			繫	19	0.00397688
		綠	14	0.03388631			纏	21	0.00381117
		絲	12	0.03148362			紂	09	0.00347977
		系	07	0.02899807			紗	10	0.00323121
		續	21	0.0280867			絃	11	0.00323121
		維	14	0.02742389			綜	14	0.00323121
		素	10	0.0229499			纖	23	0.00323121
		絕	12	0.02203853			紐	10	0.00306551
		織	18	0.0202158			綺	14	0.00306551
		繼	20	0.01889017			綻	14	0.00298266
		編	15	0.01739884			紡	10	0.0027341
		紛	10	0.01706743			緻	15	0.00265125
		紹	11	0.0152447			絮	12	0.0025684
		索	10	0.01499614			緒	14	0.0025684
		納	10	0.01483044			緯	15	0.00248555
		縮	17	0.01400192			緞	15	0.00198844
		繁	17	0.01292485			糾	08	0.00173988
		繩	19	0.01201348			絮	11	0.00165703
		繞	18	0.01151638			絨	12	0.00140848
		紋	10	0.01110212			繽	20	0.00124277
		緣	15	0.0101079			紳	11	0.00115992
		績	17	0.00985934			繭	19	0.00115992
		繪	19	0.00985934			絹	13	0.00107707
		累	11	0.00977649			綴	14	0.00107707
		縫	17	0.00820231			縷	17	0.00107707

部首筆劃	部首	字	筆劃	出現百分比	部首筆劃	部首	字	筆劃	出現百分比
		綢	14	0.00099422			緋	14	0.00008285
		繳	19	0.00091137			織	15	0.00008285
		綽	14	0.00082852			緲	15	0.00008285
		絆	11	0.00074566			緇	15	0.00008285
		綵	14	0.00074566			縊	16	0.00008285
		鯀	17	0.00074566			縑	16	0.00008285
		繪	14	0.00066281			縈	16	0.00008285
		繆	17	0.00066281			縹	17	0.00008285
		繚	18	0.00066281			繕	18	0.00008285
		纍	21	0.00066281			纓	23	0.00008285
		纏	23	0.00066281		缶	缺	10	0.01317341
		絞	12	0.00049711			罐	24	0.00430828
		細	13	0.00049711			缸	09	0.00223699
		締	15	0.00049711			罈	18	0.00140848
		緝	15	0.00049711			缽	11	0.00074566
		紊	10	0.00041426			罌	20	0.0001657
		絢	12	0.00041426			罄	17	0.00008285
		辮	20	0.00041426			罅	17	0.00008285
		縛	16	0.00033141		羊	美	09	0.1433333
		繃	17	0.00033141			義	13	0.05161656
		綾	14	0.00024855			群	13	0.03198073
		緬	15	0.00024855			善	12	0.0253526
		綯	16	0.00024855			羊	06	0.01922158
		糸	06	0.0001657			羞	11	0.00629672
		紉	09	0.0001657			羨	13	0.00372832
		紘	10	0.0001657			羚	11	0.00091137
		紓	10	0.0001657			羲	16	0.00074566
		緄	14	0.0001657			羹	19	0.00066281
		緹	15	0.0001657			羢	10	0.00024855
		繹	19	0.0001657			羶	19	0.00024855
		纘	27	0.0001657			羯	15	0.0001657
		紈	09	0.00008285			羌	08	0.00008285
		絀	11	0.00008285		羽	習	11	0.11334102
		綏	14	0.00008285			翻	18	0.0130077

部首筆劃	部首	字	筆劃	出現百分比	部首筆劃	部首	字	筆劃	出現百分比
		翅	10	0.00927938			聰	17	0.01400192
		羽	06	0.00745665			聊	11	0.01217919
		翠	14	0.00737379			聚	14	0.00985934
		耀	20	0.00729094			職	18	0.00903083
		翁	10	0.00720809			耶	09	0.00745665
		翔	12	0.00687668			聳	17	0.00265125
		翼	17	0.00629672			聘	13	0.00207129
		羿	09	0.0049711			聆	11	0.00140848
		翰	16	0.00488825			耽	10	0.00132563
		翹	18	0.00173988			聒	12	0.00099422
		翩	15	0.00157418			耿	10	0.00091137
		翡	14	0.00091137			聶	18	0.00091137
		翊	11	0.00041426			聾	22	0.00082852
		翌	11	0.0001657			耷	09	0.00008285
		翎	11	0.0001657		聿	肆	13	0.00223699
		翱	16	0.0001657			肅	12	0.00198844
	老	老	06	0.25510014			肇	14	0.00074566
		者	08	0.06346434			聿	06	0.00033141
		考	06	0.04556839			肄	13	0.00024855
		耆	10	0.0001657		肉	能	10	0.2813641
	而	而	06	0.18757607			肉	06	0.06097879
		耐	09	0.0078709			腦	13	0.06056453
		耍	09	0.00381117			育	07	0.05128515
	耒	耕	10	0.00919653			腳	13	0.04250288
		耘	10	0.00281696			臉	17	0.03106936
		耗	10	0.00223699			背	09	0.02750674
		耙	10	0.00033141			肯	08	0.01565896
		耜	11	0.0001657			膠	15	0.0126763
	耳	聲	17	0.11914063			肥	08	0.01242774
		聽	22	0.10936414			胡	09	0.01217919
		聯	17	0.01938728			肌	06	0.01176493
		耳	06	0.01681888			腿	14	0.01159923
		聖	13	0.01665318			胞	09	0.01068786
		聞	14	0.01599036			脫	11	0.01068786

部首筆劃	部首	字	筆劃	出現百分比		部首筆劃	部首	字	筆劃	出現百分比
		胸	10	0.01052216				胰	10	0.00173988
		臟	22	0.01052216				肝	07	0.00165703
		肚	07	0.01035645				脂	10	0.00140848
		股	08	0.01002505				脅	10	0.00132563
		膀	14	0.00985934				腕	12	0.00124277
		臂	17	0.00911368				腎	12	0.00124277
		脈	10	0.00861657				脣	11	0.00099422
		腹	13	0.0078709				腥	13	0.00099422
		胃	09	0.00778805				腫	13	0.00099422
		膚	15	0.00745665				膩	16	0.00082852
		腸	13	0.00712524				腱	13	0.00074566
		胎	09	0.00679383				肛	07	0.00066281
		肺	08	0.00604817				肱	08	0.00066281
		肩	08	0.00596532				胃	09	0.00066281
		腰	13	0.00579961				臀	17	0.00066281
		腔	12	0.00571676				膈	14	0.00057996
		胖	09	0.00546821				臏	18	0.00057996
		脖	11	0.00521965				肘	07	0.00049711
		腐	14	0.0051368				臍	18	0.00049711
		膽	17	0.0051368				肴	08	0.00041426
		膜	15	0.00463969				肪	08	0.00041426
		脊	10	0.00447399				胱	10	0.00041426
		肢	08	0.00405973				胳	10	0.00041426
		腺	13	0.00364547				膊	14	0.00033141
		臘	19	0.00323121				肯	09	0.00024855
		胚	09	0.00306551				胛	09	0.00024855
		脆	10	0.00289981				腑	12	0.00024855
		脹	12	0.00248555				腮	13	0.00024855
		脾	12	0.00248555				膣	15	0.00024855
		肖	07	0.00231985				膿	17	0.00024855
		膝	15	0.00207129				胤	09	0.0001657
		膨	16	0.00207129				胭	10	0.0001657
		肋	06	0.00190559				胺	10	0.0001657
		膏	14	0.00190559				脛	11	0.0001657

部首筆劃	部首	字	筆劃	出現百分比	部首筆劃	部首	字	筆劃	出現百分比
		胲	12	0.0001657		舟	船	11	0.03844315
		腓	12	0.0001657			般	10	0.03007514
		腋	12	0.0001657			航	10	0.00704239
		膾	17	0.0001657			舟	06	0.00347977
		臚	20	0.0001657			艘	16	0.00306551
		脯	11	0.00008285			艦	20	0.00149133
		腊	12	0.00008285			舵	11	0.00115992
		臆	17	0.00008285			艇	13	0.00091137
		臃	17	0.00008285			舷	11	0.00041426
	臣	臨	17	0.01483044			舶	11	0.00033141
		臣	06	0.00994219			艙	16	0.00033141
		臥	08	0.00422543			舢	09	0.0001657
	自	自	06	0.21847972			舨	10	0.0001657
		臭	10	0.00555106			舺	11	0.00008285
	至	臺	14	0.07763197			艋	14	0.00008285
		至	06	0.04739113		艮	良	07	0.02195568
		致	09	0.01383622			艱	17	0.00381117
		臻	16	0.0001657			艮	06	0.0001657
	臼	與	14	0.12908282		色	色	06	0.13463388
		興	16	0.06802118			艷	24	0.00107707
		舉	17	0.04275144		虫	蟲	18	0.04084585
		舊	18	0.01325626			蛋	11	0.02046435
		舅	13	0.00737379			蛇	11	0.01532755
		臼	06	0.00057996			融	16	0.00977649
		舀	10	0.00057996			蝶	15	0.00961079
		舂	11	0.0001657			蛙	12	0.00927938
	舌	舒	12	0.01201348			螺	17	0.00903083
		舍	08	0.00687668			蟻	19	0.00811946
		舌	06	0.00596532			蜜	14	0.00803661
		舖	15	0.00115992			蟹	19	0.0077052
		舐	10	0.00074566			蜂	13	0.00737379
		舔	14	0.00057996			蠟	21	0.00687668
	舛	舞	14	0.03073795			蚊	10	0.00679383
		舜	12	0.00248555			蝦	15	0.00654528

部首筆劃	部首	字	筆劃	出現百分比	部首筆劃	部首	字	筆劃	出現百分比
		虹	09	0.00579961			蠍	19	0.00091137
		蝕	14	0.00521965			蟾	19	0.00082852
		蝴	15	0.00521965			蛀	11	0.00074566
		螞	16	0.00505395			蛟	12	0.00074566
		蜥	14	0.00480539			蜂	13	0.00074566
		蛛	12	0.00439114			蚤	10	0.00066281
		螢	16	0.00397688			蝗	15	0.00066281
		蠶	24	0.00397688			蚜	10	0.00057996
		蜘	14	0.00347977			蛹	13	0.00057996
		螃	16	0.00298266			蜷	14	0.00057996
		蝎	14	0.0027341			蟑	17	0.00057996
		螂	15	0.0027341			螯	17	0.00057996
		蝸	15	0.0025684			蠔	20	0.00057996
		蛾	13	0.0024027			蟒	17	0.00049711
		蠻	25	0.0024027			蟆	17	0.00049711
		蜒	13	0.00231985			蚪	10	0.00041426
		蜻	14	0.00215414			蛤	12	0.00041426
		蠅	19	0.00207129			蝌	15	0.00041426
		蜢	14	0.00198844			蟄	17	0.00041426
		螳	17	0.00198844			蚌	10	0.00033141
		蚓	10	0.00182274			蛄	11	0.00033141
		蚱	11	0.00182274			螫	17	0.00033141
		蚯	11	0.00173988			螻	17	0.00033141
		蚩	10	0.00165703			蠣	24	0.00033141
		蟀	17	0.00157418			蚣	10	0.00024855
		蝠	15	0.00149133			蚵	11	0.00024855
		蟋	17	0.00149133			蛭	12	0.00024855
		蠢	21	0.00149133			蜈	13	0.00024855
		蛻	13	0.00140848			蝨	17	0.00024855
		蝙	15	0.00140848			虱	08	0.0001657
		蜿	14	0.00132563			蛉	11	0.0001657
		蜓	14	0.00132563			蜆	13	0.0001657
		蟬	18	0.00132563			蜊	13	0.0001657
		蜀	13	0.00107707			蛸	13	0.0001657

部首筆劃	部首	字	筆劃	出現百分比		部首筆劃	部首	字	筆劃	出現百分比
		蝶	14	0.0001657				裝	13	0.03968593
		蝨	15	0.0001657				衣	06	0.0359576
		蝟	16	0.0001657				製	14	0.03106936
		蠃	19	0.0001657				裏	13	0.02667822
		蠑	20	0.0001657				初	08	0.02063005
		蠢	21	0.0001657				袋	11	0.01872447
		虻	09	0.00008285				補	13	0.01151638
		蚶	11	0.00008285				裂	12	0.01101927
		蛆	11	0.00008285				複	15	0.01002505
		蜃	13	0.00008285				襲	22	0.00488825
		蜩	14	0.00008285				裁	12	0.00414258
		蜣	14	0.00008285				褐	15	0.00331406
		蜚	14	0.00008285				裙	13	0.00323121
		蝟	15	0.00008285				袁	10	0.00298266
		蟐	16	0.00008285				裕	13	0.00289981
		蠭	16	0.00008285				衰	10	0.0027341
		蠋	16	0.00008285				袖	11	0.00231985
		蟪	16	0.00008285				裳	14	0.00198844
		蟯	18	0.00008285				襯	22	0.00190559
		蟠	18	0.00008285				裹	14	0.00173988
		蟳	18	0.00008285				褒	15	0.00157418
		蠖	20	0.00008285				衷	10	0.00149133
	血	血	06	0.02369556				裱	13	0.00140848
	行	行	06	0.16172636				襟	19	0.00132563
		術	11	0.05749902				裔	13	0.00107707
		衛	15	0.01839306				襄	17	0.00099422
		街	12	0.01400192				袱	12	0.00091137
		衝	15	0.01060501				襪	21	0.00091137
		衡	16	0.00861657				袍	11	0.00082852
		衍	09	0.00198844				衫	09	0.00074566
		衙	13	0.00173988				裸	14	0.00074566
	衣	裡	13	0.30124849				褚	14	0.00074566
		表	08	0.13231404				襖	19	0.00074566
		被	11	0.11226395				褲	16	0.00066281

部首筆劃	部首	字	筆劃	出現百分比	部首筆劃	部首	字	筆劃	出現百分比
		褶	17	0.00066281			苦	09	0.04788824
		褸	16	0.00057996			落	13	0.04747398
		袤	11	0.00024855			華	12	0.04473987
		袞	13	0.00024855			藝	19	0.04415991
		裊	13	0.00024855			英	09	0.03960307
		褂	14	0.00024855			蘭	21	0.02999229
		裴	14	0.00024855			藏	18	0.02899807
		褥	16	0.0001657			藍	18	0.02402697
		褸	17	0.0001657			菜	12	0.02245279
		襤	20	0.0001657			藥	19	0.02245279
		裱	14	0.00008285			若	09	0.02029865
		褐	14	0.00008285			蓋	14	0.01913872
		褓	15	0.00008285			茶	10	0.01599036
		褊	15	0.00008285			蓮	15	0.01309056
		褙	15	0.00008285			蘇	20	0.01309056
		襖	17	0.00008285			蒙	14	0.01193063
	网	羅	19	0.03396916			莉	11	0.01135067
		置	13	0.03181502			藉	18	0.01068786
		罪	13	0.00836801			蒸	14	0.01035645
		罵	15	0.00671098			莊	11	0.01019075
		罰	14	0.00546821			蒂	13	0.01019075
		罷	15	0.00339692			芬	08	0.0101079
		署	13	0.0027341			莫	11	0.00994219
		罩	13	0.00265125			茱	12	0.00969364
		罕	07	0.00132563			芳	08	0.00911368
		罹	16	0.00091137			蘿	23	0.00886512
		罔	08	0.00082852			蔔	15	0.00828516
		羈	24	0.00024855			莖	11	0.00803661
		罟	10	0.0001657			芽	08	0.00795376
		网	06	0.00008285			蕭	16	0.00737379
	艸	著	12	0.36438143			蔡	15	0.00729094
		花	08	0.15750093			菌	12	0.00687668
		草	10	0.05841039			蘋	20	0.00679383
		葉	13	0.04904816			荊	10	0.00621387

部首筆劃	部首	字	筆劃	出現百分比	部首筆劃	部首	字	筆劃	出現百分比
		蘆	20	0.00613102			葫	13	0.00265125
		薄	17	0.00604817			薇	17	0.0025684
		荷	11	0.00596532			蕩	16	0.00248555
		艾	06	0.00579961			薯	17	0.00248555
		荒	10	0.00579961			蕊	16	0.0024027
		茂	09	0.0053025			菇	12	0.00231985
		蒼	14	0.0053025			蕾	17	0.00231985
		藤	19	0.00521965			姜	12	0.00215414
		董	13	0.0049711			蓬	15	0.00215414
		范	09	0.00488825			茜	10	0.00198844
		蕉	16	0.00488825			菊	12	0.00198844
		苗	09	0.00480539			蔭	15	0.00198844
		茄	09	0.00472254			蔥	15	0.00198844
		芒	07	0.00430828			藹	20	0.00190559
		茲	10	0.00430828			蓄	14	0.00173988
		莎	11	0.00430828			茉	10	0.00165703
		薩	18	0.00422543			葦	13	0.00165703
		茫	10	0.00414258			菩	12	0.00157418
		蔻	14	0.00405973			蒜	14	0.00149133
		菲	12	0.00389403			菸	12	0.00140848
		莓	11	0.00372832			萍	12	0.00140848
		菊	12	0.00372832			蒲	14	0.00140848
		葛	13	0.00372832			茅	09	0.00132563
		葡	13	0.00372832			蓉	14	0.00132563
		藻	20	0.00347977			蔚	15	0.00132563
		芭	08	0.00339692			薔	17	0.00132563
		蘭	20	0.00331406			薦	17	0.00132563
		芝	08	0.00289981			菁	12	0.00124277
		蘊	20	0.00289981			萱	13	0.00124277
		蔗	15	0.00281696			蔓	15	0.00124277
		蔬	15	0.00281696			蕨	16	0.00124277
		蔣	15	0.00281696			芸	08	0.00107707
		薪	17	0.00281696			苗	09	0.00107707
		葬	13	0.0027341			苑	09	0.00107707

部首筆劃	部首	字	筆劃	出現百分比	部首筆劃	部首	字	筆劃	出現百分比
		莽	11	0.00107707			荻	11	0.00041426
		菱	12	0.00107707			萃	12	0.00041426
		蕙	16	0.00107707			黄	12	0.00041426
		茉	09	0.00099422			菖	12	0.00041426
		苔	09	0.00099422			葆	13	0.00041426
		荀	10	0.00099422			葳	13	0.00041426
		蕪	16	0.00091137			莅	14	0.00041426
		芋	07	0.00082852			蕁	16	0.00041426
		荐	10	0.00082852			藕	19	0.00041426
		萌	12	0.00082852			苐	08	0.00033141
		葵	13	0.00082852			芻	10	0.00033141
		蓓	14	0.00082852			莢	11	0.00033141
		蓑	14	0.00082852			薑	17	0.00033141
		薛	17	0.00082852			芃	07	0.00024855
		芙	08	0.00074566			芥	08	0.00024855
		茸	10	0.00074566			莧	11	0.00024855
		蕃	16	0.00074566			蓁	14	0.00024855
		苟	09	0.00066281			蕈	16	0.00024855
		茹	10	0.00066281			蘸	23	0.00024855
		蓆	14	0.00066281			芹	08	0.0001657
		苞	09	0.00057996			芷	08	0.0001657
		莒	11	0.00057996			苯	09	0.0001657
		茶	11	0.00057996			苹	09	0.0001657
		藷	19	0.00057996			茌	09	0.0001657
		蘑	20	0.00057996			茭	09	0.0001657
		芯	08	0.00049711			葽	12	0.0001657
		苡	09	0.00049711			葚	13	0.0001657
		荔	10	0.00049711			葎	13	0.0001657
		茵	10	0.00049711			蒿	14	0.0001657
		萼	13	0.00049711			蒡	14	0.0001657
		蔽	15	0.00049711			蒟	14	0.0001657
		薰	18	0.00049711			蒴	14	0.0001657
		藩	19	0.00049711			蒻	14	0.0001657
		芮	08	0.00041426			蕎	16	0.0001657

部首筆劃	部首	字	筆劃	出現百分比	部首筆劃	部首	字	筆劃	出現百分比
		薈	17	0.0001657			虐	09	0.00182274
		蘲	21	0.0001657			虔	10	0.00091137
		蘞	21	0.0001657			虞	13	0.00074566
		芍	07	0.00008285			彪	11	0.00057996
		芫	08	0.00008285			虜	13	0.00033141
		苧	09	0.00008285		襾	要	09	0.44690164
		苟	09	0.00008285			西	06	0.12394602
		苓	09	0.00008285			覆	18	0.00795376
		茴	10	0.00008285	七畫	見	見	07	0.12129477
		茗	10	0.00008285			親	16	0.10936414
		茨	10	0.00008285			覺	20	0.08624854
		荃	10	0.00008285			觀	25	0.06826974
		茛	10	0.00008285			視	12	0.03802889
		荇	10	0.00008285			規	11	0.0202158
		菠	12	0.00008285			覽	21	0.01259345
		菧	12	0.00008285			覓	11	0.0027341
		葷	13	0.00008285			覷	19	0.00057996
		蔦	13	0.00008285			覘	16	0.00008285
		葯	13	0.00008285			覬	17	0.00008285
		蓀	14	0.00008285			覿	18	0.00008285
		蓊	14	0.00008285		角	解	13	0.079289
		蔑	15	0.00008285			角	07	0.05915606
		蓴	15	0.00008285			觸	20	0.01052216
		蕐	15	0.00008285			觔	09	0.00041426
		蔓	15	0.00008285			觚	12	0.00008285
		蓟	17	0.00008285		言	說	14	0.44483035
		蘿	20	0.00008285			請	15	0.13189978
		蕲	20	0.00008285			課	15	0.13107126
		蘚	21	0.00008285			話	13	0.12146048
	虍	處	11	0.07804623			變	23	0.11242965
		號	13	0.06263582			記	10	0.11068976
		虎	08	0.01690173			謝	17	0.11019265
		虛	12	0.00828516			讓	24	0.09329092
		虧	17	0.0027341			許	11	0.08376299

部首筆劃	部首	字	筆劃	出現百分比	部首筆劃	部首	字	筆劃	出現百分比
		讀	22	0.07382079			訂	09	0.00695954
		認	14	0.06735837			諾	16	0.00671098
		詞	12	0.06652985			譜	19	0.00588247
		語	14	0.05981887			詹	13	0.00579961
		該	13	0.05203082			譯	20	0.00563391
		計	09	0.0510366			詢	13	0.00538536
		設	11	0.04813679			譽	21	0.00538536
		識	19	0.04772253			謂	16	0.00463969
		試	13	0.04573409			誌	14	0.00455684
		言	07	0.04507128			訝	11	0.00447399
		論	15	0.04059729			謙	17	0.00447399
		誰	15	0.04026589			諒	15	0.00439114
		詩	13	0.03778034			誇	13	0.00389403
		訴	12	0.03396916			註	12	0.00364547
		護	21	0.03330635			謀	16	0.00339692
		調	15	0.03239498			謹	18	0.00289981
		講	17	0.02908092			誼	15	0.00281696
		討	10	0.02866666			譬	20	0.0027341
		議	20	0.02328131			診	12	0.00248555
		警	20	0.01913872			誓	14	0.0024027
		談	15	0.01731599			謠	17	0.0024027
		證	19	0.01317341			謊	17	0.00207129
		讚	26	0.0126763			誘	14	0.00198844
		訊	10	0.01168208			訣	11	0.00190559
		訪	11	0.01118497			誨	14	0.00149133
		誠	13	0.01101927			諧	16	0.00149133
		誕	15	0.0102736			誦	14	0.00140848
		訓	10	0.00911368			諄	15	0.00140848
		評	12	0.00903083			諫	16	0.00132563
		誤	14	0.00894797			詠	12	0.00115992
		託	10	0.00869942			詛	12	0.00115992
		謎	17	0.00828516			譏	19	0.00107707
		諸	15	0.00745665			諦	16	0.00099422
		詳	13	0.00712524			諷	16	0.00091137

部首筆劃	部首	字	筆劃	出現百分比	部首筆劃	部首	字	筆劃	出現百分比
		詮	13	0.00082852			譎	19	0.0001657
		詭	13	0.00074566			訟	11	0.00008285
		譁	16	0.00074566			訴	11	0.00008285
		諺	16	0.00066281			詒	12	0.00008285
		誣	14	0.00057996			誑	14	0.00008285
		詔	12	0.00049711			諍	15	0.00008285
		詐	12	0.00049711			諛	17	0.00008285
		詣	13	0.00049711			謨	18	0.00008285
		諮	16	0.00049711			謾	18	0.00008285
		諭	16	0.00049711			讒	21	0.00008285
		謬	18	0.00049711		谷	谷	07	0.00994219
		訌	10	0.00041426			谿	17	0.00033141
		譜	16	0.00041426			豁	17	0.0001657
		誅	13	0.00033141		豆	豐	18	0.01897302
		謐	17	0.00033141			豆	07	0.0154104
		詁	12	0.00024855			豎	15	0.00372832
		詫	13	0.00024855			豔	28	0.00306551
		謁	16	0.00024855			豈	10	0.00190559
		諼	16	0.00024855			豌	15	0.00157418
		謗	17	0.00024855			豉	11	0.00008285
		譎	17	0.00024855		豕	象	12	0.04913101
		謳	18	0.00024855			豬	15	0.0154104
		譚	19	0.00024855			豪	14	0.00588247
		譊	19	0.00024855			豚	11	0.00364547
		訕	10	0.0001657			豫	16	0.00173988
		証	12	0.0001657		貝	資	13	0.03894026
		詰	13	0.0001657			買	12	0.03363776
		誡	14	0.0001657			賽	17	0.03073795
		諉	15	0.0001657			質	15	0.02974373
		諂	15	0.0001657			貴	12	0.0280867
		誹	15	0.0001657			費	12	0.02758959
		諜	16	0.0001657			貝	07	0.02319845
		讗	16	0.0001657			賞	15	0.02303275
		譁	19	0.0001657			負	09	0.01855876

部首筆劃	部首	字	筆劃	出現百分比	部首筆劃	部首	字	筆劃	出現百分比
		賣	15	0.01723314			贖	22	0.00033141
		責	11	0.01499614			臟	21	0.00024855
		貼	12	0.01383622			贅	18	0.0001657
		財	10	0.0130077			贋	22	0.0001657
		貨	11	0.01068786			貢	12	0.00008285
		賴	16	0.00828516			賄	13	0.00008285
		貧	11	0.00729094			貲	13	0.00008285
		賓	14	0.00729094			賃	13	0.00008285
		貫	11	0.00720809			賂	13	0.00008285
		貢	10	0.00712524			賸	17	0.00008285
		賢	15	0.00695954			贍	20	0.00008285
		賀	12	0.00588247			贛	24	0.00008285
		貞	09	0.00563391		赤	赫	14	0.00414258
		贊	19	0.00472254			赤	07	0.00397688
		賺	17	0.00430828			赧	11	0.00033141
		購	17	0.00422543			赦	11	0.00033141
		賜	15	0.00381117			赭	15	0.00008285
		賊	13	0.00372832		走	起	10	0.25236604
		貪	11	0.00364547			走	07	0.1203834
		贏	20	0.00314836			越	12	0.03885741
		貳	12	0.00281696			趕	14	0.03728323
		賭	15	0.00281696			趣	15	0.02477263
		贈	19	0.00248555			超	12	0.01433333
		貫	13	0.00231985			趙	14	0.00853372
		販	11	0.00182274			趁	12	0.00463969
		賠	15	0.00140848			趨	15	0.00265125
		賦	15	0.00140848			赴	09	0.00231985
		賤	15	0.00124277			趨	17	0.00066281
		貯	12	0.00082852			赳	09	0.0001657
		貿	12	0.00082852		足	路	13	0.08749131
		貶	12	0.00066281			跟	13	0.05807899
		貸	12	0.00066281			跑	12	0.04747398
		賬	14	0.00041426			跳	13	0.040763
		賬	15	0.00033141			足	07	0.03140076

部首筆劃	部首	字	筆劃	出現百分比	部首筆劃	部首	字	筆劃	出現百分比
		距	12	0.01458189			蹠	18	0.00024855
		跡	13	0.0077052			蹼	19	0.00024855
		躍	21	0.00621387			躝	27	0.00024855
		踏	15	0.00588247			跚	12	0.0001657
		蹟	18	0.00588247			踴	16	0.0001657
		蹤	18	0.00579961			躄	18	0.0001657
		踢	15	0.00480539			蹁	18	0.0001657
		跨	13	0.00430828			蹯	19	0.0001657
		蹈	17	0.00422543			蹶	19	0.0001657
		跌	12	0.00397688			躊	21	0.0001657
		跪	13	0.00397688			跎	12	0.00008285
		踐	15	0.00397688			跏	15	0.00008285
		趴	09	0.00314836			踹	16	0.00008285
		踩	15	0.00289981			蹉	17	0.00008285
		蹄	16	0.00248555			蹊	17	0.00008285
		蹲	19	0.00231985			蹙	18	0.00008285
		蹦	18	0.00198844			蹭	19	0.00008285
		趾	11	0.00182274			躕	22	0.00008285
		躁	20	0.00157418		身	身	07	0.1279229
		躡	25	0.00149133			躲	13	0.0130077
		踴	16	0.00132563			躺	15	0.00629672
		跤	13	0.00082852			軀	18	0.0027341
		跋	12	0.00074566			躬	10	0.00231985
		踱	16	0.00066281		車	車	07	0.07696916
		跛	12	0.00057996			較	13	0.04962812
		蹧	18	0.00057996			輕	14	0.04730828
		蹺	19	0.00057996			轉	18	0.04639691
		跺	13	0.00049711			軍	09	0.03347205
		蹋	17	0.00049711			輪	15	0.01831021
		踝	15	0.00033141			軟	11	0.01458189
		踞	15	0.00033141			載	13	0.01350481
		踪	16	0.00033141			輸	16	0.00969364
		跗	12	0.00024855			輔	14	0.00903083
		踵	16	0.00024855			軸	12	0.00778805

部首筆劃	部首	字	筆劃	出現百分比	部首筆劃	部首	字	筆劃	出現百分比
		輦	15	0.00654528		邑	都	11	0.27920996
		輝	15	0.00621387			那	07	0.22825621
		軻	12	0.0049711			部	11	0.13778224
		輛	15	0.0049711			鄉	12	0.04059729
		轟	21	0.00389403			郎	09	0.01938728
		軌	09	0.00339692			郵	12	0.01101927
		轎	19	0.00265125			鄰	15	0.01002505
		輯	16	0.00190559			郊	09	0.00654528
		軒	10	0.00182274			鄭	15	0.00579961
		轍	18	0.00165703			郭	11	0.00546821
		輻	16	0.00115992			邦	07	0.00463969
		輾	17	0.00115992			邱	08	0.00339692
		輟	15	0.00074566			鄧	15	0.00298266
		轆	18	0.00074566			郁	09	0.00248555
		輒	14	0.00041426			邪	07	0.00231985
		轄	17	0.00033141			郡	10	0.00207129
		軋	08	0.0001657			鄒	13	0.00115992
		軫	12	0.0001657			鄙	14	0.00091137
		載	13	0.0001657			郑	11	0.00074566
		輿	17	0.0001657			鄱	15	0.00066281
		轡	22	0.0001657			邯	08	0.00057996
		軼	12	0.00008285			鄲	15	0.00057996
		轤	23	0.00008285			郝	10	0.00049711
	辛	辦	16	0.05700191			邵	08	0.00041426
		辛	07	0.02692678			邸	08	0.00041426
		辨	16	0.01151638			邑	07	0.00033141
		辭	19	0.00662813			鄂	12	0.00024855
		辯	21	0.00447399			鄶	15	0.00024855
		辣	14	0.00223699			邳	08	0.0001657
		辜	12	0.00124277			邢	07	0.00008285
		辟	13	0.00041426			鄞	14	0.00008285
	辰	農	13	0.03744893		酉	醫	18	0.02493834
		辰	07	0.00298266			配	10	0.02336416
		辱	10	0.00231985			酒	10	0.02013294

部首筆劃	部首	字	筆劃	出現百分比	部首筆劃	部首	字	筆劃	出現百分比
		醒	16	0.01549325			釐	18	0.00149133
		酸	14	0.00969364		辵	這	11	0.5728361
		醉	15	0.00463969			過	13	0.28277258
		酷	14	0.00372832			還	17	0.19751826
		醜	17	0.00347977			道	13	0.18948166
		酥	12	0.00207129			進	12	0.14010209
		酬	13	0.00182274			邊	19	0.11839497
		醬	18	0.00173988			造	11	0.0791233
		酵	14	0.00091137			連	11	0.06909825
		醋	15	0.00049711			通	11	0.06835259
		釀	24	0.00041426			近	08	0.06578419
		醇	15	0.00033141			選	16	0.06553563
		醺	21	0.00033141			遠	14	0.05824469
		酌	11	0.00024855			達	13	0.05733332
		醃	15	0.00024855			運	13	0.05186511
		醞	17	0.00024855			送	10	0.04341425
		首	09	0.0001657			遊	13	0.04275144
		酌	10	0.0001657			速	11	0.02883236
		酪	13	0.0001657			迷	10	0.02858381
		醴	20	0.0001657			適	15	0.02543545
		酉	07	0.00008285			迎	08	0.02228709
		酊	09	0.00008285			透	11	0.02063005
		酚	11	0.00008285			遇	13	0.01955298
		酣	12	0.00008285			追	10	0.01855876
		酩	13	0.00008285			逃	10	0.01416763
		醣	17	0.00008285			述	09	0.01408478
		醮	19	0.00008285			逐	11	0.01350481
	采	釋	20	0.01516185			遍	13	0.01292485
		采	08	0.00472254			避	17	0.01217919
		釉	13	0.00149133			退	10	0.01168208
	里	重	09	0.11168398			遺	16	0.01118497
		量	12	0.08467436			途	11	0.00977649
		里	07	0.04614835			週	12	0.00969364
		野	11	0.03214643			迪	09	0.00903083

部首筆劃	部首	字	筆劃	出現百分比	部首筆劃	部首	字	筆劃	出現百分比
		遭	15	0.00886512			逞	11	0.00066281
		邀	17	0.00803661			逕	11	0.00049711
		遲	16	0.00679383			遁	13	0.00049711
		迴	10	0.00671098			遙	12	0.00041426
		遷	15	0.00662813			邃	18	0.00041426
		巡	07	0.00613102			迸	10	0.00033141
		遙	14	0.00571676			過	13	0.00033141
		遵	16	0.0051368			迥	09	0.0001657
		返	08	0.00422543			邀	15	0.0001657
		迫	09	0.00414258			逅	10	0.00008285
		遮	15	0.00414258			退	13	0.00008285
		逢	11	0.00397688			逾	13	0.00008285
		逆	10	0.00389403			遛	14	0.00008285
		逛	11	0.00389403			遠	16	0.00008285
		邁	17	0.00364547			遽	17	0.00008285
		遜	14	0.00347977			邂	17	0.00008285
		遞	14	0.00339692			遍	18	0.00008285
		遼	16	0.00331406		豸	貓	16	0.02261849
		遣	14	0.00323121			貌	14	0.01052216
		逝	11	0.00265125			豹	10	0.00314836
		迅	07	0.00248555			貘	18	0.00082852
		違	13	0.00231985			豺	10	0.00057996
		逗	11	0.00223699			貂	12	0.00024855
		逼	13	0.00198844			豸	07	0.00008285
		遂	13	0.00182274			貉	13	0.00008285
		逮	12	0.00157418	八畫	金	金	08	0.06561848
		逸	12	0.00149133			錢	16	0.0460655
		迄	07	0.00091137			鐵	21	0.03811175
		迢	09	0.00091137			錯	16	0.03720038
		逍	11	0.00091137			錄	16	0.02916377
		迦	09	0.00082852			針	10	0.02576685
		遴	16	0.00082852			鐘	20	0.02344701
		迭	09	0.00074566			鏡	19	0.02212138
		邏	23	0.00074566			銀	14	0.02195568

部首筆劃	部首	字	筆劃	出現百分比	部首筆劃	部首	字	筆劃	出現百分比
		鎮	18	0.01640462			錐	16	0.00157418
		銅	14	0.01391907			鍛	17	0.00140848
		鋼	16	0.01275915			鑲	25	0.00124277
		鈴	13	0.01068786			錀	25	0.00124277
		鋒	15	0.00977649			鈞	12	0.00115992
		鑽	27	0.00778805			鉀	13	0.00115992
		鉛	13	0.00737379			鏈	19	0.00115992
		釘	10	0.00604817			鐺	21	0.00115992
		錦	16	0.00521965			鈣	12	0.00107707
		鍵	17	0.00488825			銀	16	0.00107707
		鍋	17	0.00472254			錘	17	0.00107707
		銳	15	0.00447399			鎚	18	0.00099422
		鉤	13	0.00422543			鈸	13	0.00082852
		銘	14	0.00414258			銜	14	0.00082852
		鎖	18	0.00397688			錳	16	0.00082852
		鍊	17	0.00381117			鈉	12	0.00074566
		鋪	15	0.00356262			鐲	21	0.00074566
		釣	11	0.00347977			釵	11	0.00066281
		鑒	28	0.00339692			鐮	21	0.00066281
		鑑	22	0.00306551			鐸	21	0.00066281
		銷	15	0.00298266			鉗	13	0.00049711
		鍾	17	0.00289981			錠	16	0.00049711
		鑄	22	0.00281696			鎂	17	0.00049711
		鋸	16	0.00265125			鑾	27	0.00049711
		鑼	27	0.0025684			鈾	13	0.00041426
		鈔	12	0.00248555			鈺	13	0.00033141
		鋤	15	0.00190559			鎏	17	0.00033141
		錫	16	0.00182274			鎊	18	0.00033141
		鋁	15	0.00173988			鎳	18	0.00033141
		鈍	12	0.00165703			鏢	19	0.00033141
		鏈	19	0.00165703			鏘	19	0.00033141
		鏽	20	0.00165703			鑷	26	0.00033141
		鈕	12	0.00157418			釗	10	0.00024855
		鉅	13	0.00157418			銨	14	0.00024855

部首筆劃	部首	字	筆劃	出現百分比	部首筆劃	部首	字	筆劃	出現百分比
		鍈	14	0.00024855			鑄	19	0.00008285
		鋅	15	0.00024855			鑭	21	0.00008285
		鍬	17	0.00024855			鑱	20	0.00008285
		鎌	18	0.00024855		長	長	08	0.27954137
		鐙	20	0.00024855		門	開	12	0.18625044
		鑒	22	0.00024855			間	12	0.12659728
		鑫	24	0.00024855			關	19	0.08351443
		鈐	12	0.0001657			門	08	0.06926395
		鈦	12	0.0001657			閃	10	0.01565896
		銖	14	0.0001657			閭	15	0.0104393
		銬	14	0.0001657			閒	12	0.01035645
		銹	15	0.0001657			闊	17	0.00869942
		鋆	17	0.0001657			閉	11	0.00679383
		鎔	18	0.0001657			闖	17	0.00455684
		鎬	18	0.0001657			閔	12	0.00339692
		鎗	18	0.0001657			闖	18	0.00331406
		鏤	19	0.0001657			閣	14	0.00281696
		釗	11	0.00008285			閎	12	0.00265125
		鈷	13	0.00008285			闢	21	0.00165703
		鈰	13	0.00008285			閩	14	0.00132563
		鉋	13	0.00008285			閤	16	0.00099422
		鉑	13	0.00008285			闡	20	0.00091137
		鉻	14	0.00008285			閥	14	0.00066281
		鋬	14	0.00008285			閘	13	0.00049711
		銼	15	0.00008285			闌	18	0.00049711
		鋯	15	0.00008285			闋	17	0.00041426
		錚	16	0.00008285			闇	18	0.00033141
		錛	16	0.00008285			閣	14	0.00024855
		錕	16	0.00008285			闕	18	0.00024855
		鍍	17	0.00008285			閂	09	0.0001657
		錨	17	0.00008285			閬	14	0.0001657
		鍥	17	0.00008285			閨	14	0.0001657
		錫	17	0.00008285			閑	12	0.00008285
		�	19	0.00008285			閫	15	0.00008285

部首筆劃	部首	字	筆劃	出現百分比	部首筆劃	部首	字	筆劃	出現百分比
		闉	15	0.00008285			隕	13	0.00149133
		闍	16	0.00008285			陋	09	0.00115992
	阜	陽	12	0.07058958			隧	16	0.00107707
		除	10	0.05551059			阱	07	0.00066281
		阿	08	0.04415991			陜	10	0.00057996
		院	10	0.03496338			隴	19	0.00057996
		隨	16	0.03231213			陛	10	0.00033141
		陳	11	0.02618111			阮	07	0.0001657
		附	08	0.02468978			阜	08	0.0001657
		陸	11	0.02344701			隅	12	0.0001657
		隊	12	0.02245279			阡	06	0.00008285
		際	14	0.02104431			陟	10	0.00008285
		防	07	0.01996724			隍	12	0.00008285
		險	16	0.01855876			隄	12	0.00008285
		陣	10	0.0179788			隘	13	0.00008285
		降	09	0.01466474			隰	17	0.00008285
		隔	13	0.01391907		隹	隻	10	0.0666127
		限	09	0.01375337			難	19	0.06039883
		陰	11	0.01135067			雖	17	0.04565124
		阻	08	0.01118497			離	19	0.04548554
		隆	12	0.01110212			雄	12	0.03604045
		階	12	0.0101079			集	12	0.03098651
		陶	11	0.00994219			雙	18	0.02626396
		隱	17	0.00977649			雞	18	0.02402697
		陪	11	0.00911368			雅	12	0.01590751
		障	14	0.00662813			雕	16	0.01466474
		陷	11	0.0051368			雜	18	0.01466474
		隙	14	0.00331406			雀	11	0.00853372
		陵	11	0.00314836			雌	14	0.00629672
		陌	09	0.00289981			雇	12	0.00165703
		陛	10	0.00182274			雛	18	0.00157418
		陡	10	0.00165703			雁	12	0.00140848
		隋	12	0.00157418			雍	13	0.00107707
		陀	08	0.00149133			隹	08	0.00041426

部首筆劃	部首	字	筆劃	出現百分比	部首筆劃	部首	字	筆劃	出現百分比
		雉	13	0.00033141		青	青	08	0.0434971
		隼	10	0.00024855			靜	16	0.02924662
		雋	12	0.0001657			靖	13	0.00231985
	雨	電	13	0.12311751			靛	16	0.0001657
		雨	08	0.04672831		隶	隸	17	0.00066281
		雲	12	0.03363776		非	非	08	0.07183235
		需	14	0.03015799			靠	15	0.01839306
		震	15	0.02924662			靡	19	0.00107707
		雪	11	0.02303275	九畫	面	面	09	0.2351329
		露	21	0.02228709			靨	23	0.00041426
		靈	24	0.01831021		革	鞋	15	0.01375337
		雷	13	0.01242774			革	09	0.01201348
		霧	19	0.00878227			鞭	18	0.00637957
		零	13	0.00795376			鞠	17	0.00182274
		霜	17	0.00331406			靴	13	0.00115992
		霸	21	0.0025684			韁	22	0.00074566
		雯	12	0.00248555			鞍	15	0.00066281
		霞	17	0.00182274			鞣	18	0.00066281
		霄	15	0.00149133			鞏	15	0.00024855
		霖	16	0.00124277			鞦	18	0.00024855
		霉	15	0.00074566			韆	24	0.00024855
		霍	16	0.00066281			靼	13	0.00008285
		雯	16	0.00049711			靳	13	0.00008285
		霹	21	0.00049711		韋	韓	17	0.0053025
		靂	24	0.00049711			韋	09	0.00347977
		霽	22	0.00041426			韌	12	0.00215414
		霓	16	0.00033141			韙	18	0.0001657
		霆	22	0.00024855			韜	19	0.00008285
		靄	24	0.00024855		韭	韭	09	0.00024855
		雹	13	0.0001657		音	音	09	0.11408668
		霏	16	0.0001657			響	21	0.03976878
		霆	15	0.00008285			竟	11	0.025684
		霪	19	0.00008285			章	11	0.0179788
		霰	20	0.00008285			韻	19	0.0049711

部首筆劃	部首	字	筆劃	出現百分比	部首筆劃	部首	字	筆劃	出現百分比
		詔	14	0.00008285			顳	27	0.00024855
	頁	頭	16	0.18509052			顥	21	0.0001657
		題	18	0.13339111			頎	13	0.00008285
		類	19	0.0897283			頻	15	0.00008285
		順	12	0.02850096			領	15	0.00008285
		領	14	0.025684			顰	24	0.00008285
		顆	17	0.025684			顴	27	0.00008285
		頁	09	0.02510404		風	風	09	0.10447589
		項	12	0.02460693			飄	20	0.00985934
		顧	21	0.02444123			颱	14	0.00405973
		顯	23	0.02245279			颶	19	0.00215414
		須	12	0.02087861			颳	15	0.00149133
		頂	11	0.02079576			颯	14	0.00033141
		顏	18	0.02029865			飆	21	0.00024855
		願	19	0.01938728		飛	飛	09	0.07191521
		頓	13	0.01565896		食	食	09	0.07050673
		預	13	0.01483044			養	15	0.03686897
		頸	16	0.00811946			館	16	0.03131791
		額	18	0.00629672			飯	12	0.02593256
		頻	16	0.0053025			餐	16	0.01698458
		頑	13	0.00414258			餘	15	0.0152447
		顎	18	0.00389403			餓	15	0.00961079
		顱	25	0.00381117			飽	13	0.00811946
		頗	14	0.00306551			飾	13	0.00803661
		頌	13	0.0024027			餅	14	0.00662813
		頒	13	0.00215414			飲	12	0.00646243
		顫	22	0.00198844			飢	10	0.00314836
		煩	16	0.00165703			飼	13	0.00289981
		顳	19	0.00165703			餵	17	0.0025684
		頃	11	0.00132563			饒	20	0.00248555
		頰	16	0.00091137			餃	14	0.00074566
		頤	16	0.00066281			餚	16	0.00074566
		領	16	0.00049711			饑	20	0.00066281
		頡	15	0.00024855			餒	15	0.00057996

部首筆劃	部首	字	筆劃	出現百分比	部首筆劃	部首	字	筆劃	出現百分比
		饗	21	0.00049711			騷	20	0.00099422
		飧	12	0.00041426			驪	29	0.00091137
		餡	16	0.00033141			馮	12	0.00066281
		饅	19	0.00033141			駁	14	0.00066281
		饋	20	0.00033141			駿	17	0.00049711
		饞	25	0.00033141			馱	13	0.00041426
		餅	14	0.0001657			駭	16	0.00041426
		餑	15	0.0001657			驟	21	0.00041426
		餒	18	0.0001657			驛	23	0.00041426
		饌	20	0.0001657			駒	15	0.00033141
		餞	16	0.00008285			駙	15	0.00033141
		餾	18	0.00008285			聘	17	0.00024855
	首	首	09	0.0460655			驥	26	0.00024855
	香	香	09	0.0306551			馭	12	0.00008285
		馨	20	0.00405973			駢	16	0.00008285
		馥	18	0.00008285			騅	18	0.00008285
十畫	馬	馬	10	0.09337378			驄	20	0.00008285
		驗	23	0.0330578			驃	21	0.00008285
		驚	23	0.027921			驍	22	0.00008285
		騎	18	0.00919653			驊	22	0.00008285
		騙	19	0.00720809		骨	體	23	0.17390555
		騰	20	0.00671098			骨	10	0.04175722
		駛	15	0.00505395			骼	16	0.00604817
		駕	15	0.00463969			髒	23	0.00571676
		驕	22	0.00347977			髓	23	0.00149133
		驅	21	0.00339692			骸	16	0.00124277
		驟	24	0.00323121			骯	14	0.00115992
		騫	20	0.00289981			骰	14	0.00107707
		馳	13	0.00281696			髖	25	0.00066281
		驢	26	0.00248555			骷	15	0.00033141
		駐	15	0.00231985			髂	19	0.00033141
		駝	15	0.00173988			髏	21	0.00033141
		馴	13	0.00157418		高	高	10	0.18989591
		駱	16	0.00157418		鬥	鬧	15	0.0176474

部首筆劃	部首	字	筆劃	出現百分比	部首筆劃	部首	字	筆劃	出現百分比
		鬥	10	0.00853372			鯁	22	0.00066281
	鬲	鬲	10	0.00008285			鮑	16	0.00049711
	鬼	鬼	10	0.02046435			鯽	18	0.00041426
		魔	21	0.01864161			魟	16	0.00033141
		魏	18	0.00414258			鯰	19	0.00033141
		魂	14	0.00331406			鱉	22	0.00033141
		魄	15	0.00124277			鰾	22	0.00033141
		魁	14	0.00115992			鰍	23	0.00033141
		魅	15	0.00099422			魨	15	0.00024855
		魃	15	0.0001657			鯉	18	0.00024855
	髟	髮	15	0.01259345			鰲	22	0.00024855
		鬆	18	0.00886512			魷	15	0.0001657
		鬍	19	0.00505395			鮪	17	0.0001657
		鬢	22	0.00157418			鰈	20	0.0001657
		鬃	25	0.00132563			鱔	23	0.0001657
		鬢	24	0.00057996			鱒	23	0.0001657
		髻	16	0.00033141			魟	14	0.00008285
		鬟	23	0.00024855			鮐	16	0.00008285
		鬃	18	0.0001657			鯔	19	0.00008285
		髡	13	0.00008285			鰭	20	0.00008285
		鬃	18	0.00008285			鱈	22	0.00008285
	鬯	鬱	29	0.00107707			鱸	27	0.00008285
十一畫	魚	魚	11	0.06329864			鱷	30	0.00008285
		鮮	17	0.01466474		鳥	鳥	11	0.05062234
		魯	15	0.01060501			鵝	18	0.01060501
		鱸	27	0.00447399			鳳	14	0.01002505
		鯊	18	0.00389403			鷹	24	0.00952794
		鱗	23	0.00306551			鴨	16	0.00936223
		鯨	19	0.0024027			鳴	14	0.00671098
		鰭	21	0.00182274			鴉	15	0.00447399
		鰓	20	0.00165703			鴿	17	0.00372832
		鰻	22	0.00140848			鶯	21	0.00248555
		鮭	17	0.00124277			鷺	24	0.0024027
		鰍	20	0.00074566			鵑	18	0.00231985

部首筆劃	部首	字	筆劃	出現百分比	部首筆劃	部首	字	筆劃	出現百分比
		鴻	17	0.00223699			鶒	21	0.00008285
		鷗	22	0.00173988			鷟	24	0.00008285
		鵬	19	0.00157418			鵬	27	0.00008285
		鳧	16	0.00140848			鸞	30	0.00008285
		鵡	19	0.00140848		鹵	鹽	24	0.0102736
		鸚	28	0.00140848			鹼	24	0.0025684
		鶴	21	0.00115992			鹹	20	0.00173988
		鸛	29	0.00091137		鹿	麗	19	0.05783043
		鳶	14	0.00082852			鹿	11	0.01226204
		鵲	19	0.00082852			麟	23	0.00157418
		鴉	16	0.00074566			麓	19	0.00074566
		鵜	18	0.00041426			麝	21	0.00066281
		鶯	19	0.00041426			麒	19	0.00024855
		鵰	19	0.00041426		麥	麥	11	0.00820231
		鶘	20	0.00041426			麵	20	0.00729094
		鷙	23	0.00033141		麻	麼	14	0.40299028
		鸕	30	0.00033141			麻	11	0.01623892
		鳩	13	0.00024855	十二畫	黃	黃	12	0.05551059
		鴛	17	0.00024855		黍	黏	17	0.00803661
		駕	17	0.0001657			黎	15	0.00555106
		鶒	19	0.0001657			黍	12	0.00107707
		鷺	23	0.0001657		黑	點	17	0.14457608
		鴦	16	0.00008285			黑	12	0.03993448
		鴒	16	0.00008285			默	16	0.01234489
		鴛	16	0.00008285			墨	15	0.00911368
		鴝	16	0.00008285			黨	20	0.00538536
		鵠	18	0.00008285			黛	17	0.00165703
		鷥	18	0.00008285			黴	23	0.00149133
		鶼	19	0.00008285			黯	21	0.00066281
		鶇	19	0.00008285			黝	17	0.00024855
		鶫	19	0.00008285	十三畫	鼎	鼎	13	0.00248555
		鷔	20	0.00008285		鼓	鼓	13	0.02601541
		鷿	20	0.00008285		鼠	鼠	13	0.02377841
		鶺	21	0.00008285			鼴	22	0.00033141

部首筆劃	部首	字	筆劃	出現百分比
		紬	18	0.00024855
		紒	18	0.00008285
		鼅	21	0.00008285
	黽	黽	13	0.00049711
		黿	17	0.00008285
十四畫	鼻	鼻	14	0.01234489
		鼾	17	0.00033141
	齊	齊	14	0.01599036
		齋	17	0.00049711
十五畫	齒	齒	15	0.0181445
		齡	20	0.00546821

部首筆劃	部首	字	筆劃	出現百分比
		齦	21	0.00124277
		齲	20	0.00041426
		齬	24	0.00041426
		齜	21	0.00008285
		齧	21	0.00008285
		齟	22	0.00008285
		齪	24	0.00008285
十六畫	龍	龍	16	0.09138534
		龕	22	0.00041426
	龜	龜	16	0.01019075

 附錄四

特殊教育法

修正日期：民國 112 年 6 月 21 日

第一章 總則

第 1 條
爲使身心障礙及資賦優異之國民，均有接受適性及融合教育之權利，充分發展身心潛能，培養健全人格，增進服務社會能力，特制定本法。

第 2 條
1 本法所稱主管機關：在中央爲教育部；在直轄市爲直轄市政府；在縣（市）爲縣（市）政府。
2 本法所定事項涉及各目的事業主管機關業務時，各該機關應配合辦理。

第 3 條
本法所稱身心障礙，指因下列生理或心理之障礙，經專業評估及鑑定具學習特殊需求，須特殊教育及相關服務措施協助之情形：
一、智能障礙。
二、視覺障礙。
三、聽覺障礙。
四、語言障礙。
五、肢體障礙。
六、腦性麻痺。
七、身體病弱。
八、情緒行爲障礙。
九、學習障礙。
十、自閉症。
十一、多重障礙。
十二、發展遲緩。
十三、其他障礙。

第 4 條
本法所稱資賦優異，指下列有卓越潛能或傑出表現，經專業評估及鑑定具學習特殊需求，須特殊教育及相關服務措施協助之情形：
一、一般智能資賦優異。
二、學術性向資賦優異。
三、藝術才能資賦優異。
四、創造能力資賦優異。

五、領導能力資賦優異。

六、其他特殊才能資賦優異。

第 5 條

1　各級主管機關為促進特殊教育發展，應設立特殊教育諮詢會（以下簡稱特諮會），參與諮詢、規劃及推動特殊教育相關事宜。

2　特諮會委員由各級主管機關就學者專家、教育行政人員、學校及幼兒園行政人員、身心障礙及資賦優異學生、同級教師及教保服務人員組織代表、特殊教育相關家長團體代表、身心障礙與資賦優異學生及幼兒家長代表、特殊教育相關專業人員（以下簡稱專業人員）、相關機關（構）及團體代表遴聘（派）兼之。

3　前項特諮會委員中，教育行政人員、學校及幼兒園行政人員、相關機關（構）代表人數合計不得超過委員總數二分之一；任一性別委員人數不得少於委員總數三分之一。特諮會每六個月至少應開會一次；特諮會委員名單及會議紀錄等相關資訊，應公開於網際網路。

4　第一項特諮會組成、運作與其他相關事項之辦法及自治法規，由各級主管機關定之。

第 6 條

1　各級主管機關應設特殊教育學生鑑定及就學輔導會（以下簡稱鑑輔會），遴聘學者專家、教育行政人員、學校及幼兒園行政人員、同級教師及教保服務人員組織代表、特殊教育相關家長團體代表、身心障礙與資賦優異學生及幼兒家長代表、專業人員、同級衛生主管機關代表、相關機關（構）及團體代表，辦理特殊教育學生及幼兒鑑定、就學安置（以下簡稱安置）、輔導及支持服務等事宜；其實施方法、程序、期程、相關資源配置、運作方式與其他相關事項之辦法及自治法規，由各級主管機關定之。

2　中央主管機關鑑輔會辦理高級中等以上教育階段學校學生之鑑定、安置、輔導及支持服務事宜，得不予遴聘幼兒園行政人員、教保服務人員組織代表及身心障礙與資賦優異幼兒家長代表。

3　鑑輔會委員中，教育行政人員、學校及幼兒園行政人員、相關機關（構）代表人數合計不得超過委員總數二分之一；任一性別委員人數不得少於委員總數三分之一。鑑輔會委員名單，應予公告；鑑輔會每六個月至少應開會一次。

4　各級主管機關辦理身心障礙學生或幼兒鑑定及安置工作召開會議時，應通知學生本人、學生或幼兒法定代理人、實際照顧者，參與該生或幼兒相關事項討論，該法定代理人或實際照顧者並得邀請相關專業人員列席。

5　各級主管機關及鑑輔會對於學校或幼兒園提出之安置建議及所需相關服務之評估報告內容，不予採納者，應說明理由。

第 7 條

1　各級主管機關為執行特殊教育工作，應設專責單位。

2　各級學校與幼兒園承辦特殊教育業務人員及特殊教育學校之主管人員，應進用具特殊教育相關專業者。

3　前項所稱具特殊教育相關專業，指修習特殊教育學分三學分以上，或參加各級主管機關辦理之特殊教育專業研習五十四小時以上者。

第 8 條

各級主管機關應每年定期舉辦特殊教育學生與幼兒狀況調查及教育安置需求人口通報，並公布特殊教育概況，出版統計年報及相關數據分析，依據實際現況及需求，妥善分配相關資源，並規劃各項特殊教育措施。

第 9 條

1　各級政府應從寬編列特殊教育預算，在中央政府不得低於當年度教育主管預算百分之四點五；在地方政府不得低於當年度教育主管預算百分之五。

2　地方政府編列預算時，應優先辦理身心障礙教育。

3　中央政府為均衡地方身心障礙教育之發展，應補助地方辦理身心障礙教育之人事及業務經費；其補助之項目、核算基準、申請與審查程序、停止撥款、扣減當年度或下年度補助款、執行考核及其他相關事項之辦法，由中央主管機關會商直轄市、縣（市）主管機關後定之。

第 10 條

1　特殊教育學生及幼兒之人格及權益，應受尊重及保障，對其學習相關權益、校內外實習及校內外教學活動參與，不得有歧視之對待。

2　特殊教育與相關服務措施之提供及設施之設置，應符合融合之目標，並納入適性化、個別化、通用設計、合理調整、社區化、無障礙及可及性之精神。

3　特殊教育學生遭學校歧視對待，得依第二十四條之規定提出申訴、再申訴。

4　中央主管機關應針對各教育階段提供之合理調整及申請程序研擬相關指引，其研擬過程，應邀請身心障礙者及其代表性組織參與。

第 11 條

身心障礙學生，就所有影響本人之事項有權自由表達意見，並獲得適合其身心障礙狀況及年齡之協助措施以實現此項權利。

第二章　特殊教育之實施

第一節　總則

第 12 條

1　特殊教育之實施，分下列四階段：

一、學前教育階段：在家庭、醫院、幼兒園、社會福利機構、特殊教育學校幼兒部或其他適當場所辦理。

二、國民教育階段：在國民小學、國民中學、特殊教育學校或其他適當場所辦理。

三、高級中等教育階段：在高級中等學校、特殊教育學校或其他適當場所辦理。

四、高等教育階段及成人終身學習：在專科以上學校或其他終身學習機構辦理。

2　前項第一款學前教育階段及第二款國民教育階段，特殊教育學生及幼兒以就近入學為原則，直轄市及縣（市）主管機關應統整提供學生及幼兒入學資訊，並提供所主管場所所需之人力、資源協助。但國民教育階段學區學校無適當場所提供特殊教育者，得經主管機關安置於其他適當特殊教育場所。

第 13 條

1　高級中等以下學校及幼兒園應積極落實融合教育，加強普通教育教師與特殊教育教師交流與合作。

2　高級中等以下學校及幼兒園，得設特殊教育班，其辦理方式如下：

一、分散式資源班。

二、巡迴輔導班。

三、集中式特殊教育班。

3　前項特殊教育班之設置，應由各級主管機關核定；其班級之設施及人員設置標準，由中央主管機關定之。

4　高級中等以下學校及幼兒園未依第二項規定辦理者，得擬具特殊教育方案向各級主管機關申請；其

申請之內容、程序與其他相關事項之辦法及自治法規，由各級主管機關定之。

第 14 條

為因應特殊教育學生之教育需求，其入學年齡、年級安排、教育場所、實施方式及修業年限，應保持彈性；其提早或暫緩入學、縮短或延長修業年限及其他相關事項之辦法，由中央主管機關定之。但法律另有規定者，從其規定。

第 15 條

1 高級中等以下學校為促進特殊教育發展及處理校內特殊教育學生之學習輔導等事宜，應成立特殊教育推行委員會，並應有身心障礙及資賦優異學生與身心障礙及資賦優異學生家長代表；其任務、組成、會議召開程序與其他相關事項之辦法及自治法規，由各級主管機關定之。

2 高等教育階段學校為促進特殊教育發展及處理校內特殊教育學生之學習輔導等事宜，應成立特殊教育推行委員會，並至少應有身心障礙學生一人參與。必要時得增聘身心障礙學生家長代表參與。

3 學校依前二項規定成立特殊教育推行委員會，校內無特殊教育學生者，得不予遴聘特殊教育學生或特殊教育學生家長代表。

第 16 條

1 各教育階段之特殊教育，由各級主管機關辦理為原則，並得獎助民間辦理，對民間辦理身心障礙教育者，應優先獎助。

2 前項獎助對象、條件、方式、違反規定時之處理與其他應遵行事項之辦法及自治法規，由各級主管機關定之。

第 17 條

1 高級中等以下學校為辦理特殊教育，應設專責單位，依實際需要遴聘及進用特殊教育教師、特殊教育相關專業人員、教師助理員及特教學生助理人員；幼兒園設有特殊教育班班級數三班以上者，亦同。

2 前項專責單位之設置與人員之遴聘、進用及其他相關事項之辦法，由中央主管機關定之。

3 特殊教育專任教師、兼任導師、行政或其他職務者，其每週基本教學節數、減授課時數與其他相關事項之標準及自治法規，由各級主管機關定之。

第 18 條

1 為提升特殊教育及相關服務措施之服務品質，各級主管機關應加強辦理特殊教育教師及相關人員之培訓及在職進修。

2 為提升推動融合教育所需之知能，各級主管機關應加強辦理普通班教師、教保服務人員、學校與幼兒園行政人員及相關人員之培訓及在職進修。

3 前項培訓及在職進修，其內涵應考量特殊教育學生及幼兒於普通班學習實況，聘請具有相關專業素養或實務經驗者擔任講師，必要時得採個別化指導。

4 各該主管機關應自行或委由各級學校、幼兒園、特殊教育資源中心或相關專業團體開設諮詢管道，提供特殊教育或融合教育教學輔導相關之諮詢服務。

第 19 條

1 各級主管機關為實施特殊教育，應依鑑定基準辦理特殊教育學生及幼兒之鑑定。

2 前項學生及幼兒之鑑定基準、程序、期程、教育需求評估、重新評估程序、評估人員之資格及權益、培訓方式及其他應遵行事項之辦法，由中央主管機關定之。

第 20 條

1　幼兒園及各級學校應主動或依申請發掘具特殊教育需求之幼兒及學生，經成年學生、學生或幼兒之法定代理人或實際照顧者同意，並徵詢未成年學生意見後，依前條規定鑑定後予以安置，並提供特殊教育及相關服務措施。

2　各級主管機關應每年重新評估前項安置及特殊教育相關服務措施之適當性。

3　成年學生、學生或幼兒之法定代理人或實際照顧者不同意進行鑑定安置程序時，幼兒園及高級中等以下學校應通報主管機關。

4　主管機關為保障身心障礙學生及幼兒學習權益，必要時得要求成年學生、學生或幼兒之法定代理人或實際照顧者配合鑑定、安置及特殊教育相關服務。

第 21 條

1　中央主管機關應訂定高級中等以下學校特殊教育相關課程綱要及其實施之有關規定，作為學校規劃及實施課程之依據；學校規劃課程得結合社會資源充實教學活動。

2　特殊教育相關課程綱要之研究發展及審議，準用高級中等教育法相關規定。

第 22 條

1　特殊教育之課程、教材、教法及評量，應保持彈性，適合特殊教育學生、幼兒身心特性及需求。

2　高級中等以下學校實施特殊教育課程之方式、內容、教材研發、教法、評量及其他相關事項之辦法及幼兒園相關之準則，由中央主管機關定之。

第 23 條

1　為充分發揮特殊教育學生潛能，各級學校對於特殊教育之教學應結合相關資源，並得聘任具特殊專才者協助教學。

2　前項特殊專才者聘任之資格、方式、待遇及其他相關事項之辦法，由中央主管機關定之。

第 24 條

1　對學生與幼兒鑑定、安置、輔導及支持服務如有爭議，得由學生或幼兒之法定代理人、實際照顧者代為或由高級中等以上教育階段特殊教育學生向主管機關提起申訴，主管機關應提供申訴服務。

2　高級中等以下教育階段特殊教育學生對學校之懲處、其他措施或決議，認為違法或不當致損害其權益者，得由其法定代理人、實際照顧者代為或由高級中等教育階段特殊教育學生向學校提出申訴，不服學校申訴決定，得向各該主管機關提出再申訴；其提起訴願者，受理訴願機關應於十日內，將該事件移送應受理之申訴評議委員會或再申訴評議委員會，並通知學生及其法定代理人或實際照顧者。

3　前項原懲處、措施或決議性質屬行政處分者，其再申訴決定視同訴願決定；不服再申訴決定者，得依法提起行政訴訟。

4　高等教育階段特殊教育學生對學校之懲處、其他措施或決議，認為違法或不當致損害其權益者，得向學校提出申訴；不服學校申訴決定者，得依法提起訴願或行政訴訟。

5　第一項申訴、第二項申訴及再申訴、前項申訴之範圍、期限、委員會組成、調查方式、評議方式、評議結果之執行及其他相關事項之辦法，由中央主管機關定之。

第二節　身心障礙教育

第 25 條

1　各級學校、幼兒園及試務單位不得以身心障礙為由，拒絕學生、幼兒入學（園）或應試。

2　各級學校及試務單位應提供考試適當服務及無障礙措施，且應考量身心障礙學生實際需要，提供合

理調整，並由各級學校及試務單位公告之；其對象、資格、申請程序、考試服務內容、調整方式、無障礙措施及其他相關事項之辦法，由中央主管機關定之。

第 26 條

1　身心障礙教育之實施，各級主管機關應依專業評估之結果，結合衛政、社政或勞政資源，提供身心障礙學生及幼兒有關復健、訓練等相關支持服務。

2　為推展身心障礙兒童之早期療育，其特殊教育之實施，應自二歲開始。

3　第一項對身心障礙學生及幼兒提供相關支持服務之內容、形式、提供方式、成效檢核及其他相關事項之辦法，由中央主管機關定之。

第 27 條

1　各級主管機關應提供學校、幼兒園輔導身心障礙學生及幼兒有關評量、教學及行政等支持服務，並適用於經主管機關許可實施非學校型態實驗教育之身心障礙學生。

2　高級中等以下學校、幼兒園對於身心障礙學生及幼兒之評量、教學及輔導工作，應以專業團隊合作進行為原則，並得視需要結合衛生醫療、教育、社會工作、職業重建相關等專業人員，共同提供學習、生活、心理、復健訓練、職業輔導評量及轉銜輔導與服務等協助。

3　高等教育階段學校對於身心障礙學生之輔導工作，依前項規定辦理。

4　第一項及第二項支持服務內容、專業團隊組成、人員資格、任務、運作方式及其他相關事項之辦法，由中央主管機關定之。

第 28 條

1　各級主管機關或私人為辦理高級中等以下學校之身心障礙學生及幼兒教育，得設立特殊教育學校；特殊教育學校之設立，應以小班、小校為原則，並以招收重度及多重障礙學生及幼兒為優先，每校並得設置多個校區。

2　啟聰學校以招收聽覺障礙學生及幼兒為主；啟明學校以招收視覺障礙學生及幼兒為主。

3　特殊教育學校依其設立之主體為中央政府、直轄市政府、縣（市）政府或私人，分為國立、直轄市立、縣（市）立或私立；其設立、變更及停辦，依下列規定辦理：

一、國立：由中央主管機關核定。

二、直轄市立：由直轄市主管機關核定後，報請中央主管機關備查。

三、縣（市）立：由縣（市）主管機關核定後，報請中央主管機關備查。

四、私立：依私立學校法相關規定辦理。

4　特殊教育學校設立所需之校地、校舍、設備、師資、變更、停辦或合併之要件、核准程序、組織之設置及人員編制標準，由中央主管機關定之。

5　特殊教育學校應與普通學校、幼兒園及社區合作，增進學生及幼兒之社會融合；並設立區域特殊教育資源中心，提供社區、學校及幼兒園相關資源與支持服務。

6　前項區域特殊教育資源中心之任務編組、運作與教師資格、遴選、商借、培訓、獎勵、年資採計及其他相關事項之辦法，由中央主管機關定之。

7　為鼓勵特殊教育學校精進區域特殊教育資源中心資源與支持服務，各級主管機關應編列經費補助之。

第 29 條

1　特殊教育學校置校長一人；其聘任資格，依教育人員任用條例之規定，並應具備特殊教育之專業知能；遴選、聘任程序及其他相關事項，比照其所設最高教育階段之學校法規之規定。

2　特殊教育學校為辦理教務、學生事務、總務、實習、研究發展、輔導等事務，得視學校規模及業務需要，設處（室）一級單位，並得分組為二級單位辦事。

3　前項一級單位置主任一人，二級單位置組長一人。

4　一級單位主任由校長就專任教師聘兼之；二級單位組長，除總務單位之組長由職員專任、輔導單位負責保健業務之組長得由專任之特殊教育相關專業人員兼任外，其餘由校長就專任教師聘兼之。

5　特殊教育學校達中央主管機關所定一定規模者，置秘書一人，襄助校長處理校務，由校長就專任教師聘兼之。

6　啟聰學校之校長及教師應優先遴聘具手語知能者。

第 30 條

1　高級中等以下學校及幼兒園，應加強普通班教師、輔導教師與特殊教育教師之合作，對於就讀普通班之身心障礙學生及幼兒，應予適當教學及輔導；其適用範圍、對象、教學原則、輔導方式、人員進修、成效檢核、獎勵辦理與其他相關事項之辦法及自治法規，由各該主管機關定之。

2　為保障身心障礙學生之受教權，並使普通班教師得以兼顧身心障礙學生及其他學生之教育需求，學校校長應協調校內各單位提供教師所需之人力資源及協助，並得經鑑輔會評估調整身心障礙學生就讀之普通班學生人數；學校提供教師所需之人力資源及協助、調整身心障礙學生就讀之普通班學生人數及其他相關事項之辦法，由中央主管機關定之。

3　幼兒園有招收身心障礙幼兒者，園長應協調提供教保服務人員所需之人力資源及協助，並得經鑑輔會評估調整身心障礙幼兒就讀之班級人數；該班級調整班級人數之條件及核算方式，由直轄市、縣（市）主管機關定之。

第 31 條

1　高級中等以下學校應以團隊合作方式對身心障礙學生訂定個別化教育計畫，訂定時應邀請身心障礙學生本人，以及學生之法定代理人或實際照顧者參與；必要時，法定代理人或實際照顧者得邀請相關人員陪同參與。經學校評估學生有需求時，應邀請特殊教育相關專業人員參與個別化教育計畫討論，提供合作諮詢，協助教師掌握學生特質，發展合宜教學策略，提升教學效能。

2　身心障礙學生個別化教育計畫，應於開學前訂定；轉學生應於入學後一個月內訂定；新生應於開學前訂定初步個別化教育計畫，並於開學後一個月內檢討修正。

3　前項個別化教育計畫，每學期至少應檢討一次。

4　為使身心障礙學生有效參與個別化教育計畫之訂定，中央主管機關應訂定相關指引，供各級學校參考；指引之研擬過程，應邀請身心障礙者及其代表性組織參與。

5　幼兒園應準用前四項規定，為身心障礙幼兒訂定個別化教育計畫。

第 32 條

為增進前條團隊之特殊教育知能，以利訂定個別化教育計畫，各級主管機關應視所屬高級中等以下學校及幼兒園身心障礙學生及幼兒之特殊教育需求，加強辦理普通班教師、教保服務人員、特殊教育教師及相關人員之培訓及在職進修，並提供相關支持服務之協助。

第 33 條

1　高級中等以下學校應考量身心障礙學生之優勢能力、性向及特殊教育需求及生涯規劃，提供適當之升學輔導。

2　前項學校身心障礙學生升學輔導之名額、方式、資格及其他有關考生權利義務等事項之辦法，由中央主管機關定之。

第 34 條

各級主管機關應積極推動身心障礙成人之終身學習，訂定相關工作計畫，鼓勵身心障礙者參與終身學習活動，並定期檢核實施之成效；其辦理機關、方式、內容及其他相關事項之辦法，由中央主管

機關定之。

第 35 條

1 高等教育階段學校爲協助身心障礙學生學習及發展，應訂定及實施特殊教育方案，並應設置專責單位、資源教室及專責人員，依實際需要遴före及進用相關專責人員；其專責單位、資源教室之職責、設置與人員編制、進用及其他相關事項之辦法，由中央主管機關定之。

2 爲促進高等教育階段學校整合校內外資源及提升跨單位協調效能，大專校院之身心障礙學生達一定人數或比率者，中央主管機關應鼓勵設置特殊教育資源中心；其人數或比率由中央主管機關公告之。

3 高等教育階段之身心障礙教育，應符合學生需求，訂定個別化支持計畫，協助學生學習及發展；訂定時應邀請相關教學人員、行政人員、身心障礙學生本人、學生之法定代理人或實際照顧者參與。

4 身心障礙學生個別化支持計畫，至遲應於完成課程加退選後一個月內訂定。

5 前項個別化支持計畫，每學期至少應檢討一次。

6 爲增進第一項相關專責人員之特殊教育知能，以利訂定個別化支持計畫，中央主管機關應辦理大專校院相關專責人員之培訓及進修，並提供相關支持服務之協助。

第 36 條

爲使各教育階段身心障礙學生及幼兒服務需求得以銜接，各級學校及幼兒園應提供整體性與持續性轉銜輔導及服務；其生涯轉銜計畫內容、訂定期程、訂定程序及轉銜會議召開方式、轉銜通報方式、期程及其他相關事項之辦法，由中央主管機關定之。

第 37 條

1 各級主管機關應依身心障礙學生之家庭經濟條件，減免其就學費用；對於就讀學前私立幼兒園或社會福利機構之身心障礙幼兒，得發給教育補助費，並獎助其招收單位。

2 前項減免、獎補助之對象、條件、金額、名額、次數及其他應遵行事項之辦法，由中央主管機關定之。

3 身心障礙學生品學兼優或有特殊表現者，各級主管機關應給予獎補助；其條件、金額、名額、次數及其他應遵行事項之辦法及自治法規，由各級主管機關定之。

第 38 條

1 學校及幼兒園應依身心障礙學生及幼兒之教育需求，提供下列支持服務：
　一、教育及運動輔具服務。
　二、適性教材服務。
　三、學習及生活人力協助。
　四、復健服務。
　五、家庭支持服務。
　六、適應體育服務。
　七、校園無障礙環境。
　八、其他支持服務。

2 經主管機關許可實施非學校型態實驗教育之身心障礙學生，適用前項第一款至第六款服務。

3 前二項支持服務內容、形式、提供方式、成效檢核及其他相關事項之辦法，由中央主管機關定之。

4 身心障礙學生經評估無法自行上下學者，由各級主管機關免費提供無障礙交通工具；確有困難提供者，補助其交通費；其補助資格、申請方式、補助基準與其他相關事項之實施辦法及自治法規，由各級主管機關定之。

5 各級主管機關應優先編列預算，推動第一項及前項之服務。

第 39 條

1　各級主管機關得依申請核准或委託社會福利機構或醫療機構，辦理身心障礙教育。

2　各級主管機關應協助少年矯正學校，辦理身心障礙教育。

第三節　資賦優異教育

第 40 條

學前教育階段及高級中等以下各教育階段資賦優異教育之實施，依下列方式辦理：

一、學前教育階段：採特殊教育方案辦理。

二、國民教育階段：採分散式資源班、巡迴輔導班、特殊教育方案辦理。

三、高級中等教育階段：依第十三條第二項及第四項規定方式辦理。

第 41 條

資賦優異學生之入學、升學，應依各該教育階段法規所定入學、升學方式辦理；高級中等以上教育階段學校，並得參採資賦優異學生在學表現及潛在優勢能力，以多元入學方式辦理。

第 42 條

高級中等以下學校應以團隊合作方式，考量資賦優異學生身心特質、性向、優勢能力、學習特質及特殊教育需求，訂定資賦優異學生個別輔導計畫，並應邀請資賦優異學生本人、學生之法定代理人或實際照顧者參與。

第 43 條

1　高級中等以下各教育階段主管機關，應補助學校辦理多元資優教育方案，並對辦理成效優良者予以獎勵。

2　資賦優異學生具特殊表現者，各級主管機關應給予獎助。

3　前二項之獎補助、方案之實施範圍、載明事項、辦理方式與其他相關事項之辦法及自治法規，由各級主管機關定之。

第 44 條

資賦優異學生得提早選修較高一級以上教育階段課程，其選修之課程及格者，得於入學後抵免。

第 45 條

1　各級主管機關應編列預算，積極推動高級中等以下學校辦理資賦優異教育，並運用學術、社教及民間等資源辦理，建立長期追蹤輔導機制。

2　中央主管機關為協助直轄市、縣（市）主管機關推動前項資賦優異教育工作，應予以補助經費。

第 46 條

1　高級中等以下各教育階段主管機關及學校對於身心障礙及處於離島、偏遠地區，或因經濟、文化或族群致需要協助之資賦優異學生，應加強鑑定與輔導，並視需要調整評量項目、工具及程序。

2　前項鑑定基準、程序、期程、評量項目與工具等調整方式及其他相關事項之實施辦法，由中央主管機關定之。

第 47 條

高等教育階段資賦優異教育之實施，應考量資賦優異學生之性向及優勢能力，得以特殊教育方案辦理。

第三章　特殊教育支持系統

第 48 條

1　爲促進融合教育及特殊教育發展，中央主管機關得委請具融合教育或特殊教育相關專業之團體、大專校院、學術機構或教師組織，從事整體性、系統性之融合教育或特殊教育相關研究。

2　各級主管機關爲改進融合教育與特殊教育課程、教材教法及評量方式，應鼓勵教師進行相關研究，並將研究成果公開及推廣使用。

第 49 條

1　中央及直轄市主管機關應鼓勵師資培育之大學，及經中央主管機關認可培育教保員之專科以上學校，於職前教育階段，開設特殊教育相關課程，促進融合教育之推動。

2　中央主管機關應將特殊教育相關課程納入師資職前教育課程基準。

第 50 條

1　爲鼓勵設有特殊教育系、所之大學校院設置特殊教育中心，協助特殊教育學生之鑑定、教學及輔導工作，中央主管機關應編列經費補助之。

2　爲辦理特殊教育各項實驗研究並提供教學實習，設有特殊教育系之大學校院，得附設特殊教育學校（班）。

第 51 條

1　高級中等以下學校及幼兒園之主管機關，得商借公立學校或幼兒園教師組成任務編組性質、具專業自主性之特殊教育資源中心及特殊教育輔導團，推動特殊教育。

2　前項任務編組之組織、任務、運作與教師資格、遴選、商借、培訓、獎勵、年資採計及其他相關事項之辦法，由中央主管機關定之。

3　各級主管機關爲有效推動特殊教育、整合相關資源、協助各級學校及幼兒園特殊教育之執行及提供諮詢、輔導與服務，應建立特殊教育行政支持網絡；其支持網絡聯繫、運作方式與其他相關事項之辦法及自治法規，由各級主管機關定之。

4　各級主管機關得於公立高級中等以下學校或幼兒園，指定增置由主管機關統籌運用及調派之編制內特殊教育教師員額，用以協助辦理第十九條第一項所定鑑定評估作業，及辦理第一項所定特殊教育資源中心及特殊教育輔導團業務，或前項所定支持網絡業務。

第 52 條

1　各級學校及幼兒園應提供特殊教育學生及幼兒家庭諮詢、輔導、親職教育及轉介等支持服務，其內容、形式、提供方式及其他相關事項之辦法，由中央主管機關定之。

2　前項所定支持服務，其經費及資源由各級主管機關編列預算辦理。

3　高級中等以下學校身心障礙學生家長至少應有一人爲該校家長會常務委員或委員，參與學校特殊教育相關事務之推動。

第 53 條

1　高級中等以下學校及幼兒園辦理特殊教育之成效，主管機關每四年至少應辦理一次評鑑，與學校校務評鑑、幼兒園評鑑或校長辦學績效考評併同辦理爲原則。

2　直轄市及縣（市）主管機關辦理特殊教育之績效，中央主管機關每四年至少應辦理一次評鑑。

3　第一項及前項之評鑑項目應以法令規定者爲限，並落實評鑑方式與指標簡化及行政減量；評鑑項目及結果應予公布，對評鑑成績優良者予以獎勵，未達標準者應予輔導及協助；評鑑之項目、評鑑會組成、評鑑程序及其他相關事項之辦法，由中央主管機關定之。

4　大專校院特殊教育評鑑，中央主管機關應每四年辦理一次，得以專案評鑑辦理。

第四章　附則

第 54 條

1　公立特殊教育學校之場地、設施與設備提供他人使用、委託經營、獎勵民間參與，與學生重補修、辦理招生、甄選、實習、實施推廣教育等所獲之收入及其相關支出，應設置專帳以代收代付方式執行，其賸餘款並得滾存作為改善學校基本設施或充實教學設備之用，不受預算法第十三條、國有財產法第七條及地方公有財產管理相關規定之限制。

2　前項收支管理作業規定，由中央主管機關定之。

第 55 條

本法授權各級主管機關訂定之法規及自治法規，各級主管機關應邀請同級教師組織、教保服務人員組織、特殊教育相關家長團體代表、家長團體代表及特殊教育學生參與訂定。

第 56 條

本法施行細則，由中央主管機關定之。

第 57 條

本法自公布日施行。

附錄五

特殊教育法施行細則

修正日期：民國 112 年 12 月 20 日

第 1 條
本細則依特殊教育法（以下簡稱本法）第五十六條規定訂定之。

第 2 條
1　特殊教育學生及幼兒之輔導，應以維護兒童及少年最佳利益為原則，其決定涉及不同主體之權利衝突時，應優先考量特殊教育學生及幼兒之保障，並採取符合兒童及少年最佳利益之措施。
2　前項輔導，應特別關注特殊教育學生與幼兒表達意見、身心健康、受教育及其他相關權利，並應關注兒童及少年之身分認同、家庭維繫、受照顧、保護與安全及其他相關需求。

第 3 條
本法第七條第一項所稱專責單位，指各級主管機關所設具有專責人員及預算，負責辦理特殊教育業務之單位。

第 4 條
1　各級主管機關依本法第八條每年定期辦理特殊教育學生與幼兒狀況調查及教育安置需求人口通報後，應建立及運用各階段特殊教育通報系統，與衛政、社政、勞政主管機關所建立之通報系統互相協調妥善結合，並公布特殊教育概況。
2　各級主管機關依本法第八條規定出版之統計年報，應包括特殊教育學生、幼兒與師資人數及比率、安置與經費狀況及其他特殊教育通報之項目；並應分析特殊教育相關數據，包括各類各教育階段融合教育實施、特教學生與幼兒鑑定、安置、輔導及支持服務、特殊教育資源分布、轉銜服務及經費使用，作為政策規劃及資源分配之參考。
3　第一項特殊教育通報系統之建置及運用，得委託或委辦學校或機關（構）辦理。

第 5 條
1　依本法第十三條第二項規定設立之特殊教育班，指專為身心障礙學生及幼兒或資賦優異學生設置之特殊教育班。
2　依本法第二十八條第一項規定設立之特殊教育學校，包括幼兒部、國民小學部、國民中學部、高級中學部及高級職業學校部專為身心障礙學生設置之學校。

第 6 條
1　本法第十三條第二項第一款所定分散式資源班，指學生及幼兒在普通班就讀，部分時間接受特殊教育及相關服務。
2　本法第十三條第二項第二款所定巡迴輔導班，指學生及幼兒在家庭、機構、學校或幼兒園，由巡迴輔導教師提供部分時間之特殊教育及相關服務。

3　本法第十三條第二項第三款所定集中式特殊教育班，指學生及幼兒全部時間於特殊教育班接受特殊教育及相關服務；為促進融合教育，經課程設計，其部分課程得在普通班接受適性課程，或部分學科（領域）得實施跨年級、跨班教學。

4　本法第十三條第四項所定特殊教育方案，必要時，得採跨校方式辦理。

第 7 條

1　本法第十八條所定相關人員，指參與特殊教育、融合教育及相關服務措施之其他有關人員，包括特殊教育相關專業人員、教師助理員、特教學生助理人員及其他人員。

2　本法第十八條第二項所定融合教育所需之知能，其內涵應考量學校與幼兒園全體學生及幼兒所需之生活適應、人際互動與學習參與之重要知能，包括下列內容：

一、人類多樣性、特殊教育學生及幼兒特質與輔導。

二、身心障礙學生及幼兒人權與平等措施。

三、通用設計、合理調整與個別化支持服務。

四、無障礙、可及性與社會參與。

五、課程教學調整、轉銜輔導及終身學習之教育。

3　各級主管機關應依前項重要知能，建置融合教育行動方案及示例，並彙整提供簡明、易讀之融合教育宣導課程及教材。

第 8 條

1　本法第二十條第三項所定成年學生、學生或幼兒之法定代理人或實際照顧者不同意進行鑑定安置程序時，幼兒園及高級中等以下學校應通報主管機關。

2　高級中等以下學校辦理前項通報主管機關前，應先提報學校特殊教育推行委員會瞭解原因，經確認屬應鑑定而不鑑定者後，再依各該主管機關所定程序通報。

第 9 條

本法第二十九條所稱特殊教育學校校長應具備特殊教育之專業知能，指應修習本法第七條第三項所定特殊教育學分三學分以上，或參加各級主管機關辦理之特殊教育專業研習五十四小時以上。

第 10 條

1　本法第三十一條所稱個別化教育計畫，指運用團隊合作方式，針對身心障礙學生個別特性所訂定之特殊教育及相關服務計畫；其內容包括下列事項：

一、學生能力現況、家庭狀況及需求評估。

二、學生所需特殊教育、相關服務及支持策略。

三、學年與學期教育目標、達成學期教育目標之評量方式、日期及標準。

四、具情緒與行為問題學生所需之行為功能介入方案及行政支援。

五、學生之轉銜輔導及服務內容。

2　學校應將身心障礙且資賦優異學生之個別輔導計畫內容，併入個別化教育計畫規劃。

3　幼兒園為身心障礙幼兒訂定個別化教育計畫時，應準用第一項規定。

第 11 條

1　本法第三十五條第一項所稱高等教育階段特殊教育方案，指學校應依特殊教育學生特性及學習需求，規劃辦理在校學習、生活輔導及支持服務等；其內容應載明下列事項：

一、依據。

二、目的。

三、實施對象及其特殊教育與支持服務。
四、人力支援及行政支持。
五、空間及環境規劃。
六、辦理期程。
七、經費概算及來源。
八、預期成效。

2 前項第三款特殊教育與支持服務，包括學生教育需求及在校學習生活適應之生活輔導、課業輔導、生涯輔導及諮詢服務等。

第 12 條
前條特殊教育方案，學校應運用團隊合作方式，整合相關資源，針對身心障礙學生個別特性及需求，訂定個別化支持計畫；其內容包括下列事項：
一、學生能力現況、家庭狀況及需求評估。
二、學生所需特殊教育、支持服務及策略。
三、學生之轉銜輔導及服務內容。

第 13 條
1 本法第四十二條所定資賦優異學生個別輔導計畫，學校應以團隊合作方式訂定，訂定之人員應包括學校行政人員、特殊教育與相關教師、學生本人及學生之法定代理人或實際照顧者參與；必要時，得邀請相關專業人員參與。
2 個別輔導計畫內容應包括下列事項：
一、學生能力現況、家庭狀況及教育需求評估。
二、學生所需特殊教育、相關服務與支持策略。
三、教育目標與輔導重點。
3 資賦優異學生個別輔導計畫，應於開學前訂定，新生及轉學生應於入學後一個月內訂定初步個別輔導計畫，且每學期應至少檢討一次。

第 14 條
本法第四十九條所稱特殊教育相關課程，其內容應包括特殊教育學生及幼兒身心特質與輔導、融合教育、通用設計學習、教導不同學習需求之學生與幼兒之能力及合理調整等知能。

第 15 條
1 本法第五十條第二項所定設有特殊教育學系之大學校院得附設特殊教育學校（班），包括附設或附屬二種情形，其設立應經專案評估後，報主管機關核定。
2 前項附設或附屬特殊教育學校（班），其設立規模及人員編制，準用特殊教育學校設立變更停辦合併及人員編制標準之規定。

第 16 條
本法第五十三條第四項所定大專校院特殊教育評鑑，指中央主管機關應自行組成評鑑委員會或委託學術團體、專業評鑑機構每四年為之；其辦理原則及程序準用大學評鑑辦法之規定。

第 17 條
1 學校依本法第三十一條、第三十五條、第三十六條及第四十二條訂定之個別化教育計畫、個別化支持計畫、生涯轉銜計畫或資賦優異學生個別輔導計畫等特殊教育學生資料，應指定適當場所及人員保管，以書面或電子儲存媒體保存之，並應自學生畢業或離校後，保存十年。

2 幼兒園依本法第三十一條及第三十六條訂定相關計畫時,依前項規定辦理。

3 前二項特殊教育學生及幼兒資料,學校及幼兒園因故未能繼續保管,其資料應交由承接者依規定保存。

4 已逾保存年限之特殊教育學生及幼兒資料,學校及幼兒園應定期銷毀,其銷毀方式應確保特殊教育學生及幼兒資料內容無洩漏之虞,並以每年一次為原則。

第 18 條

社區、部落及職場互助教保服務中心特殊教育之實施,準用第二條、第四條、第七條、第八條、第十條及第十七條所定幼兒園相關規定。

第 19 條

本細則自發布日施行。

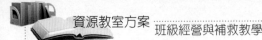

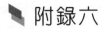 附錄六

特殊教育學生及幼兒鑑定辦法

修正日期：民國 113 年 4 月 29 日

生效狀態：※本法規部分或全部條文尚未生效

113 年 4 月 29 日修正名稱及全文 26 條，自 114 年 8 月 1 日施行。

第 1 條

本辦法依特殊教育法（以下簡稱本法）第十九條第二項及第四十六條第二項規定訂定之。

第 2 條

1　身心障礙學生及幼兒之鑑定，應採多元評量，依學生個別狀況採取標準化評量、直接觀察、晤談、醫學檢查等方式，或參考身心障礙證明記載蒐集個案資料，綜合研判之。

2　資賦優異學生及幼兒之鑑定，應採多元及多階段評量，以標準化評量工具、各類鑑定基準規定之方式，綜合研判之。除一般智能及學術性向資賦優異學生之鑑定外，其他各類資賦優異學生之鑑定，均不得施以學科（領域）成就測驗。

第 3 條

1　本法第三條第一款所稱智能障礙，指個人在發展階段，其心智功能、適應行為及學業學習表現，較同年齡者有顯著困難。

2　前項所定智能障礙，其鑑定基準依下列各款規定：

一、心智功能明顯低下或個別智力測驗結果未達平均數負二個標準差。

二、學生在生活自理、動作與行動能力、語言與溝通、社會人際與情緒行為等任一向度及學科（領域）學習之表現較同年齡者有顯著困難情形。

第 4 條

1　本法第三條第二款所稱視覺障礙，指由於先天或後天原因，導致視覺器官之構造缺損或視覺機能發生部分或全部之障礙，經矯正後其視覺辨認仍有困難，致影響參與學習活動。

2　前項所定視覺障礙，其鑑定基準依下列各款規定之一：

一、遠距離或近距離視力經最佳矯正後，優眼視力未達○‧四。

二、兩眼視野各為二十度以內。

三、視力或視野無法以一般標準化工具測定時，以其他醫學專業採認之檢查，綜合研判之。

第 5 條

1　本法第三條第三款所稱聽覺障礙，指由於聽力損失，致使聽覺功能或以聽覺參與活動之能力受到限制，影響參與學習活動。

2　前項所定聽覺障礙，其鑑定基準依下列各款規定之一：

一、純音聽力檢查結果，聽力損失達下列各目規定之一：

（一）優耳五百赫、一千赫、二千赫、四千赫聽閾平均值，未滿七歲達二十一分貝以上；七歲以

上達二十五分貝以上。

（二）任一耳五百赫、一千赫、二千赫、四千赫聽閾平均值達五十分貝以上。

二、聽力無法以前款純音聽力測定時，以聽覺電生理檢查方式測定後認定。

第 6 條

1　本法第三條第四款所稱語言障礙，指言語或語言符號處理能力較同年齡者，有顯著偏差或低落現象，造成溝通困難，致影響參與學習活動。

2　前項所定語言障礙，其鑑定基準依下列各款規定之一：

一、語音異常：產出之語音有省略、替代、添加、歪曲、聲調錯誤或含糊不清等現象，致影響說話清晰度。

二、嗓音異常：說話之音質、音調、音量或共鳴與個人之性別、年齡或所處文化環境不相稱，致影響口語溝通效能。

三、語暢異常：說話之流暢度異常，包括聲音或音節重複、拉長、中斷或用力，及語速過快或急促不清、不適當停頓等口吃或迅吃現象，致影響口語溝通效能。

四、發展性語言異常：語言理解、語言表達或二者較同年齡者有顯著偏差或低落，其障礙非因感官、智能、情緒或文化刺激等因素直接造成之結果

第 7 條

1　本法第三條第五款所稱肢體障礙，指上肢、下肢、軀幹或平衡之機能損傷，致影響參與學習活動。

2　前項所定肢體障礙，其相關疾病應由專科醫師診斷；其鑑定基準依下列各款規定之一：

一、先天性肢體功能障礙。

二、疾病或意外導致長期持續性肢體功能障礙。

第 8 條

1　本法第三條第六款所稱腦性麻痺，指因腦部早期發育中受到非進行性、非暫時性之腦部損傷，造成動作、平衡及姿勢發展障礙，經常伴隨感覺、知覺、認知、溝通及行為等障礙，致影響參與學習活動。

2　前項所定腦性麻痺，應經由該專科醫師診斷。

第 9 條

1　本法第三條第七款所稱身體病弱，指罹患疾病，且體能衰弱，需長期療養，致影響參與學習活動。

2　前項所定身體病弱，其相關疾病應經由該專科醫師診斷。

第 10 條

1　本法第三條第八款所稱情緒行為障礙，指長期情緒或行為表現顯著異常，致嚴重影響學校適應；其障礙非因智能、感官或健康等因素直接造成之結果。

2　前項情緒行為障礙之症狀，包括精神性疾患、情感性疾患、畏懼性疾患、焦慮性疾患、注意力缺陷過動症、或有其他持續性之情緒或行為問題。

3　第一項所定情緒行為障礙，其鑑定基準依下列各款規定：

一、情緒或行為表現顯著異於其同年齡或社會文化之常態者，得參考精神科醫師之診斷認定之。

二、在學校顯現學業、社會、人際、生活或職業學習等適應有顯著困難。

三、除學校外，在家庭、社區、社會或任一情境中顯現適應困難。

四、前二款之困難經評估後確定一般教育及輔導所提供之介入成效有限，仍有特殊教育需求。

第 11 條

1　本法第三條第九款所稱學習障礙，統稱神經心理功能異常而顯現出注意、記憶、理解、知覺、知覺

動作、推理等能力有問題，致在聽、說、讀、寫或算等學習上有顯著困難者；其障礙並非因感官、智能、情緒等障礙因素或文化刺激不足、教學不當等環境因素所直接造成之結果。

2　前項所定學習障礙，其鑑定基準依下列各款規定：

一、智力正常或在正常程度以上。

二、個人內在能力有顯著差異。

三、聽覺理解、口語表達、識字、閱讀理解、書寫、數學運算等學習表現有顯著困難，且經確定一般教育所提供之介入，仍難有效改善。

第 12 條

1　本法第三條第十款所稱自閉症，指因神經心理功能異常而顯現出溝通、社會互動、行為及興趣表現上有嚴重問題，致在學習及生活適應上有顯著困難。

2　前項所定自閉症，其鑑定基準依下列各款規定：

一、顯著社會溝通及社會互動困難。

二、表現出固定而有限之行為模式及興趣。

第 13 條

1　本法第三條第十一款所稱多重障礙，指包括二種以上不具連帶關係造成之障礙，致影響學習。

2　前項所定多重障礙，其鑑定應參照本辦法其他各類障礙之鑑定基準。

第 14 條

1　本法第三條第十二款所稱發展遲緩，指未滿六歲之兒童，因生理、心理或社會環境因素，在知覺、動作、認知、語言溝通、社會情緒或生活自理等方面之發展較同年齡者顯著落後，且其障礙類別無法確定。

2　前項所定發展遲緩，其鑑定依兒童發展及養育環境評估等資料，綜合研判之。

第 15 條

1　本法第三條第十三款所稱其他障礙，指在學習與生活有顯著困難，且其障礙類別無法歸類於第三條至前條類別。

2　前項所定其他障礙，相關疾病應經由該專科醫師診斷；其鑑定除醫師診斷外，應評估其特殊教育需求後綜合研判之。

第 16 條

1　本法第四條第一款所稱一般智能資賦優異，指在記憶、理解、分析、綜合、推理及評鑑等方面，較同年齡者具有卓越潛能或傑出表現。

2　前項所定一般智能資賦優異，其鑑定基準依下列各款規定：

一、個別智力測驗評量結果在平均數正二個標準差或百分等級九十七以上。

二、經專家學者、指導教師或家長觀察推薦，並檢附學習特質與表現卓越或傑出等之具體資料。

第 17 條

1　本法第四條第二款所稱學術性向資賦優異，指在語文、數學、社會科學或自然科學等學術領域，較同年齡者具有卓越潛能或傑出表現。

2　前項所定學術性向資賦優異，其鑑定基準依下列各款規定之一：

一、前項任一領域學術性向或成就測驗得分在平均數正二個標準差或百分等級九十七以上，並經專家學者、指導教師或家長觀察推薦，及檢附專長學科學習特質與表現卓越或傑出等之具體資料。

二、參加政府機關或學術研究機構舉辦之國際性或全國性有關學科競賽或展覽活動表現特別優異，

　　獲前三等獎項。

三、參加學術研究單位長期輔導之有關學科研習活動，成就特別優異，經主辦單位推薦。

四、獨立研究成果優異並刊載於學術性刊物，經專家學者或指導教師推薦，並檢附具體資料。

第 18 條

1　本法第四條第三款所稱藝術才能資賦優異，指在音樂、美術、舞蹈或戲劇等藝術方面，較同年齡者具有卓越潛能或傑出表現。

2　前項所定藝術才能資賦優異，其鑑定基準依下列各款規定之一：

一、任一領域藝術性向測驗得分在平均數正二個標準差或百分等級九十七以上，或專長領域能力評量表現優異，並經專家學者、指導教師或家長觀察推薦，及檢附藝術學習表現卓越或傑出等之具體資料。

二、參加政府機關或學術研究機構舉辦之國際性或全國性各該類科競賽表現特別優異，獲前三等獎項。

第 19 條

1　本法第四條第四款所稱創造能力資賦優異，指運用心智能力，產生創新及建設性之作品、發明或問題解決表現，較同年齡者具有卓越潛能或傑出表現。

2　前項所定創造能力資賦優異，其鑑定基準依下列各款規定之一：

一、創造能力測驗得分在平均數正二個標準差或百分等級九十七以上，或實作評量表現優異，並經專家學者、指導教師或家長觀察推薦，及檢附創造才能特質與表現卓越或傑出等之具體資料。

二、參加政府機關或學術研究機構舉辦之國際性或全國性創造發明競賽表現特別優異，獲前三等獎項。

第 20 條

1　本法第四條第五款所稱領導能力資賦優異，指具有優異之計畫、組織、溝通、協調、決策、評鑑等能力，而在處理團體事務上，較同年齡者有卓越潛能或傑出表現。

2　前項所定領導能力資賦優異，其鑑定基準依下列各款規定：

一、領導才能測驗得分在平均數正二個標準差或百分等級九十七以上。

二、在領導實務具優異表現，經專家學者、指導教師、家長或同儕觀察推薦，並檢附領導才能特質與表現傑出等之具體資料。

第 21 條

1　本法第四條第六款所稱其他特殊才能資賦優異，指在肢體動作、工具運用、資訊、棋藝、牌藝等能力，較同年齡者具有卓越潛能或傑出表現。

2　前項所定其他特殊才能資賦優異，其鑑定基準依下列各款規定：

一、參加政府機關或學術研究機構舉辦之國際性或全國性技藝競賽表現特別優異，獲前三等獎項。

二、經專家學者、指導教師或家長觀察推薦，並檢附專長才能特質與表現卓越或傑出等之具體資料。

第 22 條

身心障礙及處於離島、偏遠地區，或因經濟、文化或族群致需要協助之資賦優異學生之鑑定，其程序、期程、評量項目及工具之調整方式，依下列規定辦理：

一、為加強本條所定學生之鑑定，各級主管機關得因應學生身心特質及其需求、文化差異、族群特性或地區限制，彈性調整鑑定程序。

二、各級主管機關為處理本條所定學生之鑑定，必要時得延長鑑定期程，或召開各級主管機關特殊

教育學生鑑定及就學輔導會（以下簡稱鑑輔會）臨時會。

三、學生參與特殊教育學生鑑定無法適用既有評量工具時，應依其個別需求，調整評量工具之內容或分數採計方式，或改以其他評量項目進行評估。

第 23 條

1　特殊教育學生及幼兒之鑑定，應依轉介、申請或推薦，蒐集相關資料，實施初步類別研判、教育需求評估及綜合研判後，完成包括教育安置建議及所需相關服務之評估報告。

2　前項鑑定，各級主管機關鑑輔會應於每學年度上、下學期至少召開一次會議辦理，必要時得召開臨時會議。

3　國民教育階段資賦優異學生之鑑定時程，應採入學後鑑定。但直轄市、縣（市）主管機關因專業考量、資源分配或其他特殊需求而有入學前鑑定之必要者，應經鑑輔會審議通過後，由主管機關核定實施，並報教育部備查。

第 24 條

1　身心障礙學生及幼兒之教育需求評估，應包括健康狀況、感官功能、知覺動作、生活自理、認知、溝通、情緒、社會行為、領域（科目）學習等。

2　資賦優異學生之教育需求評估，應包括認知或情意特質、社會適應、性向、專長領域（科目）學習等。

3　前二項教育需求評估，應依學生或幼兒之需求選擇必要之評估項目，並於評估報告中註明優弱勢能力，所需之教育安置、課程調整、支持服務及轉銜輔導等建議。

第 25 條

1　各級主管機關辦理特殊教育學生及幼兒之重新評估，以跨教育階段為原則。

2　經鑑輔會鑑定安置之特殊教育學生及幼兒，遇障礙情形改變、優弱勢能力改變、適應不良或其他特殊需求時，得由教師、法定代理人、實際照顧者或學生本人向學校、幼兒園或主管機關提出重新評估之申請；其鑑定程序，依第二十三條第一項規定辦理。主管機關並得視需要主動辦理重新評估。

3　前二項重新評估，應註明重新評估之原因；身心障礙學生或幼兒應檢附個別化教育（支持）計畫，資賦優異學生應檢附個別輔導計畫。

第 26 條

本辦法自中華民國一百十四年八月一日施行。

附錄七

身心障礙學生升學輔導辦法

修正日期：民國 113 年 4 月 26 日

生效狀態：※ 本法規部分或全部條文尚未生效

113 年 4 月 26 日修正全文 8 條；除第 6 條第 3 項定自 114 年 8 月 1 日施行施外，自發布日施行。

第 1 條

本辦法依特殊教育法（以下簡稱本法）第三十三條第二項、專科學校法第三十二條第一項及高級中等教育法第四十一條第一項規定訂定之。

第 2 條

本辦法所稱身心障礙學生，指符合下列規定之一之學生：

一、經各級主管機關特殊教育學生鑑定及就學輔導會（以下簡稱鑑輔會）鑑定為身心障礙。

二、領有身心障礙證明。

第 3 條

1　身心障礙學生參加高級中等學校或專科學校五年制新生入學，依下列規定辦理：其入學各校之名額採外加方式辦理，不占各級主管機關原核定各校（系、科）招生名額：

一、參加免試入學者，其超額比序總積分加百分之二十五計算。

二、參加特色招生入學者，依其採計成績，以加總分百分之二十五計算。

2　前項第一款總積分經加分優待後進行比序，第二款加分優待後分數應達錄取標準。

3　第一項所定外加名額，以原核定招生名額外加百分之二計算，其計算遇小數點時，採無條件進位法，取整數計算。但成績加分或總積分經加分優待後相同，如訂有分項比序或同分參酌時，經比序或同分參酌至最後一項結果均相同者，增額錄取，不受百分之二限制。

第 4 條

1　身心障礙學生年齡在二十一歲以下者，得自願就讀高級中等學校集中式特殊教育班或特殊教育學校高職部，經各級主管機關特殊教育學生鑑輔會鑑定後，由主管機關依社區化就近入學原則適性安置。

2　國民中學應屆畢業生之年齡不受前項年齡規定之限制。

第 5 條

除依前二條之升學方式外，該管主管機關得依身心障礙學生實際需要，自行訂定適性安置高級中等學校之規定。

第 6 條

1　中央主管機關應為完成高級中等學校或專科學校五年制教育之身心障礙學生，每學年辦理一次升學專科以上學校甄試。必要時，得委託學校或有關機關（構）辦理。

2　前項身心障礙學生甄試名額採外加方式辦理，不占主管機關原核定招生名額。

3　專科以上學校除專案輔導學校外，應提列名額參與第一項甄試，並由中央主管機關依其實際招收名

額予以獎助。

4　學校依身心障礙學生之特性，辦理單獨招收身心障礙學生考試者，中央主管機關應予以獎助。

5　第三項規定自中華民國一百十四年八月一日施行。

第 7 條

1　身心障礙學生參加前條第一項升學甄試，應由本人、其法定代理人、實際照顧者或原就讀學校提出申請。

2　前項申請程序，由該管主管機關另定之。

第 8 條

本辦法除另定施行日期者外，自發布日施行。

附錄八

高級中等以下學校身心障礙學生就讀普通班
調整班級人數或提供人力資源及協助辦法

修正日期：民國 112 年 12 月 20 日

第 1 條

本辦法依特殊教育法第三十條第二項規定訂定之。

第 2 條

1　本辦法所定高級中等以下學校（以下簡稱學校），其範圍如下：

一、國民小學。

二、國民中學。

三、高級中等學校。

2　本辦法之適用對象，指以部分時間或全部時間就讀普通班之身心障礙學生。

第 3 條

1　學校為兼顧班級內身心障礙學生及其他學生之教育需求，校長應協調校內各單位及相關人員完備融合教育支持網絡，提供普通班教師與身心障礙學生下列人力資源及協助：

一、身心障礙學生有特殊教育需求者，由資源班教師或巡迴輔導教師進行特殊教育教學服務。

二、身心障礙學生有生活自理或情緒行為問題者，依其需求程度提供教師助理員或特教學生助理人員，以支持教師班級經營。

三、身心障礙學生有專業團隊服務需求者，依其需求安排特殊教育相關專業人員、特殊教育教師、輔導教師提供諮詢或訓練服務。

四、身心障礙學生有教育輔具需求者，依其需求提供教育輔助器具與設備。

五、身心障礙學生有調整考試評量服務需求者，學校應提供相關人力執行報讀、製作特殊試卷、手語翻譯、重填答案等試務作業。

六、輔導教師及特殊教育教師應合作提供身心障礙學生輔導。

七、提供親師溝通及合作所需之協助與諮詢。

八、提供辦理戶外教育所需之人力。

九、提供融合教育之專業增能。

2　前項第二款人力資源及協助，學校應報各該主管機關，提特殊教育學生鑑定及就學輔導會（以下簡稱鑑輔會）評估後，予以提供。

第 4 條

學校依前條規定提供人力資源及協助後，認有減少普通班班級學生人數必要者，得報各該主管機關提鑑輔會評估後，減少班級人數；每安置身心障礙學生一人，減少該班級人數一人至三人，但有特殊情形者，不在此限。

第 5 條

1　身心障礙學生就讀之普通班，其班級安排應由學校召開特殊教育推行委員會決議，依學生個別學習適應需求及校內資源狀況，選擇適當教師擔任班級導師，並以適性原則均衡編入各班，不受常態編班相關規定之限制。

2　前項班級導師，有優先參加融合教育相關研習權利與義務，學校並應協助其課務及導師職務派代。

第 6 條

直轄市、縣（市）主管機關就身心障礙學生就讀之普通班調整班級人數，或提供人力資源及協助之措施優於本辦法規定者，從其規定。

第 7 條

本辦法自發布日施行。

附錄九

國民教育階段身心障礙資源班實施原則

教育部 100 年 7 月 22 日臺特教字第 1000127866 號函

內容	說明
一、目的 本原則爲提供國民教育階段身心障礙資源班（以下簡稱資源班）實施特殊教育與相關服務之共同參考，以促進資源班順利運作，充分發揮協助身心障礙學生接受適性教育之功能。	說明本原則訂定之目的。
二、實施對象 （一）經主管機關「特殊教育學生鑑定及就學輔導會」（以下簡稱鑑輔會）安置於普通班需資源班服務之身心障礙學生。 （二）經鑑輔會鑑定爲疑似身心障礙之學生。	資源班服務對象包括經鑑輔會鑑定之普通班身心障礙學生及疑似身心障礙學生。
三、資源班任務 資源班應提供特殊教育之教學與輔導、諮詢與支持及協調與整合資源等服務。其任務如下： （一）負責資源班身心障礙學生個案管理工作。 （二）與普通班教師、家長、行政人員、學生及相關人員合作，共同擬定個別化教育計畫，並提供學生適性之課程、教學、評量、輔導與轉銜服務等。 （三）協助整合校內外教育及相關資源，例如：協助申請輔具、獎助學金等。 （四）協助辦理普通班之疑似身心障礙學生轉介前輔導與評量鑑定。 （五）提供普通班教師、相關人員及家長特殊教育諮詢與支援服務。	明列資源班教師之職責。

內容	說明
四、實施內容 資源班之實施內容包含直接服務、間接服務、個案管理及其他相關特教推動事宜，其內容如下： （一）直接服務為對學生進行直接教學與輔導，包含課程設計、教材編選、教具製作、教學、評量、行為與生活輔導及轉銜服務等。 （二）間接服務為對普通班教師、家長與同儕提供諮詢、親職教育及協助推動融合教育等。 （三）個案管理包含擬訂個別化教育計畫、建立個案資料、必要時報請學校召開個案會議、進行轉銜與追蹤、連結校內外資源等事項。	說明資源班之服務內容。
五、課程與教學 （一）資源班應採用正式與非正式評量，評估學生基本能力和特殊教育需求，以作為課程設計之依據。 （二）課程設計應依據學生需求，參照學生個別化教育計畫目標，並與普通班教師、家長及相關人員討論。 （三）課程內容可依據普通班課程或能力指標進行調整，調整方式包括簡化、減量、分解、替代、重整、加深或加廣等。 （四）根據學生需求提供相符之特殊教育課程，例如：學習策略、社會技巧、溝通訓練、職業教育、定向行動等。 （五）定期評估課程之適切性，必要時應調整課程目標與內容等。 （六）資源班之教學採小組教學為原則。 （七）資源班教師應將相關專業人員之建議融入教學活動，並定期與普通班教師及相關專業人員討論學生之學習情形與成效。 （八）若校內同時設有集中式特教班、資源班或資優資源班，必要時應依特殊學生需求與目標安排課程與學習場所，並與其他教師以合作教學及輔導方式進行。	一、說明資源班之課程及教學方式。 二、需要時資源班教師應與校內其他類型特殊教育班級教師合作。 三、排課應符合「國民教育階段特殊教育課程大綱」之規定。 四、教務處應優先協助資源班排課。 五、說明資源班排課原則，及界定抽離、外加、入班協同等課程之實施方式。 六、資源班教師授課節數依各直轄市、縣（市）相關規定辦理。

內容	說明
六、評量與成績考查 （一）學生之學習評量應採用多元評量，可採用紙筆評量、檔案評量、觀察評量、操作評量等方式。 （二）應給予學生適性之評量調整，包括評量方式、評量地點、評量工具、評量標準或評量人員等之彈性調整。 （三）學生成績評量應以公平合理為原則，其評量方式、標準與成績採計方式應於個別化教育計畫中載明，必要時應經特殊教育推行委員會審議。 （四）學生成績評量範圍包括學習領域評量及日常生活表現評量，學習領域評量分為平時評量及定期評量，其成績各占學期成績百分比依各直轄市、縣（市）政府相關規定辦理。 （五）平時評量成績採計方式： 　　1.抽離式課程由資源班教師進行該學習領域平時成績考查，並應將考查結果與原班教師商議，以作為該生該學習領域之平時成績。 　　2.外加式課程由原班任課教師進行該學習領域平時成績考查，並應將考查結果與資源班教師商議，以作為該生該學習領域之平時成績。 （六）定期評量成績採計方式： 　　1.學生之定期評量應以使用原班試題為原則，必要時應提供學生所需之相關試題調整或試場服務，例如：延長考試時間、口語作答、電腦作答、提供獨立考試空間、試題報讀服務、放大試卷、點字卷、提供輔具等。 　　2.學生若因障礙特質無法適用原班試題考試，可採用資源班試題或多元評量方式，其原班定期評量成績應依學生能力水準及其於原班之相對位置調整，並應將定期評量成績與原班教師商議；必要時經特殊教育推行委員會審議後得僅採資源班定期評量成績。	說明資源班學生評量與成績考查之實施原則。

內容	說明
七、排課方式 （一）資源班排課時應與學生之普通班教師、家長或學生本人協同討論，排定之課程應於個別化教育計畫中載明，排定後若有異動，應通知普通班教師、家長與教務處。 （二）學校教務處排課時應考量資源班排課需求，提供優先排課之協助，例如：可採數個普通班的語文領域同時段排課，以利資源班學生抽離上課。 （三）資源班之排課方式應視學生個別差異與特殊需求，可採抽離、外加及入班支援教學等。課程之排定，應兼顧普通班與資源班雙方課程之銜接與完整性。 （四）抽離課程係指利用原班正式上課時間安排至資源班上課，抽離課程視學生個別之需求，以語文、數學、社會、自然與生活科技等學習領域為主，並宜採該學習領域全部抽離為原則。 （五）外加課程係指利用學生非正式上課時間安排至資源班上課為原則，例如：升旗、早自修或課後時間等。 （六）入班支援教學係指與普通班教師協調於適當課程時段進入普通班對學生進行教學或輔導，以協助學生在普通班中之學習參與、生活適應、情緒管理及人際互動等；其課程應訂定有入班支援教學計畫，包括入班協同教學、合作教學或提供學習輔導等之具體作法。 （七）各直轄市、縣（市）政府訂定資源班教師授課節數時，應考量教師入班支援教學或間接服務之性質與工作量，予以合理核算計入授課節數中。	一、說明資源班排課方式之實施原則。 二、教務處應優先協助資源班排課。 三、說明資源班排課原則，及界定抽離、外加、入班協同等課程之實施方式。 四、資源班教師授課節數依各縣市相關規定辦理，但得合理考量教師所承擔間接服務之性質與工作量。
八、師資 （一）學校應聘任具身心障礙類特殊教育合格教師資格者擔任資源班教師。 （二）資源班教師配合教學需求應進修學科專長、鑑定評量或特殊教育專門課程，各直轄市、縣（市）政府應規劃辦理相關研習進修活動，學校並應鼓勵資源班教師參與相關研習進修活動。	說明資源班師資之資格與應具備之專長。

內容	說明
九、經費與設備 （一）新設資源班由各直轄市、縣（市）政府編列開辦費，以購置資源班所需之設備及教材教具等。 （二）現有資源班得由各直轄市、縣（市）政府每年編列相關經費，以添購資源班所需之設備及教材教具等。 （三）學校應考量資源班運作需求，按規定編列特殊教育經費，並專款專用。 （四）資源班每班應至少設有一間專用教室。	說明主管機關與學校對資源班經費之編列與運用原則，以及資源班應至少設有一間專用教室。
十、輔導與考核 （一）學校每學期應將班級數、學生數、師資、教師課表、教師授課節數與學生上課節數提交特殊教育推行委員會審議，並依各直轄市、縣（市）政府規定，報請備查。 （二）各直轄市、縣（市）政府得配合特殊教育評鑑或訪視，聘請學者專家及相關人員輔導資源班之運作成效。 （三）各校資源班運作成效及辦理情形優良者予以獎勵，執行成效不彰之學校由各直轄市、縣（市）政府追蹤輔導。	說明主管機關對資源班之輔導與考核。

附錄十

教育部主管之高級中等以下學校身心障礙學生就讀普通班之教學原則及輔導辦法

修正日期：民國 112 年 12 月 20 日

第 1 條

本辦法依特殊教育法第三十條第一項規定訂定之。

第 2 條

1　本辦法所定高級中等以下學校（以下簡稱學校），其範圍如下：

一、國立高級中等學校及其附設之國民中學部、國民小學部、進修部。

二、教育部（以下簡稱本部）主管之私立高級中等學校及私立大學附屬高級中等學校，及其附設之進修部。

三、國立大專校院之下列學校或部：

（一）附設高級中等學校部、國民中學部、國民小學部。

（二）附屬高級中等學校及其附設之國民中學部、國民小學部、進修部。

（三）附設實驗國民小學。

（四）附設進修學校。

2　前項學校之附設或附屬幼兒園，依直轄市、縣（市）主管機關所定自治法規辦理。

第 3 條

1　本辦法適用對象，為經各級主管機關特殊教育學生鑑定及就學輔導會鑑定，並持有各級主管機關核發之有效鑑定證明，且以部分時間或全部時間就讀學校普通班之身心障礙學生（以下簡稱身心障礙學生）。

2　未持有各級主管機關核發有效鑑定證明之身心障礙疑似生，學校應依學生輔導法之規定提供服務，特殊教育教師亦應提供協助，並進行觀察及學習特殊需求評估；必要時，應為身心障礙疑似生提報鑑定。

第 4 條

學校對身心障礙學生，應依下列教學原則辦理：

一、提供身心障礙學生充分參與校內外學習機會，推動融合且適性之教育，以提升學習成效。

二、整合普通教育教師、特殊教育教師、行政人員及相關專業人員，依身心障礙學生個別化教育計畫，以團隊合作方式進行教學及提供特殊教育服務。

三、依身心障礙學生個別化教育計畫，進行課程調整，編選適當教材、採取有效教學策略，並提供相符之特殊需求領域課程。

四、身心障礙學生之學習評量，應依高級中等以下學校特殊教育課程教材教法及評量實施辦法之規定為之。

第 5 條

學校得對身心障礙學生，安排以部分時間採下列方式之一上課：

一、分散式資源班。

二、巡迴輔導班。

三、實施特殊教育方案。

第 6 條

1　學校校長應協調校內各單位共同辦理特殊教育工作。

2　學校應主動連結校外支持網絡，以團隊合作方式執行身心障礙學生各項教學及輔導工作。

3　第一項校內各單位應辦理之特殊教育工作如下：

一、教務處：編班排課、課程規劃與調整、教材、教具與輔具提供、評量調整、補救教學及學習輔導。

二、學生事務處：生活教育、體育衛生保健、學生綜合活動、生活管理及學生宿舍住宿輔導。

三、輔導處（室）：學生資料蒐集與分析、依相關測驗結果進行輔導、諮商與生涯規劃，及結合相關教師、專業人員對具情緒與行為問題之身心障礙學生實施三級輔導，並共同執行行為功能介入方案。

四、總務處：無障礙校園環境建立、軟體與硬體設施改善，及最少限制學習環境之提供。

五、實習處：校內、外實習安排、建教合作、就業資訊與諮詢提供及就業輔導；未設實習處者，由學校指定單位為之。

六、圖書館：提供相關圖書及視聽資料服務；未設圖書館者，由學校指定單位為之。

4　前三項辦理情形，應列為校務評鑑、校長成績考核及校長遴選之重要參據。

第 7 條

資源班教師、巡迴輔導班教師及特殊教育方案負責之教師，除每週基本授課節數外，應負責身心障礙學生個案管理、諮詢與有關特殊教育教學、輔導及轉銜事務之處理。

第 8 條

學校應整合相關特殊教育及輔導資源，提供身心障礙學生家長所需之特殊教育知能、資訊與諮詢、轉介相關機構及其他支持服務，並辦理親職教育及特殊教育宣導活動。

第 9 條

1　學校應提供有身心障礙學生就讀之普通班教師有關教學、評量、輔導及其他支持服務之支援，並規劃進修研習活動。

2　學校應鼓勵校內教師，每學年接受特殊教育知能在職進修課程。

第 10 條

1　學校應主動邀請家長、社區人士、教師及學生擔任志工，在教師指導下協助身心障礙學生學習及生活輔導，並促進其人際關係及社會適應能力。

2　前項志工表現優良者，學校得予以獎勵。

第 11 條

1　學校應每學期評估對身心障礙學生教學及輔導工作之實施成效。

2　教師對身心障礙學生教學及輔導表現優良者，學校應依法令規定予以獎勵。

第 12 條

本辦法自發布日施行。

 附錄十一

身心障礙學生考試服務辦法

修正日期：民國 112 年 10 月 31 日

第 1 條
本辦法依特殊教育法第二十五條第二項規定訂定之。

第 2 條
各級學校及試務單位公開辦理各教育階段入學相關之各種考試，應依本辦法之規定提供身心障礙學生考試服務（以下簡稱考試服務）。

第 3 條
本辦法所稱身心障礙學生，指符合下列規定之一者：
一、經各級主管機關特殊教育學生鑑定及就學輔導會鑑定為身心障礙。
二、領有身心障礙證明。

第 4 條
1 考試服務之提供，應以達成該項考試目的為原則。各級學校及試務單位應依身心障礙考生（以下簡稱考生）障礙情形、程度及需求，提供考試服務。
2 前項考試服務，應由考生向各級學校及試務單位提出申請，經審查後通知考生審查結果及其理由，考生對審查結果不得提出申訴。
3 各級學校及試務單位，應邀集身心障礙相關領域之學者專家、特殊教育相關專業人員及其他相關人員審查（議）前項申請案及申訴案；審議申訴案時，得視學生障礙情形增邀特殊教育相關家長團體參與，並得增邀考生本人、考生之法定代理人、實際照顧者或學校代表列席。
4 前三項考試服務內容、申請程序及應檢附之相關資料、審查方式及原則、審查結果通知及申訴程序等事項，應於簡章中載明。

第 5 條
考試服務應衡酌考生之考試科目特性、學習優勢管道及個別需求，提供適當之試場服務、輔具服務、試題（卷）調整服務、作答方式調整服務及其他合理調整之服務。

第 6 條
1 前條所定試場服務如下：
一、調整考試時間：包括提早入場或延長作答時間。
二、提供無障礙試場環境：包括無障礙環境、地面樓層或設有昇降設備之試場。
三、提供提醒服務：包括視覺或聽覺提醒、手語翻譯或板書注意事項說明。
四、提供特殊試場：包括單人、少數人或設有空調設備等試場。
2 專為身心障礙學生辦理之考試，於安排試場考生人數時，應考量考生所需之適當空間，一般試場考生人數不得超過三十人。考生對試場空間有特殊需求者，應另依第四條規定提出申請。

第 7 條

1　第五條所定輔具服務，包括提供擴視機、放大鏡、點字機、盲用算盤、盲用電腦及印表機、檯燈、特殊桌椅或其他相關輔具等服務。

2　前項輔具經各級學校及試務單位公布得由考生自備者，考生得申請使用自備輔具；自備輔具需託管者，應送各級學校及試務單位檢查及託管；自備輔具功能簡單無需託管者，於考試開始前經試務人員檢查後，始得使用。

第 8 條

1　第五條所定試題（卷）調整服務，包括調整試題與考生之適配性、題數或比例計分、提供放大試卷、點字試卷、電子試題、有聲試題、觸摸圖形試題、提供試卷並報讀等服務。

2　前項調整試題與考生之適配性，包括試題之信度、效度、鑑別度，及命題後因應試題與身心障礙情形明顯衝突時所需之調整。

第 9 條

第五條所定作答方式調整服務，包括提供電腦輸入法作答、盲用電腦作答、放大答案卡（卷）、電腦打字代答、口語（錄音）作答及代謄答案卡等服務。

第 10 條

身心障礙學生參加校內學習評量，學校得準用本辦法提供各項考試服務，服務項目應載明於個別化教育計畫或個別化支持計畫，並得作為參與第二條所定入學考試申請考試服務之佐證資料。

第 11 條

本辦法發布施行前，各項考試服務已納入簡章並公告者，依簡章規定辦理。

第 12 條

本辦法自發布日施行。

 附錄十二

特殊教育學生及幼兒支持服務辦法

修正日期：民國 113 年 2 月 27 日

第一章　總則

第 1 條

本辦法依特殊教育法（以下簡稱本法）第二十六條第三項、第三十八條第三項及第五十二條第一項規定訂定之。

第 2 條

各級主管機關、各級學校及幼兒園（以下簡稱學校（園）），對特殊教育學生及幼兒支持服務之提供，依本辦法之規定辦理。

第 3 條

1　各級主管機關應建置提供特殊教育及各項支持服務之諮詢服務。

2　學校（園）應於其網站或公布欄公告特殊教育諮詢服務相關資訊。

第 4 條

1　學校（園）應整合各單位相關人力與資源，以團隊合作方式，辦理本辦法所定事項，並於每年定期自行評估實施成效。

2　學校實施成效應經特殊教育推行委員會審核，並針對不足部分提出改進措施；幼兒園實施成效應提園內行政會議檢核，並針對不足部分提出改進措施。

3　各主管機關應對學校（園）辦理本辦法所定事項之實施成效，列入評鑑或考核之項目。

第二章　主管機關之特殊教育支持服務

第 5 條

本法第二十六條第一項所稱結合衛政、社政或勞政資源，指各級主管機關應依專業評估之結果，主動協調衛政、社政或勞政相關機關，協助學校（園）提供身心障礙學生及幼兒有關復健、訓練、評量及教學輔導諮詢等支持服務。

第 6 條

1　各級主管機關應結合相關專業人員，提供學校（園）評量、教學及行政支持服務，以協助學校（園）提供符合身心障礙學生及幼兒需求之特殊教育服務。

2　各級主管機關應依學校（園）之需求，提供相關專業人員服務及前項支持服務之諮詢服務及申請管道。

第 7 條

為加強各級主管機關對學校（園）、身心障礙學生及幼兒有關特殊教育支持服務之推動、協調及整合，各級主管機關應定期檢討辦理成效，並針對不足部分提出改進措施。

第三章　學校（園）對特殊教育學生及幼兒之特殊教育支持服務

第 8 條

1　學校（園）應依本法第三十八條第一項第一款規定，視身心障礙學生及幼兒教育需求，提供可改善其學習能力之教育及運動輔具服務。

2　前項教育輔具服務，包括視覺輔具、聽覺輔具、行動移位與擺位輔具、閱讀與書寫輔具、溝通輔具、電腦輔具及其他輔具之服務。

3　第一項所稱運動輔具服務，指身心障礙學生及幼兒參與學校（園）體育課程或活動，應提供運動參與所需之相關輔具，或調整運動設施、設備器材服務。

第 9 條

1　前條教育及運動輔具服務，學校（園）評估身心障礙學生、幼兒教育及運動輔具需求後，應運用或調整校內既有教育及運動輔具，且得向各該管主管機關申請提供教育及運動輔具，並負保管之責。

2　各級主管機關應依學校（園）之需求辦理教育及運動輔具購置、流通、保養、維修及管理相關事宜，必要時，得委託學校或專業團體、機關（構）辦理。

第 10 條

1　學校（園）與各級主管機關應定期辦理教育及運動輔具之相關專業進修活動。

2　教師、教師助理員、特教學生助理人員、住宿生管理員及教保服務人員應參與教育及運動輔具之操作與應用之專業進修、教學觀摩及交流相關研習。

第 11 條

學校（園）應依本法第三十八條第一項第二款規定，提供身心障礙學生及幼兒使用之適性教材服務，包括點字、放大字體、有聲書籍與其他觸覺式、色彩強化、手語、影音加註文字、數位及相關軟體等學習教材，並配合學生及幼兒發展，提供使用指導及後續調整服務。

第 12 條

學校（園）應依本法第三十八條第一項第三款規定，運用教師助理員、特教學生助理人員、住宿生管理員、協助同學及相關人員，提供身心障礙學生及幼兒之校園學習及生活人力協助，包括錄音與報讀服務、掃描校對、數位轉換、提醒服務、手語翻譯、同步聽打、代抄筆記、輔具使用、心理及社會適應、行為輔導、日常生活所需能力訓練與協助及其他必要學習與人力協助支持服務。

第 13 條

學校（園）應依本法第三十八條第一項第四款規定，視身心障礙學生及幼兒需求，以學校（園）課程教學為本，並提供相關專業人員進行評估、訓練、諮詢、輔具設計選用或協助轉介至相關機構等復健服務。

第 14 條

學校（園）應依本法第三十八條第一項第五款及第五十二條第一項規定，視特殊教育學生及幼兒家庭需求，優先運用或調整學校（園）內特殊教育相關專業人員及資源，以多元、彈性方式，採晤談、座談、個案輔導、成長團體及其他適當方式提供家庭支持服務，包括家庭諮詢、親職教育、輔導、轉介與特殊教育相關研習及資訊，並協助家長申請相關機關（構）或團體之服務。

第 15 條

1　學校（園）應依本法第三十八條第一項第六款規定，視身心障礙學生及幼兒教育需求，提供可改善其身體活動及體育活動課程學習之適應體育服務。

2　前項所稱適應體育服務，指身心障礙學生及幼兒依體育學習需求，參與學校（園）一般體育課程或活動、運動社團、運動觀賞及相關活動，或參與經合理調整、專為設計之體育課程或活動；必要時，應提供運動輔具，協助學生及幼兒學習。

第 16 條

1　學校（園）應依本法第三十八條第一項第七款及相關法規規定，配合身心障礙學生及幼兒之需求，安排無障礙教室、廁所、餐廳、宿舍、運動場所及其他設施設備，並建立或改善整體性之設施設備，營造校園無障礙環境。

2　學校（園）辦理相關活動，應考量身心障礙學生及幼兒參與之需求，以通用設計原則，營造最少限制環境，包括調整活動內容與進行方式、規劃適當通路、提供輔具、人力支援、防災及危機處理方案等相關措施，以支持身心障礙學生及幼兒參與各項活動。

第 17 條

1　學校（園）應每年辦理相關特殊教育宣導活動，鼓勵全體教職員工與學生認識、關懷、接納及協助身心障礙學生，以支持其順利學習及生活。

2　前項所定特殊教育宣導活動，包括研習、體驗、演講、競賽、表演、參觀、觀摩及其他相關活動；其活動之設計，應兼顧身心障礙學生及幼兒之尊嚴。

第 18 條

學校（園）應依本法第三十八條第一項第八款規定，視身心障礙學生及幼兒需求或申請，經專業團隊之評估，提供其他協助在學校（園）學習及生活必要之支持服務。

第 19 條

1　學校（園）提供本法第三十八條第一項各款及第五十二條第一項之支持服務，應於特殊教育學生及幼兒個別化教育計畫、個別輔導計畫或個別化支持計畫中載明。

2　學校提供之各項支持服務，應經學校特殊教育推行委員會審議通過；幼兒園提供之各項支持服務應提園內行政會議審核通過。

3　學校（園）經前項會議審核後，認為現有專業人員或資源不足者，得向特殊教育資源中心申請提供支持服務，或向各該管主管機關申請支持服務或補助經費。

4　經主管機關許可實施非學校型態實驗教育之身心障礙學生，適用本法第三十八條第一項第一款至第六款之支持服務前，應將所需服務於實驗教育計畫中載明。

第四章　附則

第 20 條

社區、部落及職場互助教保服務中心之支持服務，準用本辦法幼兒園相關規定辦理。

第 21 條

本辦法自發布日施行。

國家圖書館出版品預行編目資料

資源教室方案：班級經營與補救教學 / 孟瑛如
著. -- 五版. -- 臺北市：五南圖書出版
股份有限公司, 2025.01
　　面；　公分
　　ISBN 978-626-423-055-1（平裝）

1.CST：特殊教育　2.CST：資源教室

529.56　　　　　　　　　　113019468

1IBI

資源教室方案
班級經營與補救教學

作　　者 — 孟瑛如

編輯主編 — 黃文瓊

責任編輯 — 黃淑真、李敏華

封面設計 — 姚孝慈

出 版 者 — 五南圖書出版股份有限公司

發 行 人 — 楊榮川

總 經 理 — 楊士清

總 編 輯 — 楊秀麗

地　　址：106臺北市大安區和平東路二段339號4樓

電　　話：(02)2705-5066　　傳　真：(02)2706-6100

網　　址：https://www.wunan.com.tw

電子郵件：wunan@wunan.com.tw

劃撥帳號：01068953

戶　　名：五南圖書出版股份有限公司

法律顧問　林勝安律師

出版日期　1999年10月初版一刷（共六刷）
　　　　　2006年10月二版一刷（共三刷）
　　　　　2013年 8 月三版一刷（共四刷）
　　　　　2019年 7 月四版一刷（共二刷）
　　　　　2025年 1 月五版一刷

定　　價　新臺幣760元

經典永恆・名著常在

五十週年的獻禮——經典名著文庫

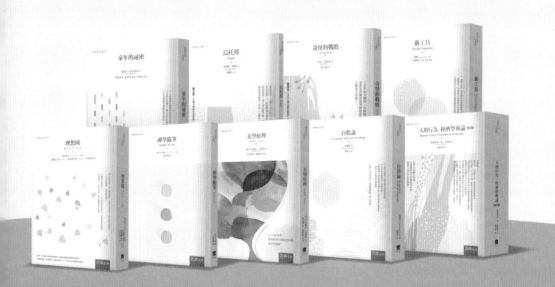

五南，五十年了，半個世紀，人生旅程的一大半，走過來了。

思索著，邁向百年的未來歷程，能為知識界、文化學術界作些什麼？

在速食文化的生態下，有什麼值得讓人雋永品味的？

歷代經典・當今名著，經過時間的洗禮，千錘百鍊，流傳至今，光芒耀人；

不僅使我們能領悟前人的智慧，同時也增深加廣我們思考的深度與視野。

我們決心投入巨資，有計畫的系統梳選，成立「經典名著文庫」，

希望收入古今中外思想性的、充滿睿智與獨見的經典、名著。

這是一項理想性的、永續性的巨大出版工程。

不在意讀者的眾寡，只考慮它的學術價值，力求完整展現先哲思想的軌跡；

為知識界開啟一片智慧之窗，營造一座百花綻放的世界文明公園，

任君遨遊、取菁吸蜜、嘉惠學子！